Flavius Josephus

Flavius Josephus

Aus meinem Leben
(Vita)

Kritische Ausgabe, Übersetzung
und Kommentar

von
Folker Siegert
Heinz Schreckenberg
Manuel Vogel

und dem Josephus-Arbeitskreis des
Institutum Judaicum Delitzschianum, Münster

2., durchgesehene Auflage

Mohr Siebeck

Die Mitglieder des Münsteraner Josephus-Arbeitskreises:
Folker Siegert (Konzeption, Leitung) - Heinz Schreckenberg (Textkritik) -
Manuel Vogel (Kommentar und Beigaben) - Jürgen U.
Kalms (EDV, Satz) -
Joachim Jeska (Übersetzung) - Jan Dochhorn (Übersetzung, Kollationen)

Externe Mitarbeiter:
Günther Christian Hansen (Textkritik) - Karl-Heinz Pridik (Übersetzung) -
Helgo Lindner (Übersetzung, Kollationen)

1. Auflage 2001

ISBN 978-3-16-151678-8

Die Deutsche Nationalbibliothek verzeichnet diese Publikation in der Deutschen Nationalbiblio-
graphie; detaillierte bibliographische Daten sind im Internet über *http://dnb.d-nb.de* abrufbar.

© 2011 Mohr Siebeck Tübingen.

Das Buch wurde von pagina in Tübingen aus der Times-Antiqua belichtet, auf alterungs-
beständiges Werkdruckpapier gedruckt und von der Großbuchbinderei Heinr. Koch in Tübingen
gebunden.

Die Vorlage der enthaltenen Landkarte wurde von der Deutschen Bibelgesellschaft in Stuttgart
gestellt. Bearbeitung: Claudia Schroer, Institut für Geographie, Westfälische Wilhelms-Universität Münster, in Zusammenarbeit mit Manuel Vogel.

Vorwort

Mehr als hundert Jahre sind vergangen, seit die Autobiographie des jüdischen Geschichtsschreibers Flavius Josephus kritisch ediert wurde. Noch ein halbes Jahrhundert älter ist diejenige Ausgabe, deren deutsche Übersetzung als einzige sich auf dem Buchmarkt befindet. Im englischen und im französischen Sprachraum sind wenigstens »kleine« Ausgaben mit Übersetzung erschienen. Doch ist das editorische Bemühen um Josephus weder in anderen Sprachen noch in der deutschen zum Erliegen gekommen – trotz des Schattendaseins, das er angesichts gänzlich neuer jüdischer Textfunde in der zweiten Hälfte des 20. Jh. geführt hat.

Die vorliegende Ausgabe setzt Forschungen fort und bringt sie zum Abschluss, die am Institutum Judaicum Delitzschianum mit der Herausgabe einer griechischen Josephus-Konkordanz (1968–83) begonnen hatten und hauptsächlich in die Monographien und Artikel von Heinz SCHRECKENBERG gemündet waren, ehe sie eine zeitweilige Unterbrechung erfuhren. Es ist dem Rektorat der *Westfälischen Wilhelms-Universität Münster* und dann vor allem der *Deutschen Forschungsgemeinschaft* zu danken, anlässlich der Wiederbesetzung der Direktorenstelle des Institutum Judaicum Delitzschianum und aufgrund einer Anregung aus der Evangelisch-Theologischen Fakultät die »Anschubfinanzierung« einer neuen Josephus-Ausgabe zur Verfügung gestellt zu haben. Der *Evangelisch-Lutherische Zentralverein für Begegnung von Christen und Juden* unterstützte die Arbeit durch namhafte Beiträge zur Bibliothek des Instituts.

Die Kosten der Ausstattung und Veröffentlichung dieses Bandes übernahm der Verlag Mohr Siebeck in Tübingen. Er hat es an nichts fehlen lassen, um die Qualität wie auch die künftige Verbreitung der Arbeit zu fördern.

Allen, die auf dieser Seite genannt sind, gilt der Dank einer neuen Generation von Leserinnen und Lesern des Josephus.

Münster, im Juli 2000 Folker Siegert

Inhalt

Anhang

Zusätzliche Anmerkungen:

Einleitung

1. Entstehungszeit und -ort dieses Werkes

Flavius Josephus (37/38 – ca. 100 n. Chr.) hat zu seinem Hauptwerk, den *Antiquitates*, zwei Anhänge geliefert,[1] beide apologetischen Inhalts. Das, was wir *Vita*[2] nennen, betrifft ihn selbst, und zwar hauptsächlich seine Rolle als Kombattant in einer gewissen Phase des Jüdischen Krieges; der andere Anhang, *Contra Apionem* genannt, betrifft sein Volk im Ganzen, von dem er nachweisen möchte, dass seine religiösen Überlieferungen an Alter und Rang denjenigen anderer Völker nicht nachstehen. Nach V 359f. liegen diese schriftstellerischen Bemühungen später als der Tod des jüdischen Titularkönigs Agrippa II.; diesen datiert man heute in die letzten Jahre des 1. Jahrhunderts n. Chr. *Terminus a quo* und Fixpunkt der gesamten Datierung ist die Angabe A 20:267, wonach Josephus sein Hauptwerk im 13. Jahr des Kaisers Domitian (93/94 n. Chr.) abschloss, um sich sogleich an die besagten Zusätze zu machen. Diese können nicht mehr viele Jahre gebraucht haben.

Geschrieben hat Josephus als kaiserlicher Pensionär in Rom,[3] im früheren Wohnhaus des Kaisers Vespasian (V 423), und zwar in dessen Auftrag und unter Benützung von dessen Kriegsaufzeichnungen (*commentarii*; vgl. V 342.358). Vespasians Sohn und Nachfolger Titus hat, wie wir in V 363 erfahren, das *Bellum* mit seiner Unterschrift approbiert[4] und die Veröffentlichung angeordnet. Bis hin zur Zeit Domitians, in der nun auch die *Vita* erschien,

---

[1] In manchen Handschriften, so in R und in der Epitome des Codex Vatopedianus, folgt hingegen *Vita* auf das *Bellum*.

[2] Im Folgenden V abgekürzt; B steht für *Bellum*, C für *Contra Apionem* und A für die *Antiquitates*.

[3] So wird erschlossen aus SUETON, *Vesp.* 18, wonach Vespasian »lateinischen und griechischen Rhetoren aus dem Fiskus jährlich hundert (Silberdenare) zuteilte«, was zwar nicht üppig ist, aber zusätzlich zu freiem Wohnen und evtl. Gewinn aus Veröffentlichungen schon eine brauchbare Grundlage darstellt.

[4] Die zahlreichen Abweichungen der *Vita* von den Parallelberichten in dem solchermaßen offizialisierten Kriegsbericht des *Bellum*, die wir in den Anmerkungen werden diskutieren müssen, haben moderne Leser vor die Glaubwürdigkeitsfrage gestellt, und zwar hinsichtlich beider Fassungen. Vorausgreifend sei hier nur bemerkt, dass Details in antiken historischen Berichten grundsätzlich eher illustrativen als Faktenwert hatten. Man vergleiche nur die drei Berichte von der Berufung des Paulus in ein und demselben Buch, der *Apostelgeschichte* 9,1–9; 22,3–21; 26,9–20.

hat dann Josephus alle vorgefallenen Herrscherwechsel erfolgreich überstanden.

Spuren der Benützung seines Werkes, genauer gesagt: des *Bellum*, sind bei römischen Geschichtsschreibern feststellbar;[5] auch sein Name wird gelegentlich genannt, im Zusammenhang mit seiner Voraussage der Kaiserwürde an Vespasian.[6] Die jüdische Tradition hingegen hat ihn bis ins 10. Jh. überhaupt nicht rezipiert; dem Talmud ist sein Name unbekannt.[7] Josephus seinerseits nimmt von den Rabbinen keine Notiz, obwohl doch vier der prominentesten von ihnen gerade in der Mitte der 90er Jahre in Rom weilten.[8] Man kann es aber als Versuch einer Selbstempfehlung an ihre Adresse werten, wenn er in seiner *Vita* behauptet, seine Sympathie habe von Jugend an dem Pharisaismus gegolten (V 12).[9]

Umso mehr aber benützten und zitierten ihn die von ihm gar nicht geschätzten Christen, denen allein wir die Überlieferung seiner Werke verdanken. Josephus hat nicht geahnt, wie willkommen seine Texte ihren apologetischen Bedürfnissen[10] sein würden.

---

[5] Vgl. SCHRECKENBERG 1972, 69–72. Umstritten sind die Quellenverhältnisse bei TACITUS, *Hist.* 5:10–13, einem summarischen Bericht des Jüdischen Krieges.

[6] B 3:399–408; vgl. SUETON, *Vesp.* 5:6; CASSIUS DIO 66:4.

[7] Es sei denn, man nehme die Erwähnungen eines Todos (= Theodoros) *iš Romi* (»der Römer / der Mann Roms«) in bBer 19a und bPes 59a als Bezug auf seinen Vater Matja (Theodor) bzw., über den Vatersnamen, auf ihn selbst: Der Kontext wäre dem nicht entgegen, würde sogar seine prominente Stellung und seine Distanz zum sich bildenden Rabbinat illustrieren. Vgl. NODET 1999, 15f., resümiert bei SIEGERT 1999a, 8. – NODET 1998, 158–194 informiert über die äußerst verwickelten religiösen Verhältnisse im damaligen Galiläa einschließlich der besonderen Beziehungen zur babylonischen Judenschaft, und über die mögliche Eintragung des Johanan ben Zakkai in die Rolle des Josephus gegenüber Vespasian – bis dahin, dass man die Legende von seinem Auftritt vor dem Römer, ehe er die rabbinische Akademie von Jabne gründete, als literarische Nachbildung der entsprechenden Szene aus Josephus' Leben auffassen kann (ebd. 168). Insofern wäre er dann doch im Talmud erwähnt.

[8] jSan 7,19 (25d) und Parallelen (vollständige Nennung der vier Namen bereits in mMSh 4,9). Rabban Gamliel (II.) und seine Gefährten begegnen dort übrigens jüdischen Kindern, die in ihrem Spiel Priesterrollen nachahmen. Mit etwas Humor kann man vermuten, dass auch Abkömmlinge des Josephus darunter waren.

[9] Dies ist freilich wenig glaubhaft angesichts seines durchgehend priesterlich-aristokratischen Standpunkts. Seine lasche Haltung zu dem Ehegesetz von Lev 21,14, dessen strenge Einforderung er selbst als pharisäische Besonderheit berichtet (A 13:291), weckt gleichfalls Zweifel; s. u. zu V 414. Für sich selber hielt er wohl nichts vom »Zaun um die Tora«.

[10] Hierzu als Überblick SCHRECKENBERG 1998, 788–798; ausführlich SCHRECKENBERG 1972, 70–171 und MASON 2000a, 21–41.

2. Titel, Gattung, Charakter des Werkes

Die Handschriften geben mehrheitlich »Josephus' Leben« (Ἰωσήπου βίος), was jedoch nur sehr ungefähr stimmt. Einer (Auto-)Biographie entsprechen nur die Anfangs- und Schlussabschnitte des Werkes (V 1–29 und 414–430). Alles, was dazwischen liegt, ist Detailvergrößerung eines Kriegsberichts, den Josephus im *Bellum* schon gegeben hatte – dort allerdings weniger aus seinem persönlichen Blickwinkel und mit anderen politischen Akzenten. Warum wiederholt er dann die Ereignisse auf dem galiläischen Nebenschauplatz des Krieges aus den Jahren 66–68 n. Chr. hier so ausführlich – und in manchmal verwirrendem Widerspruch zu seinem früheren Bericht?

Die beste Antwort auf diese schon alte Frage hat u. E. Steve MASON gegeben[11] mit der These, es gehe Josephus in diesem Falle nicht um die Befriedigung eines historischen Informationsbedürfnisses bei seinen Lesern (das war sowieso nie so groß wie das nach Unterhaltung), sondern um seine eigene Selbstdarstellung. Gegenstand der *Vita* ist das – milde, vorbildliche – Ethos des Verfassers. Zu der umstrittenen Frage, in welchem Maße die Schriften des Josephus und insbesondere die *Vita* objektive historische Information liefern, werden – am konkreten Beispiel – die Anmerkungen 15, 17 und 19 im Anhang Stellung nehmen.

Der griechische Philosoph und Historiker PLUTARCH (dem Josephus in Rom durchaus begegnet sein kann) hat einen Traktat zu der Frage geschrieben, »Wie man sich selbst loben kann, ohne Neid zu erregen« (*Moralia* 539 A – 547 F), in dessen 4. und 6. Kapitel er das Selbstlob als zu apologetischen Zwecken geeignet hinstellt, freilich nicht ohne von dessen Grenzen zu sprechen (z. B. Kap. 19). Zwischendurch gibt er den guten Rat, man möge die zu berichtenden Erfolge der Gottheit oder den Göttern zuschreiben (Kap. 11) – man vergleiche hierzu des Josephus Bemerkungen über die Vorsehung in seinem Leben (15.301.425).

Die auftragsgemäße Veröffentlichung seines *Jüdischen Krieges* hatte Josephus in eine apologetische Situation gebracht; Widerstand gegen seine Rolle als literarischer Sprecher des Judentums, und zwar innerjüdischer Widerstand, war aufgekommen. Josephus hatte Feinde, wie wir aus gewissen Bemerkungen am Schluss der *Vita* (425.429) entnehmen können; diese steigerten sich bis zu dem – auch heute nicht verstummten – Vorwurf des Verrats an der jüdischen Sache (416). Josephus nützt die Gelegenheit einer Selbstdar-

---

[11] MASON 1998a. Der Titel »An Essay in Character« meint die *Vita* des Josephus als einen Essay in den Farben des rhetorischen *Ethos*. Es komme Josephus darauf an, anhand beispielhafter Episoden seine persönlichen Qualitäten im besten Licht zu zeigen, um sich weiterhin als Geschichtsschreiber der Juden zu empfehlen. Priesterliche Abstammung und Prophetengabe, womit er seinem Volk gegenüber sich hatte empfehlen wollen, waren in Rom schließlich keine Qualifizierungsmerkmale eines Historikers.

stellung – die man sich als Lesung vor Gästen und anschließendes In-Um-
lauf-Setzen des Textes vorzustellen hat[12] –, um sein Renommee zu wahren,
wenn nicht gar zu erhöhen.

So fand er in Rom, wenn je, endlich die Anerkennung, die ihm in seiner
Heimat versagt geblieben war – von unsicherem Jubelpatriotismus abgesehen, der ihm in Galiläa Akklamationen als »Wohltäter« und »Retter/Hei-
land« eingetragen hatte (84.207.251.259). EUSEBIUS (*Kirchengeschichte* 3:9,2)
weiß sogar zu berichten, man habe Josephus in Rom eine Statue aufgestellt,[13]
was sich mit dem mosaischen Bilderverbot weit weniger verträgt als mit dem
offenkundigen Geltungsbedürfnis des funktionslos gewordenen,[14] in seiner
römischen Rolle umstrittenen Jerusalemer Priesters.

Was auch bei genauestem Lesen dunkel bleibt, ist die Rolle, die er in
Galiläa damals zu spielen gedachte. Seinen Jerusalemer Auftrag, der in B
2:568 noch mit dem Titel »Feldherr beider Galiläa« (also von Ober- wie
Untergaliläa) bezeichnet worden war, gibt er hier nur noch sehr vage an (29):
die Galiläer ruhig zu halten im Abwarten, wie die Römer sich verhalten
würden. Wochenlang zieht er, anscheinend planlos, von Dorf zu Dorf.[15] Worauf wartete er? Dass der Krieg eine messianische Wendung nehmen würde?
Dass eventuell Josephus selbst einen Auftrag von oben bekäme?[16]

In diesem Zustand fieberhaften Wartens hatte er – so sein Bericht – alle
Hände voll zu tun, um die galiläischen Parteiungen von gegenseitigen Angriffen abzuhalten – bis dahin, dass der Engel in jenem berühmten Traum
(209) ihn schließlich daran erinnern muss, er werde auch noch gegen die
Römer zu kämpfen haben. Bei alledem spürt man fast auf jeder Seite, dass
die Galiläer nicht gewillt waren, sich von einem Jerusalemer Aristokraten
befehligen zu lassen.[17]

Was den konkreten Kampf gegen die Römer betrifft, so ist es zu mehr
nicht gekommen als zu einem Scharmützel, das damit endete, dass Josephus
vom Pferd fiel (403f.). Das Weitere, und wie er in seiner Gefangenschaft

---

[12] Als Analogie vgl. die Rede Nr. 1 des LIBANIOS, gegen Ende seines Lebens von ihm
selbst verfasst zum Zwecke des Vortrags an mehreren Abenden. Sie ist in stark
rhythmisierter Prosa gehalten, wie hier (vgl. unten Anm. 34).

[13] Der sog. Josephus-Kopf in der Ny Carlsberg Glyptotek in Kopenhagen trägt
diesen Namen freilich ohne alle Gewähr.

[14] Vielleicht nicht einmal im strengen Sinne, wenn die o. g. Talmudnotiz (Anm. 7)
tatsächlich mit ihm zu tun hat: Sie spricht von einem rabbinisch nicht gebilligten
Schlachten von Passalämmern in Rom.

[15] Man hat bei dieser Irrfahrt 42 Stationen gezählt, wie beim Weg Israels durch die
Wüste.

[16] Vgl. SCHRECKENBERG 1992, 33f.

[17] Die Spannungen waren sozialer wie religiöser Art: Außer NODETs genannten Veröffentlichungen vgl. KRIEGER 1999b, 218f. Ein judäisches Vorurteil gegenüber
Galiläern reflektiert Joh 7,52.

selbst zum Propheten für den Sieg der Römer wurde, wiederholt er hier nicht mehr. Stattdessen benützt er nunmehr in V 336–367 die Gelegenheit, sich zu rechtfertigen gegenüber der für ihn offenbar nachteiligen Berichterstattung eines gewissen JUSTUS VON TIBERIAS, die nach der Veröffentlichung des *Bellum* erschienen war.[18]

Die Schrift ist also (um es mit einer Formulierung John Henry NEWMANS zu sagen, eines Konvertiten, der Kardinal wurde) eine *Apologia pro vita sua*, wohingegen man das, was gemeinhin als *Contra Apionem* zitiert wird, eine *Apologia pro antiquitate Iudaeorum* nennen könnte.

Das bringt uns zurück auf die Frage nach dem korrekten Titel. Einen solchen – im Singular – wird man nicht mehr feststellen können. Titel antiker Werke sind oftmals nichts anderes als konventionelle Zutaten der Buchhändler und Bibliothekare der Antike oder gar der Übersetzer und Herausgeber der Renaissancezeit; sie ändern sich von Manuskript zu Manuskript. Sogar Selbstzitate antiker Autoren pflegen in der Titelformulierung selten festgelegt zu sein. So ist es auch mit der am Schluss der *Antiquitates* befindlichen Notiz, worin Josephus seine Lebensbeschreibung als Anhang ankündigt (20:266), und der Schlussnotiz in der *Vita* selbst (V 413): Josephus gebraucht die Ausdrücke βίος, aber auch γένος und πράξεις. Die *Excerpta Constantiniana* (S. 120 Z 11f. – vgl. unten 9.) zitieren aus der Schrift »Über die Abstammung des Josephus und seine Lebensführung« (περὶ γένους Ἰωσήπου καὶ πολιτείας αὐτοῦ), was unter allen Vorschlägen der inhaltlich korrekteste, wenn auch nicht der kürzeste ist.

Angesichts dieser Lage verzichten wir im kritischen Text auf eine griechische Titelangabe. Im Deutschen scheint am ehesten zu passen: »Aus meinem Leben«.[19]

3. *Das literarische Verhältnis von* Vita *und* Bellum

Die Frage des literarischen Verhältnisses von *Bellum* und *Vita* stellt sich anhand der inhaltlichen, wenn auch selten wörtlichen Überschneidungen. CO-HEN[20] nimmt ein von Josephus verfasstes Memorandum (*hypomnēma*) als gemeinsame Quelle an, dessen chronologische Reihenfolge in der *Vita* erhalten sei, wohingegen im *Bellum* eine thematische Anordnung des Stoffs vorliege.

---

[18] Von ihr ist außer den Zeugnissen des Josephus und einigen bloßen Nennungen des Titels nichts mehr erhalten. Der letzte, der ein Werk des Justus angeblich sah, aber auch kaum etwas darüber sagt, ist PHOTIOS, *Bibliotheca* 33. Er wurde bei den Juden so wenig rezipiert wie bei den Christen. Letztere haben ihn wohl deswegen vergessen, weil er in seiner Berichterstattung Jesus nicht erwähnte. – Wir zitieren sie in dieser Ausgabe der Form halber als Quelle.

[19] Vgl. hierzu auch SCHRECKENBERG 1996, bes. 76f., und die Titelwahl der holländischen Ausgabe von MEIJER / WES: »Uit mijn leven«.

[20] COHEN 1979, 8–23; 67–83; kritisch MASON 1998a, 53.

Bereits LAQUEUR[21] hatte eine Vorform der *Vita* in Gestalt eines noch in Galiläa abgefassten Rechenschaftsberichts an die Adresse der Jerusalemer Führung angenommen, den Josephus als Entgegnung auf Vorwürfe der Galiläer und des Justus von Tiberias verfasst und zunächst als Quelle bei der Abfassung des *Bellum* verwendet habe.

Für die Annahme einer beiden Berichten gemeinsamen Grundschrift ist jedoch die Textbasis der im engeren Sinne parallelen Passagen[22] zu klein. Es genügt die Annahme, dass Josephus für die Abfassung der *Vita* das *Bellum* als Quellenmaterial benützt, es aus dem Gedächtnis konsultiert (DREXLER 1925) und bei Bedarf eingesehen hat. Einzig für die weitgehend identischen Ortslisten V 187–188 / B 2:573–575 käme wegen der abweichenden Namensformen eine von Josephus bald nach dem Krieg aramäisch aufgezeichnete Ortsliste als gemeinsame Quelle in Frage.

4. Grundsätze der Feststellung des Urtextes

Der griechische Text wurde erarbeitet auf der Grundlage der Handschriftenvergleiche (Kollationen), die NIESE[23] für seine Ausgabe von 1890 vorgenommen hat. Wir reproduzieren also – in Auswahl – die Angaben seines Apparats, die auch nach über hundert Jahren Josephus-Forschung sich als zuverlässig erwiesen haben. Einzig zum Codex R haben sich einige Nachkollationen als nötig herausgestellt (s. u. 9.). Neu eingearbeitet wurde die erst nach Niese bekannt gewordenen Handschrift B (ebd.). Es bleibt dabei, dass – nach einem knappen oder gar einem reichlichen Jahrtausend Abstand von der Zeit des Josephus – keine Handschrift für sich allein als Basis taugt, sondern dass sie unter sich kritisch verglichen werden müssen.

Dass wir Nieses Text nicht einfach reproduzieren, hat mehrere Gründe; sie liegen im Hinzukommen neuen Materials ebenso wie in unserer Freiheit zur Bewertung des bisher schon bekannten. Niese hat in seinen beiden Ausgaben den Codex P (den »Pfälzer« Codex) überschätzt, ähnlich wie PELLETIER den Pariser Codex R. Zudem hat er seine Entscheidungen in der *editio minor* – der Ausgabe ohne vollen Apparat, zugleich aber Ausgabe »letzter Hand« – oftmals noch geändert, womit wieder ein Erwägen von Fall zu Fall nötig wird.

NABER hingegen schied als Grundlage gänzlich aus: Sein Apparat ist unselbständig erarbeitet und fehlerhaft, und sein Text ist entwertet durch zahl-

---

[21] LAQUEUR 1920, 96–128; ähnlich THACKERAY 1929, 18f. und GELZER 1952, 88.

[22] V 71–73 / B 2:590; V 74–76; B 591–592; V 85–89 / B 2:614–619; V 97–103 / B 620–625; V 126–144 / B 2:595–609; V 145–148 / B 2:610–613; V 155–178 / B 2:632–646.

[23] Benedictus NIESE, 1849–1910, Altphilologe und -historiker, v. a. in Marburg; über ihn vgl. die *NDB*.

lose unnötige Konjekturen, mit denen er Josephus nachträglich zum Attizisten macht.[24] Außerdem können Zitate aus Josephus, die wir bei kirchlichen Autoren (besonders bei Eusebius) und in den inzwischen edierten *Excerpta Constantiniana* finden, jetzt anhand viel besserer Ausgaben kontrolliert werden. Sie entsprechen einem älteren Textzustand, als er von den eigentlichen Josephus-Handschriften repräsentiert wird.

Konjekturen – also Verbesserungen moderner Herausgeber, die von keinem Zeugen gedeckt sind – haben wir nur da in den Text aufgenommen, wo keine der Handschriften einen Wortlaut bot, den wir Josephus zugetraut hätten.[25] Es schien uns unerlässlich, derlei Eingriffe eindeutig kenntlich zu machen; dies geschah durch *Kursive* im Text. Auch Wörter, in denen einzelne Buchstaben von uns ausgetauscht wurden, sind *kursiv* gesetzt. An solchen Stellen nennt der Apparat den Namen dessen, der den Eingriff zuerst vorgeschlagen hat,[26] ohne weitere Hinweise auf den Beifall anderer.

5. Der Apparat

Die griechischen Seiten dieser Ausgabe haben, der Nieseschen vergleichbar, einen mehrstöckigen Apparat. Dieser nennt:

– die Quellen des Josephus, wo wir überhaupt eine feststellen können;
– Parallelen aus dessen eigenen Schriften;
– Bezeugungen des Josephus-Textes bei späteren Autoren;
– diejenigen Handschriften, die das auf der betreffenden Seite Gebotene überhaupt enthalten (»positiver« Apparat, meist PBRAMW lautend); wo also keine Variante angegeben ist, sind die Handschriften, von Trivialfehlern und späteren Entartungen abgesehen,[27] einhellig;
– die Abweichungen der Handschriften (»negativer« Apparat) von der im

---

[24] Hierzu Siegert 2001, Kap. 3.7.4. – Bei allen Verdachten, die man gegen die Exaktheit byzantinischer Handschriften haben kann, erweist sich die literarische *Koinē* des 1. Jahrhunderts doch als bunter, als es spätere Schulmeister wahrhaben wollten; πράττειν und πράσσειν, νεώς und ναός können frei wechseln. Man lese nur Plutarch, der trotz seiner Athener Ausbildung nirgends ein reines Attisch schreibt, und man vergleiche die morphologische Ausbeute der inzwischen reichlich vorhandenen Papyri.

[25] *Nicht* als Konjekturen zählen Eingriffe in die Orthographie, etwa bei dem meist falsch geschriebenen Namen Ταριχαῖαι (vgl. Anm. 29).

[26] Die Ausgaben wurden zurückverfolgt bis Bekker (1855). Bei den Konjekturen Nieses, unseres wichtigsten Vorgängers, geben wir zusätzlich an, ob er sie im Apparat vorschlug oder in den Text seiner *editio minor* aufnahm. Unerwähnt bleiben attizistische Korrekturen oder Korrekturvorschläge Nabers.

[27] Als Trivialfehler gelten uns orthographische Varianten und offensichtliche Versehen, wie das überaus häufige Verwechseln der Vorsilben ἐπ- und ὑπ-. Auch Schreibungen ohne erkennbaren Sinn ließen wir ohne Apparathinweis, außer wo die Stelle ohnehin diskutiert werden musste.

Haupttext bevorzugten Lesart. Wo keine von ihnen das im Haupttext Gebotene enthält, dieser also eine *Konjektur* bietet, sind sie summarisch mit »codd.« genannt; ihnen voraus geht – als einzige »positive« Angabe – die Nennung desjenigen Herausgebers, der (nach unserer Feststellung) die Verbesserung als erster vorgeschlagen hat.

Mitteilenswert erschienen uns in der Regel die Varianten all derjenigen Stellen, wo wenigstens *ein* Herausgeber der letzten anderthalb Jahrhunderte anders entschieden hatte.[28] Wir bieten also einen kritischen Apparat in Auswahl, in dem es vorkommen kann, dass ein einzelnes δέ, weil es umstritten ist, dokumentiert wird, wohingegen eine Textwucherung von mehreren Wörtern, die als solche klar erkennbar ist, unerwähnt bleibt.

Die zweite Regel bei der Aufstellung des Apparates war: Wo wir überhaupt Varianten bieten, bieten wir sie alle, auch die offensichtlich falschen, um die Basis unserer Entscheidung sichtbar zu machen.

Der Text ist also ein kritisch erstellter *Mischtext* und nicht etwa die »diplomatische« Wiedergabe einer einzigen Handschrift unter Nennung der übrigen bloß unter dem Strich. Keine Josephus-Handschrift ist hinreichend fehlerfrei, dass man so verfahren könnte. Was beim Von-Wort-zu-Wort-Entscheiden zwischen den Lesarten freilich nicht vermieden werden kann, ist das Entstehen von Sätzen oder Satzteilen, die sich so in keiner Handschrift finden – so ἐκέλευέ τε πέμπειν (237) oder Σίμων μὲν οὖν διά τε νεότητα (325): Solche aus mehreren Textzeugen zusammengestückelten Lesarten von fragwürdiger Authentizität werden nur deswegen nicht als Konjektur gekennzeichnet, weil ihre diversen Bestandteile immerhin belegt sind.

Auf jede Apparatangabe weist eine Hochzahl im Text hin. Wir hielten dieses noch nicht sehr gängige, jedoch gerade in neueren Josephus-Ausgaben zu findende Verweissystem für das beste, besser als den Optimismus oder vielmehr die Zumutung, ein ständiges Mitlesen des Apparats vorauszusetzen.

Eckige Klammern [...] kennzeichnen Stellen, wo wir Unauthentisches ausgeschieden haben, und spitze Klammern ⟨...⟩ Zutaten unsererseits, wo wir eine Lücke vermuteten. Auch das sind Arten von Konjektur, und so machen wir darauf aufmerksam.

Eine runde Klammer im Apparat bezeichnet die Unsicherheit der Lesung oder auch eine nicht mitteilenswerte orthographische Abweichung. Im deutschen Text hingegen markiert sie Zusätze um der Verständlichkeit willen.

---

[28] Ein Beispiel dessen, was damit durchs Sieb fällt, ist etwa V 352 προσέλθοι R anstelle von προσέλθῃ PBAMW, obwohl diese Variante durchaus eine Sinn-Nuance darstellt (die freilich einem Itazismus geschuldet sein kann) und Josephus auch anderswo den Optativ frei gebraucht. Für solche Angaben bleibt Nieses *editio maior* weiterhin unersetzt.

Ohne Apparatnotiz bleiben solche Korrekturen gegenüber den Handschriften, die nur die Orthographie betreffen, insbesondere die offenkundigen Itazismen.[29] Varianten zu Ortsnamen haben wir im übrigen nur ausnahmsweise mitgeteilt, v.a. wo wir Präzisierungen gegenüber Niese geben konnten. Für alles Übrige wird auf NIESES *editio maior* verwiesen – und auf das Register der Eigennamen am Ende dieses Bandes.

Ohne Apparatnotiz bleibt ferner die Akzentsetzung, die in keinem Fall auf Josephus selbst zurückgeht,[30] und die Setzung des »beweglichen« *ny*. Der Codex P ist hierin so freigebig, wie B sparsam; wir folgten, wo immer es anging, der älteren, weniger regelmäßigen Schreibweise des Codex P.[31]

Im übrigen unterbleibt im Apparat jeder Census von Editorenmeinungen: Wie schon die Konjekturen, so werden vollends die Handschriftenlesarten nicht mit den Namen derjenigen Herausgeber oder Forscher versehen, die sie billigten. Solche Mitteilungen wären nur mit Angabe von Gründen sinnvoll, die nicht immer erhältlich sind und die vor allem den Apparat zu sehr aufgebläht hätten.

Einige der interessantesten Varianten unseres Apparats (darunter auch einige nicht übernommene, aber bedenkenswerte Konjekturen) werden in den Anmerkungen auf der deutschen Seite übersetzt und je nach Interesse auch kommentiert.

[29] So bleiben auch die richtigen und unrichtigen Schreibungen eines Ortsnamens wie Ταριχαῖαι (meist Ταριχε- geschrieben, wobei schon die Unmöglichkeit, hier eine Nominativform auf –αι korrekt zu akzentuieren, eine Warnung hätte sein müssen) ohne nähere Berücksichtigung. Niese übersieht in seiner Treue zu P, dass dieser Ortsname der 1. und nicht der konsonantischen Deklination angehört. – Es versteht sich, dass wir Ungleichheiten im Sprachgebrauch des Josephus, der für Jerusalem teils Ἱεροσόλυμα schreibt, teils τὰ Ἱεροσόλυμα, einmal auch Ἱερουσαλήμ, weil sie stilistisch oder quellenkritisch relevant sein könnten, nicht angeglichen haben.

[30] Noch Codex P hat deren nur wenige, und kaum eine Handschrift setzt je ein *iota subscriptum*. Dennoch haben wir um der Verständlichkeit willen auch die Apparatangaben fast immer mit korrekten Akzenten versehen. – Ausnahmsweise geben wir Akzentvarianten in Fällen, wo wir unterschiedliches Sprachgefühl der Abschreiber bzw. der Herausgeber, zumal gegenüber semitischen Namen, dokumentieren wollten.

[31] Ein Fall wie ἀπηλλάγην in V 415, wo das ν in allen Codices eine falsche 1. Pers. herstellt, gilt uns als Trivialfehler für ἀπηλλάγη. Die *ed. pr.* hat ihn korrigiert, was wir jedoch im Apparat nicht vermerken. – Gleichfalls unkommentiert bleibt *fehlendes* ν in συντιθεῖσι V 337 (Satzmitte): Nur Cod. A hatte es, und dort wurde es ausgestrichen.

6. Grundsätze der Übersetzung

Edieren heißt heutzutage auch Übersetzen. Nicht nur dass altsprachige Texte kaum noch als solche gelesen und im Original verstanden werden; die Benützer haben auch ein Recht, textkritische Entscheidungen der Herausgeber zu überprüfen durch eine klare Auskunft, welcher Sinn mit der ausgewählten – oder überhaupt erst hineinkorrigierten – Lesart gemeint sein soll.

Die deutsche Übersetzung soll möglichst genau sein, wobei wir jedoch nicht nur wiedergeben wollten, *was* Josephus sagt, sondern auch, *wie* er es sagt.

Zur Syntax: Wir haben versucht, für *einen* griechischen Satz des Josephus *einen* deutschen zu konstruieren, um beisammen zu lassen, was für Josephus zusammengehört. Natürlich geht das nur annäherungsweise; oft haben wir untergeordnete Konstruktionen, für die das Altgriechische ja keine Grenzen kennt, durch Beiordnungen mit Semikolon (;) ersetzt oder durch einen Doppelpunkt. Vor allem haben wir die Wortreihenfolge möglichst genau reproduziert, in der ja bei guten Autoren durchaus eine Mitteilungsstrategie enthalten ist.

Was wir nicht immer wiedergegeben haben, sind die in fast jedem Satz enthaltenen, in griechischer Hochsprache obligatorischen Zeitstufendifferenzierungen. Insbesondere die Aorist-Partizipien, die ja genau genommen Vorzeitigkeit oder Vorbedingung meinen, konnten vielfach durch das bloße Nacheinander des Erzählablaufes für erledigt gelten.[32] Was Gliederungspartikeln betrifft, so konnte auch davon manches ohne direkte Wiedergabe bleiben dank übersichtlicher Gestaltung des Drucksatzes. Undeutlichkeiten der Struktur, die (in seltenen Fällen) beabsichtigt zu sein scheinen, haben wir nachgeahmt.

Daneben hat die Syntax des Josephus auch einen metrischen Aspekt. Gerne hätten wir ein graphisches Mittel gefunden, um die *Prosarhythmen* wiederzugeben, mit denen fast jeder Satzschluss und überhaupt jeder Schluss eines Absatzes markiert ist. Sie gehören fest zu des Josephus Spätstil.[33] Solche Bestandteile des »hohen« Stils sind Anzeichen literarischer Ansprüche sowie der Absicht, diesen Text vor Zuhörern zum Klingen zu bringen. Rhythmen, die den Sprachfluss verlangsamen, sind ein Mittel des Nachdrucks und auch der phonetischen Gliederung des Textes.[34] Sie sind nur da signifikant vermie-

---

[32] Ständiges »nachdem« mit Plusquamperfekt o. dgl. wäre eine dem Josephus nicht entsprechende Pedanterie gewesen.

[33] Zum Spracherwerb des Josephus siehe – am Beispiel seines Vokabulars – HANSEN 1999. Die Art, wie er Stilmittel handhabt, dürfte spätestens aus seiner Lektüre des Dionysios v. Halikarnass gekommen sein; vgl. unten, Anm. zu V 430.

[34] Bei sorgfältiger Aussprache, wie sie die Rhetoren damals übten, konnte also nicht verborgen bleiben, dass schon der erste Satz mit mehreren *versus cretici* schließt (Vgl. SIEGERT 1999a): $- / - \breve{} - / - \breve{} - / \times$, ebenso der zweite: $- - - / - \breve{} - / -$. Am

den, wo der Eindruck des Negativen, der Nichtigkeit oder der Leichtigkeit geweckt werden soll.[35] Für uns waren sie gelegentlich hilfreich zur Textgliederung, ja auch zur Feststellung der wahrscheinlichsten Lesart.

Zur Semantik: Eins-zu-eins-Gleichungen griechischer und deutscher Wörter waren nicht unser oberstes Ziel, da es sich nicht um einen Gesetzestext handelt, sondern um eine Erzählung, dazu eine sehr lebhafte und farbige. So konnte γένος in V 1ff. nicht überall mit »Familie« übersetzt werden, sondern wir mussten auch das Wort »Geschlecht« zur Hilfe nehmen, wobei die Grundbedeutung noch weiter wäre: Gemeint ist die Großfamilie einschließlich ihrer Ahnen.[36] Ein anderes Beispiel ist ὁπλίτης: Im Verband einer Armee wäre dies ein »Fußsoldat«, im Gegensatz zu den leichtbewaffneten Reitern ein »Schwerbewaffneter«; wo es sich aber nicht um eine organisierte Armee handelt, schien es uns besser, nur mit »Bewaffneter« zu übersetzen.

Metaphorische Ausdrücke haben wir möglichst so wiedergegeben, dass ihre Bildhaftigkeit erhalten blieb, wobei freilich der bildspendende Bereich im Deutschen nicht immer derselbe bleiben konnte wie im Griechischen des Josephus.

Bei einem Wort wie ὁμόφυλος müssen wir die wörtliche Wiedergabe, also »Volksgenosse«, ausnahmsweise geradezu entschuldigen, weil dieser Ausdruck im Deutschen viel missbraucht worden ist; es fand sich jedoch kein ähnlich passender. Hier bitten wir, die Epochen und Kulturen zu unterscheiden. Ebenfalls kulturbedingt sagt man heute nicht: »ich (Josephus) erbaute eine Mauer« – von der Josephus vermutlich keinen Stein angefasst hat –, sondern »ich ließ eine Mauer erbauen«.

Zur Pragmatik: Zum Streben nach Genauigkeit gehörte es für uns auch, dem stilistischen und rhetorischen Bemühen des Josephus gerecht zu werden und die Untertöne nicht ungehört zu lassen. Wenn Josephus am Anfang sagt, seine Herkunft sei »nicht unbedeutend« (οὐκ ἄσημον), so hätten wir durch »wörtliches« Übersetzen eine deutsche Bescheidenheitsfigur eingesetzt, wo doch die *Litotes* bei den Griechen eine Figur des Nachdrucks ist. Also übersetzten wir: »keineswegs unbedeutend«. Auf derlei Dinge wird in den Anmerkungen nicht eigens hingewiesen.[37] Ein anderes Beispiel ist der Wechsel ins historische Präsens bei Josephus, ein sehr häufig eingesetztes Mittel der Hervorhebung[38] und Gliederung (oft bei Neueinsätzen): Was Bibelüberset-

---

Ende von V 61, wo es um Treue zu den Römern geht, stehen sogar 6 Cretici, am Ende von V 263 reichlich fünf. Jedesmal an solchen Stellen einen Absatz zu machen, hätte ein zu unruhiges Schriftbild ergeben.

[35] So hat »Einen nur haben wir verloren« V 396 im Urtext neun Kürzen.

[36] Hilfreich für die Auswahl der passendsten Wortbedeutung war uns die Josephus-Konkordanz (s. u.: Literatur).

[37] Stattdessen genüge hier der summarische Verweis auf Heinrich LAUSBERGs *Handbuch der literarischen Rhetorik*, München, 3. Aufl. 1990.

[38] »Vordergrund« im Sinne von Harald WEINRICH: *Tempus. Besprochene und erzählte Welt*, Stuttgart, 2. Aufl. 1971.

zungen im Falle des Johannesevangeliums einigermaßen glaubwürdig erreichen, nämlich Wörtlichkeit, wollte uns bei Josephus nicht gelingen; so haben
wir die Hervorhebung durch Adverbien, Partikeln oder emphatische Wort-
stellung vorgenommen. – Vereinheitlicht haben wir ferner den Wechsel zwischen »wir« und »ich«, wo Josephus sich selbst meint, und zwar zugunsten
des »ich«.

Die Verwendung von Klammern und ähnlichen Zeichen in der Übersetzung ist diese: Gedankenstriche (– ... –) markieren grammatische Paren-
thesen in der Konstruktion des Josephus; runde Klammern erklärende Zusätze des Übersetzerteams. Runde Klammern stehen *nicht* für die eben genannten Übersetzungsfreiheiten im Bereich der Semantik und Pragmatik,
auch da nicht, wo wir, modernem Sprachempfinden gehorchend, Modalver-
ben (»können«, »sollen«, »müssen« usw., auch »lassen«) hinzugesetzt haben.
Wo wir ein Nomen (Name oder Substantiv) einsetzten für ein im Text befind-
liches Pronomen, haben wir auf die runden Klammern gleichfalls verzichtet:
Solche »Renominalisierungen« sind, wo der übersetzte Text undeutlich zu
werden droht, ohnehin Übersetzerpflicht.

Freiheit in der Setzung von Eigennamen ließen wir uns auch insofern, als
wir nie sagen »die Stadt der Tiberienser« u. dgl., wie bei Josephus häufig,
sondern einfach »Tiberias«, allenfalls »die Stadt Tiberias«.

Eine zusätzliche Lesehilfe bilden Zwischenüberschriften, als Zutat leicht
erkennbar durch einen vergleichenden Blick auf die linke Seite.

Die *Paragrapheneinteilung* des Textes stammt von Niese, wobei dessen
Randzahlen es nicht immer entscheidbar machten, wo in der Zeile er den
Einschnitt dachte. Beim Zitieren (auch innerhalb dieser Ausgabe) können
sich dadurch geringfügige Unschärfen einstellen. – Eine Konkordanztabelle
zum Vergleich mit den vor Niese üblichen Kapitelzahlen findet sich am Ende
dieser Einleitung.

7. Die Wiedergabe semitischer Namen

Die Transkriptionen des Josephus sind im allgemeinen (und abgesehen von
den gerade hier häufigen Verschreibungen in den Handschriften) recht genau,
wobei freilich der damalige Lautstand der Namen berücksichtigt werden
muss (Gamaliel, nicht Gamliel; Beᵓer-Šabeᶜ, nicht Beᵓer-Šebaᶜ) ebenso wie
das (der Septuaginta noch fremde) Bedürfnis, flektierbare Formen zu finden.[39] Darüber hinaus nimmt Josephus nicht selten Rücksicht auf griechische

---

[39] Zu diesen Details s. Siegert 1999b, wo auch der Lautwert der von Josephus
verwendeten griechischen Zeichen diskutiert wird. Eine zusätzliche Entschei-
dungshilfe im Finden der für Josephus wahrscheinlichsten Schreibung waren die
frühbyzantinischen Geographen, v.a. Hierokles, Georg von Zypern und Ste-
phan von Byzanz, deren Angaben fachkundig aufgearbeitet sind bei Thomsen

Euphonie, insbesondere in der Vermeidung der sog. Aspiratae (*ph, ch, th*), die im Griechischen Ausnahmelaute sind, wohingegen sie in semitischen Sprachen gegenüber den Tenues (*p*,[40] *k, t*) eher die Regel darstellen. Josephus' eigener Name ist ein Beispiel: Unser Autor transkribiert sich Ἰώσηπος, mit nicht aspiriertem *p*, offenbar weil kaum ein griechischer Personenname mit -φος aufhört. Ebenso ist die Setzung des Hauchzeichens im Griechischen (*spiritus asper*), sofern die Handschriften hierin überhaupt antike Tradition widerspiegeln, offenkundig Sache innergriechischer Analogiebildung. Sie macht aus Ḥanan Ἄνανος und aus *Jerušalem / Jerušalajim* Ἱεροσόλυμα.

All dies nun aber im Deutschen nachzuahmen, d. h. die Gräzisierungen weiter zu germanisieren – wobei man dann nicht weiß, wie man Namen wie »Gischala« oder »Iotapata« aussprechen soll –, erschien uns nicht sinnvoll. Wir haben darum möglichst auf die semitischen Formen direkt zurückgegriffen, ohne in der Festlegung ihrer (damaligen) Aussprache allzu genau sein zu wollen. Lediglich die Gutturale *h, ḥ* und ᶜ, Konsonanten also, die von griechischer Transkription bei Josephus und auch sonst (in den alten Onomastika) grundsätzlich ausgeschlossen waren,[41] haben wir hinzugefügt sowie *s* und *š* unterschieden.[42] Das *z* steht für stimmhaftes s (*zajin*).[43] Ein gewisses Maß an semitischem Kolorit, meinten wir, könnte einer heutigen Leserschaft durchaus sympathisch sein.

Bei gelegentlichen Aramaismen haben wir uns für die hebräische Form entschieden, da sie ohnehin nur der leichteren Verwendung des griechischen Alphabets geschuldet zu sein scheinen.[44]

1907. Ferner holten wir uns Rat bei Schlatter 1913 und Schalit 1968 sowie in den Wörterbüchern von Pape (für das Griechische) und Jastrow (für das Hebräische und Aramäische). Für die wenigen arabischen Eigennamen diente zusätzlich Wuthnow 1930.

[40] Wie noch Hieronymus feststellte, gibt es ein unaspiriertes p im Hebräischen gar nicht. Die dt. Aussprache von p, k, t ist eine undeutliche Mitte zwischen Tenues und Aspiratae, was einen Vergleich der Alphabete zweifellos erschwert. So transkribieren wir anlautendes Hebräisches *p* als p, auslautendes als *f*.

[41] Fälle archaisierender Wiedergabe von ᶜ (*ᶜajin*) durch g (wie in Γάζα = Gaza oder Γάραβα = ᶜArab) begegnen bei Josephus nur, wo sie damals bereits eingebürgert waren. Hier haben wir »Gaza« als bei uns eingebürgerte Schreibweise beibehalten.

[42] In den Anmerkungen und Registern unterscheiden wir bei Bedarf zusätzlich *k (kaf)* von *q (qof)*, *s (samech)* von *ṣ (ṣade)*, *t (taw)* von *ṭ (ṭet)*. Auf die Unterscheidung verschiedener Aussprachen des *b (bet)* sowie auf die von a und ā haben wir meist verzichtet, weil auch die Texte dazu keinen Anlass geben.

[43] Das griech. ζ war gleichfalls stimmhaft (ds); die Entwicklung ging zum bloßen stimmhaften s.

[44] So geht Βησάρα (für heutiges Bet-Šeᶜarim; ältere Aussprache: Bet-Šaᶜarim) offenbar auf aram. Be-Šaᶜare zurück, was aber nicht viel zu besagen hat, da Josephus den Zusammenstoß von t und s sowieso vermeidet (er schreibt nie βηθσ-). Der Wegfall der hebr. Endung (auffälligster Semitismus der Septuaginta) *-im* erleichtert außerdem die griech. Endung, in unserem Fall (nach ρ): a.

Eine Ausnahme von unserer Regel bleiben solche Namen, für die es eine fest eingeführte deutsche Form gibt (z. B. »Josephus«). Patronyme geben wir in der Form »Johanan, Sohn des Levi« bzw., wo statt »Sohn des« nur ein Genitiv steht, »Johanan ben Levi«.

Gerade wo wir semitische Namen in unseren Text aufnehmen und damit vom Usus bisheriger Geschichtswerke abweichen, tun wir es aus Originaltreue gegenüber dem *griechischen* Text: Der Name Johanan klingt in unseren Ohren etwa so, wie der Name Iōannēs in den Ohren der römischen Leser des Josephus geklungen haben muss.

Bei der Transkription rein griechischer Eigennamen hielten wir uns an die lateinische Konvention, die dem Lautstand der Kaiserzeit am ehesten entspricht; dies, ohne die Endungen zu latinisieren, und unter Beibehaltung des *k*.

8. Zweck der Anmerkungen

Die Anmerkungen zur deutschen Übersetzung sollen zunächst Verständnisschwierigkeiten beheben, die in dem historischen Abstand begründet liegen, also Informationen nachliefern, die Josephus bei seinen damaligen Lesern voraussetzte. Ferner sollen sie auf eventuelle Widersprüche in den Quellen hinweisen – bei Josephus selbst und außerhalb seines Werkes – und sie nach Möglichkeit aufklären. Hierbei war auch der Zugewinn an archäologischen Erkenntnissen seit etwa einem Jahrhundert zu berücksichtigen.[45]

Wo der Platz für die Anmerkungen nicht ausreichte, wurden sie in den Anhang verwiesen.

9. Siglen und Beschreibung der Handschriften[46]

Codex Palatinus (P)

Den Anfang an Alter und Würde macht der Codex Palatinus (so genannt, weil er einst der Bibliothek des Pfalzgrafen in Heidelberg gehörte), jetzt in der Vatikanischen Bibliothek, Cod. Graecus Nr. 14, geschrieben am Anfang des 10. Jh.[47] auf Pergament in einer noch größtenteils unakzentuierten Minuskelschrift.[48] Er bietet A 11–17 samt den Inhaltsangaben des 18. Buches – der

---

[45] Einige Detailfragen konnte Manuel VOGEL bei einer Reise zu galiläischen Ausgrabungsstätten im August 1998 aus eigener Anschauung klären.

[46] Die folgenden Angaben entstammen den Einleitungen von NIESE Bd. 1, 3, 4 und 6, SCHRECKENBERG 1972, 13–53 und – für Cod. R und Cod. B – eigenen Kollationen (SIEGERT 2001).

[47] In diesem Sinne ist die Angabe bei SCHRECKENBERG 1972, 39 zu ändern. Niese gibt an: 9./10. Jh.

[48] Über Einzelheiten s. den Apparat bei Niese. Eine Liste typischer Schreibfehler von P, die sich z.T. noch als Verlesungen der Majuskelschrift erklären lassen, gibt SIEGERT 2001, Kap. 3.2.1.

Rest ist verloren – sowie die *Vita*. Er bricht ab mit V 427 κατῳκηκυῖαν; es fehlen also A 18–20 und das Ende der *Vita*. Darüber hinaus fehlt in der *Vita* ein Blatt, das von V 384 δὲ πολλοί bis 393 τὴν μοχθηρίαν reichte. Vgl. unten: Vatop.

P¹ = »erste Hand« des Codex P (vor einer alten Korrektur).

Codex Bononiensis (B)

Codex Bononiensis (Bologneser Codex), Bologna, Biblioteca Universitaria, Graecus 3548, geschrieben in einer professionellen, aber sehr flüchtigen Kursive des 14. oder 15. Jh., auf Papier, mit vielen kleinen Lücken. Enthält Inhaltsangaben zu B 1–7, das *Testimonium Flavianum* (A 18:63f), die Passage über Johannes den Täufer (A 18:116–119), das gesamte *Bellum* und danach auf fol. 119v–131r die *Vita*. Ab fol. 132 folgt PHILONs *Legatio ad Gaium*;[49] es handelt sich also um eine sehr gezielte thematische Zusammenstellung. Dieser für Josephus-Ausgaben bisher nicht benützte Codex wurde von uns nach Fotografien eingearbeitet. Er steht P nahe, ohne seine Abschrift zu sein, ist also Zeuge der besten Überlieferung. SCHRECKENBERG 1972, 16; SIEGERT 2001, Kap. 1–3.[50]

Codex Regius (R)

Codex Regius (»des Königs« von Frankreich) der Nationalbibliothek Paris, Graecus 1423, geschrieben im 13. oder 14. Jh. auf Pergament. Er enthält das *Bellum* und die *Vita*. Viele Lesarten hat nur er; manchmal ist es die einzig akzeptable. Dieser Codex wurde im März 2000 im Original eingesehen an folgenden Stellen: V 99, 107, 137, 205, 208, 252; Näheres bei SIEGERT 2001, Kap. 4.[51]

Codex Ambrosianus (A)

Codex Ambrosianus, Biblioteca Ambrosiana, Mailand, F 128 sup., ca. 11. Jh., aus Pergament. Er enthält die letzten zehn Bücher der *Antiquitates* samt der *Vita* mit Ausnahme eines ausgefallenen Blattes in A 16. Dieser Codex

---

[49] Die Ausgabe COHN / WENDLAND / REITER, *Philonis Iudaei opera quae supersunt*, Bd. 6, Berlin 1915, hat diesen Codex benützt: Prolegomena, S. XXXVIII und LXII–LXVI.

[50] Liste der nur von B bezeugten Lesarten, die in die vorliegende Ausgabe aufgenommen wurden, ebd. Kap. 3.6.1; Liste von Lesarten, die bisher nur konjiziert wurden, jetzt aber aus B zitiert werden, 3.6.2.

[51] Dort unter 4.2 auch einige Bemerkungen über den vernachlässigenswerten jüngeren Pariser Codex Graecus 1420.

trägt Spuren mehrerer Überarbeitungen. Mit A[1] bezeichnen wir die »erste Hand«, mit A[c] von späterer Hand Korrigiertes, mit A[m] Randanmerkungen (Marginalien) dieses Codex.

Abgesehen von solchen Lücken und Korruptelen, die die gesamte *Vita*-Überlieferung betreffen, ist dieser Codex ein weiterer wertvoller Zeuge einer unabhängigen Überlieferung, so dass ein Zusammengehen von P, R und A als gute Bezeugung gilt.

Codex Mediceus (M)

Codex Mediceus der Biblioteca Laurentiana (also des Lorenzo de' Medici) in Florenz, Plut. 69, Cod. 10, geschrieben in Rom 1469 auf Papier. Er enthält die zwanzig Bücher der *Antiquitates* samt der *Vita*. Textlich ist er mit Codex A verwandt.[52]

Codex Vaticanus (W)

Codex Vaticanus Graecus 984, aus Pergament, ein Palimpsest,[53] neu überschrieben i. J. 1354 n. Chr. mit A 11–20, der *Vita*, einer Epitome von A 1–10 und dem *Bellum*. Textlich ist auch er mit Codex A verwandt.

So weit die »ständigen Zeugen«, die nach den Angaben des Apparats von NIESE (für PRAMW) bzw. nach Fotografien (B) verglichen wurden. Zur Ergänzung der Lücken in P wurde verwendet:

Codex Vatopedianus (Vatop.)

Codex Vatopedianus (Athos-Kloster, Μονὴ Βατοπεδίου, Nr. 386), 13. Jh., von Niese noch nicht benützt, P nahestehend. Er enthält einen Teil der *Antiquitates*-Epitome, das ganze *Bellum* und danach die *Vita*, jedoch mit einer großen Lücke in V 36–426. Wir haben ihn eingearbeitet nach den Angaben von LAMBERZ 1996, 305.[54]

Nur stellenweise – wo wir vor der Not des Konjizierens standen – haben wir nach NIESES Angaben herangezogen:

---

[52] Näheres zu der aus A, M und W gebildeten Gruppe bei NIESE, Bd. 3, S. XXIX-XXIV.
[53] So die Präzisierung bei NIESE. Näheres in seinem Bd. 1, S. XXIf., ferner bei A. TURYN, *Codices Graeci Vaticani*, Rom 1964, 149f.
[54] Hiernach HANSEN 1998, 148, Anm. 10.

Editio princeps (ed. pr.)

Die Erstausgabe des griechischen Textes erfolgte durch Arnoldus Peraxylus ARLENIUS, Basel 1544, aufgrund einer uns heute nicht mehr exakt feststellbaren handschriftlichen Grundlage.[55] Sie bietet an einigen Stellen das allein Plausible, wobei man freilich nicht weiß, ob aufgrund ihrer Handschrift(en) oder aufgrund von Konjektur.[56]

Für V 1f., 6–16, 78–80 und 82–84 stehen ferner die *Excerpta Constantiniana* zur Verfügung (benannt nach ihrem Auftraggeber, dem byzantinischen Kaiser Konstantinos Porphyrogennetos bzw., nach zeitweiligen Besitzern, *Excerpta Peiresciana* oder *Ursiniana*).[57] Sie geben den Text getreu wieder bis auf Elemente der aufgegebenen Makrosyntax, nämlich gewisse Verbindungspartikeln.[58]

Nach gebührender Prüfung blieb unberücksichtigt, abgesehen von dem oben (Anm. 51) schon erwähnten Pariser Graecus 1420, der Codex Yale (Yale University Library, New Haven, Nr. 275, 14. Jh., auf Papier), der Gruppe RA nahestehend. Wir haben ihn nachverglichen an all den Stellen, wo wir uns zu Konjekturen veranlasst sahen; doch nicht ein einziges Mal bietet er etwas aus den übrigen Handschriften nicht schon Bekanntes. Lediglich in der Akzentsetzung Βησάραν V 119 hat er uns unterstützt, dort als einziger. SIEGERT 2001, Kap. 2.1.

Ein Stemma (Stammbaum) der Handschriften ließe sich nur sehr ungefähr geben,[59] da die Überlieferung durchgehend kontaminiert ist, also zahllose Quereinflüsse aufweist: Beim Abschreiben wurden – wie man an den Marginalien des Codex A sogar noch sehen kann – mitunter mehrere Exemplare nebeneinandergelegt und die am besten erscheinende Lesart eklektisch übernommen. Es bestehen also keine klaren Verwandtschaftsverhältnisse, außer dass P und A sich fast nie allein berühren. Das hat sich auch an Codex B wieder erwiesen, der selten mit A allein zusammengeht.[60]

Gruppenweise und ungefähr gehören zusammen PB, R, AMW, die wir darum in dieser Reihenfolge nennen.

---

[55] Über sie vgl. SCHRECKENBERG 1972, 40 (unter C) und v.a. 52f. Voraus gingen mehrere Ausgaben nur auf Latein.

[56] An zwei Stellen, V 31 und 163, konnte eine bisher nur aus der ed. pr. bekannte Lesart bestätigt werden aus dem Codex B. Nur diesen erwähnen wir dann noch als Herkunft der Lesart. Vgl. SIEGERT 2001, Kap. 3.5.1.

[57] Über sie unterrichtet SCHRECKENBERG 1972, 124–127.

[58] Diese der Neuverwendung geschuldeten Varianten werden nicht erwähnt.

[59] Vgl. immerhin den Versuch eines Stemmas bei HANSEN 1998, 150. Nachzutragen wäre, knapp neben dem Vatopedianus, eine oberhalb von P abzweigende Linie, die im 14./15. Jh. B trägt.

[60] Ein halbes Dutzend Beispiele finden sich immerhin bei SIEGERT 2001, Kap. 3.3.

Die Apparatsprache ist Latein. Folgende Abkürzungen werden gebraucht:

acc. = *accentuavit* (akzentuierte)
add. = *addidit* (fügte hinzu)
cf. = *confer* (vergleiche) – ob die betr. Äußerung bestätigenden Inhalts ist oder
    nicht, wird hierbei nicht ausgesprochen
cod., codd. = *codex, codices*
coni. = *coniecit* (vermutete)[61]
del. = *delevit* (tilgte); *delendum* = zu tilgen
ed. mai., ed. min. = *in editione maiori* bzw. *minori* (s. folgende Liste: NIESE)
indic. = *indicavit* (gab an)
ins. = *inseruit* (fügte ein); *inserendum* (einzusetzen)
lac. = *lacuna* (Lücke)
not. = *notavit* (merkte an)
om. = *omisit* (ließ aus)
pace = unbeschadet einer Gegenmeinung von...
s. = *et sequens* (und der/die/das folgende)
s.v. = *sub voce* (unter dem Stichwort)
secl. = *seclusit* (setzte in Klammern, schied aus); *secludendum* (in Klammern zu
    setzen, auszuscheiden)
suppl. = *supplevit* (ergänzte)
susp. = *suspicatus est* (verdächtigte) oder *suspectum* (verdächtig, wohl unecht)
transp. = *transposuit* (stellte um)
var. acc. = *vario accentu* (mit anderem/ verschiedenem Akzent)
vel sim. = *vel similiter* (oder ähnlich).

Über A, B, C und V s.o. Anm. 2. Weitere Abkürzungen sind aufgeschlüsselt vor dem allgemeinen Literaturverzeichnis (S. 187). Bei Wörtern und Abkürzungen semitischer Herkunft ist statt konsonantischen y stets j gesetzt. 1.2 Kön = 1.2 Könige (Hebräische Bibel), Apg = Apostelgeschichte (Neues Testament).

Ein Doppelpunkt (:) im Apparat trennt verschiedene Angaben zur selben Stelle. Bei der Zitierung von Quellen trennt er die Nummer eines antiken »Buches« von folgenden Kapitel- oder Paragraphenzahlen.

Liste bisheriger Ausgaben und Übersetzungen der Vita
(in Auswahl; vgl. S. 187ff.)

editio princeps = *Flavii Iosephi Antiquitatum Iudaicarum libri XX, adiecta ...
Vita Iosephi ...,* Basel 1544, ed. A. P. ARLENIUS (Mitarb.: S. GELENIUS).
editio Genevensis = *Flavii Iosephi opera quae exstant,* Genf 1611.
Flavii Iosephi opera, ed. I. BEKKER, 2 Bde., Leipzig 1855.1856.

---

[61] Wo überhaupt nur ein Name genannt ist statt einer Handschrift, handelt es sich um die Konjektur der genannten Person – sei es im Text einer Ausgabe, sei es in deren Apparat oder sonstwo.

Flavii Iosephi opera, ed. B. NIESE, 7 Bände (= editio maior), Berlin 1885–1895 u.ö. (*Vita*: Bd. 4, 1890, 321–389).

Flavii Iosephi opera, ed. B. NIESE, *editio minor*, 6 Bde., Berlin 1888–1895 u. ö.

Flavii Iosephi opera omnia, ed. A. NABER (Bibl. Teubneriana), Leipzig 1888–1896 (*Vita*: Bd. 4, 1893, 313–385).

Josephus in Nine Volumes, Bd. 1: *The Life. Against Apion*, hg. H. St.J. THAC-KERAY (LCL), Cambridge (Mass.) 1926 u.ö.

Flavius Josèphe: Autobiographie, (griech./franz.) hg. A. PELLETIER (Coll. Budé), Paris 1959, 4. Aufl. 1993.

Flavius Josephus: Vita, translated from [the] Greek by G. HATA (japan.), Tokio 1978.

Jósef Flawiusz. Przeciw Apionowi (Contra Apionem); Autobiografia (Vita), z oryginału greckiego przełożył westepem i objaśnieniami opatrzył Jan RA-DOŻYCKI, Poznań 1986.

Flavio Josefo. Autobiografía; Sobre la antigüedad de los judíos (Contra Apión), traducción, introducción y notas, de M. V. SPOTTORNO DÍAZ-CARO/ J. R. BUSTO SAIZ, Madrid 1987.

De autobiografie van de joodse historicus Flavius Josephus, vertaald, ingeleid en toegelicht door G. MUSSIES, Kampen 1991.

Flavio Giuseppe: Autobiographie (griech. u. ital.), hg. G. JOSSA, Neapel 1992.

Flavius Josephus: De Joodse Oorlog & [en] Uit mijn leven, vertaald, ingeleid en van aantekeningen voorzien door F. J. A. M. MEIJER en M. A. WES, Baarn 1992.

Konkordanz der Kapitel- und Paragraphenzählung

Kap.	§	Kap.	§	Kap.	§
1	1	27	132	53	271
2	7	28	136	54	276
3	13	29	141	55	283
4	17	30	145	56	290
5	20	31	149	57	294
6	24	32	155	58	299
7	28	33	165	59	304
8	30	34	169	60	309
9	32	35	174	61	313
10	43	36	179	62	317
11	46	37	185	63	324
12	62	38	189	64	331
13	68	39	195	65	336
14	77	40	199	66	368
15	80	41	204	67	373
16	84	42	208	68	381
17	87	43	212	69	385
18	94	44	216	70	390
19	97	45	228	71	394
20	101	46	236	72	399
21	102	47	242	73	405
22	104	48	246	74	407
23	112	49	252	75	414
24	114	50	259	76	422
25	122	51	262		
26	126	52	266		

Flavius Josephus

Aus meinem Leben
(*Vita*)

22

1 Ἐμοὶ δὲ γένος ἐστὶν οὐκ ἄσημον, ἀλλ' ἐξ ἱερέων ἄνωθεν κατα-
βεβηκός. ὥσπερ δ' ἥ[1] παρ' ἑκάστοις ἄλλη τίς ἐστιν εὐγενείας
ὑπόθεσις, οὕτως παρ' ἡμῖν ἡ τῆς ἱερωσύνης μετουσία τεκμήριόν[2]
ἐστιν γένους λαμπρότητος. 2 ἐμοὶ δ' οὐ μόνον ἐξ ἱερέων ἐστὶν τὸ
γένος, ἀλλὰ καὶ ἐκ τῆς πρώτης ἐφημερίδος τῶν εἰκοσιτεσσάρων –
πολλὴ δὲ κἂν τούτῳ διαφορά – καὶ τῶν ἐν ταύτῃ δὲ φυλῶν ἐκ τῆς
ἀρίστης. ὑπάρχω[3] δὲ καὶ τοῦ βασιλικοῦ γένους ἀπὸ τῆς μητρός· οἱ
γὰρ Ἀσαμωναίου παῖδες, ὧν ἔγγονος[4] ἐκείνη, τοῦ ἔθνους ἡμῶν ἐπὶ
μήκιστον χρόνον ἠρχιεράτευσαν καὶ ἐβασίλευσαν. 3 ἐρῶ δὲ τὴν
διαδοχήν· ὁ πρόπαππος ἡμῶν Σίμων ὁ Ψελλὸς ἐπικαλούμενος. οὗτος ἐγένετο καθ' ὃν καιρὸν ἠρχιεράτευσεν Σίμωνος ἀρχιερέως ὁ
παῖς, ὃς πρῶτος ἀρχιερέων Ὑρκανὸς ὠνομάσθη. 4 γίνονται δὲ τῷ
Ψελλῷ Σίμωνι παῖδες ἐννέα· τούτων ἐστὶν[5] Ματθίας ὁ Ἠφαίου[6]
λεγόμενος· οὗτος ἠγάγετο πρὸς γάμον θυγατέρα Ἰωνάθου ἀρχιερέως, τοῦ πρώτου ἐκ τῶν Ἀσαμωναίου παίδων γένους ἀρχιερατεύ-
σαντος, τοῦ ἀδελφοῦ Σίμωνος τἀρχιερέως·[7] καὶ γίνεται παῖς

Iosephus: 2 – 5 A 7:366; 16:187

Testim. et recept.: 1 Exc.Const. · 2 Exc.Const. (ad τῆς μητρός), Photius

P B R A M W

[1] δ' ἥ acc. NIESE : δὴ PAWExc. : δὲ RM
[2] μέγα ante τεκμήριόν add. MWExc., cf. A 18:376; A 16:252; V 358; C 1:36
[3] ὑπάρχων P : μετέχω COBET
[4] ἔκγονος MW; cf. RAJAK 1983, 15
[5] εἷς ἐστιν A : ἐστιν εἷς MW
[6] ἠφ(ι)λίου RMAW
[7] τοῦ ἀρχιερέως RMAW

Flavius Josephus: Aus meinem Leben

1–12 Abstammung und Jugend

1 Ich stamme übrigens[1] aus einer keineswegs unbedeutenden Familie,[2] sondern aus einer, die seit Urzeiten von Priestern herkommt. Wie aber bei den einzelnen (Völkern) die Voraussetzung für Adel jeweils eine andere ist, so ist bei uns die Zugehörigkeit zur Priesterschaft Kennzeichen für die Prominenz einer Familie. **2** Meine Familie[3] stammt jedoch nicht nur von Priestern, sondern sogar von der ersten[4] der vierundzwanzig Priesterklassen[5] – auch darin liegt ein großer Unterschied – und von den Sippen in dieser auch wieder von der vornehmsten. Ich gehöre aber auch zum königlichen Geschlecht von der Mutter her,[6] denn die Söhne des Ḥašamon, deren Nachkomme sie ist, waren über sehr lange Zeit Hohepriester und Könige[7] unseres Volkes. **3** Ich will aber die Generationenfolge nennen: Unser Urgroßvater[8] war Šimꜥon, mit dem Beinamen Stammler. Dieser lebte zu der Zeit, als der Sohn des Hohenpriesters Šimꜥon Hohepriester war – nämlich Hyrkanos, der erste Hohepriester dieses Namens. **4** Es wurden aber dem Stammler Šimꜥon neun Kinder geboren; zu diesen gehört Matja, der (Sohn) des Efai genannt wurde. Dieser heiratete eine Tochter des Hohepriesters Jonatan, der als erster aus der Has-

---

[1] A 20:266 weist die *Vita* als Anhang zu den *Antiquitates* aus; vgl. auch V 430. Eusebius, *Hist. eccl.* 3:10,8f. zitiert V als Teil von A. In den Handschriften sind A und V fast durchweg zusammen überliefert. SCHRECKENBERG 1972, 11; BILDE 1988, 104–106. Zur Datierung vgl. Anm. 28 im Anhang.

[2] Vgl. B 5:419. Die familiäre Herkunft war nach antikem Verständnis von zentraler Bedeutung für die Beurteilung des »Charakters« (ἦθος, V 430) einer Person. MASON 1998a, 57 mit Beispielen. Zustimmend HANSEN 1999, 39–41, der Josephus allerdings eher unter dem Einfluss der Autobiographie des Nikolaus von Damaskus sieht; vgl. auch COHEN 1979, 107 Anm. 29.

[3] Zu V 2–6 vgl. Anm. 1 im Anhang.

[4] Vgl. SCHÜRER 1979, 249 Anm. 49; KRIEGER 1994, 59.

[5] Vgl. 1 Chr 24,7–19; A 7:365f.; SCHÜRER 1979, 245–250.

[6] Nach RAJAK 1983, 15f. meint Josephus damit die im Stammbaum V 4 erwähnte Tochter des Hasmonäers Jonatan, seine eigene Ur-Urgroßmutter; vgl. RADIN 1929; kritisch COHEN 1979, 107f. Anm. 33.

[7] Nach A 13:301 führten die Hasmonäer erst seit Aristobul (104 v. Chr.) den Königstitel.

[8] Der Urururgroßvater des Josephus, also eher »Vorvater«.

αὐτῷ Ματθίας ὁ Κυρτὸς ἐπικληθεὶς ἄρχοντος Ὑρκανοῦ τὸν πρῶτον ἐνιαυτόν. 5 τούτου γίνεται Ἰώσηπος ἐνάτῳ ἔτει τῆς Ἀλεξάνδρας ἀρχῆς, καὶ Ἰωσήπου Ματθίας βασιλεύοντος Ἀρχελάου τὸ δέκατον, Ματθία δὲ ἐγὼ τῷ πρώτῳ τῆς Γαΐου Καίσαρος ἡγεμονίας. ἐμοὶ δὲ παῖδές εἰσιν τρεῖς, Ὑρκανὸς μὲν ὁ πρεσβύτατος ἔτει τετάρτῳ τῆς Οὐεσπασιανοῦ Καίσαρος ἡγεμονίας, ἑβδόμῳ δὲ Ἰοῦστος, ἐνάτῳ δὲ Ἀγρίππας. 6 τὴν μὲν οὖν[8] τοῦ γένους ἡμῶν διαδοχήν, ὡς ἐν ταῖς δημοσίαις δέλτοις ἀναγεγραμμένην εὗρον, οὕτως παρατίθεμαι, τοῖς διαβάλλειν ἡμᾶς πειρωμένοις χαίρειν φράσας.

7 Ὁ πατὴρ δέ μου Ματθίας οὐ διὰ μόνην τὴν εὐγένειαν ἐπίσημος ἦν, ἀλλὰ πλέον διὰ τὴν δικαιοσύνην ἐπῃνεῖτο, γνωριμώτατος ὢν ἐν τῇ μεγίστῃ πόλει τῶν παρ' ἡμῖν τοῖς Ἱεροσολύμοις.[9] 8 ἐγὼ δὲ συμπαιδευόμενος ἀδελφῷ Ματθίᾳ τοὔνομα – γεγόνει γάρ μοι γνήσιος ἐξ ἀμφοῖν τῶν γονέων – εἰς μεγάλην παιδείας προὔκοπτον ἐπίδοσιν μνήμῃ τε καὶ συνέσει δοκῶν διαφέρειν. 9 ἔτι δ' ἀντίπαις[10] ὢν περὶ[11] τεσσαρεσκαιδέκατον ἔτος διὰ τὸ φιλογράμματον ὑπὸ πάντων ἐπηνούμην, συνιόντων ἀεὶ τῶν ἀρχιερέων καὶ τῶν τῆς πόλεως πρώτων ὑπὲρ τοῦ παρ' ἐμοῦ περὶ τῶν νομίμων ἀκριβέστερόν τι γνῶναι. 10 περὶ δὲ ἑκκαίδεκα[12] ἔτη γενόμενος ἐβουλήθην τῶν παρ' ἡμῖν αἱρέσεων ἐμπειρίαν λαβεῖν. τρεῖς δ' εἰσὶν αὗται, Φαρισαίων μὲν ἡ πρώτη, καὶ Σαδδουκαίων ἡ δευτέρα, τρίτη δ'[13] Ἐσσηνῶν, καθὼς πολλάκις εἴπομεν· οὕτως γὰρ ᾠόμην[14]

Iosephus: **6** A 7:366; 16:187

Testim. et recept.: **5** Photius · **7**s. Exc.Const. · **9**s. Exc.Const., Photius

P B R A M W

[8] om. P
[9] Lowth : ἱεροσολυμίταις codd.
[10] ἄρα παῖς RAMWExc.
[11] περὶ τὸ R
[12] ἑκκαίδεκα δὲ AMWExc.
[13] δὲ RB : δὲ ἡ MW : τρίτη δ' om. Exc.
[14] ωμην (var. acc.) BRAMWExc.

monäerfamilie Hohepriester geworden war – er war Bruder des Šim‘on, der auch Hohepriester wurde – ; und es wurde ihm ein Sohn geboren, Matja, genannt der Bucklige, im ersten Jahr der Herrschaft des Hyrkanos. **5** Diesem wurde ein Josef geboren im neunten Jahr der Herrschaft der Alexandra, und dem Josef ein Matja im zehnten Jahr des Königtums des Archelaos, dem Matja schließlich ich im ersten Jahr des Kaisertums des Gaius (Caligula).[9] Ich aber habe drei Kinder:[10] Hyrkanos, der älteste, (wurde geboren) im vierten Jahr des Kaisertums Vespasians, im siebten Justus,[11] im neunten Agrippa. **6** Und zwar führe ich den Stammbaum unseres Geschlechts hier so an, wie ich ihn in den öffentlichen Registern aufgeschrieben fand, ohne mich um die, die versuchen, uns zu verleumden, weiter zu kümmern.

7 Mein Vater Matja[12] war nicht nur seiner vornehmen Abstammung wegen bedeutend; sondern mehr noch wurde er seiner Rechtschaffenheit wegen gelobt, hochangesehen in unserer größten Stadt, Jerusalem. **8** Ich aber, während ich gemeinsam mit meinem Bruder Matja erzogen wurde – er war mein leiblicher Bruder von beiden Eltern her – machte gewaltige Fortschritte in meiner Ausbildung und stand im Ruf überragender Gedächtnis- und Verstandeskraft. **9** Noch als Jugendlicher, so um das vierzehnte Jahr – erhielt ich Lob von allen für meine Stoffkenntnis; die Hohepriester[13] und die Vornehmsten der Stadt trafen sich immer wieder, um von mir genauere Auskunft über die Gesetzesbestimmungen zu erhalten.[14] **10** Mit etwa sechzehn Jahren wollte ich aber die bei uns vorhandenen Schulrichtungen durch Erfahrung kennen lernen. Es gibt deren drei, erstens die Pharisäer, zweitens die Sadduzäer und drittens die Essener, wie ich schon oft gesagt habe;[15] denn so glaubte ich

---

[9] Röm. Kaiser seit 18. März 37. Josephus ist also zwischen dem 18. März 37 und dem 17. März 38 geboren.
[10] Nach V 426f. war Hyrkanos eines von ursprünglich drei Kindern aus dritter Ehe (vgl. Anm. 332), während Justus und Agrippa aus vierter Ehe stammten.
[11] Was sagt der Name dieses um 75 geborenen Sohnes über das damalige Verhältnis des Josephus zu seinem (späteren?) Erzfeind Justus von Tiberias aus? (SCHWARTZ 1990, 144f.).
[12] Zum Vater des Josephus vgl. außer V 5 auch V 204; B 5:533. Die Mutter ist in B 5:419. 544 erwähnt. Vgl. SCHÜRER 1973, 46.
[13] Auch die Hohenpriester, die nicht mehr im Amt waren, behielten ihren Titel. So erklärt sich der auch im NT geläufige Plural, obwohl stets nur ein Hoherpriester amtierte. JEREMIAS 1962, 178. 197–200; SCHÜRER 1979, 206 Anm. 16; *NBL* 2, 181–183.
[14] Die herausragende Begabung (V 8), Gelehrsamkeit (V 9) und Ausbildung des jugendlichen Josephus (V 10–12) entsprechen der Topik antiker Biografie; vgl. auch Lk 2,46f. Jacoby, *FGH* II B 134; COHEN 1979, 105–107; FELDMAN 1984a, 81; 1989, 341; HANSEN 1999, 38 Anm. 2.
[15] B 2:119; A 13:171–173; A 18:11; STEMBERGER 1991. Zu den Pharisäern vgl. auch B 2:162f.166; A 18:12–15; BAUMBACH 1997; zu den Sadduzäern vgl. B 2:164.166; A 13:293.297f.; A 18:16f.; 20:199; BAUMBACH 1989; zu den Essenern B 2:119–161; A

αἱρήσεσθαι τὴν ἀρίστην, εἰ πάσας καταμάθοιμι. **11** σκληραγωγήσας γοῦν¹⁵ ἐμαυτὸν καὶ πολλὰ πονηθεὶς τὰς τρεῖς διῆλθον· καὶ μηδὲ τὴν ἐντεῦθεν ἐμπειρίαν ἱκανὴν ἐμαυτῷ νομίσας εἶναι, πυθόμενός τινα Βαννοῦν¹⁶ ὄνομα κατὰ τὴν ἐρημίαν¹⁷ διατρίβειν, ἐσθῆτι μὲν ἀπὸ δένδρων χρώμενον, τροφὴν δὲ τὴν αὐτομάτως φυομένην προσφερόμενον, ψυχρῷ δὲ ὕδατι τὴν ἡμέραν καὶ τὴν νύκτα πολλάκις λουόμενον πρὸς ἁγνείαν, ζηλωτὴς ἐγενόμην αὐτοῦ. **12** καὶ διατρίψας παρ' αὐτῷ¹⁸ ἐνιαυτοὺς τρεῖς καὶ τὴν ἐπιθυμίαν τελειώσας εἰς τὴν πόλιν ὑπέστρεφον. ἐννεακαιδέκατον δ' ἔτος ἔχων ἠρξάμην¹⁹ πολιτεύεσθαι τῇ Φαρισαίων αἱρέσει κατακολουθῶν, ἣ παραπλήσιός ἐστι τῇ παρ' Ἕλλησιν Στωϊκῇ λεγομένῃ.

13 Μετ' εἰκοστὸν δὲ καὶ ἕκτον ἐνιαυτὸν εἰς Ῥώμην μοι συνέπεσεν ἀναβῆναι διὰ τὴν λεχθησομένην αἰτίαν. καθ' ὃν χρόνον Φῆλιξ τῆς Ἰουδαίας ἐπετρόπευεν, ἱερεῖς τινας συνήθεις ἐμοὶ καλοὺς κάγαθοὺς διὰ μικρὰν καὶ τὴν τυχοῦσαν αἰτίαν δήσας εἰς τὴν

Testim. et recept.: **11** Exc.Const., Georgius Monachus, Photius · **12** Exc.Const., Georgius Monachus, Photius · **13** – **16** Exc.Const.

P B R A M W

---

¹⁵ οὖν PB
¹⁶ βάννουν acc. P : βανοῦν AMWExc.
¹⁷ ἔρημον R
¹⁸ αὐτοῖς Sнυττ 1961, 2
¹⁹ ἠρξάμην τε codd. et Exc.

schließlich die beste wählen zu können, wenn ich sie alle genau kennen lernte. **11** Unter strenger Selbstzucht und mit vielen Mühen durchlief ich alle drei; und als ich auch die dabei gewonnene Erfahrung für nicht genügend erachtet hatte, erfuhr ich, dass ein gewisser Bannus in der Einöde sein Leben verbrachte: dass er aus Baum(rinde) verfertigte Kleidung gebrauchte und sich nur diejenige Nahrung zuführte, die von selbst wuchs, dass er sich häufig – bei Tag und bei Nacht – mit kaltem Wasser wusch um der Reinheit willen: Dessen Nacheiferer[16] wurde ich. **12** Und nachdem ich bei ihm drei Jahre zugebracht und mein Verlangen gestillt hatte, kehrte ich (vollends wieder)[17] in die Stadt zurück. Im Alter von neunzehn Jahren[18] begann ich, am öffentlichen Leben teilzunehmen, und zwar indem ich mich an der Sondergruppe der Pharisäer orientierte,[19] die etwa derjenigen entspricht, die bei den Griechen »die stoische« heißt.[20]

13–16 Die Fahrt nach Rom

13 Nach Vollendung des sechsundzwanzigsten Jahres[21] fiel es mir zu, eine Schiffsreise nach Rom zu machen, und zwar aus folgendem Grund: Zu der

---

13:298; 15:371f.; 18:18–22; FELDMAN 1984a, 627; RAJAK 1994. Die Bewegung um Judas den Galiläer wird von Josephus in A 18:9.23 »vierte Philosophie« genannt; vgl. dazu SCHÜRER 1979, 598–606.

[16] Beispiele für ζηλωτής *c. gen.* in der Bedeutung »Anhänger« (häufig: einer philosophischen Schule, im Unterschied zu abs. ζηλωταί = Zeloten) vgl. HENGEL 1974, 185f. mit Anm. 36; 1976, 61–64; COHEN 1979, 107 Anm. 30.

[17] Das Imperfekt ὑπέστρεφον kann iterativ aufgefasst werden: Josephus hat dann nicht bei Bannus gelebt, sondern ihn von Jerusalem aus öfters besucht. Damit wäre eine mögliche Lösung der chronologischen Unstimmigkeiten in V 10–12 gegeben (vgl. die folgende Anm.).

[18] Wenn sich der Sechzehnjährige (V 10) an die Erkundung der jüdischen Richtungen macht und bereits mit neunzehn auf die drei Jahre bei Bannus zurückblickt, so ist dies chronologisch nicht stimmig. Ein Lösungsversuch ist die Konjektur von SHUTT; vgl. aber die vorige Anm. FELDMAN 1984a, 81f.; 1989, 341; BAUMBACH 1997, 32f.

[19] Vgl. Anm. 2 im Anhang.

[20] Vgl. B 2:162f.; A 13:171f.; FELDMAN 1984a, 432. 550; BAUMBACH 1997, 34. Mit der Beschreibung seiner Ausbildung und beginnenden politischen Laufbahn orientiert sich Josephus ganz an den Erwartungen seines römischen Publikums: Bei Jugendlichen tolerierte oder bewunderte man philosophisches Interesse oder gar Leidenschaft (Bannus!). Von Personen des öffentlichen Lebens dagegen erwartete man, dass sie zwar philosophische Bildung besaßen, weshalb Josephus seine Kenntnis aller drei »philosophischen Schulen« des Judentums herausstreicht, dass sie aber ihre philosophischen Neigungen zugunsten ihrer öffentlichen Aufgaben zurückstellten. MASON 2000, 58–61.

[21] D. h. zwischen Frühjahr 63 und Frühjahr 64. Da Felix nach 60 nicht mehr im Amt war, ist eine längere Gefangenschaft der Priester anzunehmen.

Ῥώμην ἔπεμψε, λόγον ὑφέξοντας τῷ Καίσαρι. **14** οἷς ἐγὼ πόρον εὑρέσθαι βουλόμενος σωτηρίας, μάλιστα δὲ πυθόμενος ὅτι καίπερ ἐν κακοῖς ὄντες οὐκ ἐξελάθοντο²⁰ τῆς εἰς τὸ θεῖον εὐσεβείας, δια-τρέφοιντο δὲ σύκοις καὶ καρύοις, ἀφικόμην εἰς Ῥώμην²¹ πολλὰ κινδυνεύσας κατὰ θάλασσαν. **15** βαπτισθέντος γὰρ ἡμῶν τοῦ πλοίου κατὰ μέσον τὸν Ἀδρίαν, περὶ ἑξακοσίους τὸν ἀριθμὸν ὄν-τες, δι' ὅλης τῆς νυκτὸς ἐνηξάμεθα, καὶ περὶ ἀρχομένην ἡμέραν ἐπιφανέντος ἡμῖν κατὰ θεοῦ πρόνοιαν Κυρηναϊκοῦ πλοίου, φθά-σαντες τοὺς ἄλλους ἐγώ τε καί τινες ἕτεροι,²² περὶ ὀγδοήκοντα σύμπαντες, ἀνελήφθημεν εἰς τὸ πλοῖον. **16** διασωθεὶς δ' εἰς τὴν Δικαιάρχειαν, ἣν Ποτιόλους Ἰταλοὶ καλοῦσιν, διὰ φιλίας ἀφι-κόμην Ἀλιτύρῳ²³ – μιμολόγος δ' ἦν οὗτος μάλιστα²⁴ τῷ Νέρωνι καταθύμιος, Ἰουδαῖος τὸ γένος – καὶ δι' αὐτοῦ *Ποππαίᾳ*²⁵ τῇ τοῦ Καίσαρος γυναικὶ γνωσθεὶς²⁶ προνοῶ ὡς τάχιστα παρακαλέσας αὐτὴν τοὺς ἱερεῖς λυθῆναι. μεγάλων δὲ δωρεῶν πρὸς τῇ εὐεργεσίᾳ ταύτῃ τυχὼν παρὰ τῆς *Ποππαίας*²⁷ ὑπέστρεφον ἐπὶ τὴν οἰκείαν.

17 Καταλαμβάνω δ' ἤδη νεωτερισμῶν ἀρχάς, καὶ πολλοὺς ἐπὶ τῇ Ῥωμαίων ἀποστάσει μέγα φρονοῦντας. καταστέλλειν οὖν ἐπειρώμην τοὺς στασιώδεις καὶ μετανοεῖν ἔπειθον, ποιησαμέ-νους²⁸ πρὸ ὀφθαλμῶν πρὸς οὓς πολεμήσουσιν, ὅτι Ῥωμαίων οὐ κατ'

Testim. et recept.: **13–16** Exc. Const.

P B R A M W

²⁰ ἐπελάθοντο P
²¹ τὴν ῥώμην P
²² ἑταῖροι R
²³ ἀλιτύρῳ PRW
²⁴ Bekker : κάλ(λ)ιστα codd. et Exc.
²⁵ Niese : ποπλία P : πουπλία B : πομπηία RAMWExc.
²⁶ γνωρισθεὶς WExc.
²⁷ Niese : ποππλίας P : ποπλίας B : πομπηίας RAMWExc.
²⁸ ποιησομένους PBR : ποιησάμενος Bekker

Zeit als Felix Statthalter von Judäa war, sandte er einige mir bekannte Priester – Ehrenmänner –, die er aus geringem und hergeholtem Anlass hatte verhaften lassen,[22] nach Rom, damit sie dem Kaiser Rede und Antwort stünden. **14** Um Mittel und Wege zu finden, diese zu retten, und vor allem weil ich erfahren hatte, dass sie sich trotz ihrer misslichen Lage nicht von der frommen Pflicht gegenüber der Gottheit hätten abbringen lassen und sich von Feigen und Nüssen ernährten,[23] kam ich nach vielen auf dem Meere bestandenen Gefahren nach Rom. **15** Nachdem nämlich unser Schiff mitten in der Adria untergegangen war, mussten wir – etwa sechshundert an der Zahl – die ganze Nacht hindurch schwimmen; und bei Tagesanbruch, als uns durch Gottes Vorsehung[24] ein kyrenäisches Schiff erschien, wurden ich und einige andere, die wir den anderen zuvorkamen,[25] um die achtzig im Ganzen, an Bord gezogen. **16** Nach der Rettung glücklich nach Dikaearchia gelangt, das die Italer Puteoli nennen, und freundete ich mich mit Aliturus an, einem Schauspieler[26] jüdischer Abstammung,[27] der bei Nero in hoher Gunst stand; und als ich durch ihn mit Poppaea, der Frau des Kaisers, bekannt wurde, legte ich's darauf an, dass durch Bitten an sie möglichst schnell die Priester freikamen. Nachdem ich außer dieser Wohltat zusätzlich reiche Geschenke von Poppaea erhalten hatte, kehrte ich in mein Heimatland zurück.

17–29 Kriegsstimmung in Judäa

17 Da fand ich bereits Anfänge der Unruhen vor[28] und viele Männer, die sich hervortaten mit der Absicht, von den Römern abzufallen. Ich versuchte

---

[22] Ein solcher gab freilich keine gültige Begründung für eine Überstellung nach Rom ab. COHEN 1979, 186 vermutet mit Hinweis auf die gleichlautende Phrase in A 20:215, wo es um die unrechtmäßige Freilassung von »Banditen« durch Albinus geht (dazu ebd. 61f.), dass sich auch Josephus für zweifelhafte Personen, d. h. aber für Aufständische eingesetzt hat. BOHRMANN 1999, 220f. vermutet zumindest, die Priester hätten die Amtsführung des Felix kritisiert.

[23] Vgl. Röm 14,21 und BOHRMANN 1999, 222–224.

[24] Vgl. V 48. 83. 138. 208f. 301. 425. Parallelen zum Vorsehungsmotiv in röm. Autobiographien bei COHEN 1979, 109 mit Anm. 37.

[25] Nach DAUBE 1979, 60 hat das »griechische Verbum *phthanō*, dem im Hebräischen *qadam* oder im Aramäischen *qedam* entspricht, (...) nicht selten die Bedeutung von »ein Ziel erreichen und damit andere davon ausschließen«. Daube sieht hier das »Motiv des Entrinnens auf Kosten von anderen« anklingen, das mit der Auffassung des Josephus über seine besondere Berufung in Zusammenhang steht und auch in B 3:387–391 (Selbstmord seiner Truppe nach dem Fall von Jotafat) eine Rolle spielt.

[26] Oder: »Mimendarsteller«.

[27] Oder: »einem gebürtigen Judäer«. Zu dieser Doppelbedeutung von Ἰουδαῖος bzw. *Judaeus* vgl. KRAABEL 1982, 454f.; KRAEMER 1989; COHEN 1994; ADAM 1996; HARVEY 1996; SPILSBURY 1998, 41.

[28] Einen Überblick über die Ereignisse im Vorfeld und zu Beginn des jüdischen

ἐμπειρίαν μόνον πολεμικήν, ἀλλὰ καὶ κατ᾽ εὐτυχίαν²⁹ ἐλαττοῦν-
ται· 18 καὶ μὴ προπετῶς καὶ παντάπασιν ἀνοήτως πατρίσι³⁰ καὶ
γενεαῖς καὶ σφίσιν αὐτοῖς τὸν περὶ τῶν ἐσχάτων κακῶν κίνδυνον
ἐπάγειν. 19 ταῦτα δ᾽ ἔλεγον καὶ λιπαρῶς ἐνεκείμην ἀποτρέπων,
δυστυχέστατον ἡμῖν τοῦ πολέμου τὸ τέλος γενήσεσθαι προορώ-
μενος. οὐ μὴν ἔπεισα· πολὺ γὰρ ἡ τῶν ἀπονοηθέντων ἐπεκράτησεν
μανία.

20 Δείσας οὖν,³¹ μὴ ταῦτα συνεχῶς λέγων διὰ μίσους ἀφικοίμην
καὶ ὑποψίας, ὡς τὰ τῶν πολεμίων φρονῶν, καὶ κινδυνεύσω ληφθεὶς ὑπ᾽ αὐτῶν ἀναιρεθῆναι, ἐχομένης ἤδη τῆς Ἀντωνίας, ὅπερ ἦν
φρούριον, εἰς τὸ ἐνδοτέρω³² ἱερὸν ὑπεχώρησα. 21 μετὰ δὲ τὴν
ἀναίρεσιν Μαναήμου καὶ τῶν πρώτων τοῦ ληστρικοῦ στίφους,
ὑπεξελθὼν τοῦ ἱεροῦ πάλιν τοῖς ἀρχιερεῦσιν καὶ τοῖς πρώτοις τῶν
Φαρισαίων συνδιέτριβον. 22 φόβος δ᾽ οὔτι³³ μέτριος εἶχεν ἡμᾶς
ὁρῶντας τὸν μὲν δῆμον ἐν τοῖς ὅπλοις, αὐτοὶ δ᾽ ὄντες ἐν ἀπόρῳ, τί
ποιήσωμεν·³⁴ καὶ τοὺς νεωτεριστὰς παύειν οὐ δυνάμενοι, προδή-
λου δ᾽ ἡμῖν τοῦ κινδύνου παρεστῶτος· συγκατανεύειν³⁵ μὲν αὐτῶν
ταῖς γνώμαις ἐλέγομεν, συνεβουλεύομεν δὲ μένειν ἐφ᾽ αὐτῶν, καὶ

Iosephus: **21** B 2:448

P B R A M W

²⁹ πάντες add. R
³⁰ πατράσι R
³¹ γοῦν A
³² ἐνδότερον R
³³ οὐκέτι AMW
³⁴ ποιήσομεν BRA
³⁵ συγκατανεύσειν R : συγκαταβαίνειν B

nun, die Aufständischen zu beschwichtigen und zum Umdenken zu bewegen: sie sollten sich vor Augen halten, gegen wen sie kämpfen würden: dass sie nämlich den Römern nicht nur an Kriegserfahrung,[29] sondern auch an Glück[30] unterlegen seien; **18** und sie sollten nicht vorschnell und gänzlich unbedacht über ihre Heimatorte, Familien und sich selbst die Gefahr äußersten Unheils bringen. **19** So redete ich und versuchte inständig, sie von ihrem Vorhaben abzubringen; denn ich sah voraus, dass der Ausgang des Krieges für uns katastrophal sein würde. Doch drang ich nicht durch; denn zu sehr hatte der Fanatismus der Verzweifelten um sich gegriffen.

20 Da ich nun fürchtete, durch solches beharrliche Reden Hass auf mich zu ziehen, und den Argwohn, ich stünde auf der Seite der Feinde, und so Gefahr zu laufen, von ihnen ergriffen und umgebracht zu werden, suchte ich, da die Antonia,[31] eine Festung, schon genommen war,[32] in den inneren Tempelbereich Zuflucht. **21** Nach der Ermordung des Manaḥem[33] und der Anführer der Räuberbande wagte ich mich wieder aus dem Tempel heraus[34] und hielt mich bei den Hohepriestern und den Führern der Pharisäer[35] auf. **22** Maßlose Furcht hielt uns in Atem, als wir das Volk in Waffen sahen; ratlos, was wir tun sollten und unfähig, die Aufrührer zum Einhalten zu bewegen, so deutlich uns die Gefahr auch vor Augen stand, gaben wir zwar

---

Aufstands gegen Rom geben SCHÜRER 1973, 485–496; SCHWIER 1989, 4–11; PRICE 1992, 6–11. Vgl. bes. die Liste der einschlägigen Josephustexte über Ursachen und Anlässe des jüdischen Krieges bei McLaren 1998, 262.

[29] Vgl. die ausführliche Beschreibung der überlegenen römischen Kriegstechnik und -strategie in B 3:70–109. Diese Kenntnisse hat Josephus aber wohl erst als Gefangener im römsichen Lager erworben (MICHEL / B. 1959, 456 Anm. 32).

[30] Auch die Deutung, der Sieg der Römer verdanke sich ihrem (von Gott gegebenen) Kriegs-»Glück« (vgl. auch B 1:390; 2:360.373.390; 3:293.354–391.494; 4:370; 5:367.412; MICHEL / B. 1969, 212–214 zu B 6:413), hat Josephus wahrscheinlich erst im Rückblick auf die Ereignisse des jüdischen Krieges entwickelt. Viel spricht dafür, dass er bis zu seiner Gefangennahme damit rechnete, der Krieg gegen Rom könne gewonnen werden; vgl. Anm. 17 und 18 im Anhang.

[31] Zur Geschichte der am nordwestl. Ende des Tempelberges gelegenen und von Herodes d. Gr. zu Ehren des Marcus Antonius so genannten Burg vgl. den Exkurs bei MICHEL / B. 1963, 259f. zu B 5:238–247 und *NBL* 1,120f.

[32] Vgl. B 2:430.

[33] Nach B 2:440f. wurde Manaḥem nicht lange nach dem 7. Gorpiaeos (= 7. Ellul) umgebracht. Zur Kalenderrechnung des Josephus vgl. SCHÜRER 1973, 596–599: Josephus gebraucht makedonische Monatsnamen, setzt aber in der Mehrzahl der Fälle jüdische Kalenderrechnung (also Tageszählung) voraus.

[34] Vgl. Anm. 3 im Anhang.

[35] Auch in B 2:411 sind Φαρισαῖοι und ἀρχιερεῖς, zusammen genannt. Nach V 189–198 kooperierten pharisäische und priesterliche Kreise der Jerusalemer Führung im Versuch, Josephus seines Amtes zu entheben. Nach v. WAHLDE 1996 stützen diese Texte die Historizität der Verbindung von »Pharisäern und Hohenpriestern« in Mt und Joh.

τοὺς πολεμίους ἐπελθόντας³⁶ ἐᾶν, ἵνα τοῦ δικαίως ἀνταίρειν ὅπλα πίστιν εὕρωνται. **23** ταῦτα δ᾽ ἐπράττομεν ἐλπίζοντες οὐκ εἰς μα- κρὰν Κέστιον μετὰ μεγάλης δυνάμεως ἀναβάντα παύσειν τὸν νεωτερισμόν.

24 Ὁ δ᾽ ἐπελθὼν καὶ συμβαλὼν μάχῃ ἐνικήθη, πολλῶν τῶν μετ᾽ αὐτοῦ πεσόντων. καὶ γίνεται τὸ Κεστίου πταῖσμα συμφορὰ τοῦ σύμπαντος³⁷ ἡμῶν ἔθνους· ἐπήρθησαν γὰρ ἐπὶ τούτῳ μᾶλλον οἱ τὸν πόλεμον ἀγαπήσαντες, καὶ *νικῆσαι*³⁸ τοὺς Ῥωμαίους εἰς τέλος ἤλπισαν, προσγενομένης καὶ ἑτέρας τινὸς τοιαύτης αἰτίας. **25** οἱ τὰς πέριξ τῆς Συρίας πόλεις κατοικοῦντες τοὺς παρ᾽ ἑαυτοῖς Ἰου- δαίους συλλαμβάνοντες σὺν γυναιξὶ καὶ τέκνοις ἀνῄρουν, οὐ- δεμίαν αὐτοῖς αἰτίαν ἐπικαλεῖν ἔχοντες· οὔτε γὰρ ἐπὶ Ῥωμαίων ἀποστάσει νεώτερόν τι πεφρονήκεσαν οὔτε πρὸς αὐτοὺς ἐκείνους ἐχθρὸν ἢ ἐπίβουλον. **26** Σκυθοπολῖται δὲ πάντων ἀσεβέστατα καὶ παρανομώτατα διεπράξαντο· ἐπελθόντων γὰρ αὐτοῖς³⁹ Ἰουδαίων ἔξωθεν πολεμίων, τοὺς παρ᾽ αὐτοῖς Ἰουδαίους ἐβιάσαντο κατὰ τῶν ὁμοφύλων ὅπλα λαβεῖν, ὅπερ ἐστὶν ἡμῖν ἀθέμιτον, καὶ μετ᾽ ἐκείνων συμβαλόντες ἐκράτησαν τῶν ἐπελθόντων· ἐπειδὴ δ᾽ ἐνίκησαν, ἐκλαθόμενοι τῆς πρὸς τοὺς ἐνοίκους καὶ συμμάχους πίστεως πάντας αὐτοὺς διεχρήσαντο πολλὰς μυριάδας ὄντας. **27** ὅμοια δ᾽ ἔπαθον καὶ οἱ τὴν⁴⁰ Δαμασκὸν Ἰουδαῖοι κατοικοῦντες. ἀλλὰ περὶ μὲν τούτων ἀκριβέστερον ἐν ταῖς περὶ τοῦ Ἰουδαϊκοῦ πολέμου βίβλοις δεδηλώκαμεν· νῦν δ᾽ αὐτῶν ἐπεμνήσθην βουλό- μενος παραστῆσαι τοῖς ἀναγινώσκουσιν, ὅτι οὐ προαίρεσις ἐγέ- νετο τοῦ πολέμου πρὸς Ῥωμαίους Ἰουδαίοις, ἀλλὰ τὸ πλέον ἀνάγκῃ.

28 Νικηθέντος οὖν, ὡς ἔφαμεν, τοῦ Κεστίου, τῶν Ἱεροσολυμιτῶν οἱ πρῶτοι θεασάμενοι τοὺς μὲν λῃστὰς ἅμα τοῖς νεωτερισταῖς εὐ-

---

Iosephus: **24** B 2:499ss. · **26** – **27** B 2:466–468.559–561

P B R A M W

³⁶ ἀπελθόντας BRAMW : ἐπελθεῖν Herwerden
³⁷ παντὸς A
³⁸ Hansen : νικήσαντες codd. : νικῆσαι πάντες Holwerda : νικήσειν Herwerden; lac. post ἤλπισαν not. Niese (ed. min.)
³⁹ αὐτοῖς Bekker : αὑτοῖς codd.
⁴⁰ om. PB

vor, ihrer Ansicht zu sein, rieten ihnen jedoch, sich zurückzuhalten und die Feinde herankommen zu lassen, damit der Anspruch Glauben fände, man hätte in gerechter Gegenwehr die Waffen ergriffen. **23** Dies taten wir in der Hoffnung, dass recht bald Cestius mit großer Streitmacht heraufkommen und dem Aufruhr ein Ende setzen werde.

24 Er aber rückte heran, griff uns an und wurde besiegt, wobei viele seiner Leute fielen. Doch wurde die Niederlage des Cestius[36] zum Unheil für unser gesamtes Volk; denn darüber wurden die Kriegswilligen noch kühner, und wurden zuversichtlicher, die Römer letzten Endes besiegen zu können, wobei auch noch folgendes weitere Motiv hinzukam. **25** Die Bewohner der Städte rings um Syrien[37] ergriffen die bei ihnen ansässigen Juden und töteten sie samt Frauen und Kindern, obwohl sie ihnen gar nichts vorzuwerfen hatten; denn sie hatten weder irgendeine Absicht gehegt, von den Römern abzufallen, noch einen feindlichen und hinterlistigen Gedanken gegen die Syrer selbst. **26** Die Skythopoliten[38] aber begingen das bei weitem gottloseste und gesetzloseste: Denn als feindliche Juden von außen sie überfielen, nötigten sie die bei ihnen lebenden Juden, gegen die Stammesgenossen die Waffen zu erheben,[39] was für uns ein Frevel ist; und mit ihnen gemeinsam begannen sie den Kampf und besiegten die Angreifer; nach dem Sieg aber vergaßen sie gänzlich die Treue gegen die Mitbewohner und Mitstreiter und machten sie nieder, viele Tausende. **27** Ebenso erging es auch den Juden, die in Damaskus wohnten. Doch habe ich dies detaillierter in meinen Büchern *Über den Jüdischen Krieg* dargestellt; jetzt aber habe ich all dies nur erwähnt, weil ich den Lesern vor Augen stellen möchte, dass die Juden nicht aus freier Absicht in den Krieg gegen die Römer gerieten, sondern vorwiegend unter dem Zwang äußerer Umstände.[40]

28 Nachdem nun Cestius, wie gesagt, besiegt war, und die führenden Leute in Jerusalem sahen, dass die Banditen[41] gemeinsam mit den Aufständischen[42]

---

[36] Zu Feldzug und Niederlage des Cestius Gallus vgl. B 2:499–555. MICHEL / B. 1959, 445 Anm. 154; 450 Anm. 231; SCHÜRER 1973, 487f.; GICHON 1981; KASHER 1990, 287–300.

[37] Zu V 25–27 vgl. B 2:457–480; 7:361–369.

[38] Vgl. B 2:458.466–476; 7:364–366. Nach B 2:466 haben die jüdischen Einwohner der Stadt aus eigenem Entschluss gegen die angreifenden Juden gekämpft.

[39] Vgl. V 100. 128. 171. 264. 321. 377.

[40] Vgl. V 351; A 1:6; COHEN 1979, 152–160; VILLALBA I VARNEDA 1986, 40–43. Während Josephus den jüdischen Krieg in B einer radikalen jüdischen Minderheit anlastet (vgl. B 1:10.27; 3:448. 454f. und MICHEL / B. 1959, 446 Anm. 166 zu B 2:324), spricht er in A und V von einer Kriegsteilnahme der Juden insgesamt, betont aber, dass diese aufgrund innerer und äußerer Sachzwänge unfreiwillig in den Krieg hineingezogen wurden (vgl. V 17–23. 27. 77f. 175f. 351. 391); vgl. B 1:3 (zu seiner eigenen Rechtfertigung).

[41] Vgl. Anm. 10 im Anhang.

[42] Vgl. KRIEGER 1999b.

πορουμένους ὅπλων, δείσαντες δ᾽ αὐτοὶ μὴ ἄνοπλοι καθεστηκότες ὑποχείριοι γένωνται τοῖς ἐχθροῖς, ὃ καὶ μετὰ ταῦτα συνέβη, καὶ πυθόμενοι τὴν Γαλιλαίαν οὔπω πᾶσαν Ῥωμαίων ἀφεστάναι, μέρος δ᾽ αὐτῆς ἠρεμεῖν ἔτι, **29** πέμπουσιν ἐμὲ καὶ δύο ἄλλους τῶν ἱερέων, καλοὺς κἀγαθοὺς ἄνδρας, Ἰωάζαρον[41] καὶ Ἰούδαν, πείσοντας τοὺς πονηροὺς καταθέσθαι τὰ ὅπλα καὶ διδάξοντας, ὥς ἐστιν ἄμεινον τοῖς κρατίστοις τοῦ ἔθνους αὐτὰ τηρεῖσθαι. ἔγνωστο δὲ τούτοις ἀεὶ μὲν ἔχειν τὰ ὅπλα πρὸς τὸ μέλλον ἕτοιμα, περιμένειν δέ, τί πράξουσιν Ῥωμαῖοι, μαθεῖν.[42]

30 Λαβὼν οὖν ἐγὼ τὰς ὑποθήκας ταύτας ἀφικόμην εἰς τὴν Γαλιλαίαν, καὶ Σεπφωρίτας μὲν οὐκ ἐν ὀλίγῳ περὶ τῆς πατρίδος ἀγῶνι καθεστῶτας εὗρον, διαρπάσαι κεκρικότων αὐτὴν τῶν Γαλιλαίων διὰ τὴν πρὸς Ῥωμαίους ἐκείνων φιλίαν καὶ ὅτι Κεστίῳ Γάλλῳ τῷ τῆς Συρίας ἡγεμονεύοντι δεξιάν τε καὶ πίστιν προτείνειαν. **31** ἀλλὰ τούτους μὲν ἐγὼ *παντὸς*[43] ἀπήλλαξα τοῦ φόβου, πείσας ὑπὲρ αὐτῶν τὰ πλήθη καὶ ἐπιτρέψας ὁσάκις[44] θέλουσι διαπέμπεσθαι πρὸς[45] τοὺς ἐν Δώροις οἰκείους ὁμηρεύοντας Κεστίῳ· τὰ δὲ Δῶρα πόλις ἐστὶν τῆς Φοινίκης.

Τοὺς ἐν Τιβεριάδι δὲ κατοικοῦντας εὗρον ἐφ᾽ ὅπλα κεχωρηκότας ἤδη δι᾽ αἰτίαν τοιαύτην· **32** στάσεις τρεῖς ἦσαν κατὰ τὴν πό-

---

Fontes: **32 – 42** Iustus Tib.

P B R A M W

[41] ἰώζαρον P : ἰάζωρον MW, cf. SCHLATTER 1913, 60
[42] suspectum (NIESE), καὶ post δὲ ins.?
[43] NIESE (ed. min.) : πάντας codd.
[44] ὅσα καὶ P, ὁσάκι A
[45] διὰ PRAMW

reichlich Waffen hatten, bekamen sie Angst, als Nicht-Waffenträger in die Hände der Feinde zu fallen[43] – was danach ja auch geschah –; und als sie erfuhren, dass noch nicht ganz Galiläa[44] von den Römern abgefallen war, sondern dass ein Teil davon noch ruhig war, **29** da schickten sie mich und zwei andere Priester, Ehrenmänner, Jo'azar und Jehuda, damit wir die üblen Elemente zur Niederlegung der Waffen bewegten und belehrten, dass es besser sei, sie für die Elite des Volkes zur Verfügung zu halten. Sie hatten beschlossen, die Waffen für alle Eventualitäten bereit zu halten, jedoch zu warten, um zu erfahren, was die Römer tun würden.

30 – 45 Josephus kommt nach Galiläa. Zustände in Sepphoris, Tiberias, Giš-Ḥalab

30 Im Sinne dieser Anweisungen kam ich nun nach Galiläa,[45] und ich fand die Sepphoriter[46] in allergrößter Sorge um ihre Heimatstadt, da die Galiläer[47] beschlossen hatten, die Stadt zu plündern wegen ihrer Freundschaft mit den Römern, und weil sie Cestius Gallus, dem Statthalter Syriens ein Treueabkommen angeboten hatten. **31** Diesen konnte ich zunächst jede Furcht nehmen, indem ich ihrethalben der Volksmenge zuredete und gestattete, sooft sie wollten, Besuchskontakte aufzunehmen mit ihren Angehörigen, die in Dora Geiseln des Cestius[48] waren – Dora ist eine Stadt in Phönikien.[49]

Die Bewohner von Tiberias hingegen fand ich bereits in bewaffnetem Zustand vor, und zwar aus folgendem Grund: **32** Es gab drei Parteien in der

---

[43] Während V 22 das Bild eines nur scheinbaren Einschwenkens der Jerusalemer Führung auf die revolutionäre Linie vermitteln will, deutet V 28f. auf eine dahinter stehende militärische Strategie, in deren Zusammenhang auch die in V 77f. erwähnten Verhandlungen des Josephus mit den galiläischen Räuberbanden zu sehen sind. Da in Judäa seit der Hasmonäerzeit keine nationale Armee existierte (vgl. PRICE 1992, 54), unternahm der Revolutionsrat d. J. 66 den Versuch, sich aus den »Banditen und Aufständischen«, d. h. aus den verschiedenen unkoordiniert operierenden Gruppen, die sich nach B 2:274–276 v. a. während der Prokuratur des Albinus (62–64) bildeten, eine militärische Basis in Form besoldeter Truppen zu schaffen. Ein Beispiel dafür ist die Indienstnahme der 600 Mann starken Gruppe um den Galiläaer Ješu in V 200; vgl. PRICE 1992, 55f.59ff.

[44] Vgl. Anm. 4 im Anhang.

[45] Vgl. Anm. 94.

[46] Sepphoris ist die erste Station des Josephus in Galiläa. Das gesamte (in der josephischen Darstellung freilich lückenhafte) Itinerar der *Vita* rekonstruiert COHEN 1979, 110 Anm. 42.

[47] Vgl. Anm. 4 im Anhang.

[48] Vgl. das Ortsnamensregister zu Sepphoris.

[49] Weitere geographische Erläuterungen, die auf eine Leserschaft außerhalb Palästinas hindeuten: V 31. 42. 115. 118. 123. 157. 230. 232. 269. 318. 348 (vgl. COHEN 1979, 147).

λιν, μία μὲν ἀνδρῶν εὐσχημόνων, ἦρχε δ᾽ αὐτῆς Ἰούλιος Κάπελλος. **33** οὗτος δὴ⁴⁶ καὶ οἱ σὺν αὐτῷ πάντες, Ἡρώδης ὁ Μιαροῦ καὶ Ἡρώδης ὁ τοῦ Γαμάλου καὶ Κομψὸς ὁ τοῦ Κομψοῦ – Κρίσπος γάρ, ἀδελφὸς αὐτοῦ, τοῦ μεγάλου⁴⁷ βασιλέως γενόμενός ποτε ἔπαρχος ἐν ταῖς ἰδίαις κτήσεσιν ἐτύγχανεν πέραν τοῦ Ἰορδάνου –, **34** πάντες οὖν οἱ προειρημένοι κατὰ τὸν καιρὸν ἐκεῖνον ἐμμένειν συνεβούλευον τῇ πρὸς τοὺς Ῥωμαίους καὶ τὸν βασιλέα πίστει. τῇ γνώμῃ δ᾽ οὐ συνηρέσκετο Πίστος⁴⁸ *παραγόμενος*⁴⁹ ὑπὸ Ἰούστου τοῦ παιδός· καὶ γὰρ ἦν φύσει πως ἐπιμανής. **35** ἡ δευτέρα δὲ στάσις, ἐξ ἀσημοτάτων συνεστηκυῖα, πολεμεῖν ἔκρινεν. **36** Ἰοῦστος δ᾽ ὁ Πίστου⁵⁰ παῖς, ὁ τῆς τρίτης μερίδος πρῶτος, ὑπεκρίνετο μὲν ἐνδοιάζειν πρὸς τὸν πόλεμον, νεωτέρων δ᾽ ἐπεθύμει πραγμάτων, ἐκ τῆς μεταβολῆς οἰόμενος δύναμιν ἑαυτῷ περιποιήσειν. **37** παρελθὼν οὖν εἰς μέσους διδάσκειν ἐπειρᾶτο τὸ πλῆθος, ὡς ἡ πόλις ἀεὶ τῆς Γαλιλαίας ἄρξειεν ἐπί γε τῶν Ἡρώδου χρόνων τοῦ τετράρχου καὶ⁵¹ κτίστου γενομένου, βουληθέντος αὐτοῦ τὴν Σεπφωριτῶν πόλιν τῇ Τιβεριέων ὑπακούειν· ἀποβαλεῖν⁵² δὲ τὸ πρωτεῖον αὐτοὺς μηδὲ ἐπὶ τοῦ βασιλέως Ἀγρίππα τοῦ πατρός, διαμεῖναι δὲ καὶ μέχρι Φήλικος προεσταμένου τῆς Ἰουδαίας. **38** νῦν δὲ ἔλεγεν αὐτοὺς ἠτυχηκέναι τῷ νεωτέρῳ δωρεὰν Ἀγρίππᾳ δοθέντας ὑπὸ Νέρωνος· ἄρξαι γὰρ *αὖθις*⁵³ τὴν μὲν Σέπφωριν, ἐπειδὴ Ῥωμαίοις ὑπήκουσεν, τῆς Γαλιλαίας, καταλυθῆναι δὲ παρ᾽ αὐτοῖς τήν τε βασιλικὴν τράπεζαν καὶ τὰ ἀρχεῖα. **39** ταῦτα καὶ πρὸς τούτοις ἕτερα πολλὰ κατὰ⁵⁴ βασιλέως Ἀγρίππα λέγων ὑπὲρ τοῦ τὸν δῆμον εἰς τὴν ἀπόστασιν⁵⁵ ἐρεθίσαι, προσετίθει νῦν εἶναι καιρὸν ἀραμένους ὅπλα καὶ Γαλιλαίους συμμάχους προσλαβόντας, ἄρξειν⁵⁶ γὰρ αὐτῶν

Fontes: **32–42** Iustus Tib.

P B R A M W

⁴⁶ δὲ Niese
⁴⁷ Ἀγρίππα τοῦ μεγάλου Holwerda
⁴⁸ πίστος Bekker : πιστὸς codd. : Κρίσπος Holwerda
⁴⁹ Hudson : παραγενόμενος codd.
⁵⁰ πίστου A¹ : πιστοῦ PBRMW
⁵¹ del. Holwerda
⁵² ἀποβάλλειν codd. (ἀποβάλειν [sic] B)
⁵³ Hansen : εὐθὺς codd.
⁵⁴ κατὰ τοῦ BMW
⁵⁵ ἀποστασίαν A
⁵⁶ ἄρχειν Niese (ed. min.)

Stadt, deren eine aus vornehmen Männern; ihr Haupt war Julius Capellus. **33** Dieser und alle, die zu ihm gehörten, Herodes, Sohn des Miaros und Herodes, Sohn des Gamala, und Kompsos, Sohn des Kompsos – Crispus, sein Bruder, der einmal Verwalter unter dem Großen König[50] gewesen war, hielt sich in seinen persönlichen Besitzungen jenseits des Jordan auf – **34** all die eben Genannten rieten damals dazu, den Römern und dem König treu zu bleiben. Diese Meinung fand jedoch nicht den Gefallen des Pistos,[51] weil dieser unter dem Einfluss seines Sohnes Justus stand und der war eine ziemlich erregbare Natur. **35** Die zweite Partei, die aus dem einfachsten Volk bestand, war für den Kampf. **36** Justus aber, der Sohn des Pistos, der Anführer der dritten Partei, tat zwar so, als hege er Bedenken gegen den Krieg, war aber auf Umsturz bedacht, da er glaubte, aus der Umwälzung einen Machtgewinn ziehen zu können. **37** So trat er vor sie und versuchte, die Menge zu belehren, dass die Stadt stets Hauptstadt Galiläas gewesen sei, wenigstens zur Zeit des Tetrarchen[52] Herodes, der ihr Gründer war, und der wollte, dass die Stadt Sepphoris der Stadt Tiberias untergeordnet sei, und sie hätten den Vorrang nicht einmal unter König Agrippa, dem Vater, verloren, sondern dieser habe sogar angedauert, bis Felix Statthalter von Judäa geworden war.[53] **38** Nun aber, sagte er, hätten sie das Unglück gehabt, dass sie Agrippa dem jüngeren von Nero zum Geschenk gegeben wurden; denn Sepphoris hätte wiederum, da es ja den Römern gehorsam war, in Galiläa den Vorrang erhalten, und bei ihnen seien die königliche Bank und das Archiv aufgelöst worden.[54] **39** Dieses und dergleichen mehr redete er gegen den König Agrippa, um das Volk zum Abfall zu reizen, und fügte hinzu, es sei nun der Zeitpunkt, zu den Waffen zu greifen und die Galiläer als Kampfgenossen

---

[50] Traditionell Titel des Perserkönigs, lat. *rex magnus*, auch als Bezeichnung des Partherkönig geläufig. Gemeint ist hier Agrippa I. (vgl. A 18:110.142; 20:104), der diesen Titel von römischen Senat erhalten hatte.

[51] Man beachte die Ironie dieses Wortspiels: Gerade Pistos ist der Treue (πίστις) Rom gegenüber abgeneigt (MASON 1998a, 58f.).

[52] Herrschertitel vieler orientalischer Fürsten; urspr. Bezeichnung für einen Regenten über den vierten Teil eines Territoriums. Vgl. SCHÜRER 1973, 333–335 (Anm.).

[53] D. h. die Expansion des königlichen Territoriums fiel in die Amtszeit des Felix oder in die Zeit nach seiner Abberufung. Wenn die Prokuratur des Felix bis 60 reichte und die neronischen Schenkungen an Agrippa II. auf d. J. 61 zu datieren sind, ist die Formulierung in letzterem Sinn zu verstehen. Beide Angaben sind jedoch unsicher. Für die neronischen Schenkungen kommt auch d. J. 56 in Frage; vgl. dazu SCHÜRER 1973, 473 Anm. 8. Zum Problem der Datierung der Prokuratur des Felix vgl. SCHÜRER 1973, 459f Anm. 15; 460 Anm 17; 465f. Anm. 42; KOKKINOS 1998, 398.

[54] Zur Rivalität zwischen Tiberias und Sepphoris um die Vorrangstellung in Galiläa vgl. RAJAK 1973, 348 zu bSuk 27a, sowie GOODMAN 1983, 119–154; MILLER 1984, 14–45; 1987.

ἑκόντων διὰ τὸ πρὸς τοὺς Σεπφωρίτας μῖσος ὑπάρχον[57] αὐτοῖς, ὅτι τὴν πρὸς Ῥωμαίους πίστιν διαφυλάσσουσιν, μεγάλῃ χειρὶ πρὸς τὴν ὑπὲρ αὐτῶν τιμωρίαν τραπέσθαι. **40** ταῦτα λέγων προετρέψατο τὸ πλῆθος· ἦν γὰρ ἱκανὸς δημαγωγεῖν καὶ τῶν ἀντιλεγόντων τὰ βελτίω περιεῖναι γοητείᾳ καὶ ἀπάτῃ τῇ διὰ λόγων. καὶ γὰρ οὐδ' ἄπειρος ἦν παιδείας τῆς παρ' Ἕλλησιν, ᾗ θαρρῶν ἐπεχείρησεν καὶ τὴν ἱστορίαν τῶν πραγμάτων τούτων ἀναγράφειν, ὡς τῷ λόγῳ τούτῳ[58] περιεσόμενος τῆς ἀληθείας. **41** ἀλλὰ περὶ μὲν τούτου τοῦ ἀνδρός, ὡς φαῦλος τὸν βίον ἐγένετο καὶ ὡς σὺν τῷ ἀδελφῷ μικροῦ δεῖν καταστροφῆς αἴτιος ὑπῆρξεν, προϊόντος τοῦ λόγου δηλώσομεν. **42** τότε δὲ πείσας ὁ Ἰοῦστος τοὺς πολίτας ἀναλαβεῖν τὰ ὅπλα, πολλοὺς δὲ καὶ μὴ θελήσαντας ἀναγκάσας, ἐξελθὼν σὺν πᾶσιν τούτοις ἐμπίπρησιν τάς τε Γαδαρηνῶν καὶ Ἱππηνῶν κώμας, αἳ δὴ μεθόριοι τῆς Τιβεριάδος καὶ τῆς τῶν Σκυθοπολιτῶν γῆς ἐτύγχανον κείμεναι.

43 Καὶ Τιβεριὰς μὲν ἐν τοιούτοις ἦν. τὰ περὶ Γίσχαλα δὲ εἶχε τὸν τρόπον τοῦτον· Ἰωάννης ὁ τοῦ Ληουεῖ[59] τῶν πολιτῶν τινας ὁρῶν διὰ τὴν ἀποστασίαν τὴν ἀπὸ Ῥωμαίων μέγα φρονοῦντας[60] κατέχειν αὐτοὺς ἐπειρᾶτο καὶ τὴν πίστιν ἠξίου διαφυλάττειν. **44** οὐ μὴν ἠδυνήθη καίτοι πάνυ προθυμούμενος· τὰ γὰρ πέριξ ἔθνη, Γαδαρηνοὶ καὶ *Καφαραγαναῖοι*[61] καὶ Τύριοι, πολλὴν ἀθροίσαντες δύναμιν καὶ τοῖς Γισχάλοις ἐπιπεσόντες[62] λαμβάνουσι τὰ Γίσχαλα κατὰ κράτος, καὶ πυρπολήσαντες, εἶτα δὲ καὶ[63] προσκατασκάψαντες εἰς τὴν οἰκείαν ἀνέζευξαν. **45** Ἰωάννης δὲ ἐπὶ τούτῳ παροξυνθεὶς ὁπλίζει πάντας τοὺς μετ' αὐτοῦ καὶ συμβαλὼν τοῖς προειρημένοις ἔθνεσιν κατὰ κράτος ἐνίκησε,[64] τά τε[65] Γίσχαλα κρείττονα πάλιν ἀνακτίσας τείχεσιν ὑπὲρ ἀσφαλείας τῆς εἰς ὕστερον ὠχύρωσεν.

Fontes: **32 – 42** Iustus Tib.

P B R A M W

[57] DINDORF : ὑπάρχειν codd. : ὑπάρξειν NIESE (ed. min.)
[58] τοῦτο W : del. HERWERDEN
[59] ληουει P : ληουὶ MW : λιουὶ B : λευὶ (A) : λευίου R
[60] μεγαλοφρονοῦντας MW
[61] SCHLATTER 1913, 116; cf. SCHALIT 1968, 72; MÖLLER / SCHMITT 1976, 124 : βαραγαναῖοι vel sim. codd.
[62] ἐπεισπεσόντες BRA   [63] om. PB
[64] κατὰ κράτος ἐνίκησε om. PBAMW   [65] τὰ δὲ R

hinzuzugewinnen – sie würden sich ihrer Führung ja ohne Widerstand unterordnen in ihrem Hass gegen die Bewohner von Sepphoris, die an der Treue zu Rom festhielten – und mit großer Streitmacht Rache an ihnen zu nehmen. **40** Mit diesen Worten beeinflusste er die Menge in seinem Sinne; denn er war ein fähiger Demagoge und denen, die das Bessere dagegenhielten, durch das Blendwerk und den Betrug seiner Redekunst überlegen. Er verfügte ja über beträchtliche griechische Bildung, aufgrund welcher er sich übrigens erkühnte, den Ablauf dieser Geschehnisse seinerseits aufzuschreiben, als ob er sich mit dieser Rede überlegen erweisen könne über die Wahrheit. **41** Doch von diesem Mann, von seinem üblen Gebaren und wie er samt seinem Bruder um ein Haar großes Unheil angerichtet hätte, werde ich im weiteren Verlauf dieses Berichts noch sprechen. **42** Damals also überredete Justus die Bürger, zu den Waffen zu greifen und nötigte sogar viele, die es nicht wollten; mit diesen allen zog er aus und brannte die Dörfer von Gadara[55] und Hippos[56] nieder, nur weil sie auf der Grenze der Gebiete von Tiberias und Skythopolis liegen.[57]

43 So war also die Lage in Tiberias. Mit Giš-Ḥalab jedoch verhielt es sich folgendermaßen: Als Joḥanan, Sohn des Levi, sah, dass einige von seinen Mitbürgern hochfliegende Pläne hegten, von den Römern abzufallen, versuchte er, sie zurückzuhalten und hielt es für besser, die Loyalität[58] zu bewahren. **44** Er konnte jedoch nichts ausrichten, so sehr er auch wollte; die Nichtjuden der Umgebung nämlich, die Leute von Gadara,[59] von Kafar Aganai und von Tyros sammelten eine große Streitmacht, überfielen die Bewohner Giš-Ḥalabs, nahmen Giš-Ḥalab im Sturm; nachdem sie es niedergebrannt und zusätzlich noch dem Erdboden gleich gemacht hatten, kehrten sie nach Hause zurück. **45** Joḥanan aber, hierüber erzürnt, bewaffnete alle seine Leute, griff die eben genannten Völkerschaften an und schlug sie vernichtend; er baute Giš-Ḥalab stärker wieder auf und befestigte es um der künftigen Sicherheit willen[60] mit Mauern.

---

[55] Vgl. B 2:459 (Jüdische Vergeltungsmaßnahmen u. a. gegen Gadara und Hippos) und B 2:478 (Ausschreitungen gegen die jüdischen Einwohner dieser Städte), dazu Anm. 25 im Anhang.

[56] Die notorische Feindschaft zwischen den Städten Tiberias und Hippos, die in der rabbin. Literatur oft zusammen genannt werden, dauerte auch in mischnisch-talmudischer Zeit an, als sich Hippos, nunmehr Bischofssitz (EPIPHANIUS, *Haer.* 73,26), zum christlichen Gegenstück des jüdischen Tiberias entwickelte.

[57] Nach V 341 (vgl. dazu MASON 1992, 52 Anm. 8) fanden die Feldzüge des Justus vor dem Eintreffen des Josephus in Galiläa statt.

[58] Vgl. Anm. 25 im Anhang.

[59] Vgl. das Ortsnamensregister unter Kadaš.

[60] Nach V 189 ging es Joḥanan darum, Josephus seine Machtposition in Galiläa streitig zu machen.

46 Γάμαλα δὲ πίστει τῇ πρὸς Ῥωμαίους ἐνέμεινε δι' αἰτίαν τοι-
αύτην· Φίλιππος ὁ Ἰακείμου[66] παῖς, ἔπαρχος δὲ τοῦ βασιλέως Ἀγρίππα, σωθεὶς παρὰ δόξαν ἐκ τῆς ἐν Ἱεροσολύμοις βασιλικῆς αὐλῆς
πολιορκουμένης καὶ διαφυγών, εἰς ἕτερον ἐνέπεσε κίνδυνον, ὥστε
ὑπὸ Μαναήμου καὶ τῶν σὺν αὐτῷ λῃστῶν ἀναιρεθῆναι. **47** διεκώ-
λυσαν δὲ Βαβυλώνιοί τινες συγγενεῖς αὐτοῦ ἐν Ἱεροσολύμοις ὄντες πρᾶξαι τοὺς λῃστὰς τὸ ἔργον. ἐπιμείνας οὖν ἡμέρας τέσσαρας
ὁ Φίλιππος ἐκεῖ τῇ πέμπτῃ φεύγει περιθετῇ χρησάμενος κόμῃ τοῦ
μὴ κατάδηλος γενέσθαι, καὶ παραγενόμενος εἴς τινα τῶν ἑαυτοῦ
κωμῶν κατὰ τοὺς ὅρους Γάμαλα τοῦ φρουρίου κειμένην πέμπει[67]
πρός τινας τῶν ὑπ' αὐτὸν[68] προστάσσων ὡς αὐτὸν ἀφικέσθαι *εἰς
Καισάρειαν* τὴν Φιλίππου.[69] **48** ταῦτα δ' αὐτὸν ἐννοούμενον ἐμ-
ποδίζει τὸ θεῖον ἐπὶ συμφέροντι· μὴ γὰρ τούτου γενομένου πάντως
ἂν ἀπολώλει·[70] πυρετοῦ δὴ κατασχόντος αὐτὸν ἐξαίφνης γράψας
ἐπιστολὰς[71] τοῖς παισὶν[72] Ἀγρίππα καὶ Βερενίκῃ δίδωσιν τῶν ἐξε-
λευθέρων τινὶ κομίζειν πρὸς Οὔαρον. **49** ἦν δ' οὗτος κατὰ τὸν
καιρὸν ἐκεῖνον ὁ τὴν βασιλείαν διοικῶν καταστησάντων αὐτὸν
τῶν βασιλέων· αὐτοὶ γὰρ εἰς Βηρυτὸν ἀφικνοῦντο ὑπαντῆσαι

Iosephus: **49** B 2:481

PBRAMW

[66] ἰωακείμου BR : Ἰακίμου W
[67] ἔπεμπε Herwerden
[68] αὐτοῦ PAMW : αὐτῷ Bekker
[69] εἰς Καισάρειαν ins. Schlatter 1893, 374; cf. Laqueur 1920, 42–45 : τὴν Φιλίππου om. Dindorf, lac. post ἀφικέσθαι ind. Herwerden ; cf. Gross 1988, 242
[70] ἀπωλώλει R
[71] ἐπιστολὴν R
[72] βασιλεῦσιν Krenkel 1894, 275; cf. Schlatter 1923, 48; 1932, 178

46 – 61 Die Lage in Gamala. Philippos ben Jakim und die Umtriebe des Varus

46 Gamala[61] aber blieb in Loyalität gegenüber den Römern aus folgendem Grund: Philippos[62], Sohn des Jakim, Feldhauptmann des Königs Agrippa, der unerwartet aus dem belagerten Königspalast[63] in Jerusalem gerettet worden war und hatte fliehen können,[64] geriet in die andere Gefahr, von Manaḥem und seinen Banditen[65] umgebracht zu werden. **47** Einige Verwandte von ihm aus Babylon[66] jedoch, die sich in Jerusalem aufhielten, hinderten die Banditen, ihr Vorhaben auszuführen. Nachdem Philippos dort vier Tage zugewartet hatte, floh er schließlich am fünften unter Verwendung einer Perükke, um nicht erkannt zu werden; und als er eines seiner Dörfer[67] in der Nähe der Festung Gamala erreicht hatte, schickte er nach einigen seiner Untergebenen mit der Anordnung, dass sie zu ihm kommen sollten nach Caesarea Philippi. **48** Bei dieser Absicht hinderte ihn allerdings die Gottheit[68] zu seinem Guten; denn wäre es nicht so geschehen, wäre er vollends zugrunde gegangen. Überrascht von einem Fieberanfall, schrieb er Briefe an die (Königs-)-Kinder[69] Agrippa und Berenike und gab sie einem seiner Freigelassenen zur Überbringung[70] an Varus. **49** Dieser war damals Verwalter der Regierungsgeschäfte,[71] wozu ihn das Königspaar[72] eingesetzt hatte; dieses selbst war

---

[61] Zu V 46–61 vgl. V 114. 179–186.

[62] Vgl. Anm. 41 im Anhang.

[63] Von Herodes d. Gr. um 24 v. Chr. im nordwestl. Stadtgebiet nahe dem Jaffa-Tor errichteter Prachtbau, der zgl. als Kastell für die Oberstadt diente (MICHEL / B. 1959, 417 Anm. 184 zu B 1:401). Josephus beschreibt den Palast in B 5:156–183.

[64] Vgl. B 2:430 441.

[65] Vgl. Anm. 10 im Anhang.

[66] D. h. aus Babylonien stammende jüdische Bewohner des batanäischen Ekbatana (vgl. das Ortsnamensregister zu Ekbatana). Sind diese Verwandten des Philippos unter den Soldaten seiner von Agrippa nach Jerusalem gesandten Truppe zu suchen (B 2:421)?

[67] Entweder war Philippos neben seinen militärischen Aufgaben mit der Verwaltung des Gebietes um Gamala betraut, das zum Territorium Agrippas gehörte, oder die Formulierung bezieht sich auf größeren Landbesitz des Philippos in der Gegend; so PRICE 1991, 88. Vgl. auch V 33 (transjordanische Besitzungen des Crispus von Tiberias); COHEN 1972, 86f.; FREYNE 1980a, 156–170.

[68] Vgl. V 15. 138. 208f. 301. 425.

[69] SCHLATTER 1932, 178 Anm. 1 sieht hier eine gegen Agrippa gerichtete Textmanipulation der urspr. τοῖς βασιλεῦσιν in τοῖς παισίν.

[70] Neben dem Fieberanfall verstand man wiederholt auch die Übermittlung der Briefe an Varus als Fiktion des Josephus, die die wahren Ereignisse um Philippos verschleiern sollte (vgl. dazu Anm. 41 im Anhang). PRICE 1991, 88 hält V 48 dagegen für glaubwürdig: »Während seiner Krankheit hielt Philippos mit dem König brieflich Kontakt und sandte die Briefe an Agrippa über dessen Verwalter, womit er sich an den korrekten Verwaltungsgang hielt. Als Varus durch Aequus Modius ersetzt wurde, kontaktierte er Agrippa auf dieselbe Weise (*Vita* 180).«

[71] Vgl. Anm. 16 im Anhang.

[72] βασιλεῖς in dieser Bedeutung noch in V 50. 181. Epigraphische Belege bei COHEN 1979, 161 Anm. 190; vgl. auch *reges* bei LIVIUS, *Hist.* 1:39,2.

βουλόμενοι Κεστίῳ. **50** λαβὼν οὖν ὁ[73] Οὔαρος τὰ παρὰ Φιλίππου γράμματα καὶ πυθόμενος αὐτὸν διασεσῶσθαι βαρέως ἤνεγκεν, ἀχρεῖος τὸ λοιπὸν αὐτὸς νομίζων φανεῖσθαι τοῖς βασιλεῦσιν ἀφικομένου τοῦ Φιλίππου. προαγαγὼν οὖν εἰς τὸ πλῆθος τὸν τὰς ἐπιστολὰς κομίσαντα[74] καὶ πλαστογραφίαν ἐπικαλέσας, ψεύδεσθαί τε φήσας αὐτὸν ἀπαγγείλαντα Φίλιππον ἐν τοῖς Ἱεροσολύμοις μετὰ τῶν Ἰουδαίων Ῥωμαίοις[75] πολεμεῖν, ἀπέκτεινεν. **51** μὴ ὑποστρέψαντος δὴ[76] τοῦ ἐξελευθέρου Φίλιππος ἀπορῶν[77] τὴν αἰτίαν δεύτερον ἐκπέμπει μετ' ἐπιστολῶν πάλιν τὸν ἀπαγγελοῦντα πρὸς αὐτόν, τί τὸ συμβεβηκὸς εἴη τῷ ἀποσταλέντι, δι' ὃ βραδύνειεν. **52** καὶ τοῦτον δὲ παραγενόμενον ὁ Οὔαρος συκοφαντήσας ἀνεῖλεν· καὶ γὰρ ὑπὸ τῶν ἐν Καισαρείᾳ Σύρων ἐπῆρτο μέγα φρονεῖν, ἀναιρεθήσεσθαι μὲν λεγόντων ὑπὸ Ῥωμαίων τὸν[78] Ἀγρίππαν διὰ τὰς ὑπὸ Ἰουδαίων μαρτυρίας,[79] λήψεσθαι δ' αὐτὸν τὴν ἀρχὴν ἐκ βασιλέων ὄντα· καὶ γὰρ ἦν ὁμολογουμένως ὁ Οὔαρος βασιλικοῦ γένους ἔγγονος,[80] Σοαίμου[81] τοῦ περὶ τὸν Λίβανον τετραρχοῦντος. **53** διὰ τοῦτ' οὖν ὁ Οὔαρος τυφούμενος τὰς μὲν ἐπιστολὰς παρ' ἑαυτῷ κατέσχεν μηχανώμενος μὴ ἐντυχεῖν τοῖς γράμμασι τὸν βασιλέα, τὰς ἐξόδους δὲ πάσας ἐφρούρει, μὴ διαδράς τις ἀπαγγείλειε τῷ βασιλεῖ τὰ πραττόμενα. καὶ δὴ χαριζόμενος τοῖς κατὰ τὴν Καισάρειαν Σύροις πολλοὺς τῶν Ἰουδαίων ἀπέκτεινεν. **54** ἐβουλήθη δὲ καὶ μετὰ τῶν ἐν Βαταναίᾳ Τραχωνιτῶν ἀναλαβὼν τὰ ὅπλα ἐπὶ τοὺς ἐν Ἐκβατάνοις Βαβυλωνίους Ἰουδαίους – ταύτην γὰρ τὴν προσηγορίαν ἔχουσιν – ὁρμῆσαι. **55** καλέσας οὖν τῶν κατὰ τὴν Καισάρειαν Ἰουδαίων δώδεκα τοὺς δοκιμωτάτους προσέτασσεν αὐτοῖς ἀφικομένοις εἰς Ἐκβάτανα πρὸς τοὺς ἐκεῖ κατοικοῦντας αὐτῶν ὁμοφύλους εἰπεῖν, ὅτι Οὔαρος ἀκούσας ὑμᾶς ἐπὶ[82] βασιλέα μέλλειν ὁρμᾶν καὶ μὴ πιστεύσας, πέπομφεν ἡμᾶς πείσοντας ὑμᾶς τὰ ὅπλα καταθέσθαι· τοῦτο γὰρ αὐτῷ τεκμήριον ἔσεσθαι καὶ τοῦ καλῶς μὴ πιστεῦσαι τοῖς περὶ ὑμῶν λέγουσιν. **56** ἐκέλευε δὲ καὶ

Iosephus: **56** B 2:482

P B R A M W

[73] om. P   [74] κομίσοντα P : κομίζοντα A
[75] μετὰ τῶν Ἰουδαίων Ῥωμαίοις om. P
[76] δὲ BMW   [77] ἀγνοῶν Cobet
[78] των P : om. Bekker   [79] ἁμαρτίας PBAMW   [80] ἔκγονος M
[81] σοέμου A²RMW : συνεμου P : συναίμου B; cf. Krenkel 1894, 92–93
[82] ἐπὶ τὸν Herwerden 1893, 235

nach Berytus[73] unterwegs, um sich mit Cestius zu treffen. **50** Als nun Varus die Briefe des Philippos empfing und erfuhr, dass er sich hatte retten können, nahm er es übel auf; er glaubte nämlich, er selbst werde dem Königspaar künftig entbehrlich erscheinen, sobald Philippos wieder da wäre. So führte er den Überbringer der Briefe vor das Volk und nannte sie eine Fälschung, und unter der Behauptung, er habe gelogen[74] mit seiner Botschaft, Philippos kämpfe in Jerusalem samt den Juden gegen die Römer, ließ er ihn hinrichten. **51** Da nun der Freigelassene nicht zurückkehrte und Philippos sich den Grund nicht erklären konnte, schickte er einen zweiten erneut mit Briefen, damit der ihm zurückmeldete, was dem Boten zugestoßen sei, dass er sich verspäte. **52** Doch auch diesen ließ Varus nach seiner Ankunft unter falscher Beschuldigung töten. Er war nämlich auch von den Syrern Caesareas[75] verleitet worden, hohe Erwartungen zu haben; denn sie behaupteten, Agrippa werde von den Römern umgebracht werden aufgrund der Zeugenaussagen von Juden, und er werde selbst die Herrschaft übernehmen können dank seiner königlichen Abstammung – unbestritten stammte ja Varus als Nachkomme des Šoḥim, des Tetrarchen am Libanon, aus königlichem Geschlecht. **53** Daraus kam des Varus Dünkel, womit der die Briefe bei sich zurückhielt und zu bewerkstelligen versuchte, dass der König den Text nicht zur Kenntnis bekäme; er ließ alle Ausgänge bewachen, damit niemand entkommen und dem König den Vorgang berichten konnte. Auch ließ er, den Syrern Caesareas zuliebe, viele der dortigen Juden[76] umbringen. **54** Ja, er hegte sogar die Absicht, mit Hilfe der Trachoniter von Batanaea, bewaffnet gegen die in Ekbatana lebenden »babylonischen Juden« – so nennt man sie –, auszuziehen. **55** Er rief also von den Juden Caesareas die zwölf angesehensten herbei und trug ihnen auf, nach »Ekbatana« zu reisen und ihren dort wohnenden Volksgenossen zu sagen: »Varus ist zu Ohren gekommen, dass ihr gegen den König ausrücken wollt, und da er es nicht glaubte, schickte er uns, damit wir euch dazu bewegen, die Waffen niederzulegen; denn dieses werde ihm ein Beweis sein, dass er recht hat, denen nicht zu glauben, die Nachrichten über euch bringen.« **56** Er ordnete aber auch an, sie sollten ihre siebzig vornehmsten Männer schicken,[77] damit sie sich angesichts der erhobenen Anklage

---

[73] B 2:481 nennt Antiochien als Reiseziel.

[74] Vgl. DREXLER, 308f.: »Varus musste doch alles Interesse an der Verbreitung des Gerüchts haben. Warum dementiert er es? Oder vergißt Josephus die dem Varus zugedachte Rolle, weil ihm an dem Dementi, das er ja auch 182 und 407 gibt, dringend gelegen ist?« Freilich kann die Bestreitung eines Gerüchts auch die Absicht haben, dieses erst recht in Umlauf zu bringen. Vgl. etwa die Intrigen des Antipater gegen seine Brüder in B 1:471f.

[75] Caesaraea Philippi.

[76] Zu V 53.54–60 vgl. auch Anm. 25 im Anhang.

[77] Die 70köpfige (vgl. Anm. 101) Delegation kommt nach B 2:482f. aus eigenem Entschluss mit der Bitte um eine Schutztruppe zu Varus.

τοὺς πρώτους αὐτῶν ἄνδρας ἑβδομήκοντα πέμπειν ἀπολογησομένους περὶ τῆς ἐπενηνεγμένης αἰτίας. ἐλθόντες οὖν οἱ δώδεκα πρὸς τοὺς ἐν Ἐκβατάνοις ὁμοφύλους καὶ καταλαβόντες αὐτοὺς μηδὲν ἐπὶ νεωτερισμῷ φρονοῦντας ἔπεισαν καὶ τοὺς ἑβδομήκοντα πέμπειν. 57 οἱ δὲ μηδὲν ὑποπτεύσαντες[83] τοιοῦτον οἷον ἔμελλεν ἀποβήσεσθαι ἐξαπέστειλαν. καταβαίνουσι δ᾽ οὗτοι μετὰ τῶν δώδεκα πρέσβεων εἰς τὴν Καισάρειαν. ὑπαντήσας οὖν ὁ Οὔαρος μετὰ τῆς βασιλικῆς δυνάμεως σὺν τοῖς πρέσβεσιν πάντας ἀπέκτεινεν καὶ τὴν πορείαν ἐπὶ τοὺς ἐν Ἐκβατάνοις Ἰουδαίους ἐποιεῖτο. 58 φθάσας δέ τις ἐκ τῶν ἑβδομήκοντα σωθεὶς ἀπήγγειλεν αὐτοῖς, κἀκεῖνοι τὰ ὅπλα λαβόντες σὺν γυναιξὶ καὶ τέκνοις εἰς Γάμαλα τὸ φρούριον ὑπεχώρησαν, καταλιπόντες τὰς κώμας πολλῶν ἀγαθῶν πλήρεις καὶ βοσκημάτων πολλὰς μυριάδας ἐχούσας. 59 Φίλιππος δὲ πυθόμενος ταῦτα καὶ αὐτὸς εἰς Γάμαλα τὸ φρούριον ἧκεν. παραγενομένου δὲ κατεβόα τὸ πλῆθος, ἄρχειν αὐτὸν[84] παρακαλοῦντες καὶ πολεμεῖν πρὸς Οὔαρον καὶ τοὺς ἐν τῇ Καισαρείᾳ Σύρους· διεδέδοτο[85] γὰρ ὑπὸ τούτων τὸν βασιλέα τεθνάναι. 60 Φίλιππος δ᾽ αὐτῶν κατεῖχε τὰς ὁρμὰς ὑπομιμνήσκων τῶν τε τοῦ βασιλέως εἰς αὐτοὺς εὐεργεσιῶν, καὶ τὴν Ῥωμαίων διηγούμενος ὅση τίς ἐστι[86] δύναμις, συμφέρειν οὐκ ἔλεγεν ἄρασθαι πρὸς τούτους πόλεμον, καὶ τέλος ἔπεισεν. 61 ὁ δὲ βασιλεὺς πυθόμενος, ὅτι Οὔαρος μέλλει τοὺς ἐπὶ τῆς Καισαρείας Ἰουδαίους σὺν γυναιξὶ καὶ τέκνοις, πολλὰς ὄντας μυριάδας, ἀναιρεῖν ἡμέρᾳ μιᾷ, μεταπέμπεται πρὸς αὐτόν,[87] Αἴκουον Μόδιον[88] πέμψας αὐτῷ διάδοχον, ὡς ἐν ἄλλοις ἐδηλώσαμεν. ὁ δὴ[89] Φίλιππος Γάμαλα τὸ φρούριον κατέσχεν καὶ τὴν πέριξ χώραν πίστει τῇ πρὸς Ῥωμαίους ἐμμένουσαν.

62 Ἐπεὶ δ᾽ εἰς τὴν Γαλιλαίαν ἀφικόμην ἐγὼ καὶ ταῦτα παρὰ τῶν ἀπαγγειλάντων ἔμαθον, γράφω τῷ συνεδρίῳ τῶν Ἱεροσολυμιτῶν περὶ τούτων καὶ τί με πράττειν κελεύουσιν ἐρωτῶ. οἱ δὲ προσμεῖναι παρεκάλεσαν καὶ τοὺς συμπρέσβεις, εἰ θέλοιεν, κατασχόντα πρόνοιαν ποιήσασθαι τῆς Γαλιλαίας. 63 οἱ δὲ συμπρέσβεις εὐ-

---

Fontes: **62 – 65** Iustus Tib.

P B R A M W

[83] ὑποπτεύοντες MW   [84] αὐτῶν BAMW
[85] HAVERKAMP : διεδέχετο PBAMW : διαδέδοκτο R : διεδίδοτο HUDSON
[86] ἐστιν ἡ PBA : ἔστιν αὐτῶν MW
[87] sic acc. HANSEN : μεταπέμπεται πρὸς αὐτὸν codd. : μεταπέμπεται αὐτὸν BEKKER
[88] μονόδιον PBRA (cf. V 114)   [89] δὲ PBRAM

verantworteten. Die zwölf kamen also zu ihren Volksgenossen in »Ekbatana«, und als sie erfuhren, dass diese überhaupt keinen Umsturz im Sinne
hatten, überredeten sie sie (um so mehr), auch die siebzig zu schicken. **57** Da
man dort keinerlei Verdacht geschöpft hatte, was ihnen bevorstehen werde,
entsandte man sie. Sie zogen also samt den zwölf Abgesandten hinab nach
Caesarea. Ihnen nun zog Varus mit der königlichen Streitmacht entgegen,
tötete sie alle samt seinen Abgesandten und marschierte dann gegen die Juden »Ekbatanas«. **58** Es kam ihm jedoch einer der siebzig, der sich hatte
retten können, zuvor und meldete es ihnen, und jene ergriffen die Waffen und
zogen sich samt Frauen und Kindern auf die Festung Gamala zurück, wofür
sie ihre Dörfer verlassen mussten, die voll waren von Gütern und vielen
Tausend Stück Vieh. **59** Sobald Philippos dies erfuhr, begab er sich selbst zur
Festung Gamala. Bei seiner Ankunft bedrängte ihn die Menge mit Geschrei,
er solle selbst das Kommando übernehmen und gegen Varus und die Syrer
Caesareas kämpfen; denn das Gerücht war umgegangen, der König sei von
diesen getötet worden. **60** Philippos aber versuchte, ihr Ungestüm zu dämp-
fen, indem er an die Wohltaten des Königs ihnen gegenüber erinnerte; und
nach einer Darlegung, wie groß die Streitmacht der Römer überhaupt sei,
versicherte er ihnen, es habe keinen Zweck, gegen sie Krieg anzufangen, und
überzeugte sie schließlich. **61** Als aber der König erfuhr, Varus beabsichtige,
die Juden in Caesarea[78] mit Frauen und Kindern, viele Tausende, an einem
Tag umzubringen, lud er ihn vor sich, nicht ohne Aequus Modius als seinen
Nachfolger geschickt zu haben, wie wir anderswo[79] dargestellt haben. So behielt Philippos die Festung Gamala in seiner Verfügung sowie deren Umland,
das in Loyalität zu den Römern verblieb.

62 – 69 Erste Entscheidungen des Josephus in Galiläa

62 Als ich nun in Galiläa anlangte und ich dies von meinen Berichterstat-
tern erfuhr, gab ich dem Jerusalemer Synhedrion[80] darüber einen schriftlichen
Bericht und fragte an, was man mir zu tun befehle. Sie forderten mich auf,
dazubleiben und auch die Mitgesandten, wenn sie denn wollten, dazubehal-
ten und so die Geschicke Galiläas[81] in die Hand zu nehmen. **63** Die Mitge-

---

[78] Vgl. V 53fin. Das Wort μέλλει deutet aber auf einen geplanten Angriff, der durch
die Abberufung des Varus verhindert wurde. Dies passt besser auf die Juden Ekbatanas (vgl. V 54), oder aber auf einen Plan des Varus, den Josephus bisher noch
nicht erwähnt hat.

[79] Vgl. B 2:483, wo Josephus freilich die Einsetzung des Aequus Modius als Nachfolger des Varus nicht erwähnt. Der Erzählfaden wird in V 179–184 wieder aufgenommen.

[80] Vgl. Anm. 6 im Anhang.

[81] Vgl. Anm. 94.

πορήσαντες πολλῶν χρημάτων ἐκ τῶν διδομένων αὐτοῖς δεκατῶν, ἃς ὄντες ἱερεῖς ὀφειλομένας ἀπελάμβανον, εἰς τὴν οἰκείαν ὑπο- στρέφειν γῆν⁹⁰ ἔκριναν· ἐμοῦ δ' αὐτοὺς προσμεῖναι παρακαλέσαν- τος ἕως οὗ⁹¹ τὰ πράγματα καταστήσωμεν, πείθονται. **64** ἄρας οὖν μετ' αὐτῶν ἀπὸ τῆς Σεπφωριτῶν πόλεως εἰς κώμην τινὰ Βηθμα- οὺς⁹² λεγομένην, ἀπέχουσαν Τιβεριάδος στάδια τέσσαρα, παραγί- νομαι· καὶ πέμψας ἐντεῦθεν⁹³ πρὸς τὴν Τιβεριέων βουλὴν καὶ τοὺς πρώτους τοῦ δήμου παρεκάλουν ἀφικέσθαι πρός με. **65** παραγε- νομένων – ἐληλύθει δὲ σὺν αὐτοῖς καὶ Ἰοῦστος – ἔλεγον ὑπὸ τοῦ κοινοῦ τῶν Ἱεροσολυμιτῶν πρεσβεῦσαι⁹⁴ μετὰ τούτων πεπέμφθαι⁹⁵ πρὸς αὐτούς, πείσων καθαιρεθῆναι τὸν οἶκον τὸν ὑπὸ Ἡρώδου τοῦ τετράρχου κατασχεθέντα,⁹⁶ ζῴων μορφὰς ἔχοντα, τῶν νόμων οὕτως τι κατασκευάζειν ἀπαγορευόντων, καὶ παρεκάλουν αὐτοὺς ἐᾶν ἡμᾶς ᾗ τάχος τοῦτο πράττειν. **66** ἐπὶ πολὺ μὲν οὖν οἱ περὶ τὸν Καπέλλαν⁹⁷ καὶ τοὺς πρώτους αὐτῶν ἐπιτρέπειν οὐκ ἤθελον, βια- ζόμενοι δ' ὑφ' ἡμῶν συγκατατίθενται. φθάνει δ' Ἰησοῦς ὁ τοῦ Σαπφία παῖς, ὃν τῆς τῶν ναυτῶν καὶ τῶν ἀπόρων στάσεως πρῶτον ἔφαμεν ἄρξαι, παραλαβών τινας Γαλιλαίους καὶ τὴν πᾶσαν αὐλὴν ἐμπρήσας, πολλῶν οἰόμενος εὐπορήσειν ἐξ αὐτῆς χρη- μάτων, ἐπειδή τινας οἴκων⁹⁸ ὀροφὰς κεχρυσωμένας εἶδεν. **67** καὶ διήρπασαν πολλὰ παρὰ γνώμην τὴν ἡμετέραν πράξαντες· ἡμεῖς γὰρ μετὰ τὴν πρὸς Καπέλλαν⁹⁹ καὶ τοὺς πρώτους Τιβεριέων ὁμιλίαν εἰς τὴν ἄνω Γαλιλαίαν ἀπὸ Βηθμαῶν ἀνεχωρήσαμεν. ἀναιροῦσιν δ' οἱ περὶ τὸν Ἰησοῦν πάντας τοὺς ἐνοικοῦντας Ἕλλη-

---

Fontes: **62 – 65** Iustus Tib.

P B R A M W

⁹⁰ om. PB
⁹¹ ἂν Dindorf 1869, 824
⁹² Βηθμαοῦς acc. Niese
⁹³ τοὺς add. PBRA
⁹⁴ πρεσβεύσων MW
⁹⁵ πεπόμφθαι PB; cf. Schmidt 1893, 472; Gross 1988, 48f.
⁹⁶ κατασκευασθέντα BRAMW
⁹⁷ κάπελλον RAMW
⁹⁸ τῶν οἴκων Herwerden
⁹⁹ κάπελλον RAMW

sandten, die reich versorgt worden waren mit Geld aus den ihnen übergebenen Zehnten – als Priester erhielten sie diese pflichtgemäß[82] – hätten es vorgezogen, in ihr Heimatland[83] zurückzugehen; als ich sie jedoch aufforderte zu bleiben, bis wir die Dinge in Ordnung gebracht hätten, fügten sie sich. **64** Mit ihnen machte ich mich von der Stadt Sepphoris auf den Weg und gelangte zu einem Dorf namens Bet-Maʿon, 4 Stadien von Tiberias;[84] von dort sandte ich zum Rat von Tiberias und zu den Obersten der Bürgerschaft die Aufforderung, zu mir zu kommen. **65** Als sie zugegen waren – auch Justus war mit ihnen gekommen –, erklärte ich ihnen, die Bürgerschaft Jerusalems[85] habe mich samt diesen (meinen Begleitern) als Botschafter an sie gesandt, um sie zu überzeugen, der vom Tetrarchen Herodes erbaute Palast[86] müsse zerstört werden, der mit Tiergestalten versehen sei, wo doch die Gesetze so zu bauen verböten;[87] und ich forderte sie auf, sie sollten uns dies schleunigst ausführen lassen. **66** Lange Zeit wollten nun die Leute um Capella und um die Obersten von Tiberias dies nicht zulassen; doch als wir ihnen zusetzten, stimmten sie zu. Sofort beeilte sich Ješu, Sohn des Šafai – jener, der, wie ich schon berichtet habe,[88] die Partei der Seeleute und der Mittellosen gegründet hatte –, einige Galiläer zusammenzuholen und die gesamte Residenz niederzubrennen, in der Meinung, viele Wertsachen daraus erbeuten zu können; er hatte nämlich gesehen, dass einige Zimmerdecken vergoldet waren. **67** Sie machten auch reichlich Beute, hatten jedoch gegen unseren Willen gehandelt; wir nämlich waren nach dem Zusammentreffen mit Capella und den Obersten von Tiberias bereits von Bet-Maʿon nach Obergaliläa[89] zurückgekehrt. Die Leute des Ješu töteten auch gleich alle Nichtjuden[90] der Gegend sowie diejenigen,

---

[82] Vgl. Anm. 7 im Anhang.

[83] Nur ein Teil der Priester hatte seinen Wohnsitz in Jerusalem; die übrigen lebten in Städten und Dörfern, vorzugsweise in Judäa (SCHÜRER 1979, 256).

[84] Die als Entfernung von Tiberias angegebenen vier Stadien (SCHMITT 1995, 30) entsprechen ca. 800 m. MÖLLER / SCHMITT 1976, 45; REEG 1989, 113f.; TSAFRIR u. a. 1994, 84.

[85] Vgl. Anm. 6 im Anhang.

[86] Der Palast lag vermutlich auf dem sog. »Berg der Berenike« (vgl. HAEFELI 1925, 83 Anm. 65 und die Abb. bei STERN 1994, Bd. 4, 1464), einer 200 m über dem See gelegenen Anhöhe, von der aus das antike Tiberias gut zu überblicken war (Abb. bei MEYERS 1997, Bd. 5, 205). Möglicherweise von dieser Stelle aus nahmen die Römer Tiberias während der kurzen Belagerung der Stadt in Augenschein (B 3:458).

[87] Vgl. Anm. 8 im Anhang.

[88] Josephus denkt wohl an die zweite der in V 32ff. genannten drei Parteien, wo aber Ješu nicht eigens erwähnt wird. B 3:450 nennt Ješu (dort freilich als »Sohn des Tufa«) immerhin als »obersten Anführer des räuberischen Haufens«.

[89] Zur Unterscheidung von Ober- und Untergaliläa vgl. B 3:35–40.

[90] Vgl. Anm. 25 im Anhang.

νας ὅσοι τε πρὸ τοῦ πολέμου γεγόνεισαν αὐτῶν ἐχθροί. **68** Πυθόμενος δ' ἐγὼ ταῦτα παρωξύνθην σφόδρα, καὶ καταβὰς εἰς Τιβεριάδα πρόνοιαν εἰσηνεγκάμην τῶν βασιλικῶν σκευῶν ὅσα δυνατὸν ἦν τοὺς ἁρπάσαντας ἀφελέσθαι· λυχνίαι δ' ἦσαν Κορίνθιαι ταῦτα καὶ τράπεζαι τῶν βασιλικῶν καὶ ἀσήμου ἀργυρίου σταθμὸς ἱκανός. πάντα δ' ὅσα παρέλαβον φυλάσσειν ἔκρινα τῷ βασιλεῖ.[100] **69** μεταπεμψάμενος οὖν τοὺς τῆς βουλῆς πρώτους δέκα καὶ Καπέλλαν[101] τὸν Ἀντύλλου τὰ σκεύη παρέδωκα, μηδενὶ παραγγείλας ἑτέρῳ πλὴν ἐμοῦ δοῦναι.

70 Κἀκεῖθεν εἰς τὰ Γίσχαλα πρὸς τὸν Ἰωάννην μετὰ τῶν συμπρέσβεων ἀφικόμην βουλόμενος γνῶναι, τί ποτε φρονεῖ. κατεῖδον δ' αὐτὸν ταχέως νεωτέρων ὀρεγόμενον πραγμάτων καὶ τῆς ἀρχῆς ἐπιθυμίαν ἔχοντα· **71** παρεκάλει γάρ με τὸν Καίσαρος σῖτον κείμενον ἐν ταῖς τῆς ἄνωθεν Γαλιλαίας κώμαις ἐξουσίαν αὐτῷ δοῦναι ἐκφορῆσαι· θέλειν γὰρ ἔφασκεν εἰς ἐπισκευὴν τῶν τῆς πατρίδος τειχῶν αὐτὸν ἀναλῶσαι. **72** κατανοήσας δὲ ἐγὼ τὴν ἐπιχείρησιν αὐτοῦ καὶ τί διανοοῖτο πράσσειν, οὐκ ἔφην αὐτῷ συγχωρεῖν· ἢ γὰρ Ῥωμαίοις αὐτὸν ἐνενοούμην φυλάττειν ἢ ἐμαυτῷ,[102] διὰ τὸ καὶ τὴν ἐξουσίαν τῶν ἐκεῖ πραγμάτων αὐτὸς παρὰ τοῦ κοινοῦ τῶν Ἱεροσολυμιτῶν πεπιστεῦσθαι. **73** μὴ πείθων δέ με[103] περὶ τούτων[104] ἐπὶ τοὺς συμπρέσβεις ἐτράπετο· καὶ γὰρ ἦσαν ἀπρονόητοι τῶν ἐσομένων καὶ λαβεῖν ἑτοιμότατοι· φθείρει δὲ χρήμασιν αὐτοὺς ψηφίσασθαι πάντα τὸν σῖτον αὐτῷ παραδοθῆναι τὸν ἐν τῇ αὐτοῦ ἐπαρχίᾳ κείμενον. κἀγὼ μόνος ἡττώμενος ὑπὸ δύο[105] τὴν ἡσυχίαν ἤγαγον.[106]

PBRAMW

[100] τῷ βασιλεῖ ἔκρινα PBRA
[101] κάπελλον AMW, κάπυλλον R
[102] ἠμοὶ αὐτῶι A, ἢ 'μαυτῷ NIESE ex P (αμαυτω)
[103] om. PB
[104] καὶ add. PELLETIER
[105] ὑπὸ δύο ed. pr. : ὑποδύς codd., ὑπὸ δέους HERWERDEN
[106] ἄγαγον P, ἧττον A

die schon vor dem Krieg ihre Feinde gewesen waren. **68** Als ich davon erfuhr, wurde ich sehr zornig, ging wieder nach Tiberias hinab[91] und bemühte mich, so viel wie möglich vom königlichen Inventar den Plünderern abzunehmen: Es handelte sich um korinthische Leuchter, Tische[92] aus dem Königspalast und eine ziemliche Menge an ungeprägtem Silber. Alles, was ich davon zu fassen bekam, bestimmte ich zur Verwahrung für den König. **69** Ich ließ also die zehn obersten Ratsherren und Capella, den Sohn des Antullus, kommen und übergab ihnen die Inventarstücke mit der Weisung, sie niemand anderem, als mir, (jemals) auszuhändigen.[93]

70 – 76 Die zwielichtige Rolle des Johanan von Giš-Ḥalab

70 Von dort kam ich dann nach Giš-Ḥalab zu Johanan, begleitet von meinen Mitgesandten, und wollte erfahren, was er für Absichten hatte. Ich durchschaute ihn aber rasch, dass er auf Umsturz bedacht war und es ihn nach der Herrschaft gelüstete; **71** er bat mich nämlich um die Genehmigung, den kaiserlichen Getreidevorrat, der in den Dörfern Obergaliläas deponiert war, fortzuschaffen; und zwar wollte er es – wie er vorgab – für den Wiederaufbau der Mauern seiner Heimatstadt verwenden. **72** Ich erkannte aber seine Absicht und was er zu erreichen im Sinne trug, und verweigerte ihm die Erlaubnis; entweder für die Römer gedachte ich nämlich (das Getreide) zu verwahren oder für mich selbst, da ich ja mit der Verantwortung auch der dortigen Angelegenheiten von der Jerusalemer Bürgerschaft betraut war. **73** Als er mich in dieser Sache nicht zu überreden vermochte, wandte er sich an die Mitgesandten; die waren unbekümmert um die Zukunft und sehr bereit zum nehmen: Er bestach sie kurzerhand mit Geld, zu beschließen, dass das gesamte in seinem Befehlsbereich[94] gelagerte Getreide an ihn übergeben werden sollte. Ich aber, als einzelner von zweien überstimmt, schwieg dazu.

---

[91] Es ist auffällig, dass Josephus während der Zerstörung des Palastes und der Ermordung der griechischen Tiberienser nicht in der Stadt gewesen sein will. Verschleiert V 66–69 die Beteiligung des Josephus an diesen Vorgängen? (COHEN 1979, 124.218).

[92] Oder: Wechslertische, »Bankschalter«, Bank; vielleicht eine Zweigstelle der nach Sepphoris verlegten Einrichtung (vgl. V 38). Dies würde den sozialgeschichtlichen Aspekt des Aufstands gegen Rom beleuchten: Indem man sich der »Bank« bemächtigte, signalisierte man den Widerstand gegen die ungleiche Verteilung des Eigentums. Vgl. auch B 2:427: Die Aufständischen zünden das Jerusalemer Archiv an, wohl um die Eintreibung ausstehender Schulden unmöglich zu machen.

[93] Vgl. V 295f.

[94] D. h. in Obergaliläa; vgl. V 71. Die Formulierung deutet an, dass Obergaliläa unter dem Einfluss des Johanan stand, der Einflussbereich des Josephus also entgegen seiner offiziellen Machtbefugnis (V 72) faktisch auf Untergaliläa beschränkt war. Die Angaben in V 187f., Josephus habe auch in Obergaliläa Dörfer befestigt, sind deshalb kritisch zu bewerten; vgl. COHEN 1979, 210.

74 Καὶ δευτέραν Ἰωάννης ἐπεισέφερεν πανουργίαν. ἔφη γὰρ Ἰουδαίους τοὺς τὴν Φιλίππου Καισάρειαν κατοικοῦντας, συγκεκλεισμένους κατὰ προσταγὴν τοῦ βασιλέως ὑπὸ *Μοδίου*[107] τοῦ[108] τὴν δυναστείαν διοικοῦντος, πεπομφέναι πρὸς αὐτὸν παρακαλοῦντας, ἐπειδὴ οὐκ ἔχουσιν ἔλαιον ᾧ χρήσονται[109] καθαρόν, ποιησάμενον πρόνοιαν εὐπορίαν αὐτοῖς τούτου παρασχεῖν, μὴ δι᾽ ἀνάγκην Ἑλληνικῷ χρώμενοι[110] τὰ νόμιμα παραβαίνωσιν. **75** ταῦτα δ᾽ οὐχ ὑπὲρ[111] εὐσεβείας ἔλεγεν Ἰωάννης, δι᾽ αἰσχροκέρδειαν δὲ φανερωτάτην. γινώσκων γὰρ παρὰ μὲν ἐκείνοις κατὰ τὴν Καισάρειαν τοὺς δύο ξέστας δραχμῆς μιᾶς πωλουμένους, ἐν δὲ τοῖς Γισχάλοις τοὺς ὀγδοήκοντα ξέστας δραχμῶν τεσσάρων, πᾶν τὸ ἔλαιον ὅσον ἦν ἐκεῖ διεπέμψατο, λαβὼν ἐξουσίαν καὶ παρ᾽ ἐμοῦ τὸ δοκεῖν· **76** οὐ γὰρ ἑκὼν ἐπέτρεπον, ἀλλὰ διὰ φόβον τὸν ἀπὸ τοῦ πλήθους, μὴ κωλύων καταλευσθείην ὑπ᾽ αὐτῶν. συγχωρήσαντος οὖν μου πλείστων χρημάτων ὁ Ἰωάννης ἐκ τῆς κακουργίας ταύτης εὐπόρησεν.

77 Τοὺς δὲ συμπρέσβεις ἀπὸ τῶν Γισχάλων ἀπολύσας εἰς τὰ Ἱεροσόλυμα, πρόνοιαν ἐποιούμην ὅπλων τε κατασκευῆς καὶ πόλεων ἐχυρότητος.[112] μεταπεμψάμενος δὲ τῶν λῃστῶν τοὺς ἀνδρειοτάτους, ἀφελέσθαι μὲν αὐτῶν τὰ ὅπλα οὐχ οἷόν τε ὂν ἑώρων, ἔπεισα δὲ τὸ πλῆθος μισθοφορὰν[113] αὐτοῖς παρέχειν, ἄμεινον εἶναι

PBRAMW

[107] Holwerda 1847, 143; cf. Schlatter 1932, 41; Schalit 1968, 6; ὑποδίκου PRAMW : ὑποδέκου (sic) B
[108] om. PB
[109] χρίσονται R
[110] χρησάμενοι MW : χριόμενοι coni. Naber
[111] δ᾽ οὐχ ὑπὲρ RMW : δουσυπερ (sic) P : δ᾽ οὐχ ὑπ᾽ Niese; cf. Gross 1988, 242
[112] ὀχυρότητος BRAMW
[113] μισθοφορίαν RAMW

74 Noch ein Schurkenstück leistete sich Joḥanan: Er behauptete, die jüdischen Bewohner von Caesarea Philippi, die dort Ausreiseverbot erhalten hatten auf Geheiß des Königs durch Modius, den Verwalter seines Herrschaftsgebiets, hätten zu ihm gesandt mit folgender Bitte: Sie hätten kein reines Öl[95] für ihren (täglichen) Gebrauch;[96] so sollte er dafür sorgen, dass ihnen dieses in ausreichendem Maße zur Verfügung stünde, damit sie nicht, zum Gebrauch griechischen Öls gezwungen, die Religionsvorschriften überträten. **75** Das sagte Joḥanan aber nicht aus Frömmigkeit, sondern aus höchst durchsichtiger Gewinnsucht. Denn als er gewahr wurde, dass bei jenen in Caesarea zwei Sextare[97] für eine Drachme verkauft werden, in Giš-Ḥalab jedoch achtzig Sextare für vier Drachmen, schickte er alles dort verfügbare Öl (nach Caesarea), wobei er den Anschein erweckte, meine Erlaubnis zu haben: **76** Das ließ ich ihm aber nicht freiwillig durchgehen, sondern nur aus Furcht vor der Menge, um nicht, wenn ich nein sagte, von ihr gesteinigt zu werden. Und so zog Joḥanan, weil ich mich gefügt hatte, aus dieser Machenschaft mit Leichtigkeit einen Riesengewinn.

77–79 Weitere Entscheidungen des Josephus in Galiläa

77 Als ich aber meine Mitgesandten von Giš-Ḥalab nach Jerusalem entlassen hatte, kümmerte ich mich um den brauchbaren Zustand der Waffen[98] und um die Befestigung der Städte. Seit ich mir die größten Draufgänger unter den Banditen[99] hatte kommen lassen, sah ich, dass es nicht anging, sie zu entwaffnen; ich könnte aber die Bevölkerung dafür gewinnen, ihnen einen Sold zu zahlen,[100] indem ich sagte, es sei besser, freiwillig Weniges zu geben,

---

[95] Zu V 74–76 vgl. B 2:590–592 und Anm. 9 im Anhang.

[96] Die LA des cod. R (»sie hatten kein reines Öl, mit dem sie sich salben könnten« vgl. Garzya 1961) legt den Text auf das Problem fest, das observante Juden bei der Teilnahme an Sportveranstaltungen des Gymnasiums (dazu Kerkeslager 1997) haben mussten; vgl. dazu A 12:120 (Gebrauch kultisch reinen Öls für den Sport) und Cohn 1910, 171 Anm. 3 zu Philon, *SpecLeg.* 2:230. In B 2:123 nennt Josephus die Verachtung des Körperöls als Sonderanschauung der Essener.

[97] Römisches Hohlmaß zu 0,546 Liter (ein »Sechstel« eines *congius*).

[98] Vgl. Anm. 294.

[99] Vgl. Anm. 10 im Anhang.

[100] Vgl. dagegen B 2:576–584: Josephus rekrutiert ein 100.000-Mann-Heer nach römischer Manier, wobei B 3:129f wohl erklären soll, warum ihm dieses Heer in der entscheidenden Phase des Krieges nicht mehr zur Verfügung stand. Von einer Soldzahlung (μισθοφορά) an die »Banditen« (λῃσταί) ist dort nicht die Rede. Statt dessen erwähnt Josephus seine Ermahnungen an die Truppen, sich der Räuberei (λῃστεία) zu enthalten (B 2:581), sowie die besondere militärische Zuverlässigkeit von 4500 Söldnern (μισθόφοροι, B 2:583). Die Darstellung in V verdient hier als Korrektur der Übertreibungen und Retouchen in B den Vorzug. Drexler 1920, 301; Cohen 1979, 212f.; Freyne 1980a, 77–97; Price 1992, 60 Anm. 21.

λέγων ἑκόντας ὀλίγα διδόναι μᾶλλον ἢ τὰς κτήσεις διαρπαζομέ-
νας ὑπ' αὐτῶν περιορᾶν. 78 καὶ λαβὼν παρ' αὐτῶν ὅρκους μὴ
ἀφίξεσθαι πρότερον εἰς τὴν χώραν, ἐὰν μὴ μετακληθῶσιν ἢ ὅταν
τὸν μισθὸν μὴ λάβωσιν, ἀπέλυσα παραγγείλας μήτε Ῥωμαίοις πολεμεῖν μήτε τοῖς περιοίκοις· εἰρηνεύεσθαι γὰρ πρὸ πάντων τὴν
Γαλιλαίαν ἐφρόντιζον. 79 τοὺς δ' ἐν τέλει τῶν Γαλιλαίων, ὅσον
ἑβδομήκοντα πάντας, βουλόμενος ἐν[114] προφάσει φιλίας καθάπερ
ὅμηρα τῆς πίστεως ἔχειν, φίλους τε καὶ συνεκδήμους ἐποιησάμην,
ἐπί τε κρίσεις παρελάμβανον, καὶ μετὰ γνώμης τῆς ἐκείνων τὰς
ἀποφάσεις ἐποιούμην, μήτε προπετείᾳ πειρώμενος τοῦ δικαίου
διαμαρτάνειν, καθαρεύειν τε[115] παντὸς ἐπ'[116] αὐταῖς λήμματος.

80 Περὶ τριακοστὸν γοῦν ἔτος ὑπάρχων, ἐν ᾧ χρόνῳ, κἂν ἀπέχη-
ταί τις τῶν παρανόμων ἐπιθυμιῶν, δύσκολον τὰς ἐκ τοῦ φθόνου
διαβολὰς φεύγειν, ἄλλως τε καὶ ἐπ'[117] ἐξουσίας ὄντα μεγάλης, γυναῖκα μὲν πᾶσαν ἀνύβριστον ἐφύλαξα, πάντων δὲ τῶν διδομένων
ὡς μὴ χρῄζων κατεφρόνησα· ἀλλ' οὐδὲ τὰς ὀφειλομένας μοι ὡς
ἱερεῖ δεκάτας ἀπελάμβανον παρὰ τῶν κομιζόντων. 81 ἐκ μέντοι
τῶν λαφύρων μέρος,[118] τοὺς Σύρους τοὺς τὰς πέριξ πόλεις κατοικοῦντας νικήσας, ἔλαβον, ἃ καὶ εἰς Ἱεροσόλυμα τοῖς συγγενέσιν
ὁμολογῶ πεπομφέναι. 82 καὶ δὶς μὲν κατὰ κράτος ἑλὼν Σεπφωρίτας, Τιβεριεῖς[119] τετράκις, Γαβαρεῖς[120] δ' ἅπαξ, καὶ τὸν Ἰωάννην
πολλάκις ἐπιβουλεύσαντά μοι λαβὼν ὑποχείριον, οὔτ' αὐτὸν οὔτε
τινὰς τῶν προειρημένων ἐθνῶν ἐτιμωρησάμην, ὡς προϊὼν ὁ λόγος
παραστήσει. 83 διὰ τοῦτ' οἶμαι καὶ τὸν θεόν – οὐ γὰρ λελήθασιν

Testim. et recept.: **78** (inde ab εἰρηνεύεσθαι) – **80** Exc.Const. · **82** Exc.Const. (καὶ
τὸν – ἐτιμωρησάμην) · **83** Exc.Const.

P B R A M W

[114] susp. NIESE
[115] BEKKER : δὲ codd. et Exc.
[116] ἐν RAMW Exc.; cf. GROSS 1988, 33f.
[117] add. BEKKER
[118] COSSEJI : μέρους codd.
[119] δὲ add. RAMW
[120] Γαδαρεῖς BRAMW, Γαραβεῖς P; cf. MÖLLER-SCHMITT 1976, 57.

als zuzusehen, wie ihre Habseligkeiten von den Banditen geplündert würden.
78 Und nachdem ich sie eidlich verpflichtet hatte, nicht eher in das Gebiet einzudringen, als sie gerufen würden, oder etwa ihren Sold nicht erhielten; nun entließ ich sie mit der Maßgabe, sich weder mit den Römern anzulegen noch mit den (heidnischen) Nachbarvölkern; denn ich war vor allem um den Frieden in Galiläa besorgt. **79** Die Würdenträger der Galiläer aber, ungefähr siebzig insgesamt,[101] gedachte ich unter dem Anschein politischer Freundschaft als eine Art Geiseln der Loyalität zurückzuhalten: Ich ernannte sie zu Verbündeten und Weggefährten und zog sie zu Gerichtsentscheidungen heran, fällte in Abstimmung mit ihrer Meinung meine Urteile und versuchte so, weder durch Überstürzung das gerechte Maß zu verfehlen, noch mich irgendeines materiellen Vorteils aus ihnen schuldig zu machen.

80–83 Exkurs: Josephus beteuert seine Integrität

80 Etwa dreißig Jahre alt, in einem Alter also, wo man selbst dann, wenn man sich gesetzwidriger Gelüste enthält, nur schwer neidvollen Verleumdungen entgeht, zumal wenn man in hoher politischer Verantwortung steht, kam ich doch keiner Frau zu nahe[102] und lehnte alles, was man mir geben wollte, ab mit der Begründung, ich bedürfe dessen nicht; ja nicht einmal die mir als Priester zustehenden Zehnten[103] nahm ich von denen an, die sie mir brachten. **81** Lediglich einen Teil der Beute habe ich genommen, als ich die Syrer besiegt hatte,[104] die in den Städten ringsum wohnten, und gebe zu, sie nach Jerusalem zu meinen Verwandten geschickt zu haben. **82** Und obwohl ich Sepphoris zweimal,[105] Tiberias viermal[106] und ʿArab einmal[107] im Sturm nahm und obwohl ich Johanan oftmals, wenn er mir nachgestellt hatte,[108] gefangen setzten musste, habe ich doch niemals weder von ihm noch von einer der vorgenannten Bevölkerungen Strafzahlungen genommen, wie der weitere Bericht erweisen wird. **83** Deswegen denke ich, hat auch Gott, dem ja nicht

---

[101] Soll die Zahl der Berater an das Jerusalemer Synhedrion (PRICE 1992, 67 Anm. 13) oder die mosaischen Ältesten aus Num 11,16.24f (FREYNE 1992, 89) erinnern? Vgl. auch V 56–58 (70-köpfige jüdische Delegation) sowie B 2:570f. und COHEN 1979, 208; FREYNE 1980a, 243f.; RAJAK 1983, 158; GOODBLATT 1994, 114f.
[102] Vgl. V 259; COHEN 1979, 109; *FGH* 90 F 129.
[103] Vgl. Anm. 7 im Anhang.
[104] Vgl. Anm. 25 im Anhang.
[105] Vgl. V 373–380. 394–396; B 3:59–61. Oder hat Josephus Sepphoris zu keiner Zeit in seine Gewalt gebracht, wie V 346 nahelegt (COHEN 1979, 216)?
[106] Vgl. V 97–100. 163–173. 317–335. 381–389.
[107] Einen Angriff auf ʿArab (182.250) erwähnt Josephus in V sonst nirgends, vgl. jedoch B 2:629f.
[108] Vgl. V 85–96. 122–125. 189–190. 201–203. 233. 236–238. 246. 253. 292–304. 313–316. Zu V 82 insgesamt vgl. COHEN 1979, 122f.

αὐτὸν οἱ τὰ δέοντα πράττοντες – καὶ ἐκ τῆς ἐκείνων ῥύσασθαί με χειρὸς καὶ μετὰ ταῦτα πολλοῖς περιπεσόντα κινδύνοις διαφυλάξαι, περὶ ὧν ὕστερον ἀπαγγελοῦμεν.

84 Τοσαύτη δ᾽ ἦν ἡ πρός με τοῦ πλήθους τῶν Γαλιλαίων εὔνοια καὶ πίστις, ὥστε ληφθεισῶν αὐτῶν κατὰ κράτος τῶν πόλεων, γυναικῶν δὲ καὶ τέκνων ἀνδραποδισθέντων, οὐχ οὕτως ταῖς ἑαυτῶν ἐπεστέναξαν συμφοραῖς, ὥσπερ τῆς ἐμῆς ἐφρόντισαν σωτηρίας. **85** ταῦτα δ᾽ ὁρῶν Ἰωάννης ἐφθόνησε· καὶ γράφει πρός με παρακαλῶν ἐπιτρέψαι καταβάντι χρήσασθαι τοῖς ἐν Τιβεριάδι θερμοῖς ὕδασι τῆς τοῦ σώματος ἕνεκα θεραπείας. **86** κἀγὼ μηδὲν ὑποπτεύσας πράξειν αὐτὸν πονηρὸν οὐκ ἐκώλυσα· πρὸς δὲ καὶ τοῖς τῆς[121] Τιβεριάδος τὴν διοίκησιν ὑπ᾽ ἐμοῦ πεπιστευμένοις κατ᾽ ὄνομα γράφω κατάλυσιν ἑτοιμάσαι τῷ Ἰωάννῃ καὶ τοῖς ἀφιξομένοις σὺν αὐτῷ, πάντων τε τῶν ἐπιτηδείων[122] ἀφθονίαν παρασχεῖν. διέτριβον δὲ κατὰ τὸν καιρὸν ἐκεῖνον ἐν κώμῃ τῆς Γαλιλαίας, ἣ προσαγορεύεται Κανά.

87 Ὁ δ᾽ Ἰωάννης ἀφικόμενος εἰς τὴν Τιβεριέων πόλιν ἔπειθε τοὺς ἀνθρώπους ἀποστάντας τῆς πρός με πίστεως προστίθεσθαι αὐτῷ. καὶ πολλοὶ τὴν παράκλησιν ἡδέως ἐδέξαντο, νεωτέρων ἐπιθυμοῦντες αἰεὶ[123] πραγμάτων καὶ φύσει πρὸς μεταβολὰς ἐπιτηδείως ἔχοντες καὶ στάσεσι χαίροντες· **88** μάλιστα δὲ Ἰοῦστος καὶ ὁ πατὴρ αὐτοῦ Πίστος ὡρμήκεσαν ἀποστάντες ἐμοῦ προσθέσθαι[124] τῷ Ἰωάννῃ. **89** διεκώλυσα δ᾽ αὐτοὺς φθάσας· ἧκεν γὰρ ἄγγελός μοι παρὰ Σίλα, ὃν ἐγὼ καθεστάκειν τῆς Τιβεριάδος στρατηγόν, ὡς προεῖπον, τὴν τῶν Τιβεριέων γνώμην ἀπαγγέλλων κἀμὲ σπεύδειν παρακαλῶν· βραδύναντος[125] γὰρ ὑπὸ τὴν ἑτέρων ἐξουσίαν γενήσεσθαι[126] τὴν πόλιν. **90** ἐντυχὼν οὖν τοῖς γράμμασι τοῦ Σίλα καὶ διακοσίους ἀναλαβὼν ἄνδρας δι᾽ ὅλης τῆς νυκτὸς τὴν πορείαν

Fontes: **87 – 88** Iustus Tib.

Iosephus: **85** B 2:614 · **86** B 2:615 · **89 – 90** B 2:616

Testim. et recept.: **83** (ad διαφυλάξαι) Exc. Const. · **84** Exc.Const.

P B R A M W

[121] om. MW   [122] τῶν ἐπιτηδείων om. MW   [123] ἀεὶ RMW, om. A
[124] προστίθεσθαι MW   [125] βραδύνοντος R
[126] γενήσεσθαι Niese (ed. min.) : γενέσθαι codd.

verborgen bleibt, wer das Gebotene tut, mich aus den Händen jener Leute
errettet und mir auch danach, soviel ich auch in Gefahr geriet, hindurchge-
holfen. Davon werden wir später noch berichten.[109]

84–104 Fortgang der Konkurrenz mit Joḥanan von Giš-Ḥalab: Aufruhr in Ti-
berias

84 So groß war die vertrauensvolle Ergebenheit der Volksmenge von Galiläa mir gegenüber, dass sie selbst nach der gewaltsamen Einnahme ihrer
Städte, als ihre Frauen und Kinder zu Sklaven geworden waren, nicht so sehr
ihr Unglück beseufzte, als vielmehr auf meine Rettung bedacht war.
85 Angesichts dessen wurde Joḥanan neidisch:[110] Da schrieb er mir doch, ich
solle ihm genehmigen, nach Tiberias hinabzuziehen, um sich in den dortigen
Thermen[111] einer Therapie zu unterziehen. **86** Ich aber, nicht ahnend, er werde Böses tun, habe ihn nicht gehindert; ich habe sogar an jeden einzelnen
derer, die ich zur Verwaltung in Tiberias eingesetzt hatte, geschrieben, sie
sollten Joḥanan und denen, die mit ihm kommen würden, Quartier vorbe-
reiten und ihn mit allem Benötigten reichlich versorgen. Zu jener Zeit weilte
ich in einem Dorf Galiläas namens Kana.
87 Joḥanan aber, kaum in Tiberias angekommen, beredete die Leute, von
der Loyalität zu mir abzufallen und sich ihm anzuschließen. Und zwar nahmen viele diese Aufforderung mit Freuden an, da sie stets auf Umsturz san-
nen und von ihrer Mentalität her zu Revolten neigten und Aufruhr begrüß-
ten: **88** Am meisten aber hatten Justus und sein Vater Pistos es eilig, von mir
abzufallen und sich mit Joḥanan zu verbünden.[112] **89** Daran hinderte ich sie
jedoch, indem ich sie überholte; es kam nämlich zu mir ein Bote des Šila, den
ich als Befehlshaber von Tiberias eingesetzt hatte, wie schon gesagt,[113] meldete die Stimmung in Tiberias und drängte mich, schnell zu handeln: Würde
ich zögern, so werde die Stadt unter die Gewalt von Leuten der Gegenseite
geraten. **90** Als ich nun den Brief des Šeʾila gelesen hatte, nahm ich zweihundert Mann[114] mit mir und marschierte die ganze Nacht,[115] sandte auch einen

---

[109] V 15. 48. 138. 208f. 301. 425.

[110] Zu V 84–103 vgl. B 2:614–623; Laqueur 1920, 79–90. Cohen 1979, 81f. weist auf
folgende Gemeinsamkeiten mit V 271–308 hin: Tiberias als Ort der Erhebung
gegen Josephus, Šeʾila warnt Josephus, Rede des Josephus an das Volk, Flucht
vor Joḥanan mit dem Boot nach Tarichaeae, Josephus beschwichtigt die Galiläer,
Joḥanan zieht sich nach Giš-Ḥalab zurück.

[111] D. h. die Thermalquellen von Bet-Maʿon, das im Gebiet von Tiberias lag (V 64:
vier Stadien von der Stadt entfernt).

[112] Vgl. Anm. 11 im Anhang.

[113] Vgl. B 2:616. In V 27 freilich vermerkt Josephus eigens, dass er sich auf ein
früheres Werk bezieht.

[114] Zu den Zahlenangaben des Josephus über die Stärke der eigenen und gegneri-

ἐποιούμην, προπέμψας ἄγγελον τὸν τὴν ἐμὴν παρουσίαν τοῖς ἐν τῷ Τιβεριάδι σημανοῦντα. 91 πρωὶ δὲ πλησιάζοντος ἐμοῦ¹²⁷ τῇ πόλει τὸ πλῆθος ὑπηντίαζεν καὶ Ἰωάννης σὺν αὐτοῖς· ὃς¹²⁸ καὶ πάνυ με τεταραγμένως ἀσπασάμενος, δείσας μὴ εἰς ἔλεγχον αὐτοῦ τῆς πράξεως ἀφικομένης ἀπολέσθαι κινδυνεύσῃ, ὑπεχώρησε μετὰ σπουδῆς εἰς τὴν ἑαυτοῦ κατάλυσιν.

92 κἀγὼ δὲ γενόμενος κατὰ τὸ στάδιον, τοὺς περὶ ἐμὲ σωματοφύλακας ἀπολύσας πλὴν ἑνός, καὶ μετὰ τούτου κατασχὼν δέκα τῶν ὁπλιτῶν, δημηγορεῖν ἐπειρώμην τῷ πλήθει τῶν Τιβεριέων στὰς ἐπὶ τριγχοῦ¹²⁹ τινος ὑψηλοῦ, παρεκάλουν τε μὴ οὕτως αὐτοὺς ταχέως ἀφίστασθαι· 93 κατάγνωσιν γὰρ αὐτοῖς οἴσειν τὴν μεταβολήν, καὶ τῷ μετὰ ταῦτα προϊσταμένῳ δι᾽ ὑποψίας γενήσεσθαι δικαίας, ὡς μηδὲ¹³⁰ τὴν πρὸς ἐκεῖνον πίστιν φυλαξόντων.

94 Οὔπω δέ μοι πάντα λελάλητο, καί τινος ἐξήκουσα τῶν οἰκείων καταβαίνειν κελεύοντος· οὐ γάρ μοι καιρὸν εἶναι φροντίζειν τῆς παρὰ Τιβεριέων εὐνοίας, ἀλλὰ περὶ τῆς ἰδίας σωτηρίας καὶ πῶς τοὺς ἐχθροὺς ἐκφύγω.¹³¹ 95 πεπόμφει δ᾽ ὁ Ἰωάννης τῶν περὶ αὐτὸν ὁπλιτῶν ἐπιλέξας τοὺς πιστοτάτους ἐκ τῶν χιλίων, οἵπερ ἦσαν αὐτῷ, καὶ προσέταξεν τοῖς πεμφθεῖσιν ἀνελεῖν με πεπυσμένος ὡς εἴην μετὰ τῶν οἰκείων μεμονωμένος. 96 ἧκον δ᾽ οἱ πεμφθέντες, κἂν ἐπεπράχεισαν τοὔργον,¹³² εἰ μὴ τοῦ τριγχοῦ θᾶττον ἀφαλόμενος ἐγὼ μετὰ τοῦ σωματοφύλακος Ἰακώβου καὶ ὑπό τινος Τιβεριέως Ἡρώδου προσανακουφισθείς, ὁδηγηθεὶς ὑπὸ τούτου ἐπὶ τὴν λίμνην καὶ πλοίου λαβόμενος καὶ ἐπιβάς, παρὰ δόξαν τοὺς ἐχθροὺς διαφυγὼν εἰς Ταριχαίας ἀφικόμην.

97 Οἱ δὲ τὴν πόλιν ταύτην κατοικοῦντες ὡς ἐπύθοντο τὴν τῶν Τιβεριέων ἀπιστίαν, σφόδρα παρωξύνθησαν. ἁρπάσαντες οὖν τὰ ὅπλα παρεκάλουν σφᾶς ἄγειν ἐπ᾽ αὐτούς· θέλειν γὰρ ἔφασκον ὑπὲρ τοῦ στρατηγοῦ δίκας λαβεῖν παρ᾽ αὐτῶν. 98 διήγγελλον δὲ¹³³ τὰ γεγονότα καὶ τοῖς κατὰ τὴν Γαλιλαίαν πᾶσιν,¹³⁴ ἐρεθίσαι καὶ τούτους κατὰ τῶν Τιβεριέων διὰ σπουδῆς ἔχοντες, παρεκάλουν τε πλείστους συναχθέντας ἀφικέσθαι πρὸς αὐτούς, ἵνα μετὰ γνώμης

Iosephus: 91 B 2:617 · 92 B 2:619 · 94 B 2:618 · 96 B 2:619 · 97 B 2:620

P B R A M W

¹²⁷ μοῦ AMW   ¹²⁸ om. PB   ¹²⁹ θριγκοῦ RW, θριγγοῦ M   ¹³⁰ μηδὲ DINDORF : μήτε codd.   ¹³¹ φύγω PB   ¹³² om. PB   ¹³³ γὰρ RAMW : τε BEKKER   ¹³⁴ πᾶσαν P¹BRAW

Boten voraus, der meine Ankunft den Leuten in Tiberias anzeigen sollte. **91** Morgens aber, während ich mich der Stadt näherte, ging mir die Bevölkerung entgegen und Johanan mit ihr: Der begrüßte mich seinerseits völlig verwirrt, denn aus Furcht, die Entdeckung seiner Machenschaften könne ihm sein Leben kosten, zog er sich eilig in sein Quartier zurück.[116] **92** Ich aber kam ins Stadion,[117] nachdem ich meine Leibwächter bis auf einen fortgeschickt hatte; mit ihm behielt ich zehn Schwerbewaffneten bei mir, und versuchte, zur Bevölkerung von Tiberias zu sprechen, postiert auf einer hohen Mauer:[118] Ich ermahnte sie, nicht so schnell (von mir)[119] abzufallen; **93** denn dieser Meinungsumschlag werde ihnen einen schlechten Ruf eintragen und dem nächsten Gouverneur Ursache berechtigten Verdachts werden, dass sie auch ihm gegenüber nicht loyal bleiben würden.

94 Ich hatte noch nicht ganz ausgeredet, da hörte ich, wie mir einer aus meinem Gefolge zurief, ich müsse herunterkommen: Es sei für mich keine Zeit mehr, mich um das Wohlwollen der Tiberienser zu bemühen, sondern nur noch um mein eigenes Überleben, und wie ich meinen Feinden entkommen könne. **95** Johanan hatte aus seinen Soldaten die verlässlichsten der ihm unterstellten Tausendschaft ausgewählt und hergeschickt und dieser Abordnung aufgetragen, mich zu töten: Er hatte nämlich erfahren, ich sei mit meinen Gefolge allein. **96** So kamen denn die (auf mich) Losgeschickten und hätten ihren Anschlag ausgeführt, wenn ich nicht rasch von der Mauer heruntergesprungen wäre mit Jakob, meinem Leibwächter, und nachdem Herodes, ein Tiberienser, mir aufgeholfen und mich zum See geführt hatte,[120] ich ein Boot zu fassen gekriegt und bestiegen hätte: So entkam ich unerwartet meinen Feinden und gelangte nach Tarichaeae.

97 Die Bewohner dieser Stadt entrüsteten sich sehr, als sie von der Treulosigkeit der Tiberienser erfuhren. Sie griffen also zu den Waffen und forderten mich auf, sie gegen jene zu führen; sie erklärten, sie wollten für den Kommandeur an jenen Rache üben. **98** Sie gaben aber die Nachricht von dem Vorgefallenen zu allen in Galiläa durch in dem Bemühen, auch diese gegen die Tiberienser aufzubringen; und sie forderten dazu auf, in Höchstzahl sich zu sammeln und sich ihnen anzuschließen, damit man unter Zustimmung des Kommandeurs ausführen könne, was beschlossene Sache sei. **99** So

---

schen Truppen vgl. Cohen 1979, 201f.

[115] Nämlich von Kana nach Tiberias, eine Strecke von 20 – 25 km.

[116] Nach B 2:614 täuscht Johanan eine Krankheit vor und schickt an seiner statt einen Bekannten.

[117] Zum Fassungsvermögen des Stadions vgl. die Zahlenangaben in B 3:539–541, die Lämmer 1976, 46. 60 Anm. 59 für zuverlässig hält.

[118] Vgl. Anm. 12 im Anhang.

[119] Vgl. V 88 und V 277 mit Anm. 236.

[120] Vgl. Anm. 13 im Anhang.

τοῦ στρατηγοῦ πράττωσιν τὸ δόξαν. **99** ἧκον οὖν οἱ Γαλιλαῖοι πολλοὶ πανταχόθεν μεθ' ὅπλων καὶ παρεκελεύοντό μοι προσβαλεῖν τῇ Τιβεριάδι καὶ κατὰ κράτος αὐτὴν ἐξελεῖν, καὶ πᾶσαν ἔδαφος ποιήσαντα[135] τοὺς ἐνοίκους σὺν γυναιξὶ καὶ τέκνοις ἀνδραποδίσασθαι. συνεβούλευον δὲ ταῦτα καὶ τῶν φίλων οἱ ἐκ τῆς Τιβεριάδος διασωθέντες. **100** ἐγὼ δὲ οὐ συνεπένευον δεινὸν ἡγούμενος ἐμφυλίου πολέμου κατάρχειν· μέχρι λόγων γὰρ ᾤμην ἰέναι[136] δεῖν τὴν φιλονεικίαν. καὶ μὴν οὐδ' αὐτοῖς ἔφασκον συμφέρειν τοῦτο πρᾶξαι, Ῥωμαίων ταῖς πρὸς ἀλλήλους στάσεσιν αὐτοὺς *ἀπολεῖσθαι*[137] προσδοκώντων. ταῦτα[138] λέγων ἔπαυσα τῆς *ὁρμῆς*[139] τοὺς Γαλιλαίους.

101 Ὁ δὲ Ἰωάννης, ἀπράκτου τῆς ἐπιβουλῆς αὐτῷ γενομένης, ἔδεισε περὶ ἑαυτοῦ, καὶ τοὺς περὶ αὐτὸν ὁπλίτας ἀναλαβὼν ἀπῆρεν ἐκ τῆς Τιβεριάδος εἰς τὰ Γίσχαλα· καὶ γράφει πρός με περὶ τῶν πεπραγμένων ἀπολογούμενος ὡς μὴ κατὰ γνώμην τὴν αὐτοῦ γενομένων, παρεκάλει[140] τε μηδὲν ὑπονοεῖν κατ' αὐτοῦ, προστιθεὶς ὅρκους καὶ δεινάς τινας ἀράς, δι' ὧν ᾤετο πιστευθήσεσθαι περὶ ὧν ἐπέστειλεν. **102** οἱ δὲ Γαλιλαῖοι – πολλοὶ γὰρ ἕτεροι πάλιν ἐκ τῆς χώρας πάσης *συνήχθησαν*[141] μεθ' ὅπλων – εἰδότες τὸν ἄνθρωπον ὡς πονηρός ἐστιν καὶ ἐπίορκος, παρεκάλουν ἀγαγεῖν σφᾶς ἐπ' αὐτόν, ἄρδην ἀφανίσειν ἐπαγγελλόμενοι σὺν αὐτῷ καὶ τὰ Γίσχαλα. **103** χάριν μὲν οὖν ἔχειν αὐτῶν ταῖς προθυμίαις ὡμολόγουν ἐγὼ καὶ νικήσειν αὐτῶν τὴν εὔνοιαν ἐπηγγελλόμην, παρεκάλουν δ' ὅμως ἐπισχεῖν αὐτοὺς ἀξιῶν, καὶ συγγινώσκειν μοι δεόμενος προῃρημένῳ τὰς ταραχὰς χωρὶς φόνων καταστέλλειν. καὶ πείσας τὸ πλῆθος τῶν Γαλιλαίων εἰς τὴν Σέπφωριν ἀφικνούμην.

104 Οἱ δὲ τὴν πόλιν ταύτην κατοικοῦντες ἄνδρες, κεκρικότες τῇ πρὸς Ῥωμαίους ἐμμεῖναι πίστει, δεδιότες δὲ τὴν ἐμὴν ἄφιξιν, ἐπειράθησαν ἑτέρᾳ με πράξει περισπάσαντες ἀδεεῖς εἶναι περὶ αὐτῶν.[142] **105** καὶ δὴ πέμψαντες πρὸς Ἰησοῦν τὸν ἀρχιλῃστὴν εἰς τὴν Πτολεμαΐδος μεθορίαν ὑπέσχοντο δώσειν πολλὰ χρήματα

Iosephus: **99** B 2:622 · **101** B 2:621

PBRAMW

[135] ἐδαφοποιήσαντα R   [136] Hansen 1998, 153 : εἶναι codd.
[137] Niese (ed. min.) : ἀπολέσαι R : ἀπολέσθαι PBAMW.
[138] ταῦτα δὲ PRA   [139] Hansen 1998, 153 : ὀργῆς codd.   [140] παρακαλεῖ P
[141] Schreckenberg : ἀνήχθησαν codd. : ἀνέβησαν Hudson; cf. V 98
[142] ἑαυτῶν P : αὐτῶν RMW

kamen die Galiläer zahlreich von überallher mit ihren Waffen und ersuchten mich, Tiberias anzugreifen, es im Sturm einzunehmen, es gänzlich dem Erdboden gleich zu machen und die Bewohner samt Frauen und Kindern zu Sklaven zu machen.[121] Dies rieten auch diejenigen meiner Freunde, die sich aus Tiberias hatten retten können. **100** Ich aber konnte dem nicht zustimmen, weil es mir schrecklich gewesen wäre, im eigenen Volk einen Krieg anzufangen;[122] bis zu Worten, meinte ich, dürfe die Streitsucht (nur) gehen. Und ich sagte wiederholt, auch ihnen selber werde es nichts bringen, so zu handeln: Die Römer würden nur darauf warten, dass sie in ihren gegeneinander gerichteten Zwistigkeiten zugrunde gingen. Mit diesen Argumenten hielt ich das Ungestüm der Galiläer im Zaum.

101 Johanan aber, dessen Anschlag undurchführbar geworden war, bekam Angst um sich selbst; mitsamt seinem Trupp Bewaffneter marschierte er von Tiberias nach Giš-Ḥalab; und er schrieb mir doch über jene Vorfälle in entschuldigendem Ton, sie seien nicht nach seinem Willen verlaufen; dazu bat er, man möge keinen Verdacht gegen ihn schöpfen, und setzte Schwüre und gewisse schreckliche Eide hinzu durch die er hoffte Glauben zu finden mit dem, was er schrieb. **102** Den Galiläern aber – viele weitere von ihnen waren schon wieder aus dem ganzen Lande unter Waffen zusammengekommen – war ja die Schlechtigkeit und Eidbrüchigkeit dieses Menschen bekannt und sie forderten mich deswegen auf, sie gegen ihn zu führen: Mit ihm, so versprachen sie, würden sie auch Giš-Ḥalab vollständig auslöschen. **103** Da dankte ich ihnen zwar in aller Offenheit für ihre Bereitschaft und versprach, ihr Wohlwollen noch zu übertreffen; dabei ermahnte ich sie jedoch und bat, sich zurückzuhalten, und ersuchte sie, es mir nachsehen, wenn ich es besser fände, die Unruhen ohne Blutvergießen beizulegen.[123] Und als ich die galiläischen Truppen davon überzeugt hatte, zog ich weiter nach Sepphoris.

104–111 Vermiedener Aufruhr in Sepphoris

104 Die Bewohner dieser Stadt hatten sich entschieden, Rom treu zu bleiben; doch da sie vor meiner Ankunft Angst hatten,[124] versuchten sie, mit einer anderweitigen Aktion mich abzulenken und so für sich selbst nichts fürchten zu müssen. **105** Und so sandten sie zu Ješu, dem Banditenführer, Boten in das Grenzgebiet von Ptolemais und versprachen, ihm viel Geld zu geben, sobald er eingewilligt habe, mit seiner Truppe – das waren achthundert Mann – Krieg gegen mich zu entfachen.[125] **106** Dieser hörte auf ihre Versprechungen

---

[121] Vgl. Anm. 14 im Anhang.
[122] Vgl. B 2:620; V 265.
[123] Vgl. V 174.244.369.
[124] Vgl. Anm. 17 im Anhang und das Ortsnamensregister zu Sepphoris.
[125] Vgl. Anm. 10 im Anhang.

θελήσαντι μετὰ τῆς σὺν αὐτῷ δυνάμεως – ἦσαν δ' ὀκτακόσιοι τὸν ἀριθμόν – πόλεμον ἐξάψαι πρὸς[143] ἡμᾶς. 106 ὁ δ' ὑπακούσας αὐτῶν ταῖς ὑποσχέσεσιν ἠθέλησεν ἐπιπεσεῖν ἡμῖν ἀνετοίμοις καὶ μηδὲν προγινώσκουσιν. πέμψας γοῦν πρός με παρεκάλει λαβεῖν ἐξουσίαν ἀσπασόμενον ἀφικέσθαι. συγχωρήσαντος δέ μου – τῆς γὰρ ἐπιβουλῆς οὐδὲν προηπιστάμην – ἀναλαβὼν τὸ σύνταγμα τῶν λῃστῶν ἔσπευδεν ἐπ' ἐμέ. 107 οὐ μὴν ἔφθασεν αὐτοῦ τέλος λαβεῖν ἡ κακουργία. πλησιάζοντος γὰρ ἤδη, τῶν σὺν αὐτῷ τις αὐτομολήσας ἧκεν πρός με τὴν ἐπιχείρησιν αὐτοῦ φράζων. κἀγὼ[144] πυθόμενος ταῦτα προῆλθον εἰς τὴν ἀγορὰν σκηψάμενος ἀγνοεῖν τὴν ἐπιβουλήν· ἐπηγόμην δὲ πολλοὺς ὁπλίτας Γαλιλαίους, τινὰς δὲ καὶ Τιβεριέων· 108 εἶτα προστάξας τὰς ὁδοὺς πάσας ἀσφαλέστατα φρουρεῖσθαι, παρήγγειλα τοῖς ἐπὶ τῶν πυλῶν μόνον Ἰησοῦν, ἐπειδὰν παραγένηται, μετὰ τῶν πρώτων εἰσελθεῖν ἐᾶσαι, ἀποκλεῖσαι δὲ τοὺς ἄλλους, βιαζομένους δὲ τύπτειν. 109 τῶν δὲ τὸ προσταχθὲν ποιησάντων εἰσῆλθεν ὁ Ἰησοῦς μετ' ὀλίγων. καὶ κελεύσαντος ἐμοῦ ῥῖψαι τὰ ὅπλα θᾶττον – εἰ γὰρ ἀπειθοίη τεθνήξεσθαι –, περιεστῶτας ἰδὼν πανταχόθεν αὐτῷ τοὺς ὁπλίτας, φοβηθεὶς ὑπήκουσεν. οἱ δ' ἀποκλεισθέντες τῶν ἐπακολουθούντων αὐτῷ πυθόμενοι τὴν σύλληψιν ἔφυγον. 110 κἀγὼ τὸν Ἰησοῦν προσκαλεσάμενος[145] κατ' ἰδίαν, οὐκ ἀγνοεῖν ἔφην τὴν ἐπ' ἐμὲ συσκευασθεῖσαν ἐπιβουλήν, οὐδ' ὑπὸ τίνων πεμφθείη· συγγνώσεσθαι δ' ὅμως αὐτῷ τῶν πεπραγμένων, εἰ μέλλοι μετανοήσειν καὶ πιστὸς ἐμοὶ γενήσεσθαι. 111 ὑπισχνουμένου δὲ[146] πάντα ποιήσειν ἐκείνου ἀπέλυσα, συγχωρήσας αὐτῷ συναγαγεῖν πάλιν οὓς πρότερον εἶχεν. Σεπφωρίταις δ' ἠπείλησα, εἰ μὴ παύσαιντο τῆς ἀγνωμοσύνης, λήψεσθαι παρ' αὐτῶν δίκας.

112 Κατὰ τοῦτον τὸν καιρὸν ἀφικνοῦνται πρός με δύο μεγιστᾶνες τῶν ὑπὸ τὴν ἐξουσίαν τοῦ βασιλέως ἐκ τῆς τῶν Τραχωνιτῶν χώρας ἐπαγόμενοι τοὺς ἑαυτῶν ἵππους καὶ ὅπλα, χρήματα δ'[147] ὑπεκκομίζοντες.[148] 113 τούτους περιτέμνεσθαι τῶν Ἰουδαίων ἀναγκαζόντων, εἰ θέλουσιν εἶναι παρ' αὐτοῖς, οὐκ εἴασα βιασθῆ-

---

P B R A M W

[143] εἰς PRA   [144] ὡς add. RAMW
[145] προσκαλεσάμενος τὸν Ἰησοῦν A
[146] δὴ Bekker
[147] χρήματά τε B : καὶ χρήματα R : καὶ χρήματα δὲ MW
[148] Niese (ed. min.), cf. Schmidt 1893, 526 : ὑποκομίζοντες codd. : ἐπικομίζοντες editio Genevensis

und wollte uns überfallen, solange wir unvorbereitet und ahnungslos wären. So schickte er zu mir und bat um die Erlaubnis zu einem Begrüßungsbesuch. Als ich es erlaubt hatte – denn von dem Komplott hatte ich noch keine Kenntnis –, marschierte er mit seiner Banditentruppe eilig auf mich zu. **107** Freilich kam seine Schurkerei nicht an ihr Ziel. Denn als er schon nahe war, lief einer seiner Leute über und kam zu mir, um seinen Anschlag anzuzeigen. Ich aber, so informiert, kam heraus auf den Marktplatz und tat, als wüsste ich nichts von dem Anschlag; ich führte aber viele galiläische Bewaffnete mit mir, darunter auch einige aus Tiberias; **108** sodann ordnete ich an, alle Straßen strengstens zu bewachen, und wies die Torhüter an, nur Ješu, sobald er käme, einzulassen samt den Vordersten, die übrigen aber auszuschließen und, sobald sie Gewalt anwenden würden, zuzuschlagen.[126] **109** Da diese verfuhren wie angewiesen, kam Ješu mit nur Wenigen herein; und als ich ihm befahl, schleunigst die Waffen abzulegen – Verweigerung würde ihn das Leben kosten –, und er sich ringsum von den Bewaffneten umgeben sah, bekam Angst und gehorchte. Als aber die Ausgeschlossenen unter seinen Begleitern seine Festnahme erfuhren, flohen sie. **110** Ich nahm Ješu beiseite und sagte ihm, mir sei das gegen mich geschmiedete Komplott wohl bekannt, auch, von wem er geschickt worden sei; ich wolle ihm aber seine Handlungsweise nachsehen, wenn er seine Einstellung ändern und mir gegenüber loyal sein werde. **111** Als er nun versprach, er wolle alles tun, ließ ich ihn frei und erlaubte ihm, die Leute wieder zusammenzuholen, die er vorher unter sich gehabt hatte. Den Bewohnern von Sepphoris aber drohte ich, wenn sie nicht abließen von ihrem Unverstand, sie mit Strafen zu belegen.

112–113 Josephus verhindert Zwangsbeschneidungen

112 Zu dieser Zeit[127] kamen zu mir zwei Würdenträger[128] von Untertanen des Königs (Agrippas II.) aus der Trachonitis, die ihre Pferde und Waffen mit sich führten, dabei aber heimlich Geld hinausschafften. **113** Als die Juden drängten, sie müssten beschnitten werden,[129] wenn sie bei ihnen bleiben wollten, ließ ich nicht zu, dass sie gezwungen würden; denn ich sagte, jeder Mensch müsse nach seiner Entscheidung Gott Verehrung erweisen,[130] nicht

---

[126] Wohl mit Stöcken oder Knüppeln; vgl. V 233.
[127] Vgl. Anm. 19 im Anhang.
[128] Zu V 112f. vgl. V 149–155 und MASON 1998a, 54.
[129] Vgl. MICHEL / B. 1959, 448 Anm. 202 zu B 2:454.
[130] Vgl. bJeb 24b; RISKIN 1970; FELDMAN 1984a, 479.518. Ist diese Formulierung, die vordergründig die tolerante Besonnenheit des Josephus hervorhebt, zugleich ein impliziter Appell an römische Entscheidungsträger der 90er Jahre, durch eine solcherart tolerante Religionspolitik den Freiraum für die Konversion römischer Kreise zur jüdischen »Verfassung« zu schaffen?

ναι, φάσκων δεῖν ἕκαστον ἄνθρωπον¹⁴⁹ κατὰ τὴν ἑαυτοῦ προαίρεσιν τὸν θεὸν εὐσεβεῖν, ἀλλὰ μὴ μετὰ βίας· χρῆναι δὲ τούτους δι'
ἀσφάλειαν πρὸς ἡμᾶς καταφυγόντας¹⁵⁰ μὴ μετανοεῖν. πεισθέντος
δὲ τοῦ πλήθους, τοῖς ἥκουσιν ἀνδράσιν τὰ πρὸς τὴν συνήθη δίαι-
ταν ἅπαντα παρεῖχον δαψιλῶς.

114 Πέμπει δ' ὁ βασιλεὺς Ἀγρίππας δύναμιν καὶ στρατηγὸν ἐπ'
αὐτῆς Αἴκουον Μόδιον¹⁵¹ Γάμαλα τὸ φρούριον ἐξαιρήσοντας. οἱ
δὲ πεμφθέντες κυκλώσασθαι μὲν τὸ φρούριον οὐκ ἤρκεσαν, ἐν δὲ
τοῖς φανεροῖς τῶν τόπων ἐφεδρεύοντες ἐπολιόρκουν τὰ¹⁵² Γάμαλα.
115 Αἰβούτιος δὲ ὁ δεκάδαρχος,¹⁵³ ὁ τοῦ μεγάλου πεδίου τὴν προστασίαν πεπιστευμένος, ἀκούσας ὅτι παρείην εἰς Σιμωνιάδα
κώμην ἐν *μεθορίῳ*¹⁵⁴ κειμένην τῆς Γαλιλαίας, αὐτοῦ δ' ἀπέχουσαν
ἑξήκοντα σταδίους, [...]¹⁵⁵ ἀναλαβὼν τοὺς ἑκατὸν ἱππεῖς, οὓς εἶχεν
σὺν αὐτῷ, καί τινας πεζοὺς περὶ διακοσίους, καὶ τοὺς ἐν Γάβᾳ¹⁵⁶
πόλει κατοικοῦντας ἐπαγόμενος συμμάχους, νυκτὸς ὁδεύσας ἧκεν
εἰς τὴν κώμην, ἐν ᾗ διέτριβον. **116** ἀντιπαραταξαμένου δὲ κἀμοῦ
μετὰ δυνάμεως πολλῆς, ὁ μὲν Αἰβούτιος εἰς τὸ πεδίον ὑπάγειν
ἡμᾶς ἐπειρᾶτο – σφόδρα γὰρ τοῖς ἱππεῦσιν ἐπεποίθει –, οὐ μὴν
ὑπηκούσαμεν· ἐγὼ γὰρ τὸ πλεονέκτημα συνιδὼν τὸ γενησόμενον
τοῖς ἱππεῦσιν, εἰ καταβαίημεν εἰς τὸ πεδίον – πεζοὶ γὰρ ἡμεῖς σύμπαντες ἦμεν – ἔγνων αὐτοῦ τοῖς πολεμίοις συνάπτειν. **117** καὶ μέχρι μέν τινος γενναίως ἀντέσχεν σὺν τοῖς περὶ αὐτὸν ὁ Αἰβούτιος·
ἀχρεῖον δ' ὁρῶν κατὰ τὸν τόπον τοῦτον οὖσαν αὐτῷ τὴν ἱππικὴν
δύναμιν ἀναζεύγνυσιν ἄπρακτος εἰς Γάβαν πόλιν, τρεῖς ἄνδρας
ἀποβαλὼν κατὰ τὴν μάχην. **118** εἱπόμην δὲ κατὰ πόδας ἐγὼ δισχιλίους ἐπαγόμενος ὁπλίτας, καὶ περὶ Βησάραν πόλιν γενόμενος
ἐν μεθορίῳ μὲν τῆς Πτολεμαΐδος κειμένην, εἴκοσι δ' ἀπέχουσαν
στάδια τῆς Γάβας, ἔνθα διέτριβεν Αἰβούτιος,¹⁵⁷ στήσας τοὺς
ὁπλίτας ἔξωθεν τῆς κώμης καὶ φρουρεῖν αὐτοῖς ἀσφαλῶς τὰς

PBRAMW

¹⁴⁹ om. PB   ¹⁵⁰ καταφεύγοντας RAMW
¹⁵¹ μονόδιον R
¹⁵² secl. Gross 1988, 116s.
¹⁵³ δεκαδάρχης R et Mᵐ : δεκαδάρχος (sic) B
¹⁵⁴ μεθορίῳ coni. Niese ex P (μορίῳ) : μεθορίοις RAMW : lacunam inter προ(στασίαν) et κειμένην praebet B, scribens προκειμένην
¹⁵⁵ νυκτὸς codd. : secl. Bekker
¹⁵⁶ γάβᾳ PA : γαβᾷ BRMW
¹⁵⁷ ὁ Αἰβούτιος Bekker

aber unter Zwang; diese aber, die um ihrer Sicherheit willen Zuflucht zu uns genommen hätten, seien nicht verpflichtet zu konvertieren. Nachdem die Bevölkerung sich davon hatte überzeugen lassen, gewährte ich den Ankömmlingen reichlich alles, was ihre gewohnte Lebensweise verlangte.

114–121 Eingreifen Agrippas II., Erster Konflikt des Josephus mit den Römern

114 Da schickte König Agrippa eine Truppe unter Aequus Modius[131] als Kommandanten mit dem Auftrag, die Festung Gamala[132] einzunehmen. Die Abteilung war aber nicht groß genug, um die Festung einzuschließen; so setzten sie sich an den übersichtlichsten Stellen fest und belagerten Gamala. **115** Der Decurio Aebutius aber, dem der Oberbefehl über die große Ebene anvertraut war, hörte, ich sei in Simonias, einem im (westlichen) Grenzgebiet Galiläas gelegenen Dorf, das sechzig Stadien von ihm entfernt war, nahm die hundert berittenen Soldaten mit sich, die er bei sich hatte, und einige Fußsoldaten, etwa zweihundert, auch rekrutierte er die Bewohner der Stadt Gabaᶜ als Hilfstruppen,[133] und kam in einem Nachtmarsch auf das Dorf zu, in dem ich mich aufhielt. **116** Als ich mich meinerseits mit großer Streitmacht entgegenstellte, versuchte Aebutius, uns in die Ebene zu locken – denn er verließ sich sehr auf seine Reiterei – doch gingen wir nicht darauf ein; ich erkannte nämlich den Vorteil, der der Reiterei erwachsen würde, wenn wir in die Ebene abstiegen – wir waren ja alle Fußsoldaten[134] – so hielt ich es für angezeigt, an Ort und Stelle den Kampf mit den Feinden zu beginnen. **117** Da widerstand Aebutius eine Zeit lang mit seinen Leuten tapfer; als er aber sah, dass in jenem Gelände seine Reitertruppe nicht zu gebrauchen war, zog er sich schließlich unverrichteter Dinge in die Stadt Gabaᶜ zurück; drei Mann hatte er im Kampf verloren. **118** Ich folgte ihm mit zweitausend Schwerbewaffneten auf dem Fuße, und als ich in die Nähe der Stadt Bet-Šaᶜarim kam, im Grenzgebiet von Ptolemais, zwanzig Stadien von Gabaᶜ, dem Quartier des Aebutius, ließ ich die Soldaten außerhalb des Dorfes[135] Stellung nehmen mit dem Befehl, die Zugangswege zuverlässig zu bewachen, damit uns die Feinde nicht zu schaffen machen könnten, bis wir den Getreidevorrat herausgeholt

---

[131] Vgl. V 61.
[132] In V 46. 61 wird Gamala noch als romtreu geschildert. Erst V 185f berichtet den Abfall Gamalas von Agrippa. Nach B 4:10 haben die Einwohner Gamalas der Belagerung 7 Monate erfolgreich widerstanden. Erst Vespasian gelang die Eroberung Anfang Okt. 67 (B 4:83). Der in V 114 erwähnte Angriff ist demnach mit COHEN 1979, 6 Anm. 13 etwa in die Zeit von Nov. 66 bis Jan. 67 zu datieren.
[133] Vgl. Anm. 25 im Anhang.
[134] V 213 erwähnt dagegen 80 Soldaten zu Pferd.
[135] Josephus bezeichnet Bet-Šaᶜarim in einem Atemzug als »Stadt« und »Dorf«; vgl. dazu Anm. 219.

όδοὺς προστάξας ὑπὲρ τοῦ μὴ ἐνοχλῆσαι τοὺς πολεμίους ἡμῖν ἕως¹⁵⁷ τὸν σῖτον ἐκφορήσομεν – **119** πολὺς γὰρ ἀπέκειτο Βερενίκης τῆς βασιλίδος ἐκ τῶν πέριξ κωμῶν εἰς τὴν Βησάραν συλλεγόμενος – πληρώσας τὰς¹⁵⁹ καμήλους καὶ τοὺς ὄνους¹⁶⁰ – πολλοὺς δ᾽¹⁶¹ ἐπηγόμην – διέπεμψα τὸν σῖτον εἰς τὴν Γαλιλαίαν. **120** τοῦτο δὲ πράξας προεκαλούμην εἰς μάχην τὸν Αἰβούτιον. οὐχ ὑπακούσαντος δ᾽ ἐκείνου – κατεπέπληκτο γὰρ τὴν ἡμετέραν¹⁶² ἑτοιμότητα¹⁶³ καὶ τὸ θράσος – ἐπὶ Νεοπολιτανὸν¹⁶⁴ ἐτραπόμην, τὴν Τιβεριέων χώραν ἀκούσας ὑπ᾽ αὐτοῦ λεηλατεῖσθαι. **121** ἦν δὲ ὁ¹⁶⁵ Νεοπολιτανὸς ἴλης μὲν ἔπαρχος, παρειλήφει δὲ τὴν Σκυθόπολιν εἰς φυλακὴν τὴν ἀπὸ τῶν πολεμίων. τοῦτον οὖν κωλύσας ἐπὶ πλέον τὴν Τιβεριέων¹⁶⁶ κακοῦν, περὶ τὴν τῆς Γαλιλαίας πρόνοιαν ἐγινόμην.

122 Ὁ δὲ τοῦ Ληουεῖ¹⁶⁷ παῖς Ἰωάννης, ὃν ἔφαμεν ἐν τοῖς Γισχάλοις διατρίβειν, πυθόμενος πάντα κατὰ νοῦν μοι προχωρεῖν, καὶ δι᾽ εὐνοίας μὲν εἶναί με τοῖς ὑπηκόοις, τοῖς πολεμίοις δὲ δι᾽ ἐκπλήξεως, οὐκ εὖ τὴν γνώμην διετέθη,¹⁶⁸ κατάλυσιν δ᾽ αὐτῷ¹⁶⁹ τὴν ἐμὴν εὐπραγίαν φέρειν νομίζων εἰς φθόνον ἐξώκειλεν οὔτι μέτριον.

123 Καὶ παύσειν με τῆς εὐτυχίας ἐλπίσας, εἰ παρὰ τῶν ὑπηκόων¹⁷⁰ μῖσος ἐξάψειεν, ἔπειθεν τοὺς τὴν Τιβεριάδα κατοικοῦντας καὶ τοὺς τὴν Σέπφωριν πρὸς¹⁷¹ τούτοις δὲ καὶ τοὺς Γάβαρα – πόλεις δ᾽ εἰσὶν αὗται τῶν κατὰ τὴν Γαλιλαίαν αἱ¹⁷² μέγισται – τῆς πρός με πίστεως ἀποστάντας αὐτῷ προστίθεσθαι· κρεῖττον γὰρ ἐμοῦ στρατηγήσειν αὐτῶν ἔφασκεν. **124** καὶ Σεπφωρεῖς μὲν – οὐ-

P B R A M W

¹⁵⁸ ἕως ἂν ... ἐκφορήσωμεν DINDORF 1869, 824 (ἐκφορήσωμεν cum MW)
¹⁵⁹ NIESE : πληρώσαντας PB : πληρώσαντες RMW : πληρώσας A
¹⁶⁰ ὄνους οὓς NIESE (ed. min.)   ¹⁶¹ om. PBMW
¹⁶² om. MW, cf. NIESE (ed. min.)
¹⁶³ ἰταμότητα NABER
¹⁶⁴ Νεαπολιτανὸν SCHALIT 1968, 90 (cf. B 2:335.338–340)
¹⁶⁵ om. PB
¹⁶⁶ τιβεριάδα RAMW
¹⁶⁷ NIESE (ed. min.) : λευεὶ PB : λευὶ MW : λευίου RAᵐ
¹⁶⁸ NIESE (ed. min.) : ἐτέθη codd.
¹⁶⁹ αὐτῷ AMW : αὐτῶν PB : αὐτοῦ R ('fortasse recte' NIESE)
¹⁷⁰ μοι add. HERWERDEN
¹⁷¹ νομίζων πρὸς PBAMW
¹⁷² secl. LIEZENBERG 1899, 48

hätten – **119** ein großer Vorrat der Königin Berenike lag nämlich dort, der aus den umliegenden Dörfern nach Bet-Šaʿarim zusammengetragen worden war[136] – ließ ich die Kamele und die Esel, die ich in großer Zahl bei mir hatte, beladen und das Getreide nach Galiläa transportieren.[137] **120** Als das erledigt war, forderte ich Aebutius zum Kampf heraus. Da er aber nicht darauf einging – er war nämlich frappiert von unserer Entschlossenheit und unserem Mut –, kehrte ich mich gegen Neopolitanus auf die Nachricht hin, das Gebiet von Tiberias sei von ihm geplündert worden. **121** Neopolitanus war Befehlshaber einer Reiterschwadron;[138] er hatte den Schutz von Skythopolis gegen die Feinde übertragen bekommen. Ihn nun hielt ich davon ab, dem Gebiet von Tiberias weiter Schaden zuzufügen; danach wandte ich mich wieder der Fürsorge für (ganz) Galiläa zu.

122–144 Rivalität mit Johanan von Giš-Ḥalab um den Befehl in Galiläa; Josephus in Lebensgefahr

122 Als aber Johanan, Sohn des Levi, der sich – wie gesagt[139] – in Giš-Ḥalab aufhielt, erfuhr, dass alles nach meinem Willen verlief, und wie ich beliebt war bei meinen Untergebenen, ein Schrecken aber für meine Feinde, nahm ihn das nicht für mich ein; und weil er wähnte, mein Erfolg bringe ihm den Ruin, steigerte er sich in einen maßlosen Neid hinein.

123 In der Hoffnung, meinem politischen Glück ein Ende zu setzen, wenn er mich bei meinen Untergebenen verhasst machte, beredete er die Bewohner von Tiberias, die von Sepphoris und auch die von Gabara[140] – dies sind die größten Städte im Gebiet von Galiläa –, abzufallen von der Loyalität mir gegenüber und sich ihm anzuschließen: Er redete ihnen nämlich ein, er werde ein besserer Feldherr über sie sein als ich. **124** Die Bürger von Sepphoris, was sie betrifft – sie hörten auf keinen von uns, da sie die Römer zu Herren erkoren hatten –, sagten ihm ab; die Bürger von Tiberias aber riskierten ihrerseits keinen Abfall, stimmten aber zu, (wenigstens) seine politischen Freunde zu werden. Die Bewohner von ʿArab endlich schlossen sich Johanan an: Simʿon hatte ihnen den Rat gegeben, der zu den Angesehenen in der

---

[136] Vgl. schon V 71 (Getreidespeicher in Obergaliläa). Zur Fruchtbarkeit Galiläas vgl. PRICE 1992f, 243 mit weiterer Lit.

[137] Vgl. V 188.

[138] Lat. *praefectus alae* (MASON 1974, 138); *ala* (»Flügel«): berittene Einheit aus 500 oder 1000 Mann.

[139] Vgl. Anm. 15 im Anhang.

[140] Eine der weniger geläufigen Namensform für das untergaliläische ʿArab. Vgl. B 3:132 und MÖLLER / SCHMITT 1976, 56f.

δετέρῳ γὰρ ἡμῶν προσεῖχον διὰ τὸ Ῥωμαίους ᾑρῆσθαι δεσπότας – οὐκ ἐπένευον αὐτῷ· Τιβεριεῖς δὲ τὴν μὲν ἀπόστασιν οὐκ ἐδέχοντο, αὐτοῦ δὲ[173] συγκατένευον γενήσεσθαι[174] φίλοι. οἱ δὲ Γάβαρα κατοικοῦντες προστίθενται τῷ Ἰωάννῃ· Σίμων δ' ἦν ὁ παρακαλῶν αὐτούς, πρωτεύων μὲν τῆς πόλεως, ὡς φίλῳ δὲ καὶ ἑταίρῳ τῷ Ἰωάννῃ χρώμενος. 125 ἐκ μὲν οὖν τοῦ φανεροῦ τὴν ἀπόστασιν οὐχ ὡμολόγουν – σφόδρα γὰρ ἐδεδοίκεσαν τοὺς Γαλιλαίους ἅτε δὴ πεῖραν αὐτῶν τῆς πρὸς ἡμᾶς[175] πολλάκις εὐνοίας λαβόντες – ἐκ τοῦ λεληθότος δὲ καιρὸν παραφυλάσσοντες ἐπιτήδειον ἐπεβούλευον. καὶ δὴ ἀφικόμην εἰς κίνδυνον τὸν μέγιστον διὰ τοιαύτην αἰτίαν·

126 Νεανίσκοι τινὲς θρασεῖς, Δαβαριττηνοὶ γένος, ἐπιτηρήσαντες τὴν Πτολεμαίου γυναῖκα τοῦ βασιλέως ἐπιτρόπου, μετὰ πολλῆς παρασκευῆς καί τινων ἱππέων ἀσφαλείας χάριν ἑπομένων διὰ τοῦ μεγάλου πεδίου τὴν πορείαν ποιουμένην ἐκ τῆς τοῖς βασιλεῦσιν ὑποτελοῦς χώρας εἰς τὴν Ῥωμαίων ἐπικράτειαν, ἐπιπίπτουσιν αὐτοῖς ἄφνω. 127 καὶ τὴν μὲν γυναῖκα φυγεῖν ἠνάγκασαν, ὅσα δ' ἐπεφέρετο[176] πάντα διήρπασαν, καὶ ἧκον εἰς Ταριχαίας πρός με τέσσαρας ἡμιόνους καταφόρτους ἄγοντες ἐσθῆτος καὶ σκευῶν· ἦν δὲ καὶ ἀργυρίου σταθμὸς οὐκ ὀλίγος καὶ χρυσοῖ πεντακόσιοι. 128 ταῦτ' ἐγὼ βουλόμενος διαφυλάξαι τῷ Πτολεμαίῳ – καὶ γὰρ ἦν ὁμόφυλος, ἀπηγόρευται δ' ἡμῖν ὑπὸ τῶν νόμων μηδὲ τοὺς ἐχθροὺς ἀποστερεῖν – πρὸς μὲν τοὺς κομίσαντας ἔφην φυλάττειν αὐτὰ[177] δεῖν, ἵν' ἐκ τῆς πράσεως αὐτῶν ἐπισκευασθῇ τὰ τείχη τῶν Ἰεροσολύμων. 129 οἱ δὲ νεανίαι χαλεπῶς ἔσχον οὐ λαβόντες μοῖραν ἐκ τῶν λαφύρων, καθάπερ προσεδόκησαν, καὶ πορευθέντες εἰς τὰς πέριξ τῆς Τιβεριάδος κώμας προδιδόναι μέλλειν με Ῥωμαίοις τὴν χώραν αὐτῶν ἔλεγον· 130 κεχρῆσθαι γὰρ σοφίσματι πρὸς αὐτοὺς λέγοντα τὰ ἐκ τῆς ἁρπαγῆς κομισθέντα φυλάττειν εἰς τὴν ἐπισκευὴν τῶν τειχῶν τῆς Ἰεροσολυμιτῶν πόλεως,

---

Fontes: **128** Ex 23,4

Iosephus: **126** B 2:595 · **127** B 2:596

P B R A M W

[173] καὶ αὐτοῦ δὲ PBAMW : οὐδὲ NABER (cf. COHEN 1979, 219)
[174] γενέσθαι PBMW
[175] πρός με R : πρὸς ἐμὲ AMW
[176] ὑπεφέρετο PBR : ἐφέρετο MW
[177] αὐτὰ φυλάττειν A

Stadt gehörte und zugleich Freund und Gefährte des Joḥanan war. **125** Offen gaben sie den Abfall freilich nicht zu erkennen – sie hatten große Angst vor den Galiläern, deren Zuneigung uns gegenüber sie schließlich oft genug erfahren hatten[141] –; insgeheim aber führten sie Böses im Schilde und warteten auf eine passende Gelegenheit. So geriet ich in größte Gefahr, aus folgender Ursache:[142]

126 Einige dreiste Burschen aus Dabarit lauerten der Frau des königlichen Verwalters[143] Ptolemaeos[144] auf, als sie mit großer Ausstattung und einigen Reitern als Sicherheitsbegleitern die große Ebene durchquerte aus dem Territorium, das dem Königspaar steuerpflichtig war,[145] in das römische Herrschaftsgebiet: Da fielen sie plötzlich über sie her. **127** Die Frau zwangen sie zur Flucht; was sie aber mit sich führte, plünderten sie. Und sie kamen zu mir nach Tarichaeae mit vier Maultieren, voll beladen mit Gewändern und Gerätschaften; auch war eine beträchtliche Menge Silber dabei und fünfhundert[146] Goldmünzen. **128** Das wollte ich für Ptolemaeos zurücklegen – er war ja mein Volksgenosse, und uns ist gesetzlich verboten, selbst Feinde zu bestehlen –; doch sagte ich zu den Überbringern, ich müsse es aufbewahren, damit aus dem Verkauf die Mauern Jerusalems[147] instandgesetzt würden.[148] **129** Die jungen Leute aber wurden zornig darüber, dass sie nicht, wie erwartet, einen Anteil aus der Beute erhielten; so gingen sie in die Dörfer rings um Tiberias und verbreiteten, ich sei dabei, ihr Land den Römern auszuliefern:[149] **130** Ich hätte mich nämlich einer List bedient, als ich sagte, den Ertrag des Raubes wolle ich aufheben zur Instandsetzung der Mauern der Stadt Jerusalem; dabei hätte ich längst beschlossen, ihn seinem Eigentümer wieder zu-

---

[141] Vgl. V 160. 205–207. 210f. 230f. 233. 243. 250f. 259. 279. 298f. 303. 306. 309f. 404.

[142] Zu V 126–144 vgl. B 2:595–609; LAQUEUR 1920, 57–79.

[143] Vgl. Anm. 16 im Anhang.

[144] Nach B 2:595 wird Ptolemaeos selbst überfallen, nicht seine Frau.

[145] Zum Territorium Agrippas II. vgl. das Register der Personennamen zu Agrippa II., die Angaben der Karte im Anhang und KOKKINOS 1998, 341.

[146] B 2:595: Sechshundert.

[147] Dieser Vorwand ist wahrscheinlich auf die Fertigstellung der von Agrippa I. in Angriff genommenen und auf Befehl des Claudius unvollendet gebliebenen dritten Mauer zu beziehen (vgl. B 2:563.648; B 5:152–154; MICHEL / B. 1959, 442 Anm. 120 zu B 2:218f.; 1963, 247f. Anm. 47 zu B 5:158; A 19:326f.), die die verwundbare Nordseite der Stadt schützen sollte. SCHMITT 1981; PRICE 1992, 70.127ff.

[148] Vgl. Anm. 17 im Anhang.

[149] Vgl. Anm. 10 im Anhang.

ἐγνωκέναι δὲ πάλιν τῷ δεσπότῃ ἀποδοῦναι.[178] **131** καὶ κατὰ τοῦτό γε τῆς ἐμῆς γνώμης οὐ διήμαρτον· ἀπαλλαγέντων γὰρ αὐτῶν μεταπεμψάμενος δύο τοὺς πρώτους Δασσίωνα καὶ Ἰανναῖον τὸν τοῦ Ληουεῖ,[179] φίλους ἐν τοῖς μάλιστα τοῦ βασιλέως καθεστῶτας, τὰ ἐκ τῆς ἁρπαγῆς σκεύη λαβόντας διαπέμψασθαι πρὸς ἐκεῖνον ἐκέλευον, θάνατον ἀπειλήσας αὐτοῖς τὴν ζημίαν, εἰ πρὸς ἕτερον ταῦτα ἀπαγγελοῦσιν.

132 Ἐπισχούσης δὲ φήμης τὴν Γαλιλαίαν ἅπασαν, ὡς τῆς χώρας αὐτῶν μελλούσης ὑπ' ἐμοῦ τοῖς Ῥωμαίοις προδίδοσθαι, καὶ πάντων παροξυνθέντων ἐπὶ τὴν ἐμὴν τιμωρίαν, οἱ τὰς Ταριχαίας κατοικοῦντες καὶ αὐτοὶ τοὺς νεανίσκους ἀληθεύειν ὑπολαβόντες, πείθουσι τοὺς σωματοφύλακας καὶ τοὺς ὁπλίτας κοιμώμενόν με καταλιπόντας παραγενέσθαι θᾶττον εἰς ἱππόδρομον, ὡς ἐκεῖ βουλευσομένους μετὰ πάντων περὶ τοῦ στρατηγοῦ. **133** πειθομένων[180] δὲ τούτων καὶ συνελθόντων πολὺς ὄχλος ἤδη προσυνήθροιστο, μίαν τε πάντες ἐποιοῦντο φωνήν, κολάζειν τὸν προδότην πονηρὸν περὶ αὐτοὺς γεγενημένον. **134** μάλιστα δ' αὐτοὺς ἐξέκαιεν ὁ τοῦ Σαπφία[181] παῖς Ἰησοῦς, ἄρχων τότε τῆς Τιβεριάδος, πονηρὸς ἄνθρωπος καὶ ταράξαι μεγάλα πράγματα φύσιν ἔχων, στασιοποιός τε καὶ νεωτεριστὴς ὡς οὐχ ἕτερος. καὶ τότε δὴ[182] λαβὼν εἰς χεῖρας τοὺς Μωυσέως νόμους καὶ *προελθὼν*[183] εἰς μέσον, **135** »εἰ μὴ καὶ ὑπὲρ αὐτῶν,« ἔφη, »πολῖται, μισεῖν δύνασθε Ἰώσηπον, εἰς τοὺς πατρίους ἀποβλέψαντες νόμους, ὧν ὁ πρῶτος[184] ὑμῶν στρατηγὸς προδότης ἔμελλε γίνεσθαι, καὶ μισοπονηρήσαντες ὑπὲρ τούτων τιμωρήσασθε τὸν τοιαῦτα τολμήσαντα.«

136 Ταῦτ' εἰπὼν καὶ τοῦ πλήθους ἐπιβοήσαντος ἀναλαβών τινας ὁπλίτας ἐπὶ τὴν οἰκίαν, ἐν ᾗ κατηγόμην, ἔσπευδεν ὡς ἀναιρήσων. ἐγὼ δ' οὐδὲν προαισθόμενος διὰ κόπον πρὸ[185] τῆς *ταρα-*

Iosephus: **131** B 2:596s. · **133** B 2:599 · **134** V 66; B 2:566.599

P B R A M W

[178] τὰ ἡρπασμένα add. PBAMW
[179] ληόυει (sic) B : λιουϊ P : ληΐουει W : λευΐου M : λευϊου A^m : Λευΐ BEKKER
[180] πιθομένων HERWERDEN 1893, 235
[181] HUDSON : σαπίθα PR : σαπιθᾶ AMW
[182] δὴ τότε MW
[183] NIESE : προσελθὼν codd.
[184] susp. NIESE : προεστὼς HERWERDEN
[185] susp. HOLWERDA : corruptelam ante πρὸ notat NIESE (ed. min.) : ουδεν προεσθομενος (sic) διακονον (sic) P : οὐδὲν αἰσθόμενος· B

rückzugeben.[150] **131** Insofern hatten sie sich in meiner Absicht auch nicht getäuscht; denn als sie fort waren, ließ ich zwei Vornehme, Dassion und Jannai, Sohn des Levi,[151] die im Rang besonders enger Vertrautheit des Königs standen, zu mir kommen und wies sie an, die Gerätschaften aus dem Raub an sich zu nehmen und ihm zu überbringen, und drohte ihnen die Todesstrafe an, wenn sie dies irgendjemanden wissen ließen.

132 Als sich jedoch in ganz Galiläa das Gerücht ausbreitete, das Land sollte von mir den Römern ausgeliefert werden, und alle Bewohner zornentbrannt sich an mir rächen wollten, da gingen selbst die Bewohner von Tarichaeae davon aus, die jungen Leute hätten die Wahrheit gesagt, und überredeten meine Leibwächter und Bewaffneten, mich im Schlaf zu verlassen und möglichst rasch ins Hippodrom zu kommen, um dort mit allen gemeinsam zu beraten über ihren Oberbefehlshaber. **133** Diese machten mit und kamen dorthin, wo eine große Volksmenge sich schon zusammengerottet hatte, und alle tönten immer nur eines: Man müsse denjenigen bestrafen, der zu einem schmählichen Verräter ihrer Sache geworden sei. **134** Am meisten in Rage brachte sie Ješu, Sohn des Šafai, damals Ratsvorsteher der Stadt Tiberias,[152] ein Taugenichts, mit der Begabung, politisches Handeln zu sabotieren;[153] ein Störenfried und Aufrührer wie kein anderer. Damals nahm er doch wahrhaftig das Mosegesetz in die Hände, trat in die Mitte und sagte: **135** »Mitbürger! Wenn ihr nicht um euer selbst willen Josephus verachten könnt, dann denkt wenigstens an die väterlichen Gesetze,[154] deren Verräter euer Oberkommandant beinahe geworden wäre; hasst das Böse um ihretwillen und rächt euch an dem, der solche Vermessenheit besaß!«

136 Nachdem er so gesprochen und die Menge Beifall gerufen hatte, nahm er einige Bewaffnete mit sich und eilte zu dem Haus, wo ich eingekehrt war, um mich zu töten. Ich, der ich vorher nichts gemerkt hatte, war aus Ermü-

---

[150] So schon B 2:597.
[151] B 2:597 nennt nur letzteren (dort unter dem Namen Annaios).
[152] Vgl. das Ortsnamensregister zu Tiberias. Nach B 3:457 floh Ješu mit seinen Anhängern aus dem von Vespasian belagerten Tiberias nach Tarichaeae.
[153] Zur griech. Wendung vgl. A 17:325.
[154] Mit den »väterlichen Gesetzen« (vgl. auch V 191 und νόμιμον in V 279) ist an dieser Stelle offensichtlich die Mose-Tora gemeint (vgl. V 134). Eine Unterscheidung von mündlicher und schriftlicher Tora, wie sie in der rabbinischen Literatur u.a. in talmudischer Zeit begegnet, lässt sich am Gebrauch dieses Terminus bei Josephus nicht ablesen (vgl. Schröder 1996, 114ff.). Die Interpretation von A 13:297f als Beleg für eine pharisäische »mündliche Tora« vor 70 n. Chr. ist umstritten; vgl. Mason 1991, 240–243; Sanders 1990, 97–130; Goodman 1999 (Lit.).

χῆς[186] κατεσχήμην.[187] **137** Σίμων δ' ὁ τοῦ σώματός μου τὴν φυλακὴν πεπιστευμένος, ὁ καὶ μόνος παραμείνας, ἰδὼν τὴν ἐπιδρομὴν τῶν πολιτῶν[188] διήγειρέ με καὶ τὸν ἐφεστῶτά μοι κίνδυνον ἐξήγγειλεν, ἠξίου τε γενναίως θνήσκειν ὡς στρατηγὸν ὑπ' αὐτοῦ,[189] πρὶν δὴ ἐλθεῖν[190] τοὺς ἐχθροὺς ἀναγκάσοντας ἢ κτενοῦντας. **138** ὁ μὲν ταῦτα ἔλεγεν, ἐγὼ δὲ τῷ θεῷ τὰ κατ' ἐμαυτὸν ἐπιτρέψας εἰς τὸ πλῆθος ὡρμήθην προελθεῖν. μετενδὺς οὖν μέλαιναν ἐσθῆτα καὶ τὸ ξίφος ἀπαρτησάμενος ἐκ τοῦ αὐχένος, καθ' ὁδὸν ἑτέραν, ᾗ μηδένα μοι τῶν πολεμίων ὑπαντιάσειν ᾤμην, ᾖειν εἰς τὸν ἱππόδρομον· ἄφνω τε φανεὶς καὶ πρηνὴς πεσὼν καὶ τὴν γῆν δάκρυσιν φύρων[191] ἐλεεινὸς ἔδοξα πᾶσιν. **139** συνεὶς δὲ τοῦ πλήθους τὴν μεταβολὴν διιστάναι τὰς γνώμας αὐτῶν ἐπειρώμην πρὸ τοῦ τοὺς ὁπλίτας ἀπὸ τῆς οἰκίας ὑποστρέψαι. καὶ συνεχώρουν μὲν ἀδικεῖν, ὡς αὐτοὶ νομίζουσιν, ἐδεόμην δὲ διδάξαι πρότερον, εἰς τίνα χρείαν ἐφύλαττον τὰ ἐκ τῆς ἁρπαγῆς κομισθέντα χρήματα καὶ τότε θνήσκειν, εἰ κελεύοιεν. **140** τοῦ δὲ πλήθους λέγειν κελεύοντος[192] ἐπῆλθον οἱ ὁπλῖται καὶ θεασάμενοί με προσέτρεχον ὡς κτενοῦντες. ἐπισχεῖν δὲ τοῦ πλήθους κελεύοντος ἐπείσθησαν προσδοκῶντες, ἐπειδὰν ὁμολογήσω πρὸς αὐτοὺς τὰ χρήματα τῷ βασιλεῖ τετηρηκέναι, ὡς ὡμολογηκότα τὴν προδοσίαν ἀναιρήσειν.

141 Σιγῆς οὖν παρὰ πάντων γενομένης, »ἄνδρες«, εἶπον, »ὁμόφυλοι, θανεῖν μέν, εἰ δίκαιόν ἐστιν, οὐ παραιτοῦμαι· βούλομαι δ' ὅμως πρὸ τοῦ τελευτῆσαι τὴν ἀλήθειαν φράσαι πρὸς ὑμᾶς. **142** τὴν γὰρ πόλιν ταύτην φιλοξενωτάτην οὖσαν ἐπιστάμενος πληθύουσάν τε προθύμως[193] τοσούτων ἀνδρῶν, οἳ τὰς ἑαυτῶν πατρίδας καταλιπόντες ἀφίκοντο κοινωνοὶ τῆς ἡμετέρας γενόμενοι[194] τύχης, ἐβουλήθην τείχη κατασκευάσαι ἐκ τῶν χρημάτων τούτων,[195]

Iosephus: **137** B 2:61 · **138** B 2:601 · **141** B 2:605 · **142** B 2:606

P B R A M W

[186] NIESE : τῆς ἀρχῆς A^m : om. PBRA¹MW : ὕπνῳ post ταραχῆς supplendum aut subaudiendum (HUDSON)
[187] ἔμενον ἀδεὴς· B [188] ὁπλιτῶν HOLWERDA
[189] ὑφ' αὐτοῦ R : ἐπ' αὐτοῦ W : om. M : ὑπ' ἐμαυτοῦ HERWERDEN 1893, 235
[190] πρὶν διελθεῖν PBAMW : πρὶν δ' ἢ ἐλθεῖν THACKERAY
[191] φερων P : βρέχων BR
[192] κελεύσαντος R
[193] om. MW(A¹), ante ἀφίκοντο transp. NIESE (ed. min.)
[194] γενησόμενοι NIESE (ed. min.) [195] om. PB

dung schon vor dem Tumult eingeschlafen. **137** Šimʿon aber, dem meine persönliche Bewachung anvertraut war und der allein bei mir geblieben war, sah den Auflauf der Bürger, weckte mich und meldete mir die unmittelbare Gefahr; er bot mir an, ich könne von seiner Hand den edlen Tod eines Feldherrn sterben, ehe die Feinde da wären und mich zwingen oder töten könnten.[155] **138** So sprach er; ich aber stellte Gott meine Sache anheim[156] und beeilte mich, vor der Menge zu erscheinen. Ich zog ein schwarzes Gewand über, hängte mein Schwert um den Hals und begab mich auf einem anderen Weg, auf dem ich annehmen konnte, keiner der Feinde würde mir begegnen, zum Hippodrom: Plötzlich erschien ich, warf mich vornüber hin, netzte die Erde mit meinen Tränen und bot allen ein Bild des Mitleids.[157] **139** Mir fiel in der Menge ein Stimmungsumschwung auf, und ich versuchte nun, die Leute zu verunsichern, bevor die Bewaffneten von meinem Hause zurückkämen. Ich gab zu, von ihrem Standpunkt aus unrecht gehandelt zu haben, bat jedoch, erst Auskunft geben zu dürfen, zu welchem Gebrauch ich den aus dem Überfall gewonnenen Geldbetrag hatte aufheben wollen, und dann erst zu sterben, wenn sie es denn verlangten. **140** Die Menge wollte mich gerade reden lassen, da kamen die Bewaffneten hinzu, sahen mich und stürmten heran, um mich zu töten. Als nun die Menge ihnen Einhalt gebot, fügten sie sich in der Erwartung, mich, wenn ich denn ihnen gegenüber zugegeben hätte, das Geld für den König zurückgelegt zu haben, als geständigen Verräter töten zu können.

141 Als nun alle ganz still wurden, sprach ich: »Männer, Volksgenossen! Zu sterben weigere ich mich nicht, wenn es denn gerecht ist; nur will ich vor meinem Ende euch die Wahrheit sagen. **142** Ich wusste, dass diese Stadt sehr gastfreundlich ist: Sie nimmt bereitwillig und in großer Menge solche Männer auf, die ihre Heimatorte verlassen haben und gekommen sind, weil sie unsere Schicksalsgenossen wurden: So wollte ich Mauern instandsetzen aus diesem Geld – und nun erregt sich euer Zorn, weil es für diese Bauaufgabe verwendet werden soll.« **143** Daraufhin erhob sich ein Geschrei auf Seiten der Leute aus Tarichaeae und der Zugewanderten, die mir ihren Dank bezeugten und mir

---

[155] Kottek 1994, 71–80. B 2:600f. erwähnt vier Leibwachen, die nicht zum Freitod raten, sondern zur Flucht.

[156] Vgl. V 15.48.208f.301.425.

[157] Ganz ähnlich ist Josephus auch nach B 2:601 mit zerrissenen Kleidern, Asche auf dem Haupt, auf dem Rücken gekreuzten Händen und mit um den Hals gehängtem Schwert vor die Menge getreten. Letzteres soll wohl die Bereitschaft signalisieren, sich im Falle eines Schuldspruchs enthaupten zu lassen. Das schwarze Gewand, sonst Zeichen der Trauer (A 7:154; 16:287; B 4:260), ist hier die Mitleid heischende Kleidung des Bittstellers bzw. Angeklagten vor Gericht (A 14:172; 16:267; B 1:506; jRHSh 1,3). Belege aus griech. und röm. Gerichtspraxis und Lit. bei Cohen 1979, 112 Anm. 46.

περὶ ὧν ἡ παρ' ὑμῶν ἐστιν ὀργή, δαπανωμένων εἰς τὴν οἰκοδομίαν αὐτῶν.« **143** πρὸς ταῦτα παρὰ μὲν τῶν Ταριχαιωτῶν καὶ ξένων ἐγείρεται φωνὴ χάριν ἔχειν ὁμολογούντων καὶ θαρρεῖν προτρεπομένων, Γαλιλαῖοι δὲ καὶ Τιβεριεῖς τοῖς θυμοῖς ἐπέμενον. καὶ γίνεται στάσις πρὸς ἀλλήλους, τῶν μὲν κολάσειν ἀπειλούντων με τῶν δὲ καταφρονεῖν *παραινούντων*.[196] **144** ἐπειδὴ δ'[197] ἐπηγγειλάμην καὶ Τιβεριάδι[198] κατασκευάσειν τείχη καὶ ταῖς ἄλλαις πόλεσιν αὐτῶν ταῖς ἀναγκαίαις, πιστεύσαντες ὑπεχώρουν ἕκαστος εἰς τὴν ἑαυτοῦ. κἀγὼ παρὰ πᾶσαν ἐλπίδα διαφυγὼν τὸν προειρημένον κίνδυνον μετὰ τῶν φίλων καὶ ὁπλιτῶν εἴκοσιν εἰς τὴν οἰκίαν ὑπέστρεψα.

145 Πάλιν δ' οἱ λῃσταὶ καὶ τῆς στάσεως αἴτιοι δείσαντες περὶ ἑαυτῶν, μὴ δίκας εἰσπραχθῶσιν ὑπ' ἐμοῦ τῶν πεπραγμένων, ἀναλαβόντες ἑξακοσίους ὁπλίτας ἧκον ἐπὶ τὴν οἰκίαν, ἔνθα διέτριβον, ἐμπρήσοντες αὐτήν. **146** ἀπαγγελθείσης δέ μοι τῆς ἐφόδου φεύγειν μὲν ἀπρεπὲς ἡγησάμην, ἔκρινα δὲ παραβαλόμενος χρήσασθαί τι[199] καὶ τόλμῃ. προστάξας οὖν ἀποκλεῖσαι τῆς οἰκίας τὰς θύρας αὐτὸς ἐπὶ τὸ ὑπερῷον ἀναβὰς παρεκάλουν εἰσπέμψαι τινὰς ληψομένους τὰ χρήματα· *παύσεσθαι*[200] γὰρ οὕτως τῆς ὀργῆς αὐτοὺς ἔφην.[201] **147** εἰσπεμψάντων δὲ τὸν θρασύτατον αὐτῶν[202] μάστιξιν αἰκισάμενος τὴν ἑτέραν τε τῶν χειρῶν ἀποκόψαι κελεύσας καὶ κρεμάσαι[203] ἐκ τοῦ τραχήλου τοιοῦτον ἐξέβαλον πρὸς τοὺς ἐξαποστείλαντας. **148** τοὺς δ' ἔλαβεν ἔκπληξις καὶ φόβος οὔτι μέτριος. δείσαντες οὖν καὶ αὐτοὶ ταὐτὰ πείσεσθαι – εἰ μένοιεν, εἴκαζον γὰρ ἔνδον ἔχειν με πλείους αὐτῶν[204] – εἰς φυγὴν ὥρμησαν. κἀγὼ τοιούτῳ στρατηγήματι χρησάμενος τὴν δευτέραν ἐπιβουλὴν διέφυγον.

149 Πάλιν δὲ τὸν ὄχλον τινὲς ἠρέθιζον, τοὺς ἀφικομένους πρός με βασιλικοὺς μεγιστᾶνας οὐκ ὀφείλειν ζῆν λέγοντες μὴ μεταβῆ-

---

Iosephus: **144** B 2:606 · **145** B 2:610 · **147** B 2:612

P B R A M W

[196] om. codd. : lac. post καταφρονεῖν not. NIESE (ed. min.); cf. GROSS 1988, 71
[197] ἐπειδὴ B : ἐπεὶ δὲ AMW   [198] τιβεριάσι MW : Τιβεριεῦσι NIESE
[199] τι transponendum ante χρήσασθαι?
[200] παύσασθαι codd.   [201] ᾤμην NABER
[202] κἀγὼ δὲ τοῦτον add. B : εἰς τὸ μυχαίτατον παρασύρας τῆς οἰκίας καὶ add. R (e *Bello*?)
[203] κρεμάσας RMW   [204] ὁπλίτας add. RAMW

Mut zusprachen; die Galiläer aber und Tiberienser verharrten in ihrem Zorn. so gerieten sie in Streit untereinander, weil die einen drohten, sie wollten mich bestrafen, die anderen aber rieten, ich solle das ignorieren. **144** Da ich nun versprach, auch in Tiberias Mauern zu errichten und in den übrigen Städten Galiläas, die es nötig hätten, vertrauten sie darauf, und jeder ging zu sich nach Hause. Ich aber, der ich wider alle Hoffnung aus der beschriebenen Gefahr entkommen war, kehrte mit meinen Freunden und mit zwanzig Bewaffneten in mein Haus zurück.

145–148 Josephus erneut in Lebensgefahr

145 Doch schon wieder kamen die Banditen und Rädelsführer des Aufstands, aus Angst um sich selbst, sie könnten von mir Strafe erleiden für das, was sie angestellt hatten, mitsamt sechshundert[158] Bewaffneten auf das Haus zu, worin ich mich aufhielt, und wollten es anzünden. **146** Als mir das Heranrücken gemeldet wurde, schien es mir unehrenhaft zu fliehen; so entschloss ich mich zu einem Wagnis, einer Verwegenheit. Ich befahl, die Türen des Hauses zu verschließen, stieg selbst auf die Dachterrasse[159] und forderte dazu auf, einige Leute hereinzuschicken, die das Geld in Empfang nehmen sollten: So, sagte ich, würden sie in ihrem Zorn nachlassen. **147** Als sie ihren Mutigsten hereingeschickt hatten, ließ ich ihn auspeitschen und ihm die linke Hand abhauen[160] und an seinem Hals aufhängen – so warf ich ihn hinaus zu denen, die ihn entsandt hatten. **148** Da erfasste sie Schrecken und maßlose Angst. In der Furcht, das gleiche zu erleiden, wenn sie blieben – sie glaubten ja, ich hätte mehr Leute drinnen als sie –, wandten sie sich schließlich zur Flucht. Ich aber entkam dank einem solchen Winkelzug dem zweiten Anschlag.

149–154 Anschlag auf nichtjüdische politische Flüchtlinge

149 Doch schon wieder machten einige die Menge aufsässig mit der Behauptung, die Würdenträger des Königs, die sich bei mir eingefunden hatten,[161] dürften nicht leben bleiben, wenn sie nicht willens wären, die Lebens-

---

[158] Nach B 2:610 waren es zweitausend. Korrigiert V Übertreibungen in B? Vgl. auch V 200f. mit Anm. 201, jedoch V 371 mit Anm. 296.

[159] D. h. auf das begeh- und bewohnbare Flachdach des Hauses. Vgl. A 7:375; 11:149 v.l.; Apg 9,37.39; 20,8; BAUER / ALAND 1988, 1678 s. v. ὑπερῷον.

[160] Die Strafe des Handabhackens (vgl. auch V 171–173. 177; B 2:642f.), in der biblisch-jüdischen Tradition nur vereinzelt belegt (vgl. Dtn 25,11f.; mBQ 8,1; bSan 58b), war jedoch im alten Vorderen Orient und der griechisch-römischen Antike für verschiedene Straftaten gebräuchlich. DERRETT 1977; FELDMAN 1984a, 500.

[161] Vgl. V 112f.

ναι θέλοντας εἰς τὰ παρ' αὐτοῖς ἔθη, πρὸς οὓς σωθησόμενοι πάρεισι· διέβαλλόν τε φαρμακέας εἶναι λέγοντες κωλυτάς[205] τοῦ Ῥωμαίων περιγενέσθαι.[206] ταχὺ δὲ τὸ πλῆθος ἐπείθετο ταῖς τῶν λεγομένων πρὸς χάριν αὐτοῖς πιθανότησιν ἀπατώμενοι. 150 πυθόμενος δὲ περὶ τούτων ἐγὼ[207] πάλιν τὸν δῆμον ἀνεδίδασκον μὴ δεῖν διώκεσθαι τοὺς καταφυγόντας πρὸς αὐτούς· τὸν[208] δὲ φλύαρον τῆς περὶ τῶν φαρμάκων αἰτίας διέσυρον, οὐκ ἂν τοσαύτας μυριάδας στρατιωτῶν Ῥωμαίους λέγων τρέφειν, εἰ διὰ φαρμακέων[209] ἦν νικᾶν τοὺς πολεμίους.

151 Ταῦτα λέγοντος ἐμοῦ πρὸς ὀλίγον μὲν ἐπείθοντο, πάλιν δ' ἀναχωρήσαντες[210] ὑπὸ τῶν πονηρῶν ἐξηρεθίζοντο κατὰ τῶν μεγιστάνων, καί ποτε μεθ' ὅπλων ἐπὶ τὴν οἰκίαν αὐτῶν τὴν ἐν Ταριχαίαις ἐπῆλθον[211] ὡς ἀναιρήσοντες. 152 ἔδεισα δ' ἐγὼ πυθόμενος, μὴ τοῦ μύσους τέλος λαβόντος ἀνεπίβατος[212] γένηται τοῖς καταφυγεῖν εἰς αὐτὴν θέλουσιν. 153 παρεγενόμην οὖν εἰς τὴν τῶν μεγιστάνων οἰκίαν μετά τινων ἑταίρων,[213] καὶ κλείσας διώρυγά τε ποιήσας ἀπ'[214] αὐτῆς ἐπὶ τὴν λίμνην ἄγουσαν, μεταπεμψάμενός τε πλοῖον καὶ σὺν αὐτοῖς ἐμβὰς ἐπὶ τὴν μεθόριον τῶν Ἱππηνῶν διεπέρασα, καὶ δοὺς αὐτοῖς τὴν τιμὴν τῶν ἵππων – οὐ γὰρ ἠδυνήθην αὐτοὺς ἐπαγαγέσθαι τοιαύτης γενομένης τῆς ἀποδράσεως – ἀπέλυσα πολλὰ παρακαλέσας τὴν προσπεσοῦσαν ἀνάγκην γενναίως ἐνεγκεῖν. 154 αὐτός τε μεγάλως ἠχθόμην βιασθεὶς τοὺς προσφυγόντας ἐκθεῖναι πάλιν εἰς τὴν πολεμίαν, ἄμεινον δὲ[215] νομίσας παρὰ Ῥωμαίοις ἀποθανεῖν αὐτούς, εἰ συμπέσοι, μᾶλλον ἢ κατὰ τὴν ἐμὴν χώραν. οἱ δ' ἄρα διεσώθησαν· συνεχώρησεν γὰρ αὐτοῖς βασιλεὺς[216] Ἀγρίππας τὰ ἡμαρτημένα. καὶ τὰ μὲν περὶ ἐκείνους τοῦτ' ἔσχε τὸ τέλος.

PBRAMW

[205] καὶ κωλυτὰς RA : καὶ κωλύοντας MW : om. PB : καὶ κελεύοντας HALLIUS
[206] COCCEJI : τοὺς (τοῦ A) ῥωμαίους παραγενέσθαι codd. : λέγοντες καὶ κελεύσει Ῥωμαίων παραγενέσθαι vel κελευσθέντες ὑπὸ Ῥωμαίων παραγενέσθαι SCHLATTER 1932, 227; lac. post λέγοντες ind. NIESE (ed. min.)
[207] δ' ἐγὼ περὶ τούτων transp. R   [208] τὸ ed. pr.
[209] φαρμάκων PBR
[210] ἀναχωρήσαντος (sc. ἐμοῦ) HERWERDEN
[211] ἀπῆλθον MW : ἦλθον SCHRECKENBERG 1977, 156
[212] ἀνεπίβατον P : ἡ γῆ suppl. HOLWERDA
[213] SCHRECKENBERG 1977, 156 : ἑτέρων codd.
[214] HUDSON : ἐπ' codd.
[215] δὴ BR : εἶναι A : δὲ ἦν MW
[216] ὁ βασιλεὺς R

weise derer anzunehmen, bei denen sie sich um des Überlebens willen aufhielten; auch sagten sie ihnen fälschlich nach, sie seien Zauberer und verhinderten[162] den Sieg über die Römer. Schnell ließ sich die Menge bereden, verleitet von dem, was ihr zu Gefallen vorgebracht wurde. **150** Als ich davon erfuhr, versuchte ich nochmals,[163] dem Volk beizubringen, dass die zu ihnen Geflohenen nicht verfolgt werden dürften; und das Geschwätz, dass Zaubermittel im Spiel seien, machte ich lächerlich mit dem Argument, die Römer würden doch wohl nicht so viele Zehntausende von Soldaten unterhalten, wenn man mit Hilfe von Zauberern die Feinde besiegen könne.

151 Auf diese meine Worte hin fügten sie sich eine Zeit lang; als sie jedoch wieder fortgegangen waren, ließen sie sich von den Schurken gegen die Würdenträger aufwiegeln, und irgendwann gingen sie mit Waffen auf deren Haus in Tarichaeae los, um sie zu töten. **152** Ich fürchtete aber, als ich das hörte, (die Stadt)[164] könnte, wenn das Verbrechen gelänge, unzugänglich werden für Zuflucht Suchende. **153** So ging ich in das Haus der Würdenträger, mit einigen Gefährten, ließ es verschließen und einen Durchbruch[165] anlegen, der von dort bis zum See führte; dann ließ ich ein Boot heranholen, stieg mit ihnen ein und setzte über bis zum Grenzgebiet von Hippos: Dort bezahlte ich ihnen den Wert ihrer Pferde, die ich unter diesen Fluchtumständen nicht hatte mitnehmen können und nahm von ihnen Abschied unter der wiederholten Bitte, sie möchten diesen Situationszwang mit Würde tapfer ertragen. **154** Mich aber belastete es schwer, die Flüchtlinge gezwungenermaßen wieder in feindlichem Gebiet auszusetzen; doch hielt ich es für besser, sie würden im römischen Machtbereich sterben, wenn es denn dahin käme, als innerhalb meines eigenen Gebiets. So kamen sie schließlich heil davon, König Agrippa verzieh ihnen nämlich ihre Vergehen. Damit endete dieses ihr Abenteuer.

---

[162] Die Übersetzung folgt der Konjektur von CoccEJUS. Mit HALLIUS wäre zu übersetzen: »und die die Römer herbeizwängen (mit ihren Zaubermitteln).«

[163] Vgl. V 113.

[164] D. h. Tarichaeae. Liegt eine Textlücke vor? Vgl. die Konjektur von Holwerda.

[165] D. h. einen Mauerdurchbruch an der Seeseite des nahe am Wasser gelegenen Hauses. Möglich wäre auch ein unterirdischer Stollen zum Strand, aber wie sollte der entstanden sein?

155 Οἱ δὲ τὴν τῶν Τιβεριέων πόλιν κατοικοῦντες γράφουσιν πρὸς τὸν βασιλέα παρακαλοῦντες πέμψαι δύναμιν τὴν φυλάξουσαν αὐτῶν τὴν χώραν· θέλειν γὰρ αὐτῷ προστίθεσθαι. κἀκείνῳ μὲν ταῦτ' ἔγραφον· 156 ἀφικόμενον δέ με πρὸς αὐτοὺς παρεκάλουν τὰ τείχη κατασκευάζειν αὐτοῖς, ὡς ὑπεσχήμην· ἠκηκόεισαν δὲ τὰς Ταριχαίας ἤδη τετειχίσθαι. κατανεύσας οὖν ἐγὼ καὶ πάντα τὰ πρὸς τὴν οἰκοδομίαν παρασκευασάμενος τοὺς ἀρχιτέκτονας ἐκέλευον ἐνεργεῖν. 157 μετὰ δὲ τρίτην ἡμέραν εἰς Ταριχαίας ἀπερχομένου μου τῆς Τιβεριάδος ἀπεχούσας στάδια τριάκοντα, συνέβη τινὰς Ῥωμαίων ἱππεῖς οὐ πόρρωθεν τῆς πόλεως ὁδοιποροῦντας ὀφθῆναι, οἳ δόξαν παρέσχον τὴν παρὰ τοῦ βασιλέως δύναμιν ἥκειν. 158 εὐθέως γοῦν[217] εἰς μὲν τὸν βασιλέα μετὰ πολλῶν ἐπαίνων ἠφίεσαν φωνάς, κατ' ἐμοῦ δὲ βλασφήμους. καὶ ἐπιδραμών τις ἀπήγγειλέν μοι τὴν διάνοιαν αὐτῶν, ὡς ἀφίστασθαί μου διεγνώκασιν. 159 ἐγὼ δ' ἀκούσας ἐταράχθην μὲν σφόδρα· τοὺς γὰρ ὁπλίτας ἔτυχον ἐκ τῶν Ταριχαιῶν ἐπὶ τὰς αὐτῶν οἰκήσεις ἀφεικὼς διὰ τὸ τὴν ἐπιοῦσαν ἡμέραν σάββατον ὑπάρχειν· οὐ γὰρ ἐβουλόμην ὑπὸ τοῦ στρατιωτικοῦ πλήθους ἐνοχλεῖσθαι τοὺς ἐν ταῖς Ταριχαίαις. 160 ὁσάκις γοῦν ἐν αὐταῖς διέτριβον, οὐδὲ τῆς περὶ τὸ σῶμα φυλακῆς ἐποιούμην πρόνοιαν, πεῖραν παρὰ τῶν ἐνοικούντων τῆς πρός με πίστεως λαβὼν πολλάκις. 161 μόνους δ' ἔχων περὶ ἐμαυτὸν ἑπτὰ τῶν ὁπλιτῶν καὶ τοὺς φίλους ἠπόρουν, ὃ[218] πράξω. μεταπέμπεσθαι[219] γὰρ τὴν ἐμὴν δύναμιν διὰ τὸ λήγειν ἤδη τὴν ἐνεστῶσαν ἡμέραν οὐκ ἐδοκίμαζον· οὐδὲ γὰρ ἀφικομένης αὐτῆς εἰς τὴν ἐπιοῦσαν[220] ὅπλα λαβεῖν ἦν[221] κωλυόντων ἡμᾶς τῶν νόμων, κἂν μεγάλη τις ἐπείγειν ἀνάγκη δοκῇ. 162 εἰ δὲ τοῖς Ταριχαιώταις καὶ τοῖς παρ' αὐτοῖς ξένοις ἐπιτρέψαιμι τὴν πόλιν διαρπάζειν, ἑώρων οὐχ ἱκανοὺς ἐσομένους,[222] τὴν δ'[223] ἐμὴν ὑπέρθεσιν ἑώρων μακροτάτην·[224] φθήσεσθαι

Iosephus: **155** B 2:632 · **158** – **159** B 2:634 · **162** B 2:634

P B R A M W

[217] om. B : Τιβεριεῖς ins. HERWERDEN 1893, 236
[218] ὅτι COBET   [219] μεταπέμψασθαι MW
[220] inter ἐπιοῦσαν et ὅπλα lac. not. NIESE (ed. min.)
[221] ins. HOLWERDA 1847, 53   [222] post ἐσομένους lac. not. NIESE (ed. min.)
[223] δ' om. PBMW   [224] βλαβερωτάτην vel sim. HOLWERDA 1847, 53.

155–178 Tiberias versucht die Revolte gegen Josephus

155 Die Bewohner[166] der Stadt Tiberias nun schrieben an den König (Agrippa II) und baten ihn, er möge ein Truppenkontingent zur Bewachung ihres Landes entsenden; denn sie seien gewillt, sich ihm anzuschließen. So schrieben sie ihm; **156** als ich jedoch zu ihnen kam, ersuchten sie mich, ihnen die Mauern zu errichten, wie ich versprochen hatte; hatten sie doch gehört, dass Tarichaeae schon mit Mauern versehen war.[167] Ich gab also meine Genehmigung; ich ließ alles für den Bau Nötige bereitstellen und wies die Bauführer an, tätig zu werden. **157** Als ich mich drei Tage später nach Tarichaeae begab – es liegt von Tiberias dreißig Stadien entfernt –, geschah es, dass einige römische Reiter gesichtet wurden, wie sie nicht weit von der Stadt ihres Weges zogen; sie gaben Anlass und zu der Meinung, es nahe die vom König gesandte Truppenabteilung. **158** Augenblicklich stießen sie[168] Rufe aus, die voll des Lobes waren für den König, jedoch verleumderisch gegen mich. Doch lief mir einer entgegen und meldete mir ihre Gesinnung, dass sie nämlich beschlossen hätten, von mir abzufallen.[169] **159** Bei der Nachricht war ich völlig entsetzt; ich hatte nämlich meine Soldaten gerade aus Tarichaeae nach Hause entlassen, weil der folgende Tag ein Sabbat war: da wollte ich nicht, dass die Tarichäer mit der Soldatenmenge Last hätten.[170] **160** Jedenfalls brauchte ich, sooft ich dort weilte, nicht um eine Leibwache für mich besorgt zu sein, da ich schon oft von den Bewohnern Beweise ihrer Treue zu mir erhalten hatte. **161** Allein sieben Bewaffnete hatte ich um mich und meine Vertrauten, und war ratlos, was ich tun sollte. Meine Truppenabteilung wieder kommen zu lassen, jetzt gegen Ende des Tages, hielt ich nicht für richtig; auch wäre es ihr bei ihrer Ankunft verwehrt gewesen, für den folgenden Tag die Waffen zu ergreifen: daran hindern uns die Gesetze, auch wenn eine schlimme Notlage zu drängen scheint.[171] **162** Würde ich aber den Tarichäern

---

[166] Gemeint ist offenbar die in V 32–34 (vgl. auch V 381) genannte königstreue Fraktion; vgl. SCHÜRER 1979 181. Zu V 155–174 vgl. B 2:632–645; LAQUEUR 1920, 90–96.

[167] Nach B 3:464f. wurde Tiberias vor Tarichaeae befestigt.

[168] D. h. die Tiberienser; vgl. die Konjektur von HERWERDEN.

[169] Sie teilten also nicht die Autonomie-Absichten, für die Josephus und der ihn entsendende Hohe Rat damals standen; vgl. Anm. 17 im Anhang.

[170] Nach B 2:634, waren die Soldaten zur Beschaffung von Lebensmitteln unterwegs. Den Sabbat (MICHEL / B. 1959, 452 Anm. 264) erwähnt Josephus dort nur am Rande; vgl. auch Anm. 24 im Anhang.

[171] Das Notwehrrecht am Sabbat, das erstmals in 1 Makk 2,41 bezeugt ist, stand bis in die Zeit des Josephus in Geltung, wurde teilweise aber abgelehnt (vgl. A 18:322f.; MICHEL / B. 1959, 410 Anm. 80 zu B 1:146; A 12:277; 14:63). Josephus präsentiert sich hier als Vertreter eines strikten Kampfverbots am Sabbat (V 161; B 2:517; C 1:212). Im Kontext geht es freilich um die Möglichkeit eines Angriffs

γὰρ καὶ τὴν παρὰ βασιλέως δύναμιν ἀφικομένην, καὶ ἐκπεσεῖσθαι τῆς πόλεως ᾤμην. **163** ἐβουλευόμην οὖν στρατηγήματι χρῆσθαί[225] τινι κατ᾽ αὐτῶν. παραχρῆμα δὴ τοὺς πιστοτάτους τῶν φίλων ταῖς πύλαις τῶν Ταριχαιῶν ἐπιστήσας φυλάξοντας μετ᾽ ἀσφαλείας τοὺς ἐξιέναι[226] θέλοντας καὶ τοὺς πρώτους τῶν οἴκων προσκαλεσάμενος, αὐτῶν ἕκαστον ἐκέλευσα καθελκύσαντα πλοῖον ἐμβάντα συνεπαγόμενον τὸν κυβερνήτην ἕπεσθαί μοι πρὸς τὴν Τιβεριέων πόλιν. **164** καὶ αὐτὸς δὲ μετὰ τῶν φίλων καὶ τῶν[227] ὁπλιτῶν, οὓς ἔφην ἑπτὰ τὸν ἀριθμὸν εἶναι, ἐμβὰς ἔπλεον ἐπὶ τὴν Τιβεριάδα.

165 Τιβεριεῖς δὲ τὴν παρὰ τοῦ βασιλέως δύναμιν ὡς ἔγνωσαν οὐχ ἥκουσαν αὐτοῖς, πλοίων δὲ τὴν λίμνην πᾶσαν ἐθεάσαντο πλήρη, δείσαντες περὶ τῇ πόλει καὶ καταπλαγέντες ὡς[228] ἐπιβατῶν πλήρεις εἶεν αἱ νῆες,[229] μετατίθενται τὰς γνώμας. **166** ῥίψαντες οὖν τὰ ὅπλα μετὰ γυναικῶν καὶ παίδων ὑπηντίαζον πολλὰς μετ᾽ ἐπαίνων εἰς ἐμὲ φωνὰς[230] ἀφιέντες – εἴκαζον γὰρ οὐ[231] προπεπύσθαι με τὴν διάνοιαν αὐτῶν –, καὶ παρεκάλουν φείσασθαι τῆς πόλεως. **167** ἐγὼ δὲ πλησίον γενόμενος ἀγκύρας μὲν ἔτι πόρρω τῆς γῆς ἐκέλευον βαλέσθαι τοὺς κυβερνήτας ὑπὲρ τοῦ μὴ κατάδηλα τοῖς Τιβεριεῦσιν εἶναι τὰ πλοῖα κενὰ τῶν ἐπιβατῶν ὄντα· πλησιάσας δ᾽ αὐτὸς ἔν τινι πλοίῳ κατεμεμφόμην αὐτῶν τὴν ἄνοιαν,[232] καὶ ὅτι δὴ οὕτως εὐχερεῖς εἶεν πάσης δικαίας ἄνευ προφάσεως ἐξίστασθαι τῆς πρός με πίστεως. **168** ὡμολόγουν δ᾽ εἷς γε[233] τὸ λοιπὸν αὐτοῖς συγγνώσεσθαι βεβαίως, εἰ πέμψειαν δέκα τοῦ πλήθους προεστῶτας. ὑπακουσάντων δ᾽ ἑτοίμως καὶ πεμψάντων ἄνδρας οὓς προεῖπον,[234] ἐμβιβάσας ἀπέλυον εἰς Ταριχαίας φυλαχθησομένους.

Iosephus: **163**s. B 2:635 · **166** B 2:637 · **168**s. B 2:639

P B R A M W

[225] χρῆσασθαί RMW
[226] ἐξεῖναι PRAMW
[227] καὶ om. B : τῶν secl. Bekker
[228] ὡσεὶ Holwerda
[229] εἶναι νήας (sic) B : εἶναι νέας PRA; cf. Schmidt 1893, 499 et Gross 1988, 191 : corruptelam inter εἶναι et νέας not. Niese (ed. min.)
[230] φωνὰς εἰς ἐμὲ transp. A
[231] susp. Smith
[232] Holwerda : ἄγνοιαν codd.
[233] Niese (ed. min.); cf. Gross 1988, 217f. : δ᾽ εἷς τε PBRA : δεῖσθαί με MW
[234] post προεῖπον lac. not. Niese (ed. min.); cf. B 2:639–640

und den bei ihnen lebenden Fremden erlauben, die Stadt (Tiberias) zu plündern, sah ich, dass sie nicht zahlreich genug sein würden, meine Verspätung jedoch übergroß: ich musste annehmen, dass die Truppe des Königs vorher ankommen und ich aus der Stadt ausgesperrt würde. **163** So plante ich, eine Kriegslist gegen sie anzuwenden. Sogleich stellte ich die Verlässlichsten aus meinen Vertrauten an die Tore von Tarichaeae – sie sollten diejenigen, die hinausgehen wollten,[172] strikt zurückhalten –, rief die Haushaltsvorstände herbei und ordnete an, jeder solle ein Boot zu Wasser lassen,[173] einsteigen mitsamt dem Steuermann und mir nach Tiberias nachfahren. **164** Ich selbst aber ging gleichfalls mit meinen Vertrauten und den Bewaffneten – sieben Mann, wie gesagt – an Bord und fuhr auf Tiberias zu.

165 Die Tiberienser freilich, als sie merkten, dass die Truppe des Königs gar nicht zu ihnen kam, den ganzen See jedoch voller Boote sahen, bekamen Angst um ihre Stadt, und aus Schrecken, als ob die Schiffe voll bemannt wären, wurden sie anderen Sinnes. **166** So warfen sie die Waffen von sich, kamen mir mit Frauen und Kindern entgegen und bedachten mich mit lautstarkem Lob – sie wähnten nämlich, dass ich von ihrer Absicht vorher nichts[174] erfahren hätte – und baten, ich solle ihre Stadt verschonen. **167** Ich war schon nahe herangekommen, ließ aber die (übrigen) Steuermänner noch fern vom Land die Anker werfen, damit den Tiberiensern nicht offenkundig würde, dass die Boote ohne Besatzung waren; ich hingegen, näher gekommen in einem der Boote, schalt ihre Torheit und dass sie so leichtsinnig seien, ohne jeden triftigen Grund mir die Treue aufzukündigen. **168** Für die Zukunft aber sagte ich zu, ich würde ihnen gewiss vergeben, wenn sie zehn Vorsteher[175] aus ihrer Bevölkerung schickten. Als sie dem bereitwillig entsprochen und die genannten Männer geschickt hatten, ließ ich sie im Schiff nach Tarichaeae verbringen, wo sie gefangen gehalten werden sollten.

---

auf das abtrünnige Tiberias, nicht um eine Verteidigungssituation (Doering 1999, 501). Zur rabbin. Diskussion vgl. bEr 45a; tEr 3,5–7; pagane Texte über die jüdische Praxis bei Feldman / Reinhold 1996, 366–373. Feldman 1984a, 505; Bar-Kochva 1989, 474–493; Weiss 1998; ausführlich Doering 1999, 498–502. 537–565 (Lit.).

[172] U.zw. damit niemand den Plan des Josephus an die Tiberienser verriete (vgl. B 2:635).

[173] B 2:635 spricht von 230 Booten. Nach B 3:466 diente die Flotte für den Fall einer Flucht über das Wasser oder für einen evtl. Seekampf.

[174] Wird dieses Wort als sekundärer Zusatz gestrichen, so ergibt sich: Der Bittgang der Tiberienser beruht auf ihrem Bewusstsein, von Josephus nunmehr durchschaut zu sein.

[175] Meint vielleicht die δέκα πρῶτοι der βουλή von Tiberias.

169 Τῷ στρατηγήματι δὲ τούτῳ τὴν βουλὴν πᾶσαν κατ' ὀλίγους λαβὼν εἰς τὴν προειρημένην πόλιν καὶ μετ' αὐτῶν τοὺς πολλοὺς τοῦ δήμου πρώτους ἄνδρας οὐκ ἐλάττους ἐκείνων ὄντας διεπεμψάμην. **170** τὸ δὲ πλῆθος, ὡς εἶδον εἰς οἷον κακῶν ἥκουσι μέγεθος, παρεκάλουν με τὸν αἴτιον τῆς στάσεως τιμωρήσασθαι. Κλεῖτος δ' ἦν ὄνομα τούτῳ, θρασύς τε καὶ προπετὴς νεανίας. **171** ἐγὼ δ' ἀποκτεῖναι μὲν οὐχ ὅσιον ἡγούμενος ὁμόφυλον ἄνδρα, κολάσαι δ' ἀνάγκην ἔχων, τῶν περὶ ἐμέ τινι σωματοφυλάκων Ληουεῖ προσέταξα προελθόντι κόψαι²³⁵ τοῦ Κλείτου τὴν ἑτέραν τῶν χειρῶν. **172** δείσαντος δὲ τοῦ κελευσθέντος εἰς τοσοῦτο πλῆθος προελθεῖν μόνου, τὴν δειλίαν τοῦ στρατιώτου μὴ βουληθεὶς κατάδηλον γενέσθαι τοῖς Τιβεριεῦσιν, αὐτὸν Κλεῖτον φωνήσας »ἐπειδὴ καὶ ἄξιος«, εἶπον, »ὑπάρχεις ἀμφοτέρας τὰς χεῖρας ἀποβαλεῖν οὕτως ἀχάριστος εἰς ἐμὲ γενόμενος, γενοῦ σαυτοῦ δήμιος,²³⁶ μὴ καὶ ἀπειθήσας χείρονα τιμωρίαν ὑπόσχῃς.« – **173** τοῦ δὲ τὴν ἑτέραν αὐτῷ συγχωρῆσαι πολλὰ δεομένου μόλις κατένευσα. κἀκεῖνος ἄσμενος ὑπὲρ τοῦ μὴ τὰς δύο χεῖρας ἀποβαλεῖν λαβὼν μάχαιραν κόπτει τὴν ἀριστερὰν ἑαυτοῦ. καὶ τοῦτο τὴν στάσιν ἔπαυσεν.

174 Τιβεριεῖς δέ, ὡς εἰς τὰς Ταριχαίας ἀφικόμην γνόντες τὴν στρατηγίαν, ᾗ κατ' αὐτῶν ἐχρησάμην, ἀπεθαύμαζον ὅτι χωρὶς φόνων ἔπαυσα τὴν ἀγνωμοσύνην αὐτῶν. **175** ἐγὼ δὲ τοὺς ἐκ τῆς εἱρκτῆς μεταπεμψάμενος τοῦ πλήθους τῶν Τιβεριέων,²³⁷ ἦν δὲ σὺν αὐτοῖς Ἰοῦστος καὶ ὁ πατὴρ αὐτοῦ Πίστος,²³⁸ συνδείπνους ἐποιησάμην, καὶ παρὰ τὴν ἑστίασιν ἔλεγον, ὅτι τὴν Ῥωμαίων δύναμιν οὐδ' αὐτὸς ἀγνοῶ πασῶν διαφέρουσαν, σιγὴν μέντοι περὶ αὐτῆς διὰ τοὺς λῃστάς.²³⁹ **176** καὶ αὐτοῖς δὲ ταῦτα²⁴⁰ συνεβούλευον ποιεῖν, τὸν ἐπιτήδειον περιμένουσι καιρὸν καὶ μὴ δυσανασχετεῖν ἐμοὶ στρατηγῷ· μηδενὸς γὰρ αὐτοὺς ἑτέρου δυνήσεσθαι ῥαδίως ἐπιεικοῦς ὁμοίως τυχεῖν. **177** τὸν Ἰοῦστον δὲ καὶ ὑπεμίμνησκον, ὅτι πρόσθεν ἤ με παραγενέσθαι ἐκ τῶν Ἱεροσολύμων οἱ Γαλιλαῖοι

Fontes: **174 – 178** Iustus Tib.

Iosephus: **169** B 2:639 · **170**s. B 2:642 · **172** B 2:643 · **173** B 2:644

P B R A M W

---

²³⁵ ἀποκόψαι Coвет
²³⁶ δημόσιος P; cf. Wendland, Deutsche Litteraturzeitung 1892, 1266
²³⁷ πρώτους add. Holwerda   ²³⁸ πιστός (πιστὸς) PBRAW
²³⁹ διὰ τοὺς λῃστὰς περὶ αὐτῆς transp. A   ²⁴⁰ ταῦτα PBRMW

169 Mit dieser Kriegslist bekam ich den gesamten Stadtrat nach und nach in die Hände und verbrachte ihn in die erwähnte Stadt,[176] sowie mit ihnen die meisten Honoratioren aus der Bevölkerung, die nicht weniger[177] waren als jene. **170** Als aber der Menge klar wurde, in welche überaus missliche Lage sie geraten waren, baten sie mich, den Urheber des Aufruhrs zu bestrafen. Kletos war sein Name, ein dreister, unbesonnener junger Mann. **171** Mir erschien es jedoch nicht rechtens, einen Volksgenossen zu töten, andrerseits *musste* ich ihn bestrafen: so befahl ich dem Levi, einem meiner Leibwächter, hinzugehen und Kletos die linke Hand abzuhauen.[178] **172** Als der so Beauftragte meines Befehls sich scheute, in eine so große Volksmenge allein vorzutreten, und ich die Feigheit des Soldaten vor den Tiberiensern nicht offenkundig werden lassen wollte, rief ich Kletos direkt an: »Da du schon verdient hast, beide Hände zu verlieren nach solcher Undankbarkeit gegenüber mir, sei nun dein eigener Scharfrichter, damit du nicht durch Ungehorsam eine noch schlimmere Strafe erleiden musst!« **173** Als er inständig bat, eine Hand behalten zu dürfen, erlaubte ich es ihm gerade eben. Er, froh, nicht beide Hände zu verlieren, nahm das Schwert und schlug sich selbst die Linke ab. Das setzte dem Aufruhr ein Ende.

174 Die Tiberienser aber erfuhren, während ich nach Tarichaeae zurückkehrte, mit welcher Kriegslist ich gegen sie vorgegangen war, und waren voll Bewunderung, dass ich ohne Blutvergießen ihrer Unvernunft ein Ende gesetzt hatte. **175** Ich aber ließ mir aus der Haft diejenigen kommen, die aus der Bevölkerung von Tiberias einsaßen – unter ihnen befanden sich Justus und sein Vater Pistos – und lud sie zu Tisch, und beim Essen sagte ich ihnen, auch ich wisse sehr wohl, dass die Macht der Römer alle anderen übertreffe; ich würde jedoch nicht von ihr sprechen wegen der Rebellen. **176** Auch ihnen empfahl ich, sich ebenso zu verhalten, während sie auf den rechten Moment warteten,[179] und gegen mich als Befehlshaber keinen Unwillen zu hegen: So leicht könnten sie keinen anderen erhalten, der ähnlich rücksichtsvoll zu ihnen sei. **177** Den Justus aber erinnerte ich auch daran,[180] dass vor meiner Ankunft aus Jerusalem[181] die Galiläer seinem Bruder die Hände abgeschlagen

---

[176] Vgl. den Bericht in B 2:639–641: Josephus lockt »unter stets neuen Vorwänden« ständig weitere Personengruppen auf die Boote, bis er schließlich 2600 Gefangene hat.

[177] D. h. nicht weniger zahlreich oder einflussreich.

[178] Vgl. Anm. 160.

[179] Vgl. Anm. 17 im Anhang.

[180] D. h. Josephus will Justus vor den Konsequenzen einer offen antirevolutionären Haltung warnen. Er gilt also bei den Tiberiensern als Aufständischer und will sich als heimlicher Anhänger einer Friedenslösung zu erkennen geben.

[181] COHEN 1979, 135 stellt die Vermutung an, Josephus begegne hier der Anschuldigung, an den in V 177f. erwähnten Gewalttaten beteiligt gewesen zu sein. Vgl. auch V 68 mit Anm. 91.

τἀδελφοῦ τὰς χεῖρας ἀποκόψειαν αὐτοῦ, πρὸ τοῦ πολέμου πλαστῶν αὐτῷ γραμμάτων κακουργίαν ἐπικαλέσαντες, καὶ ὅτι μετὰ τὴν ἀναχώρησιν τὴν Φιλίππου Γαμαλῖται²⁴¹ πρὸς Βαβυλωνίους στασιάζοντες ἀνέλοιεν Χάρητα, συγγενὴς δ᾽ ἦν οὗτος τοῦ Φιλίππου, **178** καὶ ὡς Ἰησοῦν τὸν ἀδελφὸν αὐτοῦ ἄνδρα τῆς ἀδελφῆς Ἰούστου ὡμοφρόνως²⁴² κολάσειαν. ταῦτα παρὰ τὴν ἑστίασιν διαλεχθεὶς τοῖς περὶ τὸν Ἰοῦστον ἕωθεν ἐκέλευσα πάντας τῆς φυλακῆς ἀπολυθῆναι.

179 Πρὸ δὲ τούτων συνέβη τὸν Ἰακίμου Φίλιππον ἀπελθεῖν ἐκ Γάμαλα τοῦ φρουρίου τοιαύτης αἰτίας γενομένης· **180** Φίλιππος πυθόμενος μεθεστάναι μὲν Οὖαρον ὑπὸ τοῦ βασιλέως Ἀγρίππα, διάδοχον δὲ ἀφῖχθαι Μόδιον Αἴκουον, ἄνδρα φίλον αὐτῷ καὶ συνήθη πάλαι, γράφει πρὸς τοῦτον τὰς καθ᾽ ἑαυτὸν τύχας ἀπαγγέλλων καὶ παρακαλῶν τὰ παρ᾽ αὐτοῦ πεμφθέντα γράμματα πρὸς τοὺς βασιλέας ἀποστεῖλαι. **181** καὶ Μόδιος δεξάμενος τὰς ἐπιστολὰς ἐχάρη σφόδρα, σώζεσθαι τὸν Φίλιππον ἐξ αὐτῶν ἐπιγνούς, καὶ πρὸς τοὺς βασιλέας ἔπεμψε τὰ γράμματα περὶ Βηρυτὸν ὄντας. **182** ὁ δὲ βασιλεὺς Ἀγρίππας ὡς ἔγνω ψευδῆ τὴν περὶ Φιλίππου φήμην γενομένην – λόγος γὰρ διῆλθεν, ὡς στρατηγοίη τῶν Ἰουδαίων ἐπὶ τὸν πρὸς Ῥωμαίους πόλεμον – ἔπεμψεν ἱππεῖς τοὺς παραπέμψοντας τὸν Φίλιππον. **183** καὶ παραγενόμενον ἀσπάζεταί τε φιλοφρόνως τοῖς τε Ῥωμαίων ἡγεμόσιν ἐπεδείκνυεν, ὅτι δὴ Φίλιππος οὗτός ἐστιν, περὶ οὗ διεξῄει λόγος ὡς Ῥωμαίων ἀποστάντος. κελεύει δ᾽ αὐτὸν ἱππεῖς τινας ἀναλαβόντα θᾶττον εἰς Γάμαλα τὸ φρούριον πορευθῆναι, τοὺς οἰκείους αὐτῷ πάντας ἐκεῖθεν ἐξάξοντα καὶ τοὺς Βαβυλωνίους εἰς τὴν Βαταναίαν πάλιν ἀποκα-

---

Fontes: **174–178** Iustus Tib.

P B R A M W

²⁴¹ Γαμαλίτου Hudson
²⁴² Naber; cf. Gross 1988, 6 : σωφρόνως PBAMW : σώφρονος RAᵐ : οὐ σωφρόνως Jost

hatten,[182] weil sie ihn schon vor dem Krieg des Betrugs mit gefälschten Schriftstücken angeklagt hatten, dass ferner nach der Abreise des Philippos die Leute von Gamala im Zwist mit den babylonischen (Juden)[183] Chares[184] ermordet hatten – der aber war ein Verwandter des Philippos –, **178** und wie sie Ješu, dessen Bruder und Schwager des Justus, grausam bestraft hatten. Als ich dieses den Leuten um Justus bei der Mahlzeit gesprächsweise vorgetragen hatte, gab ich am Morgen Anweisung, sie alle aus der Haft zu entlassen.

179–188 Rückblende: Rest der Episode um Philippos ben Jakim. Abfall Gamalas. Kriegsvorbereitungen des Josephus[185]

179 Zuvor aber war es passiert, dass Philippos ben Jakim aus der Festung Gamala abzog, aus folgender Ursache: **180** Philippos hatte erfahren, Varus sei von König Agrippa abgesetzt worden und als sein Nachfolger sei Modius Aequus[186] gekommen, ein Mann, der ihm schon lange befreundet und vertraut war; dem schrieb er eine Nachricht über sein eigenes Ergehen, mit der dringenden Bitte, die von ihm geschickten Briefe[187] dem Königspaar zuzustellen. **181** Als Modius diese Nachricht erhielt, freute er sich sehr, erfuhr er doch daraus, dass Philippos in Sicherheit war, und er schickte die Briefe zum Königspaar, das sich in der Gegend von Berytos aufhielt. **182** Als aber König Agrippa erfuhr, dass das Gerücht um Philippos falsch gewesen war – es hieß ja, er sei Feldherr der Juden im Kampf gegen die Römer –, schickte er Reiter, die Philippos geleiten sollten. **183** Nach seinem Eintreffen begrüßte er ihn freundlich und stellte ihn den Offizieren der Römer[188] vor: Dies sei der Philipp, von dem das Gerücht umgehe, er sei von den Römern abgefallen. Dann gab er ihm Anweisung, sich mit einigen Reitern schleunigst zur Festung Ga-

---

[182] Vgl. Anm. 160. Nach V 186 wurde der Bruder des Justus umgebracht; vgl. Schalit 1933, 81; Price 1991, 91.

[183] Vgl. Anm. 41 im Anhang.

[184] Vgl. aber B 4:18: Chares kämpft mit dem Gamaliten Josef gegen die Römer (an der Identität beider Personen ist mit Schalit 1968, 126 gegen Michel / B. 1963, 208 Anm. 17 festzuhalten). Dies könnte darauf hindeuten, dass die in V 177.186 erwähnten Gewalttaten auf Auseinandersetzungen innerhalb des aufständischen Lagers in Gamala herrührten. Vgl. dazu Price 1991, 93f. und Anm. 41 im Anhang.

[185] Zu V 179–185 vgl. V 46ff.

[186] In dieser Umstellung bedeutet der Name etwa »rechtes Maß«. Aequus Modius ist damit Kontrastfigur des Varus (etwa: »verbogen, verdreht«), dessen Namen Josephus für diesen ironischen Kontrast wohl eigens aus Noaros (so die Namensform in B) abgeändert hat. Mason 2000b.

[187] Nämlich die von Varus zurückgehaltenen Schreiben (V 53).

[188] Nämlich Cestius und seinem Stab (vgl. V 49; B 2:334), nicht Vespasian und Titus, wie Drexler 1925, 310 von V 407f her annimmt.

ταστήσοντα. **184** παρήγγειλε δὲ καὶ πᾶσαν ποιήσασθαι πρόνοιαν ὑπὲρ τοῦ μὴ γενέσθαι τινὰ νεωτερισμὸν παρὰ τῶν ὑπηκόων. Φίλιππος μὲν οὖν ταῦτα τοῦ βασιλέως ἐπιστείλαντος ἔσπευδε ποιήσων ἃ προσέταξεν.

185 Ἰώσηπος δέ[243] τις Ἰαίρου παῖς[244] πολλοὺς νεανίσκους θρασεῖς προτρεψάμενος αὐτῷ συνάρασθαι καὶ ἐπαναστὰς τοῖς ἐν Γάμαλα πρώτοις ἔπειθεν αὐτοὺς ἀφίστασθαι τοῦ βασιλέως καὶ ἀναλαβεῖν τὰ ὅπλα ὡς διὰ τούτων τὴν ἐλευθερίαν ἀποληψομένους. καί τινας μὲν ἐβιάσαντο, τοὺς δὲ μὴ συναρεσκομένους αὐτῶν ταῖς γνώμαις ἀνῄρουν. **186** κτείνουσι δὲ καὶ Χάρητα, καὶ μετ' αὐτοῦ τινα τῶν συγγενῶν Ἰησοῦν· καὶ Ἰούστου δὲ τοῦ Τιβεριέως ἀδελφὸν[245] ἀνεῖλον, καθὼς ἤδη προείπομεν. γράφουσι δὲ καὶ[246] πρός με παρακαλοῦντες πέμψαι καὶ δύναμιν αὐτοῖς ὁπλιτῶν καὶ τοὺς ἀναστήσοντας αὐτῶν τῇ πόλει τείχη.[247] κἀγὼ πρὸς οὐδέτερον ἀντεῖπον ὧν ἠξίωσαν. **187** ἀφίσταται δὲ τοῦ βασιλέως καὶ ἡ Γαυλανῖτις χώρα μέχρι κώμης Σολύμης. Σελευκείᾳ δὲ καὶ Σωγάνῃ, φύσει κώμαις ὀχυρωτάταις, ᾠκοδόμησα τείχη, τάς τε κατὰ τὴν ἄνω Γαλιλαίαν κώμας καὶ πάνυ πετρώδεις οὔσας ἐτείχισα παραπλησίως. **188** ὀνόματα δ' αὐταῖς Ἰάμνεια, Ἀμηρώθ, Ἀχαράβη. ὠχύρωσα δὲ καὶ τὰς ἐν τῇ κάτω Γαλιλαίᾳ, πόλεις μὲν Ταριχαίας, Τιβεριάδα, Σέπφωριν, κώμας δὲ Ἀρβήλων[248] σπήλαιον, Βηρσουβαί, Σελάμην,[249] Ἰωτάπατα, Καφαρὰθ †κωμοσ†, Σωγαναί,[250] Ἰαφα[251] καὶ τὸ Ἰταβύριον ὄρος. εἰς ταύτας καὶ σῖτον ἀπεθέμην πολὺν καὶ ὅπλα πρὸς ἀσφάλειαν τὴν μετὰ ταῦτα.

Iosephus: **187** B 2:573 · **188** B 2:573–574 (locorum nomina in manuscriptis magna ex parte corrupta vel incerta; cf. OEHLER 1905, 41; SCHLATTER 1913, 23.68.70.73.82; SCHALIT 1968, 57.73.77; BAR-KOCHVA 1974; MÖLLER-SCHMITT 1976, 12.98–99. 125–126.180–183; BARAG 1981, 391–395; GROSS 1988, 116)

P B R A M W

[243] δὲ codd. : δ' ὁ NABER
[244] SCHLATTER 1913, 53; cf. SCHALIT 1968, 56 : τῆς ἰατρίνης PA : ἰατρηνῆς BR : τῆς ἰατρικῆς (ἰατρίκης W) MW : τῆς ἰατρικῆς τέχνης HAEFELI 1925, 90
[245] ἀδελφὴν BA[1]
[246] om. RAMW
[247] τὰ τείχη R
[248] ἀρβηλῶ B
[249] ἐλάμην B : σέλαμιν WA[1]
[250] σογάναι B : σωγανανι A[1] (σωγανανά A[2]) : σογαμαναί M : σωγαμαναί W : om. R : Σωγαναῖας? (cf. V 266)
[251] παφα codd.

mala zu begeben, um all seine Leute dort herauszuholen und die »Babylonier« wieder nach »Batanaia« zurückzubringen. **184** Außerdem trug er ihm auf, mit aller Umsicht dafür zu sorgen, dass unter den Untertanen kein Aufstand entstünde. So eilte Philippos nach Empfang dieser Anweisung los, um das Befohlene auszuführen.

185 Ein gewisser Josef, Sohn des Ja'ir, hatte viele waghalsige junge Männer angefeuert, mit ihm gemeinsame Sache zu machen; er erhob sich gegen die Vorsteher von Gamala und beredete sie, vom König abzufallen und die Waffen zu ergreifen, um mit diesen die Freiheit zu erlangen. Einige zwangen sie sogar; die aber, die mit ihnen nicht einer Meinung waren, töteten sie. **186** So töteten sie schließlich auch Chares; mit ihm einen seiner Verwandten, Ješu, und einen Bruder des Justus von Tiberias, wie schon gesagt.[189] An mich aber schrieben sie die Bitte, ihnen erstens eine Abteilung Soldaten zu schicken und zweitens Leute zum Wiederaufbau der Mauern ihrer Stadt. Keiner der beiden Anfragen widersetzte ich mich. **187** Es fiel aber vom König auch die Gaulanitis ab bis zum Dorf Šalem. Für Seleukia und Sogane, Dörfer, die von Natur sehr gut befestigt waren, ließ ich Mauern errichten und die Dörfer Obergaliläas,[190] und zwar auf völlig felsigem Grund gelegene, auf ähnliche Weise mit Mauern befestigen; **188** ihre Namen sind: Jabnit, Ha-Merot und ʿAchbare. In Untergaliläa habe ich befestigen lassen an Städten Tarichaeae, Tiberias und Sepphoris, an Dörfern die »Höhle von Arbela«, Beʾer-Šabeʿ, Selame, Jotafat, Kafarat Komos (?), Sochanai, Jafa und den Berg Tabor. Überall dort ließ ich sowohl Getreide in Mengen einlagern als auch Waffen zur Sicherheit in der nächsten Zeit.[191]

---

[189] Vgl. V. 177f. Vom Bruder (ILAN 1999, 89–91: Schwester!) des Justus heißt es dort freilich, die Galiläer (nicht die Gamaliter) hätten ihm die Hände abgeschlagen. Ješu war nach V 177f. näherhin ein Bruder des Chares (als solcher ebenfalls mit Philippos verwandt) und Schwager des Justus; vgl. PRICE 1991, 91.

[190] Vgl. Anm. 94.

[191] Vgl. Anm. 18 im Anhang.

189 Ἰωάννῃ δὲ τῷ τοῦ Ληουεῖ τὸ κατ' ἐμοῦ μῖσος²⁵² προσηύξετο βαρέως φέροντι τὴν ἐμὴν εὐπραγίαν. προθέμενος οὖν πάντως ἐκποδών με ποιήσασθαι τῇ μὲν αὐτοῦ πατρίδι τοῖς Γισχάλοις κατασκευάζει τείχη, 190 τὸν ἀδελφὸν δὲ Σίμωνα καὶ τὸν τοῦ Σισέννα Ἰωνάθην μετὰ²⁵³ ὁπλιτῶν²⁵⁴ περὶ ἑκατὸν εἰς Ἱεροσόλυμα πέμπει πρὸς τὸν τοῦ Γαμαλιήλου Σίμωνα, παρακαλέσοντας αὐτὸν πεῖσαι τὸ κοινὸν τῶν Ἱεροσολυμιτῶν τὴν ἀρχὴν ἀφελομένους ἐμὲ τῶν Γαλιλαίων, αὐτῷ ψηφίσασθαι τὴν ἐξουσίαν τούτων. 191 ὁ δὲ Σίμων οὗτος ἦν πόλεως μὲν Ἱεροσολύμων, γένους δὲ σφόδρα λαμπροῦ, τῆς δὲ Φαρισαίων αἱρέσεως, οἳ περὶ τὰ πάτρια νόμιμα δοκοῦσιν τῶν ἄλλων ἀκριβείᾳ διαφέρειν. 192 ἦν δ' οὗτος ἀνὴρ πλήρης συνέσεως²⁵⁵ καὶ λογισμοῦ δυνάμενός τε πράγματα κακῶς κείμενα φρονήσει τῇ ἑαυτοῦ διορθώσασθαι, φίλος τε πάλαι²⁵⁶ τῷ Ἰωάννῃ καὶ συνήθης· πρὸς ἐμὲ δὲ τότε διαφόρως εἶχεν. 193 δεξάμενος οὖν τὴν παράκλησιν ἔπειθεν τοὺς ἀρχιερεῖς Ἄνανον καὶ Ἰησοῦν τὸν τοῦ Γαμαλᾶ τινάς τε τῶν τῆς αὐτῆς²⁵⁷ στάσεως ἐκείνοις²⁵⁸ ἐκκόπτειν με φυόμενον καὶ μὴ περιιδεῖν ἐπὶ μήκιστον αὐξηθέντα δόξης, συνοίσειν αὐτοῖς λέγων, εἰ τῆς Γαλιλαίας ἀφαιρεθείην. μὴ μέλλειν δὲ παρεκάλει τοὺς περὶ τὸν Ἄνανον,²⁵⁹ μὴ καὶ φθάσας γνῶναι μετὰ πολλῆς ἐπέλθω τῇ πόλει δυνάμεως. 194 ὁ μὲν Σίμων ταῦτα συνεβούλευεν· ὁ δὲ ἀρχιερεὺς Ἄνανος οὐ ῥάδιον εἶναι τὸ ἔργον ἀπέφαινεν· πολλοὺς γὰρ τῶν ἀρχιερέων καὶ τοῦ²⁶⁰ πλήθους προεστῶτας μαρτυρεῖν, ὅτι καλῶς ἐγὼ στρατηγῶ· ποιεῖσθαι δὲ κατηγορίαν ἀνδρός, καθ' οὗ μηδὲν λέγειν δύνανται δίκαιον,²⁶¹ φαύλων²⁶² ἔργον εἶναι.

Iosephus: **189** B 2:573.575.626 · **190** B 2:626 · **193** B 2:627

P B R A M W

²⁵² μᾶλλον add. RAMW
²⁵³ om. PRAMW
²⁵⁴ ὁπλίτας RMW : καὶ ὁπλίτας ed. pr.
²⁵⁵ συνέσεώς τε Bekker
²⁵⁶ Hansen 1998, 153 : παλαιὸς PBRA : om. MW
²⁵⁷ Bekker : αὐτῶν codd. (αὐτοῦ R¹)
²⁵⁸ ἐκείνους P : ἐκεῖνον AMW : Σαδδουκαίους Schlatter 1913, 93 et 1932, 196
²⁵⁹ καὶ ἰησοῦ τὸν τοῦ γάμαλα add. MW; cf. Cohen 1979, 225
²⁶⁰ τοὺς τοῦ Herwerden
²⁶¹ δίκαιον δύνανται transp. RAMW : δίκαιον (om. ed. pr.) delendum? cf. Schrekkenberg 1977, 156
²⁶² φαῦλον BMW

189–207 Johanan von Giš-Ḥalab versucht, Josephus zu verdrängen

189 Johanan ben Levi aber steigerte sich in einen Hass gegen mich; denn er ertrug nicht meinen Erfolg.[192] In der Absicht, mich um jeden Preis aus dem Weg zu schaffen, versah er seine Heimatstadt Giš-Ḥalab mit Mauern;[193] **190** seinen Bruder Šimʿon aber und Jonatan, Sohn des Sisenna, schickte er mit etwa hundert Bewaffneten nach Jerusalem zu Šimʿon ben Gamaliel, sie sollten ihn bitten, die Bürgerschaft der Jerusalemer zu bereden, mir den Oberbefehl über die Galiläer abzunehmen und ihm die Befehlsgewalt über sie zuzuerkennen.[194] **191** Dieser Šimʿon[195] war aus der Stadt Jerusalem, aus sehr angesehenem Geschlecht, ferner aus der Richtung der Pharisäer, die in dem Ruf stehen, sich vor den anderen durch Genauigkeit[196] im Beachten der väterlichen Gesetze[197] auszuzeichnen. **192** Er war ein Mann voll Einsicht und Verstandeskraft, fähig, mit seiner Bedachtsamkeit eine verfahrene Sache wieder in Ordnung zu bringen, ein alter Freund und Vertrauter des Johanan; mit mir war er jedoch damals uneins. **193** Er nun nahm ihre Bitte auf und beredete die Hohenpriester Ḥanan und Ješu ben Gamala und einige ihrer Parteigänger, mich (sozusagen) im Wuchs abzusägen und nicht mit anzusehen, dass ich auf den Gipfel des Ruhmes gelangt sei: Es liege in ihrem Interesse, so sagte er, wenn ich (den Befehl über) Galiläa verlöre. Man dürfe nicht zögern – bat er Ḥanan und seine Leute –, damit ich nicht, vorzeitig informiert, mit großer Kriegsmacht über die Stadt herfiele.[198] **194** Dies war der Rat des Šimʿon; der Hohepriester Ḥanan jedoch legte dar, die Sache sei nicht leicht: Viele von den Hohenpriestern und Vorstehern des Volkes würden bezeugen, dass ich ein guter Feldherr sci; einen Mann jedoch anzuklagen, gegen den sie nichts Stichhaltiges vorbringen könnten, sei das Werk von Schurken.

---

[192] In B erwähnt Josephus die Affäre um die Jerusalemer Gesandtschaft nur in dem kurzen Passus B 2:626–631; der Bericht der *Vita* (V 189–335) umfasst dagegen mehr als ein Drittel der gesamten Schrift. Da sich Josephus daran anschließend direkt an Justus von Tiberias wendet (V 336–367), wurde angenommen, dass er in V 189–335 besonders auf Anschuldigungen des Justus reagiere (Vgl. COHEN 1979, 125; RAJAK 1983, 152–154; MASON 1991, 357f.). Die breite Ausgestaltung von B 2:626–631 in V 189–335 verdankt sich jedoch nach MASON 1998a eher den Konventionen literarischer Rhetorik als einer realen Anklagesituation; vgl. Anm. 26 im Anhang.

[193] Nach V 45 hat Johanan dagegen die Stadt befestigt, um sich künftig gegen Angriffe von Seiten heidnischer Nachbarstädte zu schützen.

[194] Davon ist sonst nicht mehr die Rede. Die Jerusalemer Emissäre versuchen vielmehr, selbst in Galiläa Fuß zu fassen (V 267. 271. 278. 287. 324); vgl. COHEN 1979, 225f.

[195] Vgl. Anm. 24 im Anhang.

[196] Vgl. B 1:110; 2:162; A 17:41.

[197] Vgl. Anm. 154.

[198] Vgl. B 2:626 und Vogel 1999, 77–79.

195 Σίμων δ' ὡς ἤκουσεν ταῦτα παρὰ τοῦ Ἀνάνου, σιωπᾶν μὲν ἐκείνους ἠξίωσεν μηδ' εἰς πολλοὺς ἐκφέρειν τοὺς λόγους αὐτῶν· προνοήσεσθαι²⁶³ γὰρ αὐτὸς ἔφασκεν, ἵνα θᾶττον μετασταθείην ἐκ τῆς Γαλιλαίας. προσκαλεσάμενος δὲ τὸν ἀδελφὸν τοῦ Ἰωάννου προσέταξεν πέμπειν δωρεὰς τοῖς περὶ τὸν Ἄνανον· τάχα γὰρ οὕτως ἔφη πείσειν αὐτοὺς μεταθέσθαι τὰς γνώμας. 196 καὶ τέλος ἔπραξεν ὁ Σίμων ὃ προὔθετο· ὁ γὰρ Ἄνανος καὶ οἱ σὺν αὐτῷ τοῖς χρήμασιν διαφθαρέντες συντίθενται τῆς Γαλιλαίας ἐκβαλεῖν με μηδενὸς ἄλλου τῶν²⁶⁴ κατὰ τὴν πόλιν τοῦτο γινώσκοντος. καὶ δὴ ἔδοξεν αὐτοῖς πέμπειν ἄνδρας κατὰ γένος μὲν διαφέροντας, τῇ παιδείᾳ δ' ὁμοίους. 197 ἦσαν δ' αὐτῶν οἱ μὲν δημοτικοὶ δύο,²⁶⁵ Ἰωνάθης καὶ Ἀνανίας Φαρισαῖοι τὴν αἵρεσιν, ὁ δὲ τρίτος *Ἰωάζαρος*²⁶⁶ ἱερατικοῦ γένους, Φαρισαῖος καὶ αὐτός· Σίμων δ' ἐξ ἀρχιερέων νεώτατος²⁶⁷ ἐκείνων.²⁶⁸ 198 τούτους ἐκέλευον ἀφικομένους εἰς τὸ πλῆθος τῶν Γαλιλαίων πυθέσθαι παρ' αὐτῶν τὴν αἰτίαν, δι' ἣν ἐμὲ φιλοῦσιν· εἰ δὲ φαῖεν, ὅτι πόλεως εἴην τῆς Ἱεροσολύμων, καὶ αὐτοὺς ἐξ ἐκείνων λέγειν ὑπάρχειν τοὺς τέσσαρας, εἰ δὲ²⁶⁹ διὰ τὴν ἐμπειρίαν τῶν νόμων, μηδ' αὐτοὺς ἀγνοεῖν ἔθη τὰ πάτρια φάσκειν, εἰ δ' αὖ διὰ τὴν ἱερωσύνην λέγοιεν ἀγαπᾶν με, καὶ αὐτῶν ἀποκρίνεσθαι δύο ἱερεῖς ὑπάρχειν.

199 Ταῦθ' ὑποθέμενοι τοῖς περὶ τὸν Ἰωνάθην τέσσαρας μυριάδας ἀργυρίου διδόασιν αὐτοῖς ἐκ τῶν δημοσίων χρημάτων. 200 ἐπεὶ δέ τινα Γαλιλαῖον ἤκουσαν, Ἰησοῦν ὄνομα, περὶ αὐτὸν τάξιν ἑξακοσίων ὁπλιτῶν ἔχειν, ἐπιδημοῦντα τοῖς Ἱεροσολύμοις, τότε μεταπεμψάμενοι τοῦτον καὶ τριῶν μηνῶν μισθὸν δόντες ἐκέλευον ἕπεσθαι τοῖς περὶ τὸν Ἰωνάθην πειθαρχοῦντα αὐτοῖς· καὶ τῶν πολιτῶν δὲ τριακοσίοις ἀνδράσιν δόντες ἀργύριον εἰς τροφὴν τῶν ὅλων²⁷⁰ προσέταξαν ἀκολουθεῖν τοῖς πρέσβεσιν.

Iosephus: **196** B 2:627 · **197** B 2:628 · **222** B 2:628

P B R A M W

²⁶³ προνοήσασθαι PRAMW; cf. Gross 1988, 6
²⁶⁴ τοῦ (pro του?) B   ²⁶⁵ δύο δημοτικοί R
²⁶⁶ Ἰόζαρος Gelenius : γόζορος PBRA : γόζαρος MW; cf. Schlatter 1913, 54.60; Jeremias 1962, 266; Cohen 1979, 224; Ilan / Price 1994, 189–208; cf. V 324
²⁶⁷ νεώτερος Niese vol. III, p. LXVI
²⁶⁸ Eisler I (1929), 269 proposuit οἱ μὲν δημοτικοὶ δύο, Φαρισαῖοι τὴν αἵρεσιν, Ἰούδας Ἰωνάθου καὶ Ἰώζαρος, ὁ δὲ τρίτος Ἀνανίας ἱερατικοῦ γένους, Σίμων δ' ἐξ ἀρχιερέων νεώτατος ἐκείνων, Φαρισαῖος καὶ αὐτός
²⁶⁹ δ' αὖ R   ²⁷⁰ μεθ' ὅπλων Holwerda : τὸ ὅλον ?

195 Als Šimʿon dies von Ḥanan zu hören bekam, bat er jene[199] Still-
schweigen zu bewahren[200] und ihre Überlegungen nicht unter die Leute zu
bringen; er werde nun selbst dafür Sorge tragen, setzte er hinzu, dass ich
schleunigst aus Galiläa abberufen werde. Er ließ den Bruder Johanans kommen und wies ihn an, den Leuten um Ḥanan Geschenke zu schicken: So,
sagte er, werde er sie rasch dazu bringen, ihre Meinung zu ändern.
196 Schließlich erreichte Šimʿon, was er vorhatte: Ḥanan und sein Kreis, vom
Geld bestochen, einigten sich, mich aus Galiläa zu entfernen, ohne dass sonst
jemand in der Stadt dies erführe. Sie beschlossen also, Männer zu schicken
von besonderer Herkunft und ebensolcher Bildung. **197** Von diesen waren
zwei Laien, Jonatan und Ḥananja, den Pharisäern zugehörig, der dritte,
Joʿazar, aus priesterlichem Geschlecht, gleichfalls Pharisäer, Šimʿon schließlich, von den Hohepriestern, der Jüngste von ihnen. **198** Diesen gaben sie den
Auftrag, sich in die Volksversammlung der Galiläer zu begeben und von ihr
zu erfragen, warum ich bei ihnen (so) beliebt sei: Würden sie sagen: weil ich
aus der Stadt Jerusalem käme, sollten die Vier antworten, auch sie seien von
dort; würde es heißen: wegen der Kenntnis der Gesetze, sollten sie sagen,
auch sie seien mit den überkommenen Sitten bestens vertraut; würden sie
jedoch sagen, sie schätzten mich meiner Priesterwürde wegen, (sollten sie
antworten,) auch von ihnen seien zwei Priester.[201]
199 Nach dieser Anweisung gaben sie den Leuten um Jonatan vierzigtau-
send Silbermünzen aus öffentlichen Mitteln. **200** Nachdem ihnen noch zu
Ohren gekommen war, ein Galiläer namens Ješu, der eine Truppe von sechshundert Bewaffneten bei sich habe, halte sich in Jerusalem auf, ließen sie ihn

---

[199] D. h. die Gesandten des Johanan (V 190).

[200] Vgl. dazu Mason 1991, 368: Hat Josephus die anfänglichen Parteinahme Ḥanans
erfunden und sich mit der Behauptung, dass in Jerusalem niemand sonst etwas
davon wusste, gegen den möglichen Einwand abgesichert, dass die Jerusalemer
Führung in Wahrheit geschlossen gegen Josephus vorging?

[201] D. h. die Jerusalemer Führung muss eine vierköpfige Delegation aufbieten, um
die Vorzüge aufzuwiegen, die Josephus in sich vereint. Auffällig an diesem indi-
rekten Selbstlob ist, dass von der Zugehörigkeit des Josephus zu den Pharisäern
nicht die Rede ist, obwohl drei der vier Delegationsmitglieder Pharisäer sind, sie
also auch in dieser Hinsicht ein passabler Ersatz für Josephus wären. Mason
1991, 338 sieht hierin ein weiteres Indiz dafür, dass V 12 nicht im Sinne einer
regelrechten Zugehörigkeit des Josephus zu den Pharisäern verstanden werden
kann. Die Stelle kann auch als Hinweis darauf gewertet werden, dass der Pharisäismus keinen Rückhalt in der galiläischen (Land-)Bevölkerung hatte (Cohen
1979, 226; Freyne 1980a, 280f. 310. 319; Baumbach 1997, 38). Zur Konzentra-
tion des Pharisäismus auf die Städte, besonders Jerusalem, vgl. Neusner 1970, 53;
Schürer 1979, 398 Anm. 59; Baumbach 1997 19. Malinowski 1980 sieht in V
196–198 einen Beleg für die Orientierung des galiläischen Judentums an Tora,
Priestertum und Tempel; vgl. dazu Freyne 1980a, 257–343.

201 Πεισθέντων οὖν αὐτῶν καὶ πρὸς τὴν ἔξοδον εὐτρεπισθέντων ἐξήεσαν οἱ περὶ τὸν Ἰωνάθην σὺν τούτοις ἐπαγόμενοι καὶ τὸν ἀδελφὸν τοῦ²⁷¹ Ἰωάννου καὶ ὁπλίτας ἑκατόν, **202** λαβόντες ἐντολὰς παρὰ τῶν πεμψάντων, εἰ μὲν ἑκὼν καταθείμην τὰ ὅπλα, ζῶντα πέμπειν εἰς τὴν²⁷² Ἱεροσολυμιτῶν πόλιν, εἰ δ' ἀντιτασσοίμην, ἀποκτεῖναι μηδὲν δεδιότας· αὐτῶν γὰρ εἶναι τὸ πρόσταγμα. **203** ἐγεγράφεισαν δὲ καὶ τῷ Ἰωάννῃ πρὸς τὸν κατ' ἐμοῦ πόλεμον ἑτοιμάζεσθαι, τοῖς τε Σέπφωριν καὶ Γάβαρα κατοικοῦσιν καὶ Τιβεριεῦσιν προσέταττον συμμαχίαν τῷ Ἰωάννῃ πέμπειν.

204 Ταῦτά μοι τοῦ πατρὸς γράψαντος – ἐξεῖπε δὲ πρὸς αὐτὸν Ἰησοῦς ὁ τοῦ Γαμαλᾶ τῶν ἐν αὐτῇ τῇ βουλῇ γενομένων εἷς, φίλος ὢν καὶ συνήθης ἐμοί – σφόδρα περιήλγησα, τούς τε πολίτας οὕτως περὶ ἐμὲ γενομένους ἀχαρίστους ἐπιγνοὺς ὡς²⁷³ διὰ φθόνον ἀναιρεθῆναί με προστάξαι, καὶ τῷ τὸν πατέρα διὰ τῶν γραμμάτων πολλά με παρακαλεῖν ἀφικέσθαι πρὸς αὐτόν· ποθεῖν γὰρ ἔφη θεάσασθαι τὸν υἱὸν πρὸ τοῦ τελευτῆσαι. **205** ταῦτα δὴ πρὸς τοὺς φίλους εἶπον καὶ ὅτι μετὰ τρίτην ἡμέραν καταλιπὼν τὴν χώραν αὐτῶν εἰς τὴν πατρίδα πορευσοίμην. λύπη δ' ἅπαντας τοὺς *κακούσαντας*²⁷⁴ κατέσχε παρεκάλουν τε κλαίοντες μὴ ἐγκαταλιπεῖν αὐτοὺς ἀπολουμένους εἰ τῆς ἐμῆς στρατηγίας ἀποστερηθεῖεν. **206** οὐ κατανεύοντος δέ μου ταῖς ἱκετείαις αὐτῶν, ἀλλὰ περὶ τῆς ἐμαυτοῦ φροντίζοντος σωτηρίας, δείσαντες οἱ Γαλιλαῖοι, μὴ ἀπελθόντος εὐκαταφρόνητοι τοῖς λῃσταῖς γένοιντο, πέμπουσιν εἰς τὴν Γαλιλαίαν ἅπασαν τοὺς σημανοῦντας τὴν ἐμὴν γνώμην περὶ τῆς ἀπαλλαγῆς. **207** πολλοὶ δὲ καὶ πανταχόθεν συνήχθησαν, ὡς ἤκουσαν, μετὰ γυναικῶν καὶ τέκνων, οὐ πόθῳ, δοκεῖ²⁷⁵ μοι, τῷ πρὸς ἐμὲ μᾶλλον ἢ τῷ περὶ αὐτῶν²⁷⁶ δέει τοῦτο πράττοντες· ἐμοῦ γὰρ παραμένοντος πείσεσθαι κακὸν οὐδὲν ὑπελάμβανον. ἧκον οὖν πάντες εἰς τὸ μέγα πεδίον, ἐν ᾧ διέτριβον· Ἀσωχίς ἐστιν ὄνομα αὐτῷ.²⁷⁷

Iosephus: 203s. B 2:629

P B R A M W

²⁷¹ τὸν ed. pr.
²⁷² τὴν τῶν A
²⁷³ ins. Hansen 1998, 153
²⁷⁴ Niese : κακουσοντας P : ἀκούσαντας BR : ἀκούσαντα A : ἀκούοντας MW
²⁷⁵ δοκῶ PBAMW; cf. Hansen 1998, 151
²⁷⁶ ἑαυτῶν B: αὐτῶν PA¹MW : αὐτὸν R
²⁷⁷ τούτῳ RAMW

kommen, gaben ihm Sold für drei Monate und trugen ihm auf, Jonatan und seinen Leuten zu folgen, unter ihrem Befehl; dreihundert Bürgern aber gaben sie gleichfalls Geld für die Verpflegung des Ganzen und wiesen sie an, die Gesandten zu begleiten.

201 Als diese sich bereit erklärt und zur Abreise fertiggemacht hatten, zog die Gruppe Jonatans mit ihnen aus und nahm noch den Bruder Johanans mit sowie hundert Bewaffnete,[202] **202** nachdem sie von denen, die sie entsandten, folgende Anweisungen erhalten hatten: Würde ich die Waffen freiwillig niederlegen, sollten sie mich lebend nach Jerusalem überstellen; würde ich mich jedoch widersetzen, sollten sie mich ohne Bedenken töten: von ihnen komme ja der Befehl. **203** Sie hatten aber auch Johanan geschrieben, er solle sich zum Kampf gegen mich rüsten; den Bewohnern von Sepphoris und 'Arab aber sowie denen von Tiberias[203] befahlen sie, Johanan Truppenverstärkung zu schicken.

204 Als dies mir mein Vater geschrieben hatte – Ješu ben Gamala hatte es ihm hinterbracht, einer derer, die in jener Beratung dabei gewesen waren, ein guter Freund von mir, tat es mir äußerst weh zu erfahren, dass die Bürger (Jerusalems) mir gegenüber so undankbar geworden waren, dass sie aus Neid mich zu töten befohlen hätten; ferner, dass mein Vater mich inständig bat, zu ihm zu kommen: er begehre, vor seinem Tod seinen Sohn noch einmal zu sehen. **205** Dies legte ich nun meinen Freunden dar, und dass ich nach drei Tagen ihr Land verlassen und in meine Heimat aufbrechen werde. Trauer befiel alle,[204] die das auch nur hörten, und sie baten mich unter Tränen, ich solle sie nicht verlassen: Ihnen sei der Untergang sicher, wenn sie meiner Führung beraubt würden. **206** Da ich nun ihren Bittgesuchen nicht nachgab, sondern es darauf anlegte, mich selbst zu retten, bekamen die Galiläer Angst, sie könnten nach meiner Abreise von den Banditen nicht mehr ernst genommen werden;[205] so schickten sie in ganz Galiläa Boten herum, die meine Absicht wegzugehen bekannt machen sollten. **207** Zahlreich und von überall her kamen sie auf diese Kunde hin geströmt, mit Frauen und Kindern – mir scheint, weniger aus Liebe zu mir als aus Angst um sich selber: solange ich bliebe, glaubten sie nichts Böses zu erfahren. So kamen sie alle in die Große Ebene, wo ich mich aufhielt; sie heißt Šohin.

---

[202] Also eine Gruppe von insgesamt 1000 (anders B 2:628: 2500) Mann.
[203] Vgl. B 2:629.
[204] Vgl. B 3:193–204 (Kontext in B ist die Belagerung Jotafats).
[205] Vgl. Anm. 10 im Anhang. Gemeint ist wohl: Die Galiläer fürchteten, den Banditen zur leichten Beute zu werden.

208 Θαυμάσιον δ'²⁷⁸ οἷον ὄνειρον διὰ τῆς νυκτὸς ἐκείνης ἐθεασάμην·²⁷⁹ ἐπεὶ γὰρ εἰς κοίτην ἐτραπόμην διὰ τὰ γραφέντα λυπούμενος καὶ τεταραγμένος, ἔδοξά τινα λέγειν ἐπιστάντα μοι, **209** »παῦσαι τὴν ψυχήν, ὦ οὗτος, ἀλγῶν, παντὸς δ' ἀπαλλάσσου φόβου· τὰ γὰρ λυποῦντά σε μέγιστον ποιήσει καὶ ἐν πᾶσιν εὐτυχέστατον, κατορθώσεις δ' οὐ μόνον ταῦτα, ἀλλὰ καὶ πολλὰ ἕτερα. μὴ κάμνε δή, μέμνησο δ' ὅτι καὶ²⁸⁰ Ῥωμαίοις δεῖ σε πολεμῆσαι.« **210** τοῦτον δὲ τὸν ὄνειρον θεασάμενος διανίσταμαι καταβῆναι προθυμούμενος εἰς τὸ πεδίον. πρὸς δὲ τὴν ἐμὴν ὄψιν πᾶν τὸ πλῆθος τῶν Γαλιλαίων – ἦσαν δ' ἐν αὐτοῖς γυναῖκές τε καὶ παῖδες – ἐπὶ στόμα ῥίψαντες ἑαυτοὺς καὶ δακρύοντες ἱκέτευον μὴ σφᾶς ἐγκαταλιπεῖν τοῖς πολεμίοις, μηδ' ἀπελθεῖν ἐάσαντα τὴν χώραν αὐτῶν ἐνύβρισμα τοῖς ἐχθροῖς ἐσομένην. **211** ὡς δὲ ταῖς δεήσεσιν οὐκ ἔπειθον, κατηνάγκαζον ὅρκοις μένειν παρ' ἑαυτοῖς· ἐλοιδοροῦντό τε τῷ δήμῳ πολλὰ τῶν Ἱεροσολυμιτῶν ὡς εἰρηνεύεσθαι τὴν χώραν αὐτῶν οὐκ ἐῶντι.

212 Ταῦτα δὴ καὶ ἐπακούων αὐτῶν καὶ βλέπων τοῦ πλήθους τὴν κατήφειαν ἐκλάσθην πρὸς ἔλεον, ἄξιον εἶναι νομίζων ὑπὲρ τοσούτου πλήθους καὶ προδήλους κινδύνους ὑπομένειν. κατανεύω δὴ μένειν, καὶ πεντακισχιλίους ἐξ αὐτῶν ὁπλίτας ἥκειν κελεύσας ἔχοντας ἑαυτοῖς τροφὰς ἐπὶ τὰς οἰκήσεις διαφῆκα τοὺς ἄλλους. **213** ἐπεὶ δὲ οἱ πεντακισχίλιοι παρεγένοντο, τούτους ἀναλαβὼν καὶ τρισχιλίους τοὺς σὺν ἐμαυτῷ στρατιώτας, ἱππεῖς δ' ὀγδοήκοντα, τὴν πορείαν εἰς Χαβωλὼ²⁸¹ κώμην, Πτολεμαΐδος μεθόριον οὖσαν, ἐποιησάμην· κἀκεῖ τὰς δυνάμεις συνεῖχον ἑτοιμάζεσθαι σκηπτόμενος ἐπὶ τὸν πρὸς Πλάκιδον πόλεμον. **214** ἀφίκετο δ' οὗτος μετὰ δύο σπειρῶν πεζοῦ στρατεύματος καὶ ἱππέων ἴλης μιᾶς ὑπὸ Κεστίου Γάλλου πεμφθείς, ἵν' ἐμπρήσῃ τὰς κώμας τῶν

PBRAMW

²⁷⁸ δὲ in rasura A : om. PMW : R vid. not. seq.
²⁷⁹ διὰ δὲ τῆς νυκτὸς ἐκείνης θαυμάσιον οἷον ὄνειρον ἐθεασάμην R
²⁸⁰ secl. Herwerden
²⁸¹ χαβωλῶ M : χαβώλων A : χάβολα B : γαμαλῶν R

208–215 Josephus empfängt im Traum die Weisung zu bleiben

208 Eine wunderbare Art von Traum schaute ich in jener Nacht:[206] Ich hatte mich zu Bett gelegt, traurig über den Brief und aufgewühlt; da schien jemand über mir zu stehen zu kommen und zu sprechen: **209** »Vergiss deine Seelenpein, mein Lieber; entledige dich aller Furcht: was dich bekümmert, wird dich sehr groß machen und zum allerglücklichsten Menschen; du wirst nicht nur das meistern, sondern noch vieles andere mehr. Gib nur nicht auf! Denke daran, dass du auch gegen die Römer wirst kämpfen müssen.« **210** Nachdem ich diesen Traum geschaut hatte, stand ich auf und wollte in die Ebene hinuntergehen. Doch bei meinem Anblick fiel die ganze Menge der Galiläer – unter ihnen waren auch Frauen und Kinder – aufs Gesicht nieder und bat mich unter Tränen, sie nicht den Feinden zu überlassen und nicht fortzugehen, was ja hieße, dass ihr Land ein Tummelplatz der Willkür ihrer Feinde werden würde. **211** Als ich ihren Bitten (immer noch) nicht gehorchte, versuchten sie, mich unter Schwüren zu nötigen, bei ihnen zu bleiben; vielfach verwünschten sie die Bürgerschaft Jerusalems, als ob sie ihrem Land den Frieden nicht gönnte.

212 Als ich dies von ihnen zu hören bekam und die Niedergeschlagenheit der Menge sah, ließ ich mich zum Mitleid rühren; ich hielt es für geboten, einer solchen Menge zuliebe auch akute Gefahren auszuhalten. Da versprach ich also zu bleiben, und nachdem ich angeordnet hatte, dass fünftausend Bewaffnete[207] aus ihrer Mitte mit eigenem Proviant versehen zu mir stoßen sollten, entließ ich die übrigen nach Hause. **213** Als die Fünftausend eintrafen, machte ich mich mit diesen und meinen eigenen dreitausend Soldaten[208] sowie achtzig Reitern[209] auf den Weg in das Dorf Kabol an der Grenze zur Ptolemaïs; und dort hielt ich die Truppen beisammen, indem ich den Eindruck erweckte, den Kampf gegen Placidus vorzubereiten. **214** Dieser aber kam mit zwei Kohorten Infanterie und einer Reiterschwadron, losgeschickt von Cestius Gallus,[210] um die galiläischen Dörfer in der Nachbarschaft von

---

[206] Zu V 208f. vgl. Apg 18,9f.; BLENKINSOPP 1974, 246; GNUSE 1996, 197f. Nach MASON 1998a, 55f., der auch in B, A und C eine konzentrische Struktur feststellt, bildet die Traumszene die kompositorische Mitte der *Vita*. Vgl. auch LAMOUR 1996.

[207] Vgl. Anm. 294.

[208] Die reguläre Truppe des Josephus; vgl. V 234; 399.

[209] In V 116 verfügt Josephus allein über Infanterie.

[210] Aus V 31, 214, 347, 373f, 394ff geht hervor, dass Cestius Gallus auch nach seiner Niederlage (vgl. V 24.28; B 2:499–555) von Ptolemais aus noch militärische Präsenz zeigte. Er scheint sich aber weitgehend (vgl. jedoch B 3:60. 110f. und V 395) defensiv verhalten zu haben, so dass es, wie V 214f. illustriert, zwischen römischen Truppen und den Verbänden des Josephus nur zu vereinzelten Gefechten kam. Erst mit dem Feldzug Vespasians 67/68 gewannen die Römer wieder die Oberhand.

Γαλιλαίων, αἳ πλησίον ἦσαν Πτολεμαΐδος. βαλλομένου δ' ἐκείνου χάρακα πρὸ τῆς Πτολεμαέων πόλεως τίθεμαι κἀγὼ στρατόπεδον τῆς κώμης ὅσον ἑξήκοντα σταδίους ἀποσχών. 215 πολλάκις
μὲν οὖν τὰς δυνάμεις προηγάγομεν ὡς εἰς μάχην, πλέον δ' οὐδὲν
ἀκροβολισμῶν ἐπράξαμεν· ὁ γὰρ Πλάκιδος ὅσῳπερ ἐγίνωσκεν
σπεύδοντά με πρὸς μάχην αὐτὸς καταπληττόμενος ὑπεστέλλετο·
τῆς μέντοι Πτολεμαΐδος οὐκ ἐχωρίζετο.

216 Κατὰ τοῦτον δὲ τὸν καιρὸν ἀφικόμενος Ἰωνάθης μετὰ τῶν
συμπρέσβεων, ὧν ἔφαμεν ἐκ τῶν Ἱεροσολύμων ὑπὸ τῶν περὶ Σίμωνα καὶ Ἄνανον τὸν ἀρχιερέα πεπέμφθαι, λαβεῖν με²⁸² δι'
ἐνέδρας ἐπεβούλευεν· φανερῶς γὰρ ἐπιχειρεῖν οὐκ ἐτόλμα.
217 γράφει δὲ πρός με τοιαύτην ἐπιστολήν·

Ἰωνάθης καὶ οἱ σὺν αὐτῷ πεμφθέντες ὑπὸ τῶν Ἱεροσολυμιτῶν
Ἰωσήπῳ χαίρειν. ἡμεῖς ὑπὸ τῶν ἐν Ἱεροσολύμοις πρώτων, ἀκου-
σάντων τὸν ἀπὸ Γισχάλων Ἰωάννην ἐπιβεβουλευκέναι σοι πολλάκις, ἐπέμφθημεν ἐπιπλήξοντες αὐτῷ καὶ παραινέσοντες εἰς τὸ
λοιπὸν ὑπακούειν σοι. **218** βουλεύσασθαι δὲ²⁸³ σὺν σοὶ θέλοντες
περὶ τῶν κοινῇ πρακτέων παρακαλοῦμεν ἥκειν θᾶττον πρὸς
ἡμᾶς²⁸⁴ μὴ μετὰ πολλῶν· οὐδὲ γὰρ ἡ κώμη δύναιτ' ἄν στρατιωτῶν
πλῆθος ὑποδέξασθαι.²⁸⁵

219 Ταῦτα δ' ἔγραφον προσδοκῶντες δυοῖν θάτερον, ἢ ὅτι χωρὶς
ὅπλων ἀφικόμενον πρὸς αὐτοὺς ἕξουσιν ὑποχείριον, ἢ πολλοὺς
ἐπαγόμενον κρινοῦσι πολέμιον.

220 Ἧκεν δέ μοι τὴν ἐπιστολὴν ἱππεὺς κομίζων, θρασὺς ἄλλως
νεανίας τῶν παρὰ βασιλεῖ ποτε στρατευσαμένων. ἦν δ' ὥρα νυκτὸς ἤδη δευτέρα, καθ' ἣν ἐτύγχανον μετὰ τῶν φίλων καὶ τῶν τῆς
Γαλιλαίας πρώτων ἐστιώμενος. **221** οὗτος δὴ προσαγγείλαντος οἰ-
κέτου μοι ἥκειν τινὰ ἱππέα Ἰουδαῖον, εἰσκληθεὶς ἐμοῦ κελεύσαντος ἠσπάσατο μὲν οὐδ' ὅλως, τὴν δὲ ἐπιστολὴν²⁸⁶ προτείνας,

PBRAMW

²⁸² ed. pr. : om. codd.
²⁸³ δὴ AW
²⁸⁴ καὶ add. BEKKER
²⁸⁵ ἐπιδέξασθαι PBRA
²⁸⁶ ἐπιστολὴν δὲ R

Ptolemaïs niederzubrennen. Als er sich vor der Stadt Ptolemaïs verschanzte, ließ auch ich ein Lager aufschlagen, etwa sechzig Stadien vom Dorf entfernt. **215** Oftmals ließen wir unsere Truppen wie zur Schlacht ausrücken; doch mehr als leichte Gefechte auf Distanz lieferten wir uns nicht; denn je mehr Placidus erkannte, dass ich zur Schlacht drängte, zog er sich seinerseits erschrocken zurück; er zog aber nicht von Ptolemaïs ab.

216–219 Jonatan versucht, Josephus in einen Hinterhalt zu locken

216 Zu dieser Zeit[211] kam Jonatan in Begleitung der Mitgesandten, die, wie gesagt, aus Jerusalem von den Leuten um Šimʿon und den Hohenpriester Ḥanan geschickt worden waren, und wollte durch einen Hinterhalt meiner habhaft werden; mich in der Öffentlichkeit zu ergreifen, wagte er nämlich nicht. **217** Er schrieb aber an mich folgenden Brief:

Jonatan und die zusammen mit ihm von den Jerusalemern Entsandten, grüßen Josephus. Wir sind gesandt von den Oberen in Jerusalem, weil sie gehört haben, dass Johanan von Giš-Ḥalab Dir oft nachgestellt hat, um ihn zurechtzuweisen und ihn zu ermahnen, in Zukunft dir zu gehorchen. **218** Da wir uns aber über das gemeinsame Vorgehen mit dir absprechen wollen, ersuchen wir dich, umgehend zu uns zu kommen, aber ohne großes Geleit; denn das Dorf könnte nicht imstande sein, eine Menge Soldaten aufzunehmen.

219 Dies aber schrieben sie[212] in Erwartung von nur zwei Möglichkeiten: Entweder ich käme ohne Waffen zu ihnen und sie würden mich so in ihrer Gewalt haben, oder, wenn ich mit vielen käme, würden sie mich zum Feind erklären.

220–228 Josephus macht den Briefboten des Jonatan betrunken und erfährt von Jonatans Plänen. Sein Antwortschreiben

220 Es kam aber als Überbringer dieses Briefs ein Reiter zu mir, ein in vielen Dingen frecher junger Mann, (einer) von denen, die früher im Heer des Königs gedient hatten.[213] Es war aber bereits die zweite Stunde der Nacht,[214]

---

[211] Vgl. Anm. 19 im Anhang.

[212] Vgl. FELDMAN 1984a, 823f.

[213] Vgl. Anm. 31 im Anhang.

[214] D. h. die zweite »Stunde« (s. u.) nach Sonnenuntergang. Vorausgesetzt ist die Einteilung von (Licht-)Tag und Nacht in je zwölf Stunden. Da die Länge von Lichttag und Nacht je nach geograph. Breite und Jahreszeit variieren, gilt dies auch für die Länge der Temporalstunden (1/12 der Sonnenscheindauer bzw. der Dunkelheit). In Palästina schwankt die Länge des Lichttages zwischen 9 Stunden

»ταύτην«, εἶπεν, »οἱ ἐξ Ἱεροσολύμων ἥκοντες πεπόμφασί σοι. γρά-
φε δὴ τάχιστα καὶ σύ· καὶ γὰρ ἐπείγομαι πρὸς αὐτοὺς ὑποστρέ-
φειν.« 222 οἱ μὲν οὖν κατακείμενοι τὴν τοῦ στρατιώτου τόλμαν
ἐθαύμασαν, ἐγὼ δὲ καθέζεσθαι παρεκάλουν καὶ συνδειπνεῖν ἡμῖν.
ἀρνησαμένου δὲ τὴν μὲν ἐπιστολὴν μετὰ χεῖρας εἶχον ὡς ἐδε-
ξάμην, πρὸς δὲ τοὺς φίλους περὶ πραγμάτων ἑτέρων τὴν ὁμιλίαν
ἐποιούμην. 223 μετ᾽ οὐ πολλὴν δ᾽ ὥραν ἐξαναστὰς καὶ τοὺς μὲν
ἄλλους ἀπολύσας ἐπὶ κοίτην, τέσσαρας δέ μοι μόνον τῶν ἀναγ-
καίων φίλων προσμεῖναι κελεύσας καὶ τῷ παιδὶ προστάξας οἶνον
ἑτοιμάσαι, τὴν ἐπιστολὴν ἀναπτύξας μηδενὸς ἐμβλέποντος κἀξ
αὐτῆς ταχὺ συνεὶς τὴν τῶν γεγραφότων[287] ἐπίνοιαν, πάλιν αὐτὴν
ἐσημηνάμην. 224 καὶ ὡς μὴ προανεγνωκώς, ἀλλὰ μετὰ χεῖρας
αὐτὴν ἔχων,[288] προσέταξα τῷ στρατιώτῃ δραχμὰς εἴκοσι ἐφόδιον
δοθῆναι. τοῦ δὲ λαβόντος καὶ χάριν ἔχειν φήσαντος συνεὶς τὴν
αἰσχροκέρδειαν αὐτοῦ καὶ ὡς ταύτῃ μάλιστά ἐστιν ἁλώσιμος,
»ἀλλ᾽ εἰ συμπιεῖν ἡμῖν«, ἔφην, »θελήσειας, λήψει κατὰ κύαθον
δραχμὴν μίαν.« 225 ὁ δ᾽ ἄσμενος ὑπήκουσεν, καὶ πολὺν τὸν οἶνον
προσφερόμενος ὑπὲρ τοῦ πλέον λαβεῖν τὸ ἀργύριον[289] καὶ μεθυ-
σθεὶς οὐκέτι τὰ ἀπόρρητα στέγειν ἐδύνατο, ἀλλ᾽ ἔφραζεν οὐκ
ἐρωτώμενος τήν τε συνεσκευασμένην ἐπιβουλὴν καὶ ὡς κατ-
εψηφισμένος εἴην θάνατον παρ᾽ αὐτοῖς. 226 ταῦτ᾽ ἀκούσας ἀντι-
γράφω τὸν τρόπον τοῦτον·

Ἰώσηπος Ἰωνάθῃ καὶ τοῖς σὺν αὐτῷ χαίρειν. ἐρρωμένους ὑμᾶς εἰς
τὴν Γαλιλαίαν ἥκειν πυθόμενος ἥδομαι, μάλιστα δ᾽ ὅτι δυνήσο-
μαι παραδοὺς ὑμῖν τὴν τῶν ἐνθάδε πραγμάτων ἐπιμέλειαν εἰς τὴν
πατρίδα πορευθῆναι· τοῦτο γὰρ καὶ πάλαι ποιεῖν ἤθελον. 227 ἔδει
μὲν οὖν μὴ μόνον εἰς Ξαλώθ παραγενέσθαι με πρὸς ὑμᾶς, ἀλλὰ
πόρρω καὶ μηδὲ κελευσάντων· συγγνώμης δὲ τυχεῖν ἀξιῶ μὴ δυνάμενος τοῦτο ποιῆσαι *παραφυλάσσων*[290] ἐν Χαβωλῶ[291] Πλάκιδον εἰς τὴν Γαλιλαίαν ἀναβῆναι δι᾽ ἐννοίας ἔχοντα. ἥκετε οὖν
ὑμεῖς πρός με τὴν ἐπιστολὴν ἀναγνόντες. ἔρρωσθε.

Testim. et recept.: **227** Suda s.v. παραφυλάσσω

P B R A M W

[287] γεγενημένων R : γεγραμμένων NIESE
[288] ἀλλὰ μετὰ χεῖρας αὐτὴν ἔχων secl. HERWERDEN : ἀλλὰ secl.?
[289] τὸ ἀργύριον secl. HERWERDEN
[290] NIESE : παραφυλάσω P : παραφυλάσσω γὰρ BRAMW
[291] χαβολω B : χαβωλων A : χαβαλὼ(ν) R(W) : χαβαλῷ M

in welcher ich mit meinen Vertrauten und den Vornehmsten Galiläas gerade speiste. **221** Als mir jemand aus dem Haus meldete, ein jüdischer Reiter sei gekommen, und er auf meinen Befehl hin hereingerufen wurde, grüßte er mich gar nicht erst, sondern streckte mir den Brief hin und sagte: »Diesen haben dir die Leute aus Jerusalem geschickt. Schreibe nun sofort auch du; ich habe es nämlich eilig, zu ihnen zurückzukehren.« **222** Da waren meine Tischgenossen erstaunt über die Verwegenheit des Soldaten; ich aber lud ihn ein, sich zu setzen und mit uns zu essen. Als er ablehnte, behielt ich den Brief in der Hand, wie ich ihn empfangen hatte, und setzte mit meinen Vertrauten das Gespräch über andere Dinge fort. **223** Nicht lange darauf erhob ich mich und entließ die anderen zu Bett; nur vier meiner engsten Freunde ließ ich dableiben und befahl dem Diener, Wein bereitzustellen; den Brief öffnete ich, ohne dass jemand zusehen konnte, entnahm aus ihm rasch die Absicht der Schreiber und versiegelte ihn wieder. **224** Und als ob ich ihn noch nicht gelesen hätte, sondern ihn noch (wie vorher) in der Hand hielt, ordnete ich an, der Soldat solle zwanzig Drachmen Reisegeld bekommen. Als dieser (das Geld) nahm und seinen Dank bekundete, erkannte ich seine Geldgier, und dass er durch diese bestens zu fangen wäre:»Solltest du denn gewillt sein, mit uns zu trinken,« sprach ich, »wirst du für jede Schöpfkelle[215] eine (weitere) Drachme erhalten.« **225** Erfreut leistete er mir Folge und nahm den Wein reichlich zu sich, um noch mehr Geld zu erhalten; und als er betrunken war, konnte er, was geheim bleiben sollte, nicht mehr verbergen, sondern plauderte ungefragt den vorbereiteten Anschlag aus, und dass ich bei ihnen zum Tode verurteilt sei. **226** Als ich dies vernahm, schrieb ich folgendermaßen zurück:

Josephus grüßt Jonatan und die bei ihm sind. Dass ihr wohlbehalten in Galiläa angekommen seid, freut mich zu hören, umso mehr, als ich in der Lage sein werde, euch die Verwaltung des ganzen[216] zu überlassen und in meine Heimat zurückzukehren; das wollte ich nämlich schon lange tun. **227** Ich hätte euch nicht nur bis Kesalot entgegenkommen müssen, sondern noch weiter, auch ohne euren Befehl, bitte euch aber um Verzeihung, dass ich dazu nicht in der Lage bin, da ich in Kabol Placidus beobachte, der nach Galiläa heraufzuziehen im Sinn hat. Kommt also ihr zu mir, sobald ihr den Brief gelesen habt. Lebt wohl.

---

48 Minuten und 14 Stunden 12 Minuten (BILL. 2,543). Zur Zeit der Tag- und Nachtgleiche fiel der Beginn der ersten Stunde auf etwa 6 Uhr früh (BILL. 2,442). DOERING 1999, 495 Anm. 81.

[215] Lat. *cyathus*. Bei Griechen und Römern gebräuchliche Schöpfkelle mit langem Henkel, mit der man aus dem *crater* (κρατήρ) Wein schöpfte und in die Trinkgefäße der Gäste füllte (RICH 1862, 212 s. v.).

[216] Zu dieser Wortverbindung vgl. A 1:83.

228 Ταῦτα γράψας²⁹² δοὺς τῷ στρατιώτῃ φέρειν συνεξέπεμψα τριάκοντα τῶν Γαλιλαίων δοκιμωτάτους, ὑποθέμενος αὐτοῖς ἀσπάσασθαι μὲν ἐκείνους, ἕτερον δὲ μηδὲν λέγειν. ἔταξα δὲ²⁹³ καθ᾽ ἕκαστον αὐτῶν πιστὸν ὁπλίτην²⁹⁴ ἕνα παραφυλάξοντα, μή τις τοῖς πεμφθεῖσιν ὑπ᾽ ἐμοῦ πρὸς τοὺς περὶ τὸν Ἰωνάθην ὁμιλία γένηται.

229 Καὶ οἱ μὲν ἐπορεύθησαν. οἱ δὲ περὶ τὸν Ἰωνάθην τῆς πρώτης πείρας ἁμαρτόντες ἑτέραν ἐπιστολήν μοι τοιαύτην ἔπεμψαν·

Ἰωνάθης καὶ οἱ σὺν αὐτῷ Ἰωσήπῳ χαίρειν. παραγγέλλομέν σοι χωρὶς ὁπλιτῶν εἰς τρίτην παραγενέσθαι πρὸς ἡμᾶς εἰς Γαβαρὼθ κώμην, ἵνα διακούσωμεν τῶν πρὸς Ἰωάννην ἐγκλημάτων σοι γεγονότων.

230 Ταῦτα γράψαντες καὶ ἀσπασάμενοι τοὺς Γαλιλαίους, οὓς *πεπόμφειν*,²⁹⁵ ἀφίκοντο εἰς Ἴαφαν κώμην μεγίστην οὖσαν τῶν ἐν τῇ Γαλιλαίᾳ, τείχεσιν ὀχυρωτάτην καὶ πολλῶν οἰκητόρων μεστήν. ὑπαντιάσαν²⁹⁶ δὲ τὸ πλῆθος αὐτοὺς μετὰ γυναικῶν καὶ τέκνων κατεβόων²⁹⁷ κελεύοντες ἀπιέναι καὶ μὴ φθονεῖν αὐτοῖς ἀγαθοῦ τοῦ²⁹⁸ στρατηγοῦ. **231** παρηρεθίζοντο δὲ ταῖς φωναῖς οἱ περὶ τὸν Ἰωνάθην, καὶ φανεροῦν μὲν τὴν ὀργὴν οὐκ ἐτόλμων, οὐκ ἀξιώσαντες δ᾽ αὐτοὺς ἀποκρίσεως εἰς τὰς ἄλλας κώμας ἐπορεύοντο. ὅμοιαι δ᾽ ὑπήντων αὐτοῖς παρὰ πάντων αἱ καταβοήσεις μεταπείσειν αὐτοὺς βοώντων οὐδένα περὶ τοῦ μὴ στρατηγὸν ἔχειν Ἰώσηπον.

232 Ἄπρακτοι δὲ παρὰ τούτων ἀπελθόντες οἱ περὶ τὸν Ἰωνάθην εἰς Σέπφωριν, μεγίστην τῶν ἐν τῇ Γαλιλαίᾳ πόλιν, ἀφικνοῦνται. οἱ δ᾽ ἐντεῦθεν ἄνθρωποι πρὸς Ῥωμαίους ταῖς γνώμαις ἀποβλέποντες, ἐκείνοις μὲν ὑπήντων, ἐμὲ δὲ οὔτε ἐπήνουν οὔτ᾽ ἐβλασφήμουν. **233** παρὰ δὲ Σεπφωριτῶν εἰς Ἀσωχὶν καταβάντες,²⁹⁹ οἱ ἐντεῦθεν πα-

P B R A M W

²⁹² καὶ add. RA²MW   ²⁹³ καὶ add. R
²⁹⁴ πιστὸν ὁπλιτῶν PRA : πιστῶν ὁπλιτῶν MW : τῶν πιστῶν ὁπλιτῶν Niese (ed. min.)
²⁹⁵ Niese : πεπόμφασι(ν) codd. : πέπομφα ed. pr.
²⁹⁶ ὑπηντίαζεν PA : ὑπηντίασε BR : ὑπαντίασαν (sic) M
²⁹⁷ καὶ κατεβόων PBRA
²⁹⁸ τοιούτου B : τοῦ ἀγαθοῦ Herwerden
²⁹⁹ καταβάντων? Thackeray

228 Dies schrieb ich, gab es dem Soldaten zur Überbringung, und entsandte mit ihm zusammen dreißig der angesehensten Galiläer mit der Auflage, jene zwar zu begrüßen, sich jedoch nicht weiter zu äußern. Ich stellte aber für jeden von ihnen einen zuverlässigen Soldaten ab, der acht geben sollte, dass keiner der von mir Entsandten sich mit den Leuten um Jonatan in ein Gespräch einließe.

229–235 Briefliches Tauziehen zwischen Jonatan und Josephus

229 Die zogen los. Als aber Jonatan und seine Leute beim ersten Versuch ihr Ziel verfehlt hatten, schickten sie mir folgenden weiteren Brief:

Jonatan und die mit ihm sind, grüßen Josephus. Wir fordern dich auf, ohne Bewaffnete innerhalb von drei Tagen zu uns in das Dorf ʿArab zu kommen: wir wollen (dich) zu den Vorwürfen anhören, die du gegen Johanan erhoben hast.

230 Nachdem sie dies geschrieben und die Galiläer, die ich geschickt hatte, verabschiedet hatten, kamen sie nach Jafa, dem größten der Dörfer Galiläas, das sehr feste Mauern hatte, und in dem sich zahlreiche Einwohner drängten. Es kam ihnen aber die Volksmenge mit Frauen und Kindern entgegen, und unter Protestgeschrei forderten sie, sie sollten sich davonmachen und ihnen ihren vortrefflichen Feldherrn nicht missgönnen. **231** Durch diese Zurufe gerieten die Leute um Jonatan in Erbitterung; doch wagten sie nicht, ihren Zorn öffentlich zu zeigen; da sie sie aber auch keiner Antwort würdigen wollten, zogen sie in die anderen Dörfer. Die gleichen Protestrufe aber begegneten ihnen von allen Seiten, indem man ihnen zurief, keiner würde sie umstimmen, nicht mehr Josephus als Feldherrn zu haben. **232** Unverrichteter Dinge zogen die Leute um Jonatan von ihnen fort und kamen nach Sepphoris, der größten Stadt in Galiläa. Die Leute dort, die die Vorherrschaft der Römer anerkannten, gingen ihnen zwar entgegen, äußerten sich aber über mich weder mit Lob noch mit Herabsetzung. **233** Von Sepphoris aus zogen sie nach Šoḥin hinab – die dortigen Bewohner beschimpften

ραπλησίως τοῖς Ἰαφηνοῖς κατεβόων αὐτῶν. οἱ δὲ τὴν ὀργὴν οὐκέτι κατασχόντες κελεύουσιν τοῖς μετ᾽ αὐτῶν ὁπλίταις τύπτειν ξύλοις τοὺς καταβοῶντας. κατὰ Γάβαρα δὲ γενομένους ὑπαντιάζει μετὰ τρισχιλίων ὁπλιτῶν Ἰωάννης.[300] 234 ἐγὼ δ᾽ ἐκ τῆς ἐπιστολῆς ἤδη συνεικώς[301], ὅτι διεγνώκασι πρός με πολεμεῖν, ἀναστὰς ἀπὸ Χαβώλων[302] μετὰ τρισχιλίων ὁπλιτῶν, καταλιπὼν ἐν τῷ στρατοπέδῳ τὸν πιστότατον τῶν φίλων εἰς Ἰωτάπατα παρεγενόμην πλησίον αὐτῶν εἶναι βουλόμενος ὅσον[303] ἀπὸ τεσσαράκοντα σταδίων, καὶ γράφω πρὸς αὐτοὺς τάδε·

235 Εἰ πάντως με πρὸς ὑμᾶς ἐλθεῖν βούλεσθε, διακόσιαι καὶ τέσσαρες κατὰ τὴν Γαλιλαίαν εἰσὶν πόλεις καὶ κῶμαι. τούτων εἰς ἣν θελήσετε παραγενήσομαι χωρὶς Γαβάρων καὶ Γισχάλων· ἡ μὲν γὰρ πατρίς ἐστιν Ἰωάννου, ἡ δὲ σύμμαχος αὐτῷ καὶ φίλη.

236 Ταῦτα τὰ γράμματα λαβόντες οἱ περὶ τὸν Ἰωνάθην οὐκέτι μὲν ἀντιγράφουσιν, συνέδριον δὲ τῶν φίλων καθίσαντες καὶ τὸν Ἰωάννην παραλαβόντες ἐβουλεύοντο, τίνα τρόπον ἐπιχειρήσωσί[304] μοι. 237 καὶ Ἰωάννῃ μὲν ἐδόκει γράφειν πρὸς πάσας τὰς ἐν τῇ Γαλιλαίᾳ πόλεις καὶ κώμας – εἶναι γὰρ ἐν ἑκάστῃ πάντως ἕνα γοῦν καὶ δεύτερον διάφορον ἐμοί – καὶ καλεῖν τούτους ὡς ἐπὶ πολέμιον, ἐκέλευέ τε πέμπειν[305] τὸ δόγμα τοῦτο καὶ εἰς τὴν τῶν[306] Ἱεροσολυμιτῶν πόλιν, ἵνα κἀκεῖνοι γνόντες ὑπὸ τῶν Γαλιλαίων κεκρίσθαι με πολέμιον καὶ αὐτοὶ ψηφίσωνται· γενομένου γὰρ τούτου καὶ τοὺς εὐνοϊκῶς[307] ἔχοντάς μοι Γαλιλαίους ἐγκαταλείψειν ἔφη φοβηθέντας. 238 ταῦτα συμβουλεύσαντος Ἰωάννου σφόδρα καὶ τοῖς ἄλλοις ἤρεσεν τὰ λεχθέντα. 239 περὶ δ᾽ ὥραν τῆς νυκτὸς τρίτην εἰς γνῶσιν ἧκέ μοι ταῦτα, Σακχαίου[308] τῶν σὺν αὐτοῖς τινος αὐτομολήσαντος πρός με καὶ τὴν ἐπιχείρησιν αὐτῶν ἀπαγγείλαντος· οὐκέτι δὴ δεῖν ὑπερτίθεσθαι τὸν καιρόν. 240 ἄξιον δὲ κρίνας Ἰάκωβον ὁπλίτην τῶν περὶ ἐμὲ πιστὸν[309] κελεύω διακοσίους

PBRAMW

[300] ὁ ἰωάννης PR   [301] συνεὶς RA^mMW : συνῐκὼς P (συνηκὼς A¹) : συνεγνωκὼς B
[302] χαβόλων PB : χαβαλῶν RMW   [303] om. PBRA
[304] ἐπιχειρήσουσί RA^c : ἐπιχειρίσωσί B
[305] ἐκέλευέ τε πέμπειν Niese (ed. min.) : ἐκελεύετο πέμπειν P : γράφειν ἐκέλευέτε (sic) B : πέμπειν δ᾽ (δὲ MW) ἐκέλευε RAMW; cf. Wendland, Deutsche Litteraturzeitung 1892, 1266 et Gross 1988, 217
[306] om. P   [307] RA^m : εὐνόως PB; cf. Schmidt 1893, 505 : εὐνοῶς MW : εὔνως A
[308] σαγχαίου PRA^m : ζακχαίου A^c
[309] πιστῶν PBRA¹MW

sie ebenso wie die in Jafa. Da konnten sie ihren Zorn nicht mehr zurückhalten und befahlen ihren Bewaffneten, die Schreier mit Stöcken zu schlagen. Bei ihrem Eintreffen in ʿArab begegnete ihnen mit dreitausend Bewaffneten Joḥanan. **234** Ich aber hatte aus ihrem Brief soeben erkannt, dass sie beabsichtigten, gegen mich Krieg zu führen, brach von Kabol mit dreitausend Bewaffneten[217] auf, ließ den Zuverlässigsten meiner Vertrauten im Heerlager, und kam nach Jotafat, da ich mich ihnen etwa bis auf vierzig Stadien nähern wollte; dort schrieb ich ihnen folgendes:

235 Wenn ihr denn unbedingt wollt,[218] dass ich zu euch komme: Es gibt in Galiläa 204 Städte und Dörfer![219] Ich werde in einen dieser Orte kommen, in welchen ihr wollt, außer ʿArab und Giš-Ḥalab; denn das eine ist die Vaterstadt des Joḥanan, das andere mit ihm verbündet und befreundet.

236–245 Maßnahmen des Josephus gegen Jonatan

236 Als die Leute um Jonatan diesen Brief erhielten, schrieben sie nicht mehr zurück, sondern hielten Rat mit ihren Vertrauten, wofür sie auch Joḥanan hinzuzogen, und besprachen, auf welche Weise sie meiner habhaft werden könnten. **237** Joḥanan schlug vor, an alle Städte und Dörfer Galiläas zu schreiben – in jedem Ort gebe es doch jedenfalls einen oder zwei, die gegen mich eingestellt seien – und diese zusammenzurufen wie gegen einen Feind, und er befahl, diesen Beschluss zusätzlich nach Jerusalem weiterzuleiten, damit man auch dort aufgrund der Nachricht, dass ich von den Galiläern zum Feind erklärt worden sei, gleiches beschlösse: Wäre dieses erst geschehen, sagte er, dann sei zu erwarten, dass auch die mir wohlgesonnenen Galiläer mich aus Furcht im Stich lassen. **238** Als Joḥanan dies vorschlug, gefiel auch den anderen sehr, was er gesagt hatte. **239** Um die dritte Stunde der Nacht[220] kam mir dies zu Ohren, als Zakkai, ein Überläufer von ihrer Seite, mir ihren Anschlag meldete. Nun dürfe keine Zeit mehr verloren werden. **240** Da gab ich dem nach meinem Urteil (besonders) geeigneten Jakob, einem zuverläs-

---

[217] Die reguläre Truppe des Josephus; vgl. V 213; 399.

[218] Das Fehlen der Grußformel signalisiert die Verschärfung des Konflikts.

[219] M. Aviam (mdl.) nimmt an, dass Josephus die Anzahl der Siedlungen Galiläas einer offiziellen Ortsliste entnommen hat, die er in Jerusalem für seine Galiläa-Mission zur Orientierung erhalten hatte. Die aus archäologischer Sicht vertrauenswürdige Zahlenangabe sollte nicht durch die Kombination mit der zweifellos übertriebenen Angabe in B 3:43 (kleinstes galiläisches Dorf mit 15.000 Einwohnern) diskreditiert werden (vgl. die bei Feldman 1984a, 368f. genannte Lit.). Die Unterscheidung von »Stadt« und »Dorf« ist bei Josephus (Cohen 1979, 70 Anm. 5; Strange u. a. 1994, 222–225), wie häufig in antiken Texten (Edwards 1992, 66), recht unscharf.

[220] D. i. die dritte Stunde nach Sonnenuntergang; vgl. Anm. 214.

ὁπλίτας λαβόντα φρουρεῖν τὰς ἀπὸ Γαβάρων εἰς τὴν Γαλιλαίαν ἐξόδους, καὶ τοὺς παριόντας συλλαμβάνοντα πρὸς ἐμὲ πέμπειν, μάλιστα δὲ τοὺς μετὰ γραμμάτων ἁλισκομένους. **241** Ἱερεμίαν δὲ καὶ αὐτὸν ἐκ τῶν φίλων μου μεθ' ἑξακοσίων ὁπλιτῶν εἰς τὴν μεθόριον τῆς Γαλιλαίας ἔπεμψα τὰς ἀπὸ ταύτης εἰς τὴν Ἱεροσολυμιτῶν πόλιν ὁδοὺς παραφυλάξοντα, πρόσταγμα δοὺς κἀκείνῳ τοὺς μετ' ἐπιστολῶν ὁδεύοντας συλλαμβάνειν καὶ τοὺς μὲν ἄνδρας ἐν δεσμοῖς ἐπὶ τόπου φυλάττειν, τὰ δὲ γράμματα πρὸς ἐμὲ διαπέμπειν.

242 Ταῦτα τοῖς πεμπομένοις ἐντειλάμενος Γαλιλαίοις διήγγειλα κελεύων εἰς τὴν ἐπιοῦσαν ἀναλαβόντας τὰ ὅπλα καὶ τριῶν ἡμερῶν τροφὴν εἰς Γαβαρὼθ κώμην παραγενέσθαι πρός με. τῶν δὲ περὶ ἐμὲ ὁπλιτῶν μοίρας τέτταρας νείμας τοὺς πιστοτάτους αὐτῶν περὶ τὴν τοῦ σώματος φυλακὴν ἔταξα, ταξιάρχους αὐτοῖς ἐπιστήσας καὶ φροντίζειν κελεύσας ὑπὲρ τοῦ μηδένα στρατιώτην ἄγνωστον αὐτοῖς συναναμίγνυσθαι. **243** τῇ δ' ἐπιούσῃ περὶ πέμπτην ὥραν ἐν Γαβαρὼθ γενόμενος εὑρίσκω πᾶν τὸ πεδίον τὸ πρὸ τῆς κώμης ὁπλιτῶν πλῆρες τῶν ἐκ τῆς Γαλιλαίας ἐπὶ τὴν συμμαχίαν³¹⁰ παρόντων, ὡς αὐτοῖς παρηγγέλκειν· πολὺς δὲ καὶ ἄλλος ἐκ τῶν κωμῶν ὄχλος συνέτρεχεν. **244** ἐπεὶ δὲ καταστὰς³¹¹ εἰς αὐτοὺς λέγειν ἠρξάμην, ἐβόων ἅπαντες εὐεργέτην καὶ σωτῆρα τῆς χώρας αὐτῶν καλοῦντες. κἀγὼ χάριν αὐτοῖς ἔχειν ὁμολογήσας συνεβούλευον πρὸς μηδένα μήτε πολεμεῖν μήτε ἁρπαγῇ μολύνειν τὰς χεῖρας, ἀλλὰ σκηνοῦν κατὰ τὸ πεδίον ἀρκουμένους τοῖς ἑαυτῶν ἐφοδίοις· θέλειν γὰρ ἔφασκον τὰς ταραχὰς χωρὶς φόνων καταστεῖλαι.³¹² **245** συνέβη δ' αὐθημερὸν εἰς τὰς ὑπ' ἐμοῦ κατασταθείσας τῶν ὁδῶν φυλακὰς τοὺς παρὰ τοῦ Ἰωνάθου πεμφθέντας μετὰ τῶν ἐπιστολῶν ἐμπεσεῖν. καὶ οἱ μὲν ἄνδρες ἐφυλάχθησαν ἐπὶ τῶν τόπων, ὡς παρήγγειλα, τοῖς δὲ γράμμασιν ἐντυχὼν πλήρεσι βλασφημιῶν καὶ ψευσμάτων, οὐδενὶ ταῦτα φράσας ὁρμᾶν ἐπ' αὐτοὺς διενοούμην.

P B R A M W

³¹⁰ τῇ συμμαχίᾳ Nɪᴇsᴇ (ed. min.); sed cf. A 5:50
³¹¹ καταβὰς A
³¹² καταστέλλειν P

sigen Bewaffneten aus meiner Umgebung, den Befehl, mit (weiteren) zweihundert Bewaffneten die von ʿArab in (das übrige) Galiläa hinausführenden Straßen zu bewachen, diejenigen festzunehmen, die vorbeikämen, und sie mir zu überstellen, und zwar besonders die, die als Überbringer von Briefen aufgegriffen würden. **241** Jirmeja aber, auch er aus dem Kreise meiner Vertrauten, schickte ich mit sechshundert Bewaffneten in das galiläische Grenzgebiet, um die von dort nach Jerusalem führenden Straßen zu bewachen, und gab auch ihm die Anweisung, diejenigen festzunehmen, die mit Briefen unterwegs seien, und in Fesseln an Ort und Stelle gefangen zu setzen, die Briefe aber an mich zu übersenden.

242 Nachdem ich den Entsandten dies aufgetragen hatte, ließ ich den Galiläern den Befehl bekannt geben, sie sollten sich am folgenden Tag mit Waffen[221] und Verpflegung für drei Tage im Dorf ʿArab bei mir einfinden. Die Bewaffneten meiner Umgebung teilte ich in vier Gruppen, bestellte mir die zuverlässigsten von ihnen zur Leibwache und setzte Hauptleute über sie mit der Order, dafür zu sorgen, dass sich kein unbekannter Soldat unter sie mische. **243** Als ich nun am folgenden Tag um die fünfte Stunde[222] nach ʿArab kam, fand ich die ganze Ebene vor dem Dorf voll von Bewaffneten, die aus ganz Galiläa zur Verstärkung eingetroffen waren, wie ich es ihnen befohlen hatte; es lief aber auch viel anderes Volk aus den Dörfern zusammen. **244** Als ich unter sie trat und zu ihnen zu reden begann, akklamierten sie mir alle, ich sei »Wohltäter« und »Retter«[223] ihres Landes. Ich bekundete ihnen meinen Dank und redete ihnen zu, niemanden anzugreifen noch sich durch Plünderung die Hände zu beflecken, sondern in der Ebene ihre Zelte aufzuschlagen und sich an der eigenen Verpflegung genügen zu lassen;[224] ich wolle nämlich, sagte ich, die Unruhen ohne Blutvergießen beilegen. **245** Es geschah aber noch am selben Tag, dass den von mir an den Straßen aufgestellten Wachtposten die Kuriere aus der Gruppe des Jonatan samt ihren Briefen in die Hände fielen. Da wurden die Männer an Ort und Stelle festgehalten, wie ich es angeordnet hatte; die Briefe aber las ich – sie waren voll von Schmähungen und Lügen –, sagte es aber niemandem und beschloss, gegen diese Leute auszurücken.

---

[221] Vgl. Anm. 294.

[222] D. i. die fünfte Stunde nach Sonnenaufgang; vgl. Anm. 214.

[223] Zu dieser Herrschertitulatur, die Josephus auch in V 259 auf seine Person bezieht, vgl. *ThWNT* 2,651f.; 7,1005–1012 und MICHEL / B. 1969, 213f Anm. 38 zu B 7:71 (Lit.).

[224] Vgl. Lk (Q) 3,14 (HAVERKAMP bei COHEN 1979, 212 Anm. 59).

246 Ἀκούσαντες δὲ οἱ περὶ τὸν Ἰωνάθην περὶ τῆς ἐμῆς ἀφίξεως, τοὺς ἰδίους πάντας ἀναλαβόντες καὶ τὸν Ἰωάννην, ὑπεχώρησαν εἰς τὴν Ἰησοῦ οἰκίαν· βᾶρις δ' ἦν αὕτη μεγάλη καὶ οὐδὲν ἀκροπόλεως ἀποδέουσα. κρύψαντες οὖν λόχον ὁπλιτῶν ἐν αὐτῇ καὶ τὰς ἄλλας³¹³ ἀποκλείσαντες θύρας,³¹⁴ μίαν δὲ ἀνοίξαντες, προσεδόκων ἥξειν³¹⁵ ἐκ τῆς ὁδοῦ με πρὸς αὐτοὺς ἀσπασόμενον. **247** καὶ δὴ διδόασιν ἐντολὰς τοῖς ὁπλίταις, ἐπειδὰν παραγένωμαι, μόνον εἰσελθεῖν ἐᾶσαι τοὺς ἄλλους ἀπείρξαντας· οὕτως γὰρ ᾤοντό με γενήσεσθαι ῥαδίως αὐτοῖς ὑποχείριον. **248** ἐψεύσθησαν δὲ τῆς ἐλπίδος· ἐγὼ γὰρ τὴν ἐπιβουλὴν προαισθόμενος, ὡς ἐκ τῆς ὁδοῦ παρεγενόμην, καταλύσας ἄντικρυς αὐτῶν καθεύδειν ἐσκηπτόμην. **249** καὶ οἱ περὶ τὸν Ἰωνάθην ὑπολαμβάνοντες ὄντως ἀναπαύεσθαί με καθυπνωμένον ὥρμησαν καταβάντες εἰς τὸ πλῆθος³¹⁶ μεταπείθειν αὐτοὺς ὡς ἐμοῦ κακῶς στρατηγοῦντος. **250** τἀναντία δὲ αὐτοῖς³¹⁷ συνέπεσεν· ὀφθέντων γὰρ εὐθὺς ἐγένετο βοὴ παρὰ τῶν Γαλιλαίων πρὸς³¹⁸ ἐμὲ τὸν στρατηγὸν εὐνοίας ἀξία,³¹⁹ κατάμεμψίν τε ἐποιοῦντο τῶν περὶ τὸν Ἰωνάθην, ὅτι πάρεισιν οὐδὲν μὲν αὐτοὶ κακὸν προπεπονθότες, ἀνατρέψοντες δὲ τὰ ἐκείνων πράγματα, καὶ παρεκελεύοντο ἀπιέναι· μὴ γὰρ ἄν ποτε μεταπεισθῆναι προστάτην ἕτερον ἀντ' ἐμοῦ λαβεῖν. **251** τούτων ἀπαγγελθέντων μοι προελθεῖν εἰς μέσους οὐκ ὤκνησα. κατέβαινον οὖν εὐθέως ὡς αὐτούς,³²⁰ τί λέγουσιν οἱ περὶ τὸν Ἰωνάθην ἀκουσόμενος. προελθόντος δέ μου κρότος παρὰ παντὸς τοῦ πλήθους εὐθὺς ἦν καὶ μετ' εὐφημιῶν ἐπιβοήσεις χάριν ἔχειν ὁμολογούντων τῇ ἐμῇ στρατηγίᾳ.³²¹

252 Ταῦτα δ' οἱ περὶ τὸν Ἰωνάθην ἀκούοντες ἐφοβήθησαν, μὴ καὶ κινδυνεύσωσιν ἀποθανεῖν ἐπ' αὐτοὺς ὁρμησάντων τῶν Γαλιλαίων κατὰ τὴν πρὸς ἐμὲ χάριν· δρασμὸν οὖν ἐπενόουν. μὴ

P B R A M W

³¹³ θύρας R   ³¹⁴ om. R; cf. HANSEN 1998, 151
³¹⁵ NIESE (ed. min.) : ἥκειν codd.
³¹⁶ πεδίον PBRA
³¹⁷ εὐθέως add. MW
³¹⁸ τῆς πρὸς HOLWERDA
³¹⁹ susp. NIESE
³²⁰ εὐθέως αὐτὸς PBAMW
³²¹ τῇ 'μῇ στρατηγίᾳ P : τῆς ἐμῆς στρατηγίας MW

246–251 Jonatan stellt erneut eine Falle

246 Als Jonatan und seine Leute von meiner Ankunft erfuhren, zogen sie sich mit ihrem ganzen Gefolge und Johanan in das Anwesen des Ješu zurück. Dieses war nämlich ein großer Palast, der einer Akropolis um nichts nachstand. Sie versteckten nun eine Schar Bewaffneter darin und schlossen alle Tore bis auf eines, das sie offen ließen in der Erwartung, ich werde unmittelbar nach meinem Marsch zu ihnen eintreten, um sie zu begrüßen. **247** Tatsächlich gaben sie ihren Bewaffneten den Befehl, bei meinem Eintreffen nur mich einzulassen, die anderen aber zurückzuhalten; denn so, glaubten sie, würde ich ihnen leicht in die Hände fallen. **248** Sie wurden jedoch in ihrer Hoffnung betrogen; ich nämlich, der ich ihre Hinterlist vorher bemerkt hatte, suchte am Ende meines Marsches eine Herberge auf, ihnen gegenüber, und tat so, als ruhte ich mich aus. **249** Da nahmen Jonatan und seine Leute an, dass ich wirklich Rast mache und eingeschlafen sei; sie stiegen zur Menge hinunter, um sie zu der Meinung umzustimmen, ich sei ein schlechter Befehlshaber. **250** Das Gegenteil jedoch widerfuhr ihnen: als sie nämlich gesichtet wurden, erhob sich von Seiten der Galiläer sofort ein Rufen, welches ihrer Sympathie zu mir, ihrem Feldherrn, entsprach; auch erhoben sie Vorwürfe gegen Jonatan und seine Leute, dass sie gekommen seien, ohne zuvor selbst etwas Übles erlitten zu haben, jedoch in der Absicht, bei ihnen politische Verwirrung zu stiften, und forderten sie auf, sich davonzumachen; niemals würden sie sich nämlich umstimmen lassen, einen anderen Befehlshaber an meiner Statt anzunehmen. **251** Als mir dies gemeldet wurde, zögerte ich nicht, herauszukommen, mitten unter sie. Ich begab mich also unverzüglich zu ihnen hinab, um zu hören, was die Jonatan-Gruppe sagen würde. Kaum dass ich bei ihnen war, erscholl Beifallklatschen von der ganzen Volksmenge, und unter Lobrufen bekundeten sie mir ihren Dank für meinen Feldherrndienst.

252–270 Josephus erreicht die Solidarisierung der Galiläer gegen Jonatan

252 Als dies Jonatan und seine Leute vernahmen, fürchteten sie, in Lebensgefahr zu geraten, wenn die Galiläer sie um meinetwillen angriffen; so dachten sie an Flucht. Da sie jedoch nicht abziehen konnten – ich hatte

δυνηθέντες δὲ ἀπελθεῖν – προσμεῖναι γὰρ αὐτοὺς ἠξίωσα – κατηφεῖς[322] ὑπέμειναν[323] ἐνστησάμενοι[324] τῷ λόγῳ. 253 προστάξας οὖν
τῷ μὲν πλήθει τὰς εὐφημίας ἐπισχεῖν,[325] καὶ τῶν ὁπλιτῶν τοὺς[326]
πιστοτάτους ταῖς ὁδοῖς ἐπιστήσας ὑπὲρ τοῦ φρουρεῖν, μὴ ἀπροσδοκήτως ἡμῖν ὁ Ἰωάννης ἐπιπέσῃ, παραινέσας δὲ καὶ τοῖς Γαλιλαίοις ἀναλαβεῖν τὰ ὅπλα, μὴ πρὸς τὴν ἔφοδον τῶν πολεμίων, ἐὰν
γένηταί τις αἰφνίδιος, ταραχθῶσιν, 254 πρῶτον τῆς ἐπιστολῆς
τοὺς περὶ τὸν Ἰωνάθην ὑπεμίμνησκον, ὃν τρόπον γράψειαν ὑπὸ
τοῦ κοινοῦ τῶν Ἱεροσολυμιτῶν πεπέμφθαι διαλύσοντές μου τὰς
πρὸς τὸν Ἰωάννην φιλονεικίας, ὡς[327] παρακαλέσειάν τέ με πρὸς
αὐτοὺς ἀφικέσθαι. 255 καὶ ταῦτα διεξιὼν τὴν ἐπιστολὴν εἰς μέσους προὔτεινον, ἵνα μηδὲν ἀρνήσασθαι δυνηθῶσιν ἐλεγχόντων
αὐτοὺς τῶν γραμμάτων. 256 »καὶ μήν«, ἔφην, »Ἰωνάθη ὑμεῖς τε οἱ
συμπρέσβεις, εἰ πρὸς Ἰωάννην κρινόμενος, ὑπὲρ τοῦ παραστῆσαι
τὸν ἐμαυτοῦ βίον, δύο τινὰς ἢ τρεῖς μάρτυρας καλοὺς κἀγαθοὺς
ἤγαγον, δῆλον ὡς ἀνάγκην ἂν εἴχετε προεξετάσαντες καὶ τοὺς
τούτων βίους ἀπαλλάξαι με τῶν ἐγκλημάτων. 257 ἵν᾽ οὖν γνῶτε
καλῶς πεπρᾶχθαί μοι τὰ κατὰ τὴν Γαλιλαίαν, τρεῖς μὲν μάρτυρας
ὀλίγους εἶναι νομίζω τῷ καλῶς βεβιωκότι, τούτους δὲ πάντας ὑμῖν
δίδωμι. 258 παρὰ τούτων οὖν πύθεσθε, τίνα τρόπον ἐβίωσα, εἰ
μετὰ πάσης σεμνότητος καὶ πάσης ἀρετῆς ἐνθάδε πεπολίτευμαι.
καὶ δὴ ὁρκίζω ὑμᾶς, ὦ Γαλιλαῖοι, μηδὲν ἐπικρύψασθαι τῆς ἀληθείας, λέγειν δ᾽ ἐπὶ τούτων ὡς δικαστῶν, εἴ τι[328] μὴ καλῶς πέπρακ-
ται.«

259 Ταῦτ᾽ ἔτι λέγοντος[329] κοιναὶ παρὰ πάντων ἐγένοντο φωναὶ
καλούντων εὐεργέτην με καὶ σωτῆρα, καὶ περὶ μὲν τῶν πεπραγμένων ἐμαρτύρουν, περὶ δὲ τῶν πραχθησομένων παρεκάλουν·
πάντες δ᾽ ὤμνυον ἀνυβρίστους μὲν ἔχειν τὰς γυναῖκας, λε-
λυπῆσθαι δὲ μηδέποτε μηδὲν ὑπ᾽ ἐμοῦ. 260 μετὰ τοῦτο δύο τῶν
ἐπιστολῶν, ἃς οἱ κατασταθέντες ὑπ᾽ ἐμοῦ φρουροὶ πεμφθείσας
ὑπὸ τῶν περὶ τὸν Ἰωνάθην ἑλόντες ἀπεστάλκεισαν πρὸς ἐμέ,

P B R A M W

[322] κατήφησαν aut κατηφεῖς ἦσαν HUDSON   [323] om. PBAMW
[324] ἐνστησάμενοι P : ἔστησαν ἅμα B ἐκστησάμενοι MW (et A¹, ἐνστησάμενος Aᵐ)
    : ἔστησαν ἐν (et subinde τῷ συλλόγῳ vel τόπῳ) HERWERDEN
[325] κατασχεῖν PBRA
[326] δὲ τοὺς MW
[327] καὶ NABER 1985, 389 (et τέ om. cum A)
[328] εἰ τί μοι NABER   [329] λέγοντός μου A

nämlich darauf bestanden, dass sie blieben – verharrten sie gesenkten Blickes und mussten meiner Rede beiwohnen. **253** Ich befahl nun der Menge, ihre Beifallsbekundungen zu zügeln, postierte die zuverlässigsten meiner Bewaffneten zur Bewachung an den Straßen, damit Johanan uns nicht unvermutet angriffe, und forderte auch die Galiläer auf, die Waffen zur Hand zu nehmen, damit sie nicht beim Angriff der Feinde, wenn plötzlich ein solcher geschehe, in Verwirrung gerieten; **254** sodann erinnerte ich zunächst Jonatan und seine Leute an den Brief, wie sie geschrieben hätten, der Rat der Jerusalemer habe sie geschickt, die Streitereien zwischen mir und Johanan zu schlichten, und wie sie mich ersucht hätten, zu ihnen zu kommen. **255** Während ich dies ausführlich schilderte, hielt ich ihnen den Brief vor die Augen, damit sie nichts abstreiten könnten, überführt durch das Geschriebene. **256** »Zweitens aber«, sagte ich, »Jonatan und ihr, die Mitgesandten: wenn ich im Rechtsstreit gegen Johanan zur Darstellung meines eigenen Lebenswandels zwei oder drei ehrbare Zeugen[225] beigebracht hätte, dann müsstet ihr selbstverständlich nach vorheriger Prüfung auch ihres Lebenswandels mich von den Anschuldigungen[226] freisprechen. **257** Damit ihr also erkennt, dass ich meine Sache in Galiläa gut gemacht habe, erachte ich, dass drei Zeugen zu wenig sind für den, der ein einwandfreies Leben geführt hat; vielmehr biete ich euch diese alle dar. **258** Erfragt also von diesen, welcher Art mein Lebenswandel war, ob ich mit aller Lauterkeit und aller Tugend mein Amt hier versehen habe. Ja, und ich beschwöre euch, ihr Galiläer, nichts von der Wahrheit zu verbergen, sondern vor diesen wie vor Richtern zu reden, wenn etwas an (meiner) Amtsführung nicht korrekt gewesen ist.«

259 Während ich noch so sprach, riefen alle wie mit einer Stimme und nannten mich »Wohltäter« und »Retter«,[227] für mein Handeln in der Vergangenheit gaben sie Zeugnis, und für mein künftiges Handeln ermutigten sie mich; alle schworen, ihre Frauen seien unbehelligt geblieben, und ihnen selbst sei niemals irgendwelches Leid von meiner Seite geschehen. **260** Danach las ich zwei von den Briefen Jonatans und seiner Leute, die die von mir postierten Wachen abgefangen und mir zugesandt hatten, den Galiläern vor, Briefe,

---

[225] Vgl. Dtn. 19,15; Bill. 1,790; van Vilet 1959, 26–30; Feldman 1984a, 499; Pearce 2000.
[226] Vgl. Anm. 26 im Anhang.
[227] Vgl. Anm. 223.

παρανεγίνωσκον τοῖς Γαλιλαίοις, πολλῶν βλασφημιῶν πλήρεις καὶ καταψευδομένας, ὅτι τυραννίδι μᾶλλον ἢ στρατηγίᾳ χρῶμαι κατ' αὐτῶν. **261** ἕτερά τε πολλὰ πρὸς τούτοις ἐνεγέγραπτο μηδὲν παραλιπόντων ἀναισχύντου ψευδολογίας. ἔφην δ' ἐγὼ πρὸς τὸ πλῆθος τὰ γράμματα λαβεῖν δόντων ἑκουσίως τῶν κομιζόντων· οὐ γὰρ ἐβουλόμην [...]³³⁰ τὰ περὶ τὰς φρουρὰς τοὺς ἐναντίους εἰδέναι, μὴ δείσαντες τοῦ γράφειν ἀποστῶσιν.

262 Ταῦτ' ἀκοῦσαν τὸ πλῆθος σφόδρα παροξυνθὲν ἐπὶ τὸν Ἰωνάθην ὥρμα καὶ τοὺς σὺν αὐτῷ συμπαρόντας ὡς διαφθεροῦντες· κἂν ἐπεπράχεισαν τὸ ἔργον, εἰ μὴ τοὺς μὲν Γαλιλαίους ἔπαυσα τῆς ὀργῆς·³³¹ τοῖς περὶ τὸν Ἰωνάθην δ' ἔφην συγγινώσκειν τῶν ἤδη πεπραγμένων, εἰ μέλλοιεν μετανοήσειν καὶ πορευθέντες εἰς τὴν πατρίδα λέγοιεν τοῖς πέμψασι τἀληθῆ περὶ τῶν ἐμοὶ πεπολιτευμένων. **263** ταῦτ' εἰπὼν ἀπέλυον αὐτοὺς καίτοι γινώσκων, ὅτι μηδὲν ὧν ὑπέσχηντο³³² ποιήσουσιν. τὸ πλῆθος δ' εἰς ὀργὴν ἐξεκαίετο κατ' αὐτῶν κἀμὲ παρεκάλουν ἐπιτρέπειν αὐτοῖς τιμωρήσασθαι τοὺς³³³ τοιαῦτα τολμήσαντας. **264** παντοῖος μὲν οὖν³³⁴ ἐγινόμην πείθων αὐτοὺς φείσασθαι τῶν ἀνδρῶν· πᾶσαν γὰρ ᾔδειν στάσιν ὀλέθριον³³⁵ οὖσαν τοῦ κοινῇ συμφέροντος. τὸ δὲ πλῆθος ἔσχεν τὴν κατ' αὐτῶν ὀργὴν ἀμετάβλητον, καὶ πάντες ὥρμησαν ἐπὶ τὴν οἰκίαν, ἐν ᾗ κατήγοντο³³⁶ οἱ περὶ τὸν Ἰωνάθην. **265** ἐγὼ δὲ συνορῶν τὴν ὁρμὴν οὖσαν αὐτῶν ἀνεπίσχετον ἀναπηδήσας ἐφ' ἵππον ἐκέλευσα τοῖς πλήθεσιν πρὸς Σωγάνην³³⁷ κώμην ἕπεσθαι, Γαβάρων ἀπέχουσαν εἴκοσι στάδια. καὶ τοιούτῳ στρατηγήματι χρησάμενος παρέσχον ἐμαυτῷ τὸ μὴ δοκεῖν ἐμφυλίου πολέμου κατάρχειν.

266 Ἐπεὶ δὲ περὶ τὰς Σωγαναίας³³⁸ ἐγενόμην, ἐπιστήσας τὸ πλῆθος καὶ παραινέσει χρησάμενος περὶ τοῦ μὴ πρὸς τὰς ὀργὰς καὶ ταῦτ' ἐπ' ἀνηκέστοις τιμωρίαις ὀξέως φέρεσθαι, κελεύω τοὺς καθ' ἡλικίαν ἤδη προβεβηκότας καὶ πρώτους παρ' αὐτοῖς ἑκατὸν ἄνδρας ὡς *πορευσομένους*³³⁹ εἰς τὴν Ἱεροσολυμιτῶν πόλιν εὐτρεπί-

---

PBRAMW

³³⁰ αὐτοὺς codd. : secl. Bᴇᴋᴋᴇʀ   ³³¹ ὀρμῆς Hᴀɴsᴇɴ 1998, 153 (sed cf. V 100)
³³² ὑπέσχοντο R   ³³³ τὰ add. PMW
³³⁴ om. PBR; cf. Wᴇɴᴅʟᴀɴᴅ, Deutsche Litteraturzeitung 1892, 1267
³³⁵ ὄλεθρον MW   ³³⁶ κατέλυον RAMW
³³⁷ σωγάνιν P : σαγάνην R : σωγάνειαν Aᵐ
³³⁸ τὰς σωγανέας AMW : τὴν σωγάνην R : τοὺς σωγανέας Hᴜᴅsᴏɴ; cf. V 188
³³⁹ Bᴇᴋᴋᴇʀ : πορευομένους codd.

die voll waren von Verleumdungen und fälschlich behaupteten, dass ich eher als Tyrann gegen sie denn als Feldherr auftrete. **261** Noch vieles mehr stand in diesen Briefen, deren Verfasser keine Möglichkeit zu schamloser Verleumdung ausgelassen hatten. Ich sagte aber zu der Menge, ich hätte die Briefe erhalten, weil ihre Überbringer sie von sich aus gaben; ich wollte [...] nicht, dass die Gegner etwas von den Wachtposten erführen, damit sie nicht vor weiterem Briefesenden abließen.

262 Als die Menge dies vernahm, erregte sie sich mächtig und stürmte auf Jonatan und die mit ihm Anwesenden los, um sie zu töten; und sie hätten es auch getan, wenn ich den Zorn der Galiläer nicht gedämpft hätte; ich sagte nämlich, ich würde Jonatan und seinen Leuten das verzeihen, was sie bisher getan hätten, sofern sie andern Sinnes würden und, in ihre Heimat zurückkehrend, denen, die sie gesandt hatten, die Wahrheit über meine bisherige Amtsführung mitteilten. **263** Mit diesen Worten entließ ich sie, wohl wissend, dass sie nichts von dem, was sie versprochen hatten, tun würden. Die Menge aber steigerte sich in ihrem Zorn auf sie und bat mich um die Erlaubnis, sich an denjenigen zu rächen, die solche Dreistigkeit vollbracht hatten. **264** Da redete ich ihnen auf jede mögliche Weise zu, die Männer zu verschonen, wusste ich doch, dass jeder Zwist für das gemeinsame Wohl verderblich ist. Die Menge jedoch war von ihrem Zorn gegen sie nicht abzubringen: alle stürmten zu dem Haus, in dem Jonatan und seine Leute abgestiegen waren. **265** Weil ich nun erkennen musste, dass ihr Drang nicht aufzuhalten war, sprang ich auf ein Pferd und gab den Massen Befehl, mir in das Dorf Sochanai zu folgen, das zwanzig Stadien von ʿArab entfernt ist. Mit dieser List versetzte ich mich in die Lage, nicht als Urheber eines Bürgerkrieges zu erscheinen.[228]

266 In der Nähe von Sochanai angekommen, ließ ich die Menge halt machen, richtete zunächst an sie eine Ermahnung, sie sollten sich nicht zu Zornestaten hinreißen lassen, und schon gar nicht zu Racheakten, die nicht mehr rückgängig zu machen seien, und gab dann Anweisung, hundert Männer, die gesetzten Alters und die Angesehensten bei ihnen seien, sollten sich fertig machen, in die Stadt Jerusalem aufzubrechen, um dort Beschwerde zu führen vor der Bürgerschaft gegen diejenigen, die die Gegend in Aufruhr brächten:

---

[228] COHEN 1979, 215 vermutet, dass Josephus in V 242–265 eine militärische Niederlage gegen die Jerusalemer Gesandtschaft und ihre Truppen, die er bei ʿArab erlitten hat, apologetisch übermalt. Zu dem in V 266–270 erwähnten diplomatischen Schritt habe er sich erst entschlossen, als er, mit knapper Not nach Šoḥin entkommen, die Aussichtslosigkeit einer militärischen Auseinandersetzung mit seinen Gegnern einsehen musste. Derartige historische Mutmaßungen werden jedoch durch den rhetorischen Charakter der *Vita* (MASON 1998a) erheblich erschwert.

ζεσθαι, μέμψιν ποιησομένους ἐπὶ τοῦ δήμου τῶν τὴν χώραν³⁴⁰ διαστασιαζόντων. **267** »καὶ ἐὰν ἐπικλασθῶσιν,« ἔφην, »πρὸς τοὺς λόγους ὑμῶν, παρακαλέσατε τὸ κοινὸν γράψαι πρὸς ἐμὲ μένειν κελεύοντας ἐπὶ τῆς Γαλιλαίας,³⁴¹ τοὺς δὲ περὶ τὸν Ἰωνάθην ἀναχωρεῖν ἐκεῖθεν.« **268** ταύτας αὐτοῖς τὰς ὑποθήκας δούς, ἐναρμοσαμένων τε ταχέως ἐκείνων, ἡμέρᾳ τρίτῃ μετὰ τὴν ἐκκλησίαν τὴν ἀποστολὴν ἐποιησάμην, συμπέμψας ὁπλίτας πεντακοσίους. **269** ἔγραψα δὲ καὶ τοῖς ἐν Σαμαρείᾳ φίλοις προνοήσασθαι τοῦ ἀσφαλῆ γενέσθαι τὴν πορείαν αὐτοῖς· ἤδη γὰρ ὑπὸ Ῥωμαίοις ἦν ἡ Σαμάρεια καὶ πάντως ἔδει τοὺς ταχὺ βουλομένους ἀπελθεῖν³⁴² δι' ἐκείνης πορεύεσθαι· τρισὶν γὰρ³⁴³ ἡμέραις ἀπὸ Γαλιλαίας ἔνεστιν οὕτως εἰς Ἱεροσόλυμα καταλῦσαι. **270** συμπαρέπεμψα δὲ τοὺς πρέσβεις κἀγὼ μέχρι τῶν τῆς Γαλιλαίας ὅρων, φυλακὰς ἐπιστήσας ταῖς ὁδοῖς ὑπὲρ τοῦ μὴ ῥᾳδίως τινὰ μαθεῖν ἀπαλλαττομένους. καὶ ταῦτα πράξας ἐν Ἰάφοις τὴν διατριβὴν ἐποιούμην.

271 Οἱ δὲ περὶ τὸν Ἰωνάθην διαμαρτόντες τῆς κατ' ἐμοῦ πράξεως Ἰωάννην ἀπέλυσαν εἰς τὰ Γίσχαλα, αὐτοὶ δ' εἰς τὴν Τιβεριέων πόλιν πεπόρευντο³⁴⁴ λήψεσθαι προσδοκῶντες αὐτὴν ὑποχείριον, ἐπειδὴ καὶ Ἰησοῦς ὁ κατὰ τὸν καιρὸν τοῦτον *ἐκείνων ἄρχων*³⁴⁵ ἐγεγράφει πρὸς αὐτούς, πείσειν ἐπαγγελλόμενος τὸ πλῆθος ἐλθόντας ὑποδέχεσθαι καὶ αὐτοῖς ἑλέσθαι προστεθῆναι. **272** ἐκεῖνοι μὲν οὖν ἐπὶ τοιαύταις ἐλπίσιν ἀπῆλθον· ἀπαγγέλλει δέ μοι ταῦτα Σίλας διὰ γραμμάτων, ὃν ἔφην τῆς Τιβεριάδος ἐπιμελητὴν καταλελοιπέναι, καὶ σπεύδειν ἠξίου. κἀγὼ ταχέως ὑπακούσας αὐτῷ καὶ παραγενόμενος εἰς κίνδυνον ἀπωλείας κατέστην ἐξ αἰτίας τοιαύτης· **273** Οἱ περὶ τὸν Ἰωνάθην γενόμενοι παρὰ τοῖς Τιβεριεῦσιν καὶ πολλοὺς πείσαντες ἀποστῆναί μου διαφόρους ὄντας, ὡς ἤκουσαν τὴν ἐμὴν παρουσίαν, δείσαντες περὶ ἑαυτῶν ἧκον πρὸς ἐμέ, καὶ ἀσπασάμενοι μακαρίζειν ἔλεγον οὕτως περὶ τὴν Γαλιλαίαν ἀνα-

³⁴⁰ αὐτῶν add. RMW   ³⁴¹ τῇ γαλιλαίᾳ PBRA
³⁴² ἀνελθεῖν (sc. εἰς Ἱεροσόλυμα) Herwerden 1893, 326
³⁴³ om. PB
³⁴⁴ ἐπορεύοντο B : ἐπορεύθησαν R
³⁴⁵ Dindorf : ἐκεῖνον ἄρχων (om. τοῦτον) MW : τοῦτον ἄρχων (om. ἐκείνων) RA
: om. PB (Niese om. ὁ ante κατά)

267 »Und wenn sie sich von euren Worten umstimmen lassen«, so sagte ich, »dann bittet die Versammlung, sie soll mir eine schriftliche Anweisung schikken, dass ich in Galiläa zu bleiben, Jonatan und seine Leute aber von dort zurückzukehren hätten.« **268** Nachdem ich ihnen diese Anweisungen gegeben und sie rasch ihre Vorbereitungen geleistet hatten, entsandte ich sie am dritten Tag nach der Volksversammlung, und gab ihnen noch fünfhundert Bewaffnete mit. **269** Ich schrieb aber auch den Vertrauten in Samarien, sie sollten für den sicheren Ablauf ihrer Reise sorgen; denn schon war Samarien in der Hand der Römer[229] und es musste, wer schnell wieder heimkehren wollte, auf jeden Fall durch dieses Gebiet reisen: So ist es möglich, von Galiläa aus innerhalb von drei Tagen in Jerusalem anzukommen.[230] **270** Ich begleitete die Gesandten meinerseits bis an die Grenzen Galiläas und postierte Wachen auf den Wegen, damit nicht leicht jemand von ihrer Abreise erführe. Daraufhin bezog ich Quartier in Jafa.

271–275 Die Jonatan-Gruppe stellt Josephus erneut eine Falle[231]

271 Jonatan und seine Leute aber, deren Anschlag gegen mich fehlgegangen war, entließen Joḥanan nach Giš-Ḥalab; selbst waren sie bereits in die Stadt Tiberias aufgebrochen, in der Erwartung, sie in die Hand zu bekommen, da ja nachdem gerade Ješu, der zu jener Zeit dort Ratsvorsteher war, ihnen schriftlich angekündigt hatte, er werde die Menge dahin bringen, ihnen bei ihrer Ankunft einen guten Empfang zu bereiten und sich auf ihre Seite zu schlagen. **272** In derartigen Hoffnungen also zogen sie los; doch Šeʾila meldete mir das alles schriftlich, jener, von dem ich oben gesagt habe,[232] dass ich ihn als meinen Stellvertreter in Tiberias gelassen hatte, und er riet mir zur Eile. Ich folgte rasch seinem Rat, kam hin – und geriet in Lebensgefahr, aus folgender Ursache:
273 Jonatan und seine Leute, in Tiberias angekommen, hatten viele überredet, von mir abzufallen, die mit mir uneins waren; als sie nun von meiner Ankunft hörten, fürchteten sie um sich selbst und kamen zu mir, grüßten mich und sprachen mir für mein Verhalten in Galiläa großes Lob aus: Es freue auch sie, dass ich in Ehren stehe; **274** ein Schmuck für sie selbst, so

---

[229] Bezieht sich diese Notiz auf eine Militäraktionen des Cestius, die Josephus in B nicht erwähnt hat? Die in B 3:307–315 berichtete Niederschlagung eines Aufstandes in Samarien (vgl. dazu Zangenberg 1994, 89f.) war späteren Datums (vgl. B 3:312.315).
[230] Vgl. Anm. 20 im Anhang.
[231] Vgl. V 84–103 und Anm. 110.
[232] Vgl. V 89.

στραφέντα, συνήδεσθαί τε διὰ τιμῆς ἀγομένῳ· **274** κόσμον γὰρ ἑαυτῶν εἶναι τὴν ἐμὴν δόξαν ἔφασαν, ὡς ἂν διδασκάλων τέ μου γενομένων καὶ πολιτῶν ὄντων, δικαιοτέραν τε τῆς Ἰωάννου τὴν ἐμὴν πρὸς αὐτοὺς φιλίαν ὑπάρχειν ἔλεγον, καὶ σπεύδειν μὲν εἰς τὴν οἰκείαν ἀπελθεῖν, περιμένειν δ' ἕως[346] ὑποχείριον τὸν Ἰωάννην ἐμοὶ ποιήσωσιν. **275** καὶ ταῦτα λέγοντες ἐπώμοσαν τοὺς φρικωδεστάτους ὅρκους παρ' ἡμῖν, δι' οὓς ἀπιστεῖν οὐ θεμιτὸν ἡγούμην. καὶ δὴ παρακαλοῦσίν με τὴν κατάλυσιν ἀλλαχοῦ ποιήσασθαι διὰ τὸ τὴν ἐπιοῦσαν ἡμέραν εἶναι σάββατον· ὀχλεῖσθαι δὲ μὴ δεῖν ὑπ' αὐτῶν τὴν πόλιν τῶν Τιβεριέων ἔφασκον.

276 Κἀγὼ μηδὲν ὑπονοήσας ἐς τὰς Ταριχαίας ἀπῆλθον καταλιπὼν ὅμως ἐν τῇ πόλει τοὺς πολυπραγμονήσοντας, τί περὶ ἡμῶν λέγοιτο. διὰ πάσης δὲ τῆς ὁδοῦ τῆς ἀπὸ Ταριχαιῶν εἰς Τιβεριάδα φερούσης ἐπέστησα πολλούς, ἵνα μοι δι' ἀλλήλων σημαίνωσιν ἅπερ ἂν παρὰ τῶν ἐν τῇ πόλει καταλειφθέντων πύθωνται. **277** κατὰ τὴν ἐπιοῦσαν οὖν ἡμέραν συνάγονται πάντες εἰς τὴν προσευχήν, μέγιστον[347] οἴκημα καὶ πολὺν ὄχλον ἐπιδέξασθαι δυνάμενον. εἰσελθὼν δὲ ὁ Ἰωνάθης φανερῶς μὲν περὶ τῆς ἀποστάσεως οὐκ[348] ἐτόλμα λέγειν, ἔφη δὲ στρατηγοῦ κρείττονος χρείαν τὴν πόλιν αὐτῶν ἔχειν. **278** Ἰησοῦς δ' ὁ ἄρχων οὐδὲν ὑποστειλάμενος ἀναφανδὸν εἶπεν· »ἄμεινόν ἐστιν, ὦ πολῖται, τέσσαρσιν ἡμᾶς ἀνδράσιν ὑπακούειν ἢ ἑνί, καὶ κατὰ γένος λαμπροῖς καὶ κατὰ σύνεσιν οὐκ ἀδόξοις.« ὑπεδείκνυε δὲ τοὺς περὶ Ἰωνάθην. **279** ταῦτ' εἰπόντα τὸν Ἰησοῦν ἐπῄνει παρελθὼν Ἰοῦστος καί τινας ἐκ τοῦ δήμου συνέπειθεν. οὐκ ἠρέσκετο δὲ τοῖς λεχθεῖσιν τὸ πλῆθος καὶ πάντως ἂν εἰς στάσιν ἐχώρησαν, εἰ μὴ τὴν σύνοδον διέλυσεν ἐπελθοῦσα ἕκτη ὥρα, καθ' ἣν τοῖς σάββασιν ἀριστοποιεῖσθαι νό-

---

Fontes: **276 – 278** Iustus Tib.

P B R A M W

[346] DINDORF : δὲ ὡς codd.
[347] μέγιστον ὂν HANSEN 1998, 153
[348] οὐκέτ' HANSEN 1998, 153

sagten sie, sei die Ehre, die ich genösse; seien sie doch sozusagen meine Lehrer geworden[233] und jedenfalls meine (Jerusalemer) Mitbürger. Begründeter
als Joḥanans Freundschaft zu ihnen – so sagten sie ferner – sei die meinige;
und obwohl sie es mit der Heimkehr eilig hätten, wollten sie ausharren, bis sie
mir Joḥanan ausgeliefert hätten. **275** Diese Worte beschworen sie mit den
schrecklichsten Eiden, die es bei uns gibt, und deretwegen ich es nicht für
erlaubt hielt, Misstrauen zu hegen. Zunächst aber baten sie mich, mein Quartier anderswo aufzuschlagen, weil der nächste Tag ein Sabbat sei; sie gaben
vor, die Stadt Tiberias dürfe nicht von den Einquartierten[234] behelligt werden.

276–308 Ein lebensgefährlicher Auftritt in der Synagoge von Tiberias

276 Ich zog arglos ab nach Tarichaeae, wobei ich jedoch in der Stadt einige
Leute zurückließ, die auskundschaften sollten, was über uns geredet würde.
Den ganzen Weg entlang, der von Tarichaeae nach Tiberias führt, postierte
ich zahlreiche Leute, die mir stafettenweise hinterbringen sollten, was sie von
den in der Stadt Zurückgelassenen erführen. **277** Am folgenden Tag nun kamen alle im Bethaus[235] zusammen, einem mächtigen Gebäude, das eine große
Menge aufzunehmen vermochte. Dort eintretend, wagte Jonatan nicht, offen
von Abfall[236] zu reden, sagte aber, ihre Stadt habe einen besseren Kommandanten nötig. **278** Ješu indes, der Ratsvorsteher, verheimlichte nichts, sondern sagte geradeheraus: »Es ist besser, Mitbürger, wenn wir vier Männern
gehorchen als nur einem, zumal sie von edler Abkunft sind und hochberühmt
für ihre Verstandeskraft« – damit meinte er Jonatan und seine Leute. **279** Als
Ješu das gesagt hatte, trat Justus vor, stimmte ihm bei und überzeugte damit
auch einige aus dem versammelten Volk. Die Mehrheit jedoch stimmte diesen
Worten nicht zu[237] und wäre bestimmt in Aufruhr geraten, wenn der Versammlung nicht das Herannahen der sechsten Stunde[238] ein Ende gesetzt hätte, zu welcher es bei uns am Sabbat vorgeschrieben ist,[239] das Mittagessen[240]

---

[233] Vgl. Anm. 21 im Anhang.
[234] D. h. von Josephus' Leuten.
[235] Vgl. Anm. 22 im Anhang.
[236] Nämlich von Josephus. Josephus lässt wohl absichtsvoll mehrfach in der Schwe-
be, ob er den Abfall von der römischen Herrschaft oder seiner eigenen Befehlsgewalt meint. Damit suggeriert er eine gemeinsame Frontstellung gegen die Aufständischen; vgl. auch KRIEGER 1999b, 206–209.
[237] Auch nach 289. 298f. 300f. 303 hatte Josephus die Mehrzahl der Tiberienser auf
seiner Seite. Vgl. dagegen V 327–330, wo sich die Tiberienser geschlossen gegen
Josephus stellen. Es dürfte sich jeweils um unterschiedlich arrangierte Kulissen
für die Selbstdarstellung des Josephus als genialen Strategen handeln. Deshalb ist
es unangemessen, wenn COHEN 1979, 220 anhand von V 327–330 Aussagen über
den Wahrheitsgehalt der übrigen Texte macht.
[238] D. i. die sechste Stunde nach Sonnenaufgang; vgl. Anm. 214.
[239] Dies ist keine Toravorschrift, jedoch »halachisch geformte Praxis« (DOERING

μιμόν ἐστιν ἡμῖν. καὶ οἱ περὶ τὸν Ἰωνάθην εἰς τὴν ἐπιοῦσαν ὑπερθέμενοι τὴν βουλὴν ἀπῄεσαν ἄπρακτοι. **280** εὐθὺς δέ μοι τούτων ἀπαγγελθέντων πρωῒ διέγνων εἰς τὴν Τιβεριέων πόλιν ἀφικέσθαι· καὶ τῇ ἐπιούσῃ περὶ πρώτην[349] ὥραν ἧκον ἀπὸ τῶν Ταριχαιῶν, καταλαμβάνω δὲ συναγόμενον ἤδη τὸ πλῆθος εἰς τὴν προσευχήν· ἐφ' ὅ τι δ' ἦν αὐτοῖς ἡ σύνοδος οὐκ ἐγίνωσκον οἱ συλλεγόμενοι. **281** οἱ δὲ περὶ τὸν Ἰωνάθην ἀπροσδοκήτως θεασάμενοί με παρόντα διεταράχθησαν. εἶτ' ἐπινοοῦσιν διαδοῦναι λόγον, ὅτι Ῥωμαίων ἱππεῖς ἐν τῇ μεθορίῳ πόρρω τριάκοντα σταδίων ἀπὸ τῆς πόλεως,[350] κατὰ τόπον λεγόμενον Ὁμόνοιαν, εἰσὶν ἑωραμένοι. **282** καὶ προσαγγελθέντων τούτων ἐξ ὑποβολῆς, παρεκάλουν οἱ περὶ τὸν Ἰωνάθην μὴ περιιδεῖν ὑπὸ τῶν πολεμίων λεηλατουμένην αὐτῶν τὴν γῆν. ταῦτα δ' ἔλεγον δι' ἐννοίας ἔχοντες ἐμὲ προφάσει τῆς κατεπειγούσης βοηθείας μεταστήσαντες αὐτοὶ τὴν πόλιν ἐχθράν μοι κατασκευάσαι.

283 Ἐγὼ δὲ καίπερ εἰδὼς αὐτῶν τὸ ἐνθύμημα ὅμως ὑπήκουσα, μὴ δόξαν παράσχω τοῖς Τιβεριεῦσιν οὐ προνοούμενος[351] αὐτῶν τῆς ἀσφαλείας. ἐξῆλθον οὖν, καὶ γενόμενος κατὰ τὸν τόπον, ὡς οὐδ' ἴχνος πολεμίων εὖρον, ὑποστρέφω συντόνως ὁδεύσας, **284** καὶ καταλαμβάνω τήν τε βουλὴν πᾶσαν συνεληλυθυῖαν καὶ τὸν δημοτικὸν ὄχλον, ποιουμένους τε πολλὴν κατηγορίαν μου τοὺς περὶ τὸν Ἰωνάθην, ὡς τοῦ μὲν τὸν πόλεμον ἐπελαφρύνειν αὐτοῖς ἀμελοῦντος,[352] ἐν τρυφαῖς δὲ διάγοντος. **285** ταῦτα δὲ λέγοντες προύφερον ἐπιστολὰς τέσσαρας ὡς ἀπὸ[353] τῶν ἐν τῇ μεθορίᾳ τῆς Γαλιλαίας γεγραμμένας πρὸς αὐτούς, ἐπὶ βοήθειαν ἥκειν παρακαλούντων – Ῥωμαίων γὰρ δύναμιν μέλλειν ἱππέων τε καὶ πεζῶν εἰς τρίτην ἡμέραν τὴν χώραν αὐτῶν λεηλατεῖν – ἐπισπεύδειν τε καὶ μὴ περιοφθῆναι δεομένων. **286** ταῦτ' ἀκούσαντες οἱ Τιβεριεῖς, λέγειν ἀληθῆ δόξαντες αὐτούς, καταβοήσεις ἐποιοῦντο, μὴ καθέζεσθαί με δεῖν λέγοντες, ἀλλ' ἀπελθεῖν ἐπικουρήσοντα τοῖς ὁμοεθνέσιν αὐτῶν. **287** πρὸς ταῦτ' ἐγώ – συνῆκα γὰρ τὴν ἐπίνοιαν

P B R A M W

[349] τὴν PBRA (B spatio ante ὥραν vacuo) : τρίτην Niese
[350] πόρρω τῆς πόλεως ἀπὸ τριάκοντα σταδίων transp. Herwerden; cf. Schmidt 1893, 394 et V 395 : πόρρω secl. et ἀπὸ transp. ante τριάκοντα Schreckenberg
[351] προνοουμένου Güting; cf. A 1:197; 6:18; 14:457; 18:236
[352] ἀνενδοῦντος P : μέλλοντος ἀμελοῦντος Niese
[353] ὑπὸ Naber

einzunehmen. So vertagten Jonatan und seine Leute die Beratungen auf den nächsten Tag und zogen unverrichteter Dinge ab. **280** Sofort wurde mir das gemeldet, und ich beschloss, mich am frühen Morgen nach Tiberias zu begeben; so kam ich Tags drauf zur ersten Morgenstunde[241] von Tarichaeae und fand die Menge bereits in der Synagoge versammelt vor; zu welchem Zweck die Zusammenkunft gehalten wurde, wussten jedoch die Versammelten nicht. **281** Als Jonatan und seine Leute meine unerwartete Anwesenheit gewahrten, erschraken sie heftig. Da fiel es ihnen ein, das Gerücht auszustreuen, römische Reiter seien im Grenzgebiet,[242] dreißig Stadien von der Stadt in einem Ort namens Homonoia gesehen worden. **282** Als diese Falschmeldung ausgestreut war, mahnten Jonatan und seine Leute, es nicht zuzulassen, dass die Feinde ihr Land plünderten. Das sagten sie in der Absicht, mich unter dem Vorwand einer dringenden Hilfeleistung fortzubekommen und dann selber mir die Stadt zum Feind zu machen.

283 Obwohl ich wusste, was sie im Sinne trugen, leistete ich ihnen Folge, um bei den Tiberiensern nicht den Eindruck zu erwecken, ich kümmerte mich nicht um ihre Sicherheit. Ich zog also ab, kam an den Ort, finde keine Spur von Feinden, kehre im Eilmarsch zurück **284** und finde den ganzen Rat versammelt vor und auch die Volksmenge, dazu Jonatan und seine Leute, wie sie mich wortreich beschuldigen, ich tue nichts, ihnen die Kriegslasten leichter zu machen, lebe aber selbst im Luxus. **285** Während dieser Reden brachten sie vier Briefe zum Vorschein, angeblich von den Leuten im Grenzgebiet Galiläas an sie geschrieben, worin sie Hilfe anforderten – ein Reiter- und Fußheer der Römer schicke sich nämlich an, in drei Tagen ihr Land zu plündern –; sie baten, sich zu beeilen und die Sache nicht geschehen zu lassen. **286** Das hörten die Tiberienser, und in der Meinung, man sage ihnen die Wahrheit, schrieen sie auf mich ein, ich dürfe nicht untätig dasitzen, sondern müsse losgehen, um ihren Volksgenossen[243] zur Hilfe zu kommen. **287** Darauf er-

---

1999, 495). Zum Problem einer mündlichen Tora vor 70 n. Chr. vgl. Anm. 154.

[240] Vgl. A 5:190. Wurde diese Mahlzeit in der Synagoge eingenommen (BILDE 1999, 23 mit Anm. 26: vgl. B 2:129–133; A 14:216; 16:164; PHILON, *VitCont*. 67–89)? Dass die Versammlung nach dem Mahl nicht fortgesetzt wird, hat wohl lediglich pragmatische Gründe. An politischen Diskussionen am Sabbat nimmt Josephus jedenfalls keinen Anstoß (DOERING 1999, 496f. mit Anm. 83). Rabbin. und Qumrantexte, die das Reden über Alltagsdinge am Sabbat verbieten, bei DOERING, a.a.O.

[241] D. i. die erste Stunde nach Sonnenaufgang; vgl. Anm. 214.

[242] Nach MÖLLER / SCHMITT 1976, 150 ist die durch den Jordan markierte Ostgrenze Galiläas gemeint, die dort, wo sie an das Südufer des Sees trifft, 30–40 Stadien von Tiberias entfernt liegt.

[243] D. h. wohl den Galiläern. Mittelsmann zwischen galiläischer Landbevölkerung und Tiberiensern, die sich sonst feindlich gegenüber standen (V 98–100; 381–389), war Ješu b. Šafai (vgl. das Eigennamenregister).

τῶν περὶ τὸν Ἰωνάθην – ὑπακούσεσθαι μὲν ἔφην ἑτοίμως καὶ
χωρὶς ἀναβολῆς ὁρμήσειν πρὸς τὸν πόλεμον ἐπηγγειλάμην, συνεβούλευον δ᾽ ὅμως, ἐπεὶ τὰ γράμματα κατὰ τέσσαρας τόπους
Ῥωμαίους σημαίνει προσβαλεῖν, εἰς πέντε μοίρας διελόντας τὴν
δύναμιν ἑκάστῃ τούτων ἐπιστῆσαι τοὺς περὶ τὸν Ἰωνάθην καὶ
τοὺς ἑταίρους αὐτοῦ· **288** πρέπειν γὰρ ἀνδράσιν ἀγαθοῖς μὴ μόνον
συμβουλεύειν, ἀλλὰ καὶ³⁵⁴ χρείας ἐπειγούσης ἡγουμένους βοη-
θεῖν· ἐγὼ γὰρ πλὴν μιᾶς μοίρας οὐκ ἔφην ἀφηγεῖσθαι δυνατὸς εἶναι.
289 σφόδρα τῷ πλήθει συνήρεσεν ἡ ἐμὴ³⁵⁵ συμβουλία· κἀκείνους
οὖν ἠνάγκαζον ἐπὶ τὸν πόλεμον ἐξιέναι. τοῖς δ᾽ οὔτι μετρίως συν-
εχύθησαν αἱ γνῶμαι μὴ κατεργασαμένοις ἃ διενοήθησαν, ἐμοῦ
τοῖς ἐπιχειρήμασιν αὐτῶν ἀντιστρατηγήσαντος.

290 Εἷς δέ τις ἐξ αὐτῶν Ἀνανίας τοὔνομα, πονηρὸς ἀνὴρ καὶ
κακοῦργος, εἰσηγεῖτο³⁵⁶ τοῖς πλήθεσι πανδημεὶ νηστείαν εἰς τὴν
ἐπιοῦσαν τῷ θεῷ προθέσθαι καὶ κατὰ τὴν αὐτὴν ὥραν ἐκέλευεν
εἰς τὸν αὐτὸν τόπον ἀνόπλους παρεῖναι, τῷ θεῷ φανερὸν ποιή-
σοντας, ὅτι μὴ τῆς παρ᾽ ἐκείνου τυγχάνοντες βοηθείας πᾶν ὅπλον
ἄχρηστον εἶναι νομίζουσιν. **291** ταῦτα δ᾽ ἔλεγεν οὐ δι᾽ εὐσέβειαν,
ἀλλ᾽ ὑπὲρ τοῦ λαβεῖν ἄνοπλόν με καὶ τοὺς ἐμούς. κἀγὼ δι᾽
ἀνάγκην ὑπήκουον, μὴ δόξω καταφρονεῖν τῆς περὶ τὴν εὐσέβειαν
ὑποθήκης. **292** ὡς οὖν ἀνεχωρήσαμεν ἐπὶ τὰ ἑαυτῶν, οἱ μὲν περὶ
τὸν Ἰωνάθην γράφουσι τῷ Ἰωάννῃ πρὸς αὐτοὺς ἕωθεν ἀφικέσθαι
κελεύοντες μεθ᾽ ὅσων ἂν στρατιωτῶν δυνηθῇ· λήψεσθαι γὰρ εὐθύς με³⁵⁷ ὑποχείριον καὶ ποιήσειν ἅπερ³⁵⁸ ἔχει δι᾽ εὐχῆς. δεξάμενος
δὲ τὴν ἐπιστολὴν ἐκεῖνος ὑπακούειν ἔμελλεν. **293** ἐγὼ δὲ τῆς ἐπ-
ιούσης ἡμέρας δύο τῶν περὶ ἐμὲ σωματοφυλάκων, τοὺς κατ᾽ ἀν-
δρείαν δοκιμωτάτους καὶ κατὰ πίστιν βεβαίους, κελεύω ξιφίδια
κρύψαντας ὑπὸ τὰς ἐσθῆτας ἐμοὶ συμπροελθεῖν, ἵν᾽ εἰ γένοιτο
παρὰ τῶν ἐχθρῶν ἐπίθεσις, ἀμυνώμεθα. θώρακα δ᾽ ἔλαβον αὐτὸς
καὶ μάχαιραν ὑπεζωσάμην ὡς οἷόν τ᾽ ἦν ἀφανέστατα, καὶ ἦλθον
εἰς τὴν προσευχήν.

P B R A M W

³⁵⁴ om. P
³⁵⁵ ἡ ᾽μὴ PA; cf. V 251 et Gross 1988, 54
³⁵⁶ εἰσήγετο PB : γνώμην εἰσῆγε R : γνώμην εἰσηγεῖτο Hansen 1998, 151
³⁵⁷ εὖ ἐμὲ PBAMW : γὰρ ἐμὲ Niese
³⁵⁸ ὅπερ PBAMW

klärte ich, der ich die Absicht Jonatans und seiner Leute durchschaute, ich
werde dem gerne entsprechen, und versprach, ohne Aufschub in den Krieg zu
ziehen; ich riet jedoch, da die Briefe anzeigten, an vier Stellen würden die
Römer heranrücken, unsere Streitmacht in fünf Teile zu gliedern und jedem
Truppenteil einen aus der Jonatangruppe samt (weiteren aus) seinen Vertrau-
ten an die Spitze zu setzen: **288** Tüchtigen Männern stehe es gut an, nicht nur
Ratschläge zu geben, sondern unter dem Druck der Notlage an führender
Stelle selbst helfend einzugreifen; denn ich selber, so erklärte ich, sei nicht in
der Lage, mehr als einen Heeresteil anzuführen. **289** Sehr gut gefiel der Men-
ge mein Rat: So zwang ich nun auch jene Leute, zum Kampf auszurücken.
Denen wurden ihre Pläne nicht wenig durcheinandergebracht: sie hatten ihre
Absicht nicht erreicht, da ich ihre Anschläge durchkreuzt hatte.

290 Einer von ihnen namens Ḥananja, ein übler Schurke, schlug der Menge vor, auf den folgenden Tag[244] öffentlich ein Fasten[245] Gott zu Ehren anzusetzen, und er wies sie an, zur selben Stunde[246] und am gleichen Ort unbewaffnet zur Stelle zu sein, um Gott zu bezeugen, dass sie ohne seine Hilfe
jegliche Waffe für nutzlos ansähen.[247] **291** Das sagte er aber nicht aus Frömmigkeit, sondern um mich und meine Leute unbewaffnet zu ergreifen. Da
fügte ich mich gezwungenermaßen, um nicht den Eindruck zu erwecken, ich
würde diesen Vorschlag zu solchem frommen Handeln missachten. **292** Als
wir nun wieder nach Hause gingen, schrieben Jonatan und seine Leute an
Johanan die Anweisung, gleich morgens zu ihnen zu kommen mit so vielen
Soldaten wie nur möglich; da werde er mich sogleich in seine Gewalt bekommen und mit mir ganz nach Wunsch verfahren können. Jener empfing den
Brief und war auch gleich bereit, dem Wunsch zu entsprechen. **293** Ich aber
befahl am nächsten Tage zwein meiner Leibwächter, die an Tapferkeit die
Bewährtesten und völlig zuverlässig waren, Dolche unter dem Gewand zu
verbergen und so mit mir gemeinsam hinzugehen, damit wir , wenn von
Seiten der Gegner ein Angriff käme, uns wehren könnten. Selber nahm ich
einen Brustpanzer und schnallte mir ein Schwert um, so unauffällig es ging,
und begab mich in die Synagoge.

---

[244] Vgl. Baumann 1973, 33 mit Anm. 6 (unter Hinweis auf mTaan 2,9 und Bill. 4/1,
89ff.): »Als Wochentag ergibt sich aus einem Vergleich mit den Angaben in 279,
280 (...), dass es sich um einen Montag gehandelt haben muss. Der Montag ist
auch nach der Mischna der Tag, an dem üblicherweise eine Reihe von Fasttagen
beginnt«.

[245] Vgl. Anm. 23 im Anhang.

[246] Vgl. V 280: Gemeint ist die erste Stunde (vgl. Anm. 214).»Auch die Mischna setzt
voraus, dass der Fasttag mit dem Morgengrauen beginnt, da man die Nacht
hindurch essen durfte, erst bei Verschärfung des Fastens wird auch die vorher-
gehende Nacht darin einbezogen« (Baumann 1973, 33f. Anm. 7 mit Hinweis auf
mTaan 1,4–6 und Bill. 4/1,83. 97).

[247] Konkret geht es um das in V 281.285.287 genannte Gerücht eines römischen
Angriffs.

294 Τοὺς μὲν οὖν σὺν ἐμοὶ πάντας ἐκκλεῖσαι προσέταξεν Ἰησοῦς ὁ ἄρχων, αὐτὸς γὰρ ταῖς θύραις ἐφειστήκει, μόνον δ’ ἐμὲ μετὰ τῶν φίλων εἰσελθεῖν εἴασεν. **295** ἤδη δ’ ἡμῶν τὰ νόμιμα ποιούντων καὶ πρὸς εὐχὰς τραπομένων, ἀναστὰς ὁ³⁵⁹ Ἰησοῦς περὶ τῶν ληφθέντων ἐκ τοῦ ἐμπρησμοῦ τῆς βασιλικῆς αὐλῆς σκευῶν καὶ³⁶⁰ τοῦ ἀσήμου ἀργυρίου ἐπυνθάνετό μου, παρὰ τίνι τυγχάνει κείμενα. ταῦτα δ’ ἔλεγεν διατρίβειν τὸν χρόνον βουλόμενος, ἕως ἂν ὁ Ἰωάννης παραγένηται. **296** κἀγὼ πάντα Καπέλλαν ἔχειν ἔφην³⁶¹ καὶ τοὺς δέκα πρώτους Τιβεριέων· »ἀνάκρινε³⁶² δ’ αὐτός,«³⁶³ εἶπον,³⁶⁴ »εἰ³⁶⁵ ψεύδομαι«. τῶν δὲ παρ’ ἑαυτοῖς εἶναι λεγόντων »οἱ δ’ εἴκοσιν«, εἶπεν, »χρυσοῖ, οὓς ἔλαβες πωλήσας τινὰ σταθμὸν ἀσήμου, τί γεγόνασιν;« **297** καὶ τούτους ἔφην δεδωκέναι πρέσβεσιν αὐτῶν ἐφόδιον πεμφθεῖσιν εἰς Ἱεροσόλυμα. πρὸς ταῦτα οἱ μὲν περὶ τὸν Ἰωνάθην οὐ καλῶς ἔφασαν πεποιηκέναι με δόντα τοῖς πρέσβεσιν τὸν μισθὸν ἐκ τοῦ κοινοῦ. **298** παροξυνθέντος δὲ τοῦ πλήθους ἐπὶ τούτοις – ἐνόησαν γὰρ τῶν ἀνθρώπων τὴν πονηρίαν – συνεὶς ἐγὼ στάσιν μέλλουσαν ἐξάπτεσθαι καὶ προσεξερεθίσαι μᾶλλον βουλόμενος τὸν δῆμον ἐπὶ τοὺς ἀνθρώπους, »ἀλλ’ εἴ γε μὴ ὀρθῶς,« εἶπον, »ἔπραξα δοὺς τὸν μισθὸν ἐκ τοῦ κοινοῦ τοῖς πρέσβεσιν ὑμῶν,³⁶⁶ παύεσθε³⁶⁷ χαλεπαίνοντες· ἐγὼ γὰρ τοὺς εἴκοσι χρυσοῦς αὐτὸς ἀποτίσω.«

299 Ταῦτ’ εἰπόντος, οἱ μὲν περὶ τὸν Ἰωνάθην ἡσύχασαν, ὁ δὲ δῆμος ἔτι μᾶλλον κατ’ αὐτῶν παρωξύνθη φανερὰν ἔργῳ δεικνυμένων³⁶⁸ τὴν ἄδικον πρὸς ἐμὲ δυσμένειαν. **300** συνιδὼν δὲ τὴν μεταβολὴν³⁶⁹ Ἰησοῦς τὸν μὲν δῆμον ἐκέλευεν ἀναχωρεῖν, προσμεῖναι δὲ τὴν βουλὴν ἠξίωσεν· οὐ γὰρ δύνασθαι θορυβουμένους περὶ πραγμάτων τοιούτων τὴν ἐξέτασιν ποιεῖσθαι. **301** τοῦ δὲ δήμου βοῶντος μὴ καταλείψειν παρ’ αὐτοῖς ἐμὲ μόνον, ἧκέν τις ἀγγέλλων κρύφα τοῖς περὶ τὸν Ἰησοῦν Ἰωάννην μετὰ τῶν ὁπλιτῶν πλησιάζειν. καὶ οἱ περὶ τὸν Ἰωνάθην οὐκέτι κατασχόντες αὐτούς – τάχα καὶ τοῦ θεοῦ προνοοῦντος τῆς ἐμῆς σωτηρίας, μὴ γὰρ ἂν γενομένου τούτου πάντως ὑπὸ τοῦ Ἰωάννου διεφθάρην –

P B R A M W

³⁵⁹ om. PBAMW　　³⁶⁰ ins. HUDSON　　³⁶¹ εἶπον R
³⁶² ἀνάκριναι R : ἀνακρῖναι BAMW　　³⁶³ αὐτοὺς PBAMW
³⁶⁴ ἔφην BRA　　³⁶⁵ οὐ PRAW
³⁶⁶ ἡμῶν HUDSON　　³⁶⁷ παύσασθε MW
³⁶⁸ ἐπιδεικνυμένων (om. ἔργῳ) AMW　　³⁶⁹ αὐτῶν add. P

294 Da befahl nun Ješu, der Ratsvorsteher, alle meine Begleiter ausschließen – er selbst hatte sich am Portal aufgestellt –; nur mich mit meinen Freunden ließ er eintreten. **295** Schon verfuhren wir nach dem Brauch[248] und hatten
begonnen zu beten, da stand Ješu auf und befragte mich über die bei der
Brandschatzung des Königspalastes[249] erbeuteten Sachen und über das unge-
münzte Silber, bei wem all das jetzt liege. Das sagte er aber, um Zeit zu
gewinnen, bis Johanan käme. **296** Ich gab an, das alles habe Capella samt
dem Zehnergremium[250] der Tiberienser: »Prüfe selbst«, sagte ich, »ob ich
lüge.« Als diese bestätigten, das sei bei ihnen, fragte er: »Und die zwanzig
Goldstücke, die du erhalten hast, als du ein Quantum ungemünzten (Silbers)
verkauftest, was ist aus denen geworden?« **297** Auch diese gab ich an, ihren
Gesandten als Reisegeld gegeben zu haben, als sie nach Jerusalem geschickt
wurden. Darauf sagten Jonatan und seine Leute, ich sei nicht berechtigt gewesen, den Gesandten aus der kommunalen Kasse ihr Entgelt zu zahlen.
298 Als nun die Menge sich hierüber erboste – sie erkannten nämlich die
Niedertracht dieser Leute – da wurde mir klar, dass ein Zwist auszubrechen
drohte; und um das Volk noch mehr gegen diese Männer in Rage zu bringen,
sagte ich: »Wenn das nicht recht war von mir, dass ich aus der kommunalen
Kasse euren Gesandten ihr Entgelt gab, dann hört auf, euch zu entrüsten,
denn ich werde die zwanzig Goldmünzen selbst zurückzahlen.«
299 Nach diesen Worten verstummten Jonatan und seine Leute; das Volk
aber geriet noch mehr in Zorn gegen sie, da sie in ihrem Verhalten ganz klar
ihre ungerechte Feindseligkeit gegen mich kundgaben. **300** Den Stimmungsumschwung merkte Ješu und schickte darum das Volk heim: nur die Rats-
mitglieder hieß er bleiben, denn man könne nicht in der Aufregung eine
Untersuchung über solche Angelegenheiten durchführen. **301** Während aber
das Volk rief, es werde mich nicht allein bei ihnen lassen, kam einer, der den
Ješu-Leuten heimlich meldete, Johanan komme mit seinen Bewaffneten heran. Da konnten Jonatan und seine Leute nicht mehr an sich halten – worin
Gott wohl Vorsehung[251] getroffen hatte zu meiner Rettung; denn wäre es
nicht so gekommen, wäre ich von Johanan bestimmt umgebracht worden –,
302 und sie sagten: »Leute von Tiberias, hört doch auf mit dieser Untersu-

---

[248] Hier muss nicht unbedingt die Unterbrechung einer gottesdienstlichen Handlung
vorliegen; vgl. Anm. 23 im Anhang und BAUMANN 1973, 41: »Offensichtlich darf
man sich einen solchen Fasttag nicht zu sehr nach Analogie eines Gottesdienstes
vorstellen, sondern mehr als eine Begehung, in der Elemente des Gottesdienstes
verbunden sind mit solchen der Volksversammlung, der allgemeinen Trauer und
von Rechtsverfahren«.
[249] Vgl. V. 66–69.
[250] D. h. die »Zehn Ersten« des Rates von Tiberias? Vgl. das Ortsnamensregister zu
Tiberias.
[251] Vgl. V 15. 48. 83. 138. 208f. 425.

302 »παύσατε,«[370] εἶπον,[371] »ὦ Τιβεριεῖς, τὴν ζήτησιν[372] εἴκοσι χρυσῶν ἕνεκεν· διὰ τούτους μὲν γὰρ οὐκ ἄξιός ἐστιν Ἰώσηπος ἀποθανεῖν, ὅτι δὲ τυραννεῖν[373] ἐπεθύμησεν καὶ τὰ τῶν Γαλιλαίων πλήθη λόγοις ἀπατήσας τὴν ἀρχὴν αὑτῷ κατεκτήσατο.« ταῦτα[374] λέγοντος[375] εὐθύς μοι τὰς χεῖρας ἐπέβαλον ἀναιρεῖν τ᾽ ἐπειρῶντο.
303 ὡς δ᾽ εἶδον οἱ σὺν ἐμοὶ τὸ γιγνόμενον, σπασάμενοι τὰς μαχαίρας καὶ παίειν[376] ἀπειλήσαντες, εἰ βιάζοιντο, τοῦ τε δήμου λίθους ἀραμένου καὶ βάλλειν ἐπὶ[377] τὸν Ἰωνάθην ὁρμήσαντος, ἐξαρπάζουσί με τῆς τῶν πολεμίων βίας.
304 Ἐπεὶ δὲ προελθὼν ὀλίγον ὑπαντιάζειν ἔμελλον τὸν Ἰωάννην ἰόντα[378] μετὰ τῶν ὁπλιτῶν, δείσας ἐκεῖνον μὲν ἐξέκλινα, διὰ στενωποῦ δέ τινος ἐπὶ τὴν λίμνην σωθεὶς[379] καὶ πλοίου λαβόμενος, ἐμβὰς εἰς τὰς Ταριχαίας διεπεραιώθην ἀπροσδοκήτως τὸν κίνδυνον διαφυγών. **305** μεταπέμπομαί τ᾽ εὐθὺς τοὺς πρωτεύοντας τῶν Γαλιλαίων καὶ φράζω τὸν τρόπον, ᾧ παρασπονδηθεὶς ὑπὸ τῶν περὶ τὸν Ἰωνάθην καὶ τῶν Τιβεριέων[380] παρ᾽ ὀλίγον ὑπ᾽[381] αὐτῶν διαφθαρείην. **306** ὀργισθὲν δ᾽ ἐπὶ τούτοις τῶν Γαλιλαίων τὸ πλῆθος παρεκελεύετό μοι μηκέτι μέλλειν τὸν πρὸς αὐτοὺς πόλεμον ἐκφέρειν, ἀλλ᾽ ἐπιτρέπειν αὐτοῖς ἐλθοῦσιν ἐπὶ τὸν Ἰωάννην ἄρδην αὐτὸν ἀφανίσαι καὶ τοὺς περὶ τὸν Ἰωνάθην. **307** ἐπεῖχον δ᾽ ὅμως αὐτοὺς ἐγὼ καίπερ[382] οὕτως ὀργιζομένους, περιμένειν αὐτοὺς κελεύων ἕως[383] μάθωμεν, τί οἱ πεμφθέντες ὑπ᾽ αὐτῶν εἰς τὴν Ἱεροσολυμιτῶν πόλιν ἀπαγγελοῦσιν· μετὰ τῆς ἐκείνων γὰρ γνώμης τὰ δοκοῦντα πράξειν καλῶς[384] ἔφην. **308** καὶ ταῦτ᾽ εἰπὼν ἔπεισα. τότε δὴ καὶ Ἰωάννης, οὐ λαβούσης αὐτοῦ τέλος[385] τῆς ἐνέδρας, ἀνεζεύγνυεν εἰς τὰ Γίσχαλα.

P B R A M W

[370] παύσασθε codd.
[371] ἔφην RA[1] : ἔφη BA[2] : φησὶν MW : φασὶν HUDSON
[372] ποιούμενοι suppl. COBET (secl. τὴν)
[373] μὲν add. AMW [374] δὲ add. A [375] λέγοντες RA[2]MW
[376] πλέον P : παίσειν COBET
[377] 'fortasse eiciendum' NIESE (III, p. LXVI)
[378] τῷ Ἰωάννῃ προσιόντι R [379] ὠσθεὶς NABER
[380] SCHRECKENBERG : τοὺς Τιβεριεῖς codd.
[381] παρ᾽ PBRA
[382] secl. HERWERDEN 1893, 236
[383] ἕως ἂν NABER
[384] αὐτοὺς codd., secl. NIESE (ed. min.) : αὐτοῖς HERWERDEN; cf. V 257. 258. 297. 315
[385] πέρας RMW

chung wegen ganzer zwanzig Goldmünzen; nicht um deretwillen hat Josephus den Tod verdient, sondern weil er allein zu herrschen begehrte: er hat die Volksmassen Galiläas mit Reden verführt und die Macht an sich gerissen!« Als er (Jonatan) das sagte, legten sie sofort Hand an mich und versuchten mich zu töten. **303** Als aber meine Begleiter sahen, was geschah, zogen sie ihre Schwerter[252] und drohten, zuzuschlagen, sollten sie denn Gewalt anwenden; das Volk seinerseits nahm Steine auf und war drauf und dran, sie auf Jonatan zu werfen: So entriss man mich der Gewalttätigkeit meiner Feinde.

304 Da ich jedoch nach kurzer Wegstrecke auf Joḥanan stoßen musste, der mit seinen Soldaten heranzog, wich ich aus Furcht vor ihm aus: durch einen engen Durchgang rettete ich mich zum See, nahm ein Boot, stieg ein und setzte nach Tarichaeae über,[253] unverhofft der Gefahr entflohen. **305** Sofort ließ ich die Obersten der Galiläer zu mir kommen und legte ihnen dar, auf welche Weise ich von den Jonatan-Leuten und den Tiberiensern hintergangen wurde und um ein Haar von ihnen umgebracht worden wäre. **306** Darüber wurde die Menge der Galiläer zornig und legte mir nahe, nicht zu zögern, sie mit Krieg zu überziehen; sondern ich solle ihnen erlauben, auf Joḥanan loszugehen und ihn gänzlich zu vernichten, samt Jonatan und seinen Leuten. **307** Ich freilich hielt sie zurück, so sehr sie auch zürnten, und gebot ihnen, zu warten, bis wir erführen, was die von ihnen nach Jerusalem gesandten Boten melden würden: Im Einvernehmen mit jenen werde ich – so mein Votum – ihre Beschlüsse ordentlich ausführen. **308** Mit diesen Worten überzeugte ich sie. Da kehrte denn auch Joḥanan, dessen Anschlag nicht zum Erfolg geführt hatte, zurück nach Giš-Ḥalab.

---

[252] V 293: Dolche.
[253] Vgl. HAEFELI 1925, 95: διαπεραιοῦσθαι für »Übersetzen von einer Ortschaft zur andern am selben Seeufer«. Das ist auch für ntl. Stellen wie Mk 5,21; 6,53 u. a. von Bedeutung.

309 Μετ' οὐ πολλὰς δ' ἡμέρας ἀφικνοῦνται πάλιν, οὓς ἐπέμ-
ψαμεν, καὶ ἀπήγγελλον σφόδρα τὸν δῆμον ἐπὶ τοὺς περὶ τὸν Ἄνανον καὶ τὸν Σίμωνα τὸν τοῦ Γαμαλιήλου παρωξύνθαι, ὅτι χωρὶς
γνώμης τοῦ κοινοῦ πέμψαντες εἰς τὴν Γαλιλαίαν ἐκπεσεῖν με
ταύτης³⁸⁶ παρεσκεύασαν. **310** ἔφασαν δ' οἱ πρέσβεις, ὅτι καὶ τὰς
οἰκίας αὐτῶν ὁ δῆμος ὥρμησεν ἐμπιπράναι. ἔφερον δὲ καὶ γράμματα, δι' ὧν οἱ τῶν Ἱεροσολυμιτῶν πρῶτοι, πολλὰ τοῦ δήμου δε-
ηθέντος αὐτῶν, ἐμοὶ μὲν τὴν τῆς Γαλιλαίας ἀρχὴν ἐβεβαίουν,
τοῖς³⁸⁷ περὶ τὸν Ἰωνάθην δὲ³⁸⁸ προσέτασσον εἰς τὴν οἰκείαν ὑπο-
στρέφειν θᾶσσον. **311** ἐντυχὼν οὖν ταῖς ἐπιστολαῖς εἰς Ἄρβηλα
κώμην ἀφικόμην, ἔνθα σύνοδον τῶν Γαλιλαίων ποιησάμενος ἐκέλευσα τοὺς πρέσβεις διηγεῖσθαι τὴν³⁸⁹ ἐπὶ τοῖς πεπραγμένοις ὑπὸ
τῶν περὶ τὸν Ἰωνάθην ὀργὴν καὶ μισοπονηρίαν, **312** καὶ ὡς
κυρώσειαν ἐμοὶ τῆς χώρας αὐτῶν τὴν προστασίαν τά τε πρὸς τοὺς
περὶ τὸν Ἰωνάθην γεγραμμένα περὶ ἀπαλλαγῆς· πρὸς οὓς δὴ καὶ
τὴν ἐπιστολὴν εὐθέως διεπεμψάμην, πολυπραγμονῆσαι τὸν κομίσαντα κελεύσας, τί ποιεῖν μέλλουσιν.

313 Δεξάμενοι δ' ἐκεῖνοι τὴν ἐπιστολὴν καὶ ταραχθέντες οὔτι³⁹⁰
μετρίως μεταπέμπονται τὸν Ἰωάννην καὶ τοὺς ἐκ τῆς βουλῆς τῶν
Τιβεριέων τούς τε πρωτεύοντας Γαβάρων, βουλήν τε προτιθέασιν
σκοπεῖσθαι κελεύοντες, τί πρακτέον ἐστὶν αὐτοῖς. **314** Τιβεριεῦσι
μὲν οὖν ἀντέχεσθαι μᾶλλον ἐδόκει τῶν πραγμάτων· οὐ δεῖν γὰρ
ἔφασαν ἐγκαταλιπέσθαι τὴν πόλιν αὐτῶν ἅπαξ ἐκείνοις προστε-
θειμένην, ἄλλως τε μηδ' ἐμοῦ μέλλοντος αὐτῶν ἀφέξεσθαι· τοῦτο
γὰρ ὡς ἠπειληκότος ἐμοῦ κατεψεύδοντο. **315** ὁ δ' Ἰωάννης οὐ μόνον τούτοις συνηρέσκετο, καὶ³⁹¹ πορευθῆναι δὲ συνεβούλευεν
αὐτῶν τοὺς δύο κατηγορήσοντάς μου πρὸς τὸ πλῆθος, ὅτι μὴ
καλῶς τὰ κατὰ τὴν Γαλιλαίαν διοικῶ, καὶ πείσειν ῥᾳδίως αὐτοὺς
ἔφη διά τε τὸ ἀξίωμα καὶ παντὸς πλήθους εὐτρέπτως³⁹² ἔχοντος.
316 δόξαντος οὖν τοῦ Ἰωάννου κρατίστην εἰσενηνοχέναι γνώμην,
ἔδοξε δύο μὲν ἀπιέναι³⁹³ πρὸς τοὺς Ἱεροσολυμίτας, Ἰωνάθην καὶ
Ἀνανίαν, τοὺς ἑτέρους δὲ δύο μένοντας ἐν τῇ Τιβεριάδι καταλι-
πεῖν. συνεπηγάγοντο δὲ φυλακῆς ἕνεκα τῆς ἑαυτῶν ὁπλίτας ἑκατόν.

PBRAMW

³⁸⁶ om. PBAMW   ³⁸⁷ δὲ add. AMW   ³⁸⁸ om. AMW
³⁸⁹ τὴν τῶν Ἱεροσολυμιτῶν Lowth
³⁹⁰ Niese (ed. min.); cf. V 371 et Gross 1988, 60 : οὐχὶ codd.
³⁹¹ om. RAMW   ³⁹² εὐτρεπῶς PB : εὐπρεπῶς AMW
³⁹³ ed. pr. : ἀπεῖναι codd.

309–323 Josephus wird vom Hohen Rat rehabilitiert. Die Reaktionen

309 Nach wenigen Tagen kamen unsere Abgesandten zurück und meldeten, die Bürgerschaft (Jerusalems) sei heftig aufgebracht gewesen gegen die Leute um Ḥanan und Šimʿon ben Gamaliel, weil sie ohne Beschluss des Rates nach Galiläa geschickt und meine Absetzung vom (galiläischen) Auftrag betrieben hatten. **310** Die Abgesandten berichteten sogar, die Bürgerschaft habe dazu gedrängt, ihre Häuser anzuzünden. Sie brachten aber auch Schriftstükke, worin die Vornehmsten der Jerusalemer auf inständiges Drängen der Bürgerschaft hin mir den Oberbefehl über Galiläa bestätigten; die Jonatangruppe aber wiesen sie an, schleunigst nach Hause zurückzukehren. **311** Als ich nun diese Briefe gelesen hatte, begab ich mich in das Dorf Arbel, wo ich vor einberufener Versammlung der Galiläer die Gesandten aufforderte, von dem Zorn und dem Abscheu über die Umtriebe der Jonatan-Leute zu berichten, **312** und wie man mir die Amtsgewalt über ihr Land bestätigt, und an die Jonatan-Gruppe geschrieben habe hinsichtlich ihrer Ablösung; denen ließ ich natürlich sofort den Brief zustellen und wies den Boten an, darauf acht zu haben, was sie tun würden.

313 Jene erhielten den Brief und erschraken nicht wenig; sie ließen Joḥanan kommen, die Mitglieder des Rates von Tiberias und die Obersten von ʿArab, beriefen eine Beratung ein und hießen sie überlegen, was sie zu tun hätten. **314** Den Tiberiensern jedenfalls schien es das beste, am Status quo festzuhalten: Ihrer Meinung nach durfte man ihre Stadt nicht preisgeben, die sich einmal für sie erklärt hatte, da ich sie ohnehin nicht verschonen werde; denn dies hätte ich schon angedroht, so behaupteten sie fälschlich. **315** Joḥanan seinerseits stimmte dem nicht nur zu; ja, er riet sogar, es sollten zwei (von den Gesandten) abreisen, um mich vor dem Volk (von Jerusalem) zu verklagen, ich würde mein Amt in Galiläa nicht ordentlich verwalten; das würden sie dem Volk leicht glaubhaft machen können, dank ihres Ansehens, und da jede Volksmenge wankelmütig sei. **316** Man befand nun, Joḥanan habe den besten Vorschlag eingebracht, und beschloss, dass Jonatan und Ḥananja, diese beiden, nach Jerusalem gehen sollten; die anderen beiden aber sollte man in Tiberias dableiben lassen. Zu ihrer eigenen Bewachung nahmen die Abgesandten hundert Bewaffnete mit sich.

317 Τιβεριεῖς δὲ τὰ μὲν τείχη προύνόησαν ἀσφαλισθῆναι, τοὺς ἐνοίκους δὲ κελεύουσιν ἀναλαβεῖν τὰ ὅπλα, καὶ παρὰ Ἰωάννου δὲ μετεπέμψαντο στρατιώτας οὐκ ὀλίγους συμμαχήσοντας, εἰ δεήσειεν, αὐτοῖς τὰ πρὸς ἐμέ. ἦν δὲ ὁ Ἰωάννης ἐν Γισχάλοις.

318 οἱ τοίνυν περὶ τὸν Ἰωνάθην ἀναζεύξαντες ἀπὸ τῆς Τιβεριάδος, ὡς ἧκον εἰς Δαβάριττα κώμην ἐν ταῖς ἐσχατιαῖς τῆς Γαλιλαίας κειμένην ἐν τῷ μεγάλῳ πεδίῳ, περὶ μέσην νύκτα τοῖς ἐμοῖς φύλαξιν ἐμπίπτουσιν· οἳ καὶ κελεύσαντες αὐτοὺς τὰ ὅπλα καταθέσθαι ἐφύλασσον ἐν δεσμοῖς ἐπὶ τόπου καθὼς αὐτοῖς ἐντετάλμην. **319** γράφει δὲ πρὸς ἐμὲ ταῦτα δηλῶν Ληουίς, ᾧ τὴν φυλακὴν πεπιστεύκειν. παραλιπὼν[394] οὖν ἡμέρας δύο καὶ μηδὲν ἐγνωκέναι προσποιησάμενος, πέμψας πρὸς τοὺς Τιβεριεῖς συνεβούλευον αὐτοῖς τὰ ὅπλα καταθεμένους[395] ἀπολύειν τοὺς ἀνθρώπους εἰς τὴν ἑαυτῶν. **320** οἱ δέ – δόξαν γὰρ εἶχον τοὺς[396] περὶ τὸν Ἰωνάθην εἰς τὰ Ἱεροσόλυμα ἤδη διαπεπορεῦσθαι – βλασφήμους ἐποιήσαντο τὰς ἀποκρίσεις· μὴ καταπλαγεὶς δ᾽ ἐγὼ καταστρατηγεῖν αὐτοὺς ἐπενόουν. **321** πρὸς μὲν οὖν τοὺς πολίτας ἐξάπτειν πόλεμον οὐκ ἐνόμιζον εὐσεβὲς εἶναι· βουλόμενος δ᾽ αὐτοὺς ἀποσπάσαι τῶν Τιβεριέων, μυρίους ὁπλίτας τοὺς ἀρίστους ἐπιλέξας εἰς τρεῖς μοίρας διεῖλον, καὶ τούτους μὲν ἀφανῶς ἐν Δώμαις[397] προσέταξα λοχῶντας περιμένειν, **322** χιλίους δ᾽ εἰς ἑτέραν κώμην, ὀρεινὴν μὲν ὁμοίως, ἀπέχουσαν δὲ τῆς Τιβεριάδος τέσσαρας σταδίους, εἰσήγαγον κελεύσας ἐκείνους ἐπειδὰν λάβωσιν σημεῖον εὐθὺς καταβαίνειν· αὐτὸς δὲ τῆς κώμης προελθὼν ἐν προύπτῳ καθεζόμην. **323** οἱ δὲ Τιβεριεῖς ὁρῶντες ἐξέτρεχον συνεχῶς καὶ πολλὰ κατεκερτόμουν· τοσαύτη γοῦν ἀφροσύνη κατέσχεν αὐτούς, ὥστε ποιήσαντες εὐτρεπῆ κλίνην προὔθεσαν καὶ περὶ αὐτὴν ἱστάμενοι ὠδύροντό με μετὰ παιδιᾶς καὶ γέλωτος. διετιθέμην δ᾽ ἐγὼ τὴν ψυχὴν ἡδέως τὴν ἄνοιαν αὐτῶν ἐπιβλέπων.

324 Βουλόμενος δὲ δι᾽ ἐνέδρας λαβεῖν τὸν Σίμωνα καὶ σὺν αὐτῷ[398] Ἰωάζαρον, πέμψας πρὸς αὐτοὺς παρεκάλουν ὀλίγον τῆς πόλεως πόρρω μετὰ φίλων πολλῶν[399] τῶν παραφυλαξόντων αὐ-

[394] διαλιπὼν Cobet   [395] καταθεμένοις P   [396] ed. pr. : om. codd.
[397] κώμαις RA : δομαῖς B : Δώροις Gelenius : Ἐνδώροις Hudson : Ἀδώμαις Thakkeray : 'locus corruptus' Niese (ed. min.); cf. Schalit 1968, 4; Möller-Schmitt 1976, 83f.
[398] τὸν add. AMW
[399] τε add. AMW : φίλων ἄλλων τε τῶν coni. Naber 1885, 389

317 Die Tiberienser aber kümmerten sich darum, dass ihre Mauern sicher wurden; die Bewohnerschaft wiesen sie an, zu den Waffen zu greifen, und auch von Joḥanan ließen sie nicht wenige Soldaten zu sich kommen, die ihnen, wenn nötig, Kampfverstärkung bieten sollten gegen mich. Joḥanan aber war in Giš-Ḥalab. **318** Als nun diejenigen, die mit Jonatan aus Tiberias aufgebrochen waren, in das Dorf Dabarit gelangten, ganz an der Grenze Galiläas in der Großen Ebene gelegen, fielen sie um Mitternacht meinen Wachposten in die Hände; die hießen sie die Waffen niederlegen und hielten sie an Ort und Stelle gefesselt in Gewahrsam, wie ich ihnen aufgetragen hatte. **319** Die Mitteilung hierüber schrieb mir Levi, dem ich das Kommando anvertraut hatte. Ich ließ zwei Tage verstreichen und stellte mich völlig unwissend; dann ließ ich den Tiberiensern den Rat zukommen, sie mögen die Waffen niederlegen und die Leute nach Hause entlassen. **320** Sie aber – in der Meinung, die Gruppe um Jonatan sei schon bis Jerusalem gelangt – antworteten nur Hohn; ich aber ließ mich nicht erschüttern, sondern sann auf eine Kriegslist gegen sie. **321** Nun hätte ich es für ein Sakrileg gehalten, gegen die Landsleute (in Tiberias) einen Krieg zu entfachen; doch um sie[254] von den (unbewaffneten) Tiberiensern zu isolieren, hob ich zehntausend[255] der besten Bewaffneten aus, teilte sie in drei Abteilungen und wies sie an, versteckt in Adama auf der Lauer zu liegen; **322** tausend aber legte ich in ein anderes Dorf, auch im Gebirge, das von Tiberias vier Stadien entfernt war, und wies sie an, sie sollten auf ein Zeichen hin sofort herabkommen; ich selber kam aus dem Dorf heraus und bezog weit sichtbar Stellung. **323** Die Tiberienser sahen mich, kamen unablässig herausgelaufen und überhäuften mich mit Schmähreden; es erfasste sie sogar solche Narrheit, dass sie eine eigens verfertigte Bahre aufstellten und rings um sie Totenklage um mich hielten, albern und mit Gelächter.[256] Mich jedoch konnte es nur belustigen, ihrer Torheit zuzuschauen.

324–335 *Josephus erobert Tiberias*

324 Meine Absicht war, Šimʿon samt Joʿazar in die Falle zu bekommen; so schickte ich zu ihnen die Aufforderung, ein wenig vor die Stadt herauszukommen mit vielen Freunden, die sie bewachen sollten: Ich wolle herabkommen, sagte ich, um mit ihnen ein Abkommen zu schließen und den Oberbefehl über Galiläa mit ihnen zu teilen. **325** Šimʿon nun, jung wie er war und

---

[254] D. h. Šimʿon und Joʿazar; vgl. V 316.324.
[255] Eine solche Menge an Bewaffneten hat Josephus in der *Vita* sonst nur noch in V 331 zur Verfügung; vgl. COHEN 1979, 201f.
[256] Zum rituellen Begräbnis, das die Tiberienser hier parodieren, vgl. EURIPIDES, *Alkestis* 664f.

τοὺς ἐλθεῖν·[400] βούλεσθαι γὰρ ἔφην καταβὰς σπείσασθαι πρὸς αὐτοὺς καὶ διανείμασθαι τὴν προστασίαν τῆς Γαλιλαίας. **325** Σίμων μὲν οὖν διά τε νεότητα[401] καὶ πρὸς ἐλπίδα[402] κέρδους ἀπατηθεὶς οὐκ ὤκνησεν ἐλθεῖν, ὁ δ᾽ Ἰωάζαρος ἐνέδραν ὑποπτεύσας ἔμεινεν. ἀναβάντα δὴ τὸν Σίμωνα μετὰ φίλων τῶν παραφυλασσόντων αὐτὸν ὑπαντιάσας ἠσπαζόμην τε φιλοφρόνως καὶ χάριν ἔχειν ὡμολόγουν ἀναβάντι. **326** μετ᾽ οὐ πολὺ δὲ συμπεριπατῶν ὡς κατὰ μόνας τι βουλόμενος εἰπεῖν, ἐπεὶ πορρωτέρω τῶν φίλων ἀπήγαγον, μέσον ἀράμενος ἀγαγεῖν εἰς τὴν κώμην τοῖς μετ᾽ ἐμοῦ φίλοις ἔδωκα, τοὺς ὁπλίτας δὲ καταβῆναι κελεύσας προσέβαλλον μετ᾽ αὐτῶν τῇ Τιβεριάδι. **327** μάχης δὲ γενομένης ἀμφοτέρωθεν καρτερᾶς καὶ ὅσον οὔπω τῶν Τιβεριέων νικώντων, πεφεύγεισαν γὰρ οἱ παρ᾽ ἡμῶν ὁπλῖται,[403] τὸ γινόμενον ἰδὼν καὶ τοὺς μετ᾽ ἐμαυτοῦ παρακαλέσας, νικῶντας ἤδη[404] τοὺς Τιβεριεῖς εἰς τὴν πόλιν συνεδίωξα. ἑτέραν δὲ δύναμιν ἐκπέμψας[405] διὰ τῆς λίμνης, προσέταξα τὴν πρώτην λαβοῦσιν οἰκίαν ἐμπρῆσαι. **328** τούτου γενομένου νομίσαντες οἱ Τιβεριεῖς εἰλῆφθαι κατὰ κράτος αὐτῶν τὴν πόλιν, ὑπὸ φόβου ῥίπτουσιν τὰ ὅπλα, μετὰ γυναικῶν δὲ καὶ τέκνων ἱκέτευον φείσασθαι τῆς πόλεως αὐτῶν. **329** ἐγὼ δὲ πρὸς τὰς δεήσεις ἐπικλασθεὶς τοὺς μὲν στρατιώτας τῆς ὁρμῆς ἐπέσχον, αὐτὸς δέ, καὶ γὰρ ἑσπέρα κατέλαβεν, μετὰ τῶν ὁπλιτῶν ἀπὸ τῆς πολιορκίας ὑποστρέψας περὶ τὴν τοῦ σώματος θεραπείαν ἐγινόμην. **330** καλέσας δὲ ἐπὶ τὴν ἑστίασιν τὸν Σίμωνα παρεμυθούμην περὶ τῶν γεγονότων, ὑπισχνούμην τε δοὺς ἐφόδια αὐτῷ καὶ τοῖς σὺν αὐτῷ παραπέμψειν εἰς Ἱεροσόλυμα μετὰ πάσης ἀσφαλείας.

331 Κατὰ δὲ τὴν ἐπιοῦσαν ἡμέραν μυρίους[406] ἐπαγόμενος ὁπλίτας ἧκον εἰς τὴν[407] Τιβεριάδα, καὶ μεταπεμψάμενος εἰς τὸ στάδιον τοὺς πρώτους αὐτῶν τοῦ πλήθους ἐκέλευσα φράζειν, οἵτινες εἶεν αἴτιοι τῆς ἀποστάσεως. **332** ἐνδειξαμένων δὲ τοὺς ἄνδρας, ἐκείνους μὲν δεδεμένους εἰς τὴν Ἰωταπάτην[408] πόλιν ἐξέπεμψα, τοὺς δὲ

Iosephus: **328** B 2:645

P B R A M W

[400] ὡς ἐμέ add. R
[401] στενότητα (om. τε) PB : νεότητα (om. τε) RMW : ἄνοιαν A : δι᾽ ἄνοιαν BEKKER
[402] ἐλπίδι AM   [403] πλεῖστοι HERWERDEN   [404] νικῶντας ἤδη secl. HERWERDEN
[405] SCHRECKENBERG : εἰσπέμψας MW : εἰσπέμψαι PBRA
[406] τοὺς μυρίους HERWERDEN (cf. V 321)   [407] secl. BEKKER
[408] ἰωτάπην PAMW : ἰωτάπατα B : Ἰωταπατηνῶν NIESE

dazu noch verführt durch die Hoffnung auf persönlichen Vorteil, zögerte nicht zu kommen; Joʿazar hingegen, der den Verdacht auf eine Falle geschöpft hatte, blieb. Als aber Šimʿon nun heraufkam samt den Freunden, die ihn bewachten, ging ich ihm entgegen und grüßte ihn freundlich; für sein Heraufkommen dankte ich ihm. **326** Kurz darauf ging ich mit ihm umher, als wollte ich ihn unter vier Augen sprechen; und als ich ihn ein Stück von seinen Gefährten weggeführt hatte, packte ich ihn an der Hüfte und übergab ihn den mich begleitenden Gefährten, dass sie ihn zum Dorf abführten; den Bewaffneten jedoch befahl ich, herabzumarschieren, und griff mit ihnen Tiberias an. **327** Ein Kampf entbrannte, heftig auf beiden Seiten, bei dem die Tiberienser fast schon siegten – meine Schwerbewaffneten waren schon geflohen –; da sah ich die Lage und munterte meine Leute auf, so dass ich die beinahe siegreichen Tiberienser in die Stadt zurücktreiben konnte. Einen anderen Truppenteil entsandte ich über den Sand und befahl, das erste Haus, das ihnen in die Hände fiele, anzuzünden. **328** Als dies geschehen war, wähnten die Tiberienser, ihre Stadt sei im Sturm genommen; sie warfen vor Angst die Waffen von sich und flehten samt ihren Frauen und Kindern, ich solle ihre Stadt verschonen. **329** Ich ließ mich von ihren Bitten bewegen und hieß die Bewaffneten einhalten; selbst aber – es war schon Abend – zog ich mich mit den Bewaffneten von der Stadtumzingelung zurück, um mich körperlich zu erholen. **330** Zum Abendessen ließ ich Šimʿon rufen und tröstete ihn über den Vorfall; ich versprach, ihm und seinen Leuten Reisegeld zu geben und ihn in aller Sicherheit nach Jerusalem zurückgeleiten zu lassen.

331 Tags drauf zog ich als Anführer von zehntausend Soldaten in Tiberias ein, ließ mir die Wortführer der Bevölkerung ins Stadion kommen und befahl ihnen auszusagen, wer die Urheber des Abfalls seien. **332** Als sie mir die Leute angegeben hatten, ließ ich die Betreffenden gefesselt in die Stadt Jotafat überstellen, die Leute um Jonatan und Ḥananja jedoch ließ ich losbin-

128 Josephus, *Vita*

περὶ τὸν Ἰωνάθην καὶ Ἀνανίαν λύσας τῶν δεσμῶν καὶ δοὺς ἐφόδια μετὰ Σίμωνος καὶ Ἰωαζάρου καὶ ὁπλιτῶν πεντακοσίων, οἳ παραφυλάξουσιν αὐτούς, ἐξέπεμψα εἰς τὰ Ἱεροσόλυμα. 333 Τιβεριεῖς δὲ πάλιν προσελθόντες συγγινώσκειν αὐτοῖς παρεκάλουν περὶ τῶν πεπραγμένων, ἐπανορθώσεσθαι τὰς ἁμαρτίας τῇ μετὰ ταῦτα πρὸς ἐμὲ πίστει λέγοντες, τὰ δ' ἐκ τῆς διαρπαγῆς⁴⁰⁹ περισσεύσαντα σῶσαί με τοῖς ἀπολέσασιν ἐδέοντο. 334 κἀγὼ τοῖς ἔχουσιν προσέταττον εἰς μέσον πάντα φέρειν· ἀπειθούντων δὲ μέχρι πολλοῦ, θεασάμενός τινα τῶν περὶ ἐμὲ στρατιωτῶν λαμπροτέραν τοῦ συνήθους περικείμενον στολὴν ἐπυθόμην, πόθεν ἔχοι. 335 εἰπόντος δὲ ἐκ τῆς κατὰ τὴν⁴¹⁰ πόλιν ἁρπαγῆς, ἐκεῖνον μὲν πληγαῖς ἐκόλασα, τοῖς δὲ ἄλλοις ἅπασιν ἠπείλησα μείζω τιμωρίαν ἐπιθήσειν μὴ κομίσασιν εἰς τοὐμφανὲς ὅσα ἡρπάκεισαν. πολλῶν δὲ συνενεχθέντων⁴¹¹ ἑκάστῳ τῶν Τιβεριέων τὸ ἐπιγνωσθὲν ἀπέδωκα.

336 Γεγονὼς δ' ἐνταῦθα τῆς διηγήσεως βούλομαι πρὸς Ἰοῦστον καὶ αὐτὸν τὴν περὶ τούτων πραγματείαν γεγραφότα πρός τε τοὺς ἄλλους τοὺς ἱστορίαν μὲν γράφειν ὑπισχνουμένους, περὶ δὲ τὴν ἀλήθειαν ὀλιγώρους καὶ δι' ἔχθραν ἢ χάριν τὸ ψεῦδος οὐκ ἐντρεπομένους, μικρὰ διελθεῖν.⁴¹² 337 πράττουσι μὲν γὰρ ὅμοιόν τι τοῖς περὶ συμβολαίων πλαστὰ γράμματα συντιθεῖσι,⁴¹³ τῷ δὲ μηδεμίαν ὁμοίως τιμωρίαν ἐκείνοις δεδιέναι καταφρονοῦσι τῆς ἀληθείας. 338 Ἰοῦστος γοῦν συγγράφειν τὰς περὶ τοῦτον⁴¹⁴ ἐπιχειρήσας πράξεις τὸν πόλεμον,⁴¹⁵ ὑπὲρ τοῦ δοκεῖν φιλόπονος⁴¹⁶ εἶναι ἐμοῦ μὲν κατέψευσται, ἠλήθευσε δὲ οὐδὲ περὶ τῆς πατρίδος. ὅθεν ἀπολογήσασθαι γὰρ νῦν ἀνάγκην ἔχω καταψευδομαρτυρούμενος, ἐρῶ τὰ μέχρι νῦν σεσιωπημένα. 339 καὶ μὴ θαυμάσῃ τις, ὅτι μὴ πάλαι περὶ τούτων ἐδήλωσα· τῷ γὰρ ἱστορίαν ἀναγράφοντι τὸ μὲν ἀληθεύειν ἀναγκαῖον, ἔξεστιν δ' ὅμως μὴ πικρῶς τάς τινων πονηρίας ἐλέγχειν, οὐ διὰ τὴν πρὸς ἐκείνους χάριν, ἀλλὰ διὰ τὴν αὐτοῦ⁴¹⁷ μετριότητα.

Fontes: 336 – 345 Iustus Tib.

P B R A M W

⁴⁰⁹ ἁρπαγῆς MW   ⁴¹⁰ SCHRECKENBERG : om. codd.; cf. B 1:355; 4:135; A 14:484
⁴¹¹ συναχθέντων RAMW   ⁴¹² μικρὰ διελθεῖν om. PBRMW
⁴¹³ συντιθέντων P : συντεθεικόσι R   ⁴¹⁴ τούτων PBRAM, cf. HANSEN 1998, 151.
⁴¹⁵ καὶ τὸν πόλεμον A : τῶν πολέμων BR : τὸν πόλεμον secl. JACOBY (FGH III C, p. 696)   ⁴¹⁶ φιλορώμαιος HERWERDEN (cf. V 345)

den, gab ihnen Reisegeld und schickte sie samt Šimʿon, Joʿazar und fünfhundert Bewaffnete, die ihnen Geleitschutz geben sollten, nach Jerusalem. **333** Die Tiberienser aber kamen wieder zu mir und baten, ich solle ihnen das Vorgefallene verzeihen; sie wollten ihre Verfehlungen künftig durch Treue mir gegenüber wiedergutmachen; was vom Plündern[257] übriggeblieben sei, so baten sie ferner, solle ich für die Geschädigten sicherstellen. **334** Da befahl ich denen, die etwas davon hatten, es vollständig öffentlich herauszugeben; als sie jedoch lange Zeit nicht Folge leisteten, fragte ich einen meiner Soldaten, den ich in einem prächtigeren Mantel als üblich erblickte, woher er ihn habe; **335** als er sagte: aus der Plünderung der Stadt, ließ ich den einen mit Schlägen bestrafen und drohte den anderen allen die Auferlegung einer strengeren Strafe an, wenn sie nicht alles Erbeutete zutage brächten. Als nun viel zusammengetragen worden war, gab ich jedem Tiberienser das zurück, was er wiedererkannte.

336–367 Exkurs gegen Justus von Tiberias über Wahrheit in der Geschichtsschreibung

336 An dieser Stelle meines Berichts[258] möchte ich eine Seitenbemerkung anbringen gegen Justus, der seinerseits über diese Dinge sein Geschichtswerk geschrieben hat,[259] und gegen die übrigen,[260] die sich zwar als Geschichtsschreiber ausgeben, jedoch nachlässig sind mit der Wahrheit[261] und aus Hass oder Schmeichelei vor Lügen nicht zurückschrecken. **337** Was sie tun, ähnelt denjenigen, die angesichts einer Schuldforderung gefälschte Dokumente verfassen, die aber, weil sie keine Bestrafung zu fürchten haben wie jene, (umso leichtfertiger) die Wahrheit verachten. **338** Justus nämlich, der es unternommen hat, die Ereignisse dieses Krieges zu beschreiben, hat – als könne er damit besonders sorgfältig erscheinen – gegen mich Lügen geschrieben und dabei nicht einmal über seine eigene Heimatstadt die Wahrheit gesagt. So werde ich denn jetzt, wo ich gezwungen bin, mich gegen Verleumdung zu verteidigen, sagen, was ich bisher verschwiegen habe. **339** Und niemand möge sich wundern, dass ich nicht schon längst davon gesprochen habe: Der Geschichtsschreiber muss zwar bei der Wahrheit bleiben; gleichwohl kann man die Bosheit gewisser Leute aufdecken, solange es ohne Bitterkeit geschieht, (dies aber) nicht ihnen zu Gefallen, sondern um selbst Mäßigung zu beweisen.

---

[257] Eine Plünderung der Stadt durch die Truppen des Josephus ist in V nirgends erwähnt; vgl. aber B 2:645f.

[258] Vgl. Anm. 192.

[259] Vgl. Anm. 5 und 26 im Anhang.

[260] Vgl. Anm. 27 im Anhang.

[261] Zum Begriff der Wahrheit (ἀλήθεια) einer Geschichtsdarstellung (ἱστορία) vgl. B 1:6f. 16f. 30; MICHEL / B. 1969, 287 Anm. 220 zu B 7:454f.; V 40.361.364.367; C 1:6.15.24.47.50–56; Anm. 15 im Anhang; MCLAREN 1998, 61–66.

340 Πῶς οὖν, ἵνα φῶ πρὸς αὐτὸν ὡς παρόντα, Ἰοῦστε δεινότατε συγγραφέων – τοῦτο γὰρ αὐχεῖς περὶ σεαυτοῦ – αἴτιοι γεγόναμεν ἐγώ τε καὶ Γαλιλαῖοι τῇ πατρίδι σου τῆς πρὸς Ῥωμαίους καὶ πρὸς τὸν βασιλέα στάσεως; **341** πρότερον γὰρ ἢ ἐμὲ τῆς Γαλιλαίας στρατηγὸν ὑπὸ τοῦ κοινοῦ τῶν Ἱεροσολυμιτῶν χειροτονηθῆναι, σὺ καὶ πάντες Τιβεριεῖς οὐ μόνον ἀνειλήφατε τὰ ὅπλα, ἀλλὰ καὶ τὰς ἐν τῇ Συρίᾳ δέκα πόλεις ἐπολεμεῖτε. σὺ γ'οὖν τὰς κώμας αὐτῶν ἐνέπρησας καὶ ὁ σὸς οἰκέτης ἐπὶ τῆς παρατάξεως ἐκείνης ἔπεσεν. **342** ταῦτα δὲ οὐκ ἐγὼ λέγω μόνος, ἀλλὰ καὶ ἐν τοῖς Οὐεσπασιανοῦ τοῦ αὐτοκράτορος ὑπομνήμασιν οὕτως γέγραπται, καὶ τίνα τρόπον ἐν Πτολεμαΐδι Οὐεσπασιανοῦ κατεβόησαν οἱ τῶν δέκα πόλεων ἔνοικοι τιμωρίαν ὑποσχεῖν σε τὸν αἴτιον ἀξιοῦντες. **343** καὶ δεδώκεις ἂν δίκην Οὐεσπασιανοῦ κελεύσαντος, εἰ μὴ βασιλεὺς Ἀγρίππας λαβὼν ἐξουσίαν ἀποκτεῖναί σε, πολλὰ τῆς ἀδελφῆς Βερενίκης δεηθείσης, οὐκ ἀνελὼν δεδεμένον ἐπὶ πολὺν χρόνον ἐφύλαξεν. **344** καὶ αἱ μετὰ ταῦτα δὲ πολιτεῖαί σου σαφῶς ἐμφανίζουσιν τόν τε βίον τὸν ἄλλον καὶ ὅτι σὺ τὴν πατρίδα Ῥωμαίων ἀπέστησας· ὧν τὰ τεκμήρια κἀγὼ δηλώσω μετ' ὀλίγον.

345 Βούλομαι δ' εἰπεῖν καὶ πρὸς τοὺς ἄλλους[418] Τιβεριεῖς ὀλίγα διὰ σὲ καὶ παραστῆσαι τοῖς ἐντυγχάνειν μέλλουσιν ταῖς ἱστορίαις, ὅτι μήτε φιλορώμαιοι μήτε φιλοβασιλεῖς γεγόνατε. **346** τῶν ἐν τῇ Γαλιλαίᾳ πόλεων αἱ μέγισται Σέπφωρις καὶ Τιβεριὰς ἡ σὴ πατρίς, ὦ Ἰοῦστε. ἀλλὰ Σέπφωρις μὲν ἐν τῷ μεσαιτάτῳ τῆς Γαλιλαίας κειμένη καὶ περὶ αὐτὴν κώμας ἔχουσα πολλάς, καί τι καὶ θρασύνεσθαι δυναμένη πρὸς Ῥωμαίους, εἴπερ ἠθέλησεν, εὐχερῶς, διεγνωκυῖα τῇ πρὸς τοὺς δεσπότας ἐμμένειν πίστει, κἀμὲ τῆς πόλεως αὐτῶν ἐξέκλεισε καὶ στρατεύσασθαί τινα τῶν πολιτῶν Ἰου-

---

Fontes: **336 – 345** Iustus Tib. · **340 – 342** T. Flavii Vespasiani Commentarii (ed. H. Peter, Histor. Rom. Rel. II, 1906, 108)

P B R A M W

[417] ἑαυτοῦ MW : αὐτοῦ PBRA
[418] ἀλόγους NABER 1885, 389

340 Wie nun, Justus – um ihn anzureden wie einen Anwesenden –,[262] du
großartigster aller Schriftsteller – so rühmst du dich selbst –, wären denn ich
und die Galiläer für deine Vaterstadt Urheber geworden an dem Aufstand
gegen die Römer und gegen den König? **341** Noch bevor ich vom Rat der
Jerusalemer zum Kommandanten Galiläas bestimmt wurde, hast du samt
allen Tiberiensern nicht nur die Waffen ergriffen, sondern auch die Dekapolis
in Syrien mit Krieg überzogen.[263] Du jedenfalls hast ihre Dörfer niedergebrannt, und dein Diener ist bei diesem Gefecht gefallen. **342** Das sage nicht
nur ich, sondern so steht es auch in den Aufzeichnungen Kaiser Vespasians,[264]
auch wie in Ptolemais die Bewohner der Dekapolis vor Vespasian protestier-
ten und forderten, du als der Urheber müssest bestraft werden. **343** Und du
hättest die von Vespasian verhängte Strafe auch erlitten, wenn nicht der König Agrippa, der die Befugnis hatte,[265] dich zu töten, auf inständig Bitten[266]
seiner Schwester Berenike dich nicht getötet, sondern lange Zeit in Fesseln
gefangen gehalten hätte. **344** Auch deine spätere politische Betätigung hat
deine sonstige Lebensführung klar herausgestellt, und dass *du* die Heimatstadt von den Römern abspenstig gemacht hast; die Beweise davon werde ich
gleich noch bringen.

345 Auch den übrigen Tiberiensern habe ich deinethalben ein Wörtchen zu
sagen und den künftigen Lesern meines Geschichtswerks zu zeigen, dass ihr
weder Freunde der Römer noch Freunde des Königs gewesen seid. **346** Die
größten Städte Galiläas sind Sepphoris und Tiberias, deine Vaterstadt, Justus. Aber Sepphoris, zum einen, liegt mitten in Galiläa und hat viele Dörfer
um sich; doch obwohl sie den Römern gegenüber leicht sich hätte kühn ge-
bärden können, wenn sie gewollt hätte, war sie fest entschlossen, ihren Herren treu zu bleiben;[267] ja auch mich hat sie ausgeschlossen[268] und nicht zuge-
lassen, dass einer ihrer Bürger mit dem jüdischen Heer in den Krieg zieht;

---

[262] Vgl. Anm. 30 im Anhang.
[263] Vgl. Anm. 25 im Anhang.
[264] V 358; C 1:50. 56; FELDMAN 1984a, 103. 347. 934; BILDE 1994, 248f. 262.
[265] Vgl. auch V 410. Die Formulierung setzt voraus, dass auch für den römischen
  Klientelkönig die Verhängung bzw. Vollstreckung der Todesstrafe der römischen
  Zustimmung bedurfte (vgl. B 2:117). Zur schwierigen Frage der jüdischen Kapi-
  talgerichtsbarkeit in prokuratorischer Zeit vgl. BARRETT 1990, 514–516 zu Joh
  18,31 (mit älterer Lit.).
[266] Vgl. B 3:456.461. Zu den Unstimmigkeiten in V 343. 355f. 410 vgl. COHEN 1979,
  119f., der das von Agrippa ausgesprochene Todesurteil und die zweite Interven-
  tion Berenikes in V 355 mit DREXLER 1925, 295 für eine Dublette von V 343 hält.
  Vgl. auch KRIEGER 1997, 8.
[267] Zur Romtreue der Sepphoriter im ersten jüdischen Krieg vgl. die Angaben im
  Ortsnamensregister.
[268] D. h. Josephus galt bei den Sepphoritern als Aufständischer; vgl. dazu Anm. 17
  im Anhang.

δαίοις ἐκώλυσεν. **347** ὅπως δὲ καὶ τὰ πρὸς ἡμᾶς ἀσφαλεῖς εἶεν, ἠπάτησάν με τείχεσιν αὐτῶν τὴν πόλιν ὀχυρῶσαι προτρέψαντες. καὶ παρὰ Κεστίου Γάλλου τοῦ τῶν ἐν τῇ Συρίᾳ Ῥωμαϊκῶν ταγμάτων ἡγεμονεύοντος φρουρὰν ἑκόντες ἐδέξαντο,[419] καταφρονήσαντες ἐμοῦ τότε μέγα δυναμένου καὶ πᾶσιν δι' ἐκπλήξεως ὄντος. **348** πολιορκουμένης τε τῆς μεγίστης ἡμῶν πόλεως Ἱεροσολύμων καὶ τοῦ κοινοῦ πάντων ἱεροῦ κινδυνεύοντος ἐν τῇ τῶν πολεμίων ἐξουσίᾳ γενέσθαι συμμαχίαν οὐκ ἔπεμψαν μὴ βουλόμενοι δοκεῖν κατὰ Ῥωμαίων ὅπλα λαβεῖν. **349** ἡ δὲ σὴ πατρίς, ὦ Ἰοῦστε, κειμένη ἐν[420] τῇ Γεννησαρίδι λίμνῃ καὶ ἀπέχουσα Ἵππου μὲν στάδια τριάκοντα, Γαδάρων δὲ ἑξήκοντα, Σκυθοπόλεως δὲ εἴκοσι καὶ ἑκατὸν τῆς ὑπηκόου βασιλεῖ, μηδεμιᾶς δὲ πόλεως Ἰουδαίων παρακειμένης, εἰ ἤθελεν τὴν πρὸς Ῥωμαίους πίστιν φυλάττειν, ῥᾳδίως ἐδύνατο· **350** καὶ γὰρ πολὺς ἦτε δῆμος καὶ ὅπλων ηὐπορεῖτε.[421] ἀλλ', ὡς σὺ φῄς, αἴτιος ὑμῖν[422] ἐγὼ τότε. μετὰ ταῦτα δὲ τίς, ὦ Ἰοῦστε; πρὸ γὰρ τῆς Ἱεροσολύμων πολιορκίας οἶδας ὑπὸ Ῥωμαίοις ἐμὲ γενόμενον, καὶ Ἰωτάπατα κατὰ κράτος ληφθέντα φρούριά τε πολλά, πολύν τε Γαλιλαίων ὄχλον κατὰ τὴν μάχην πεσόντα. **351** τότ' οὖν ἐχρῆν ὑμᾶς παντὸς ἀπηλλαγμένους τοῦ δι' ἐμὲ φόβου ῥῖψαί τε τὰ ὅπλα καὶ παραστῆσαι τῷ[423] βασιλεῖ καὶ Ῥωμαίοις, ὅτι δὴ οὐχ ἑκόντες, ἀλλ' ἀναγκασθέντες ἐπὶ τὸν πρὸς αὐτοὺς ὡρμήσατε πόλεμον. **352** ὑμεῖς δὲ καὶ περιεμείνατε Οὐεσπασιανόν, ἕως αὐτὸς ἀφικόμενος μετὰ πάσης τῆς[424] δυνάμεως προσέλθοι τοῖς τείχεσιν, καὶ τότε διὰ φόβον τὰ ὅπλα κατέθεσθε[425] καὶ πάντως ἂν ὑμῶν ἡ πόλις ἥλω κατὰ κράτος, εἰ μὴ τῷ βασιλεῖ δεομένῳ καὶ τὴν ἄνοιαν ὑμῶν παραιτουμένῳ συνεχώρησεν Οὐεσπασιανός. οὐκ ἐγὼ τοίνυν αἴτιος, ἀλλ' ὑμεῖς οἱ πολεμικὰ φρονήσαντες. **353** ἢ οὐ μέμνησθε, ὅτι τοσαυτάκις ὑμῶν ἐγκρατὴς γενόμενος οὐδένα διέ-

---

Fontes: **350** Iustus Tib.

P B R A M W

[419] ἐνεδέξαντο PRA : ἀνεδέξαντο B : ἐσεδέξαντο coni. Niese
[420] ἐπὶ Cobet
[421] εὐπορεῖτε P : εὐπορία MW
[422] Niese : ἤμην PBRA : ὑμῶν MW : ὑμῖν ἦν Herwerden
[423] τῷ τε BR : τε τῷ W
[424] πολλῆς (pro πάσης τῆς) MW
[425] Hudson : καταθέσθαι codd. : καταθέσθε ed. pr.

347 und damit sie auch vor uns sicher seien, haben die Bewohner von Sepphoris mich hintergangen, indem sie mich baten, ihre Stadt mit Mauern zu befestigen. Jedoch von Cestius Gallus, der die römischen Legionen[269] in Syrien befehligte, haben sie eine Wacheinheit ohne weiteres aufgenommen[270] und mich missachtet, der ich damals auf dem Höhepunkt meiner Macht stand und jedermann Schrecken einjagte. **348** Auch als unsere größte Stadt, nämlich Jerusalem, belagert wurde und unser gemeinsamer Tempel in Gefahr war, in die Gewalt der Feinde zu geraten, schickten sie keine Truppen zur Unterstützung, weil sie nicht den Anschein erwecken wollten, gegen die Römer die Waffen zu ergreifen. **349** Deine Heimatstadt aber, Justus, die am See Genezareth liegt, dreißig Stadien von Hippos entfernt, von Gadara sechzig, von Skythopolis aber, einer von Agrippa abhängigen Stadt,[271] hundertzwanzig[272], kurz, ohne die Nachbarschaft einer anderen jüdischen Stadt – wenn sie den Römern hätte treu bleiben wollen, hätte sie es leicht gekonnt. **350** Schließlich wart ihr einwohnerstark und gut bewaffnet! Aber wie du sagst, war ich damals euer Anstifter! Und wer hätte es danach sein sollen, Justus? Du weißt doch, dass ich vor der Belagerung Jerusalems den Römern in die Hände fiel und dass Jotafat gewaltsam eingenommen wurde,[273] auch viele andere befestigte Orte,[274] und dass eine große Menge von Galiläern im Kampf fiel. **351** Damals nun, als ihr von aller Furcht vor mir[275] befreit wart, hättet ihr nur die Waffen niederlegen und dem König wie auch den Römern darlegen müssen, dass ihr nicht freiwillig, sondern unter Zwang gegen sie in den Krieg gezogen seid. **352** Ihr jedoch habt abgewartet, bis Vespasian selbst mit aller Heeresmacht vor eure Mauern heranrückte, und dann erst aus Angst die Waffen gestreckt: und zweifellos wäre eure Stadt mit Gewalt eingenommen worden, wenn nicht den Bitten des Königs, eure Unvernunft zu entschuldigen, Vespasian nachgegeben hätte.[276] So bin also nicht ich der Schuldige, sondern ihr mit eurer Kriegslüsternheit. **353** Erinnert ihr euch denn nicht daran, wie oft ich euch in meine Gewalt bekam und dennoch

---

[269] Griech. τάγμα für röm. *legio*; vgl. MASON 1974, 163.

[270] Vgl. V 373f.

[271] Skythopolis gehörte freilich nicht zum Herrschaftsgebiet Agrippas II. (s. Karte). Nach SCHÜRER 1979, 145 ist der Stelle lediglich zu entnehmen, dass Skythopolis auf der Seite Agrippas und der Römer stand. Anders KASHER 1990, 275 Anm. 157, der einen Irrtum des Josephus annimmt.

[272] Diese Angaben sind schematisch und können nicht als exakte Informationen verwertet werden (SCHÜRER 1979, 131 Anm. 231). Die 30 Stadien zwischen Tiberias und Hippos beziehen sich offenbar auf den Seeweg (HANSEN 1998, 156).

[273] Vgl. V 412. 414 und B 3:141–408.

[274] Vgl. die Städteliste V 187f.

[275] D. h. aus Furcht vor Strafaktionen des Josephus im Falle eines Überwechselns der Tiberienser zu den Römern; vgl. Anm. 17 im Anhang.

[276] Vgl. B 3:443–461.

φθειρα, στασιάζοντες δ' ὑμεῖς πρὸς ἀλλήλους, οὐ διὰ τὴν πρὸς
Ῥωμαίους καὶ τὸν βασιλέα εὔνοιαν, διὰ δὲ τὴν ὑμετέραν αὐτῶν
πονηρίαν ἑκατὸν ὀγδοήκοντα πέντε τῶν πολιτῶν ἀπεκτείνατε,
κατὰ τὸν καιρὸν ἐκεῖνον ἐμοῦ πολιορκουμένου ἐν Ἰωταπάτοις
ὑπὸ Ῥωμαίων. 354 τί δ' οὐχὶ⁴²⁶ καὶ κατὰ τὴν τῶν Ἱεροσολύμων⁴²⁷
πολιορκίαν δισχίλιοι Τιβεριέων ἐξητάσθησαν, οἱ μὲν πεπτωκότες,
οἱ δὲ ληφθέντες αἰχμάλωτοι;

Ἀλλὰ σὺ πολέμιος οὐ γεγονέναι φήσεις, ὅτι πρὸς βασιλέα τότ'
ἔφυγες· καὶ τοῦτο δὲ διὰ τὸν ἐξ ἐμοῦ φόβον φημί σε πεποιηκέναι.
355 κἀγὼ μὲν πονηρός, ὡς λέγεις· ὁ δὲ βασιλεὺς Ἀγρίππας, ὁ τὴν
ψυχήν σοι συγχωρήσας ὑπὸ Οὐεσπασιανοῦ θανεῖν κατακριθέντι,
ὁ τοσούτοις⁴²⁸ δωρησάμενος χρήμασιν, τίνος ἕνεκεν ὕστερον δὶς
μὲν ἔδησε, τοσαυτάκις δὲ φυγεῖν τὴν πατρίδα προσέταξεν, καὶ
ἀποθανεῖν δὲ κελεύσας ἅπαξ, τῇ ἀδελφῇ Βερενίκῃ πολλὰ δεη-
θείσῃ τὴν σὴν⁴²⁹ σωτηρίαν ἐχαρίσατο; 356 καὶ μετὰ τοσαῦτα δέ
σου κακουργήματα τάξιν ἐπιστολῶν σοι πιστεύσας, ὡς κἄν⁴³⁰
ταύταις⁴³¹ εὗρε ῥᾳδιουργόν,⁴³² ἀπήλασε τῆς ὄψεως. ἀλλὰ περὶ μὲν
τούτων ἐλέγχειν ἐπ' ἀκριβὲς ἐῶ. 357 θαυμάζειν δ' ἔπεισί μοι τὴν
σὴν ἀναίδειαν, ὅτι τολμᾷς λέγειν ἁπάντων τῶν τὴν πραγματείαν
ταύτην γεγραφότων αὐτὸς ἄμεινον ἐξηγγελκέναι, μήτε τὰ πραχθέντα κατὰ τὴν Γαλιλαίαν ἐπιστάμενος – ἦς γὰρ ἐν Βηρυτῷ τότε
παρὰ βασιλεῖ – μηθ' ὅσα ἔπαθον Ῥωμαῖοι ἐπὶ τῆς Ἰωταπάτων πολιορκίας ἢ ἔδρασαν ἡμᾶς παρακολουθήσας, μήθ' ὅσα κατ' ἐμαυτὸν ἔπραξα πολιορκούμενος δυνηθεὶς πυθέσθαι· πάντες γὰρ οἱ
ἀπαγγείλαντες ἂν διεφθάρησαν ἐπὶ τῆς παρατάξεως ἐκείνης.
358 Ἀλλ' ἴσως τὰ κατὰ τὴν Ἱεροσολυμιτῶν⁴³³ πραχθέντα μετὰ
ἀκριβείας φήσεις συγγεγραφέναι. καὶ πῶς οἷόν τε; οὔτε γὰρ τῷ
πολέμῳ παρέτυχες οὔτε τὰ Καίσαρος ἀνέγνως ὑπομνήματα. μέγι-

Fontes: **355 – 360** Iustus Tib.

P B R A M W

⁴²⁶ pace Gross 1988, 60
⁴²⁷ ἱεροσολυμιτῶν PBR
⁴²⁸ σε suppl. Herwerden
⁴²⁹ om. MW
⁴³⁰ Niese (cf. Pelletier) : καὶ codd.
⁴³¹ σε add. MW
⁴³² ῥᾳδιουργοῦντα MW
⁴³³ ἱεροσόλυμα PR

niemanden tötete, dass aber ihr, im Streit untereinander,[277] nicht aus Freundschaft gegenüber den Römern und dem König, sondern aus eigener Bosheit, hundertfünfundachtzig Mitbürger getötet habt zu jener Zeit, als ich in Jotafat von den Römern belagert wurde? **354** Sind denn nicht während der Belagerung Jerusalems zweitausend Tiberienser[278] gezählt worden, teils als Gefallene, teils als Kriegsgefangene?

Nun wirst du behaupten, nicht als Feind (der Römer) aufgetreten zu sein, weil du damals beim König Zuflucht nahmst: doch sogar das, sage ich, hast du aus Furcht vor mir[279] getan. **355** Da bin ich also der Böse, wie du sagst – König Agrippa aber, der dir nach dem Todesurteil des Vespasian das Leben ließ und dich mit so viel Geld beschenkte, warum wohl hat er dich danach zweimal in Fesseln legen lassen und ebenso oft dich aus deiner Heimatstadt verwiesen und einmal deine Tötung angeordnet,[280] auf inständiges Bitten seiner Schwester Berenike ihr dein Leben geschenkt? **356** Selbst nach so vielen Schurkereien hat er dir ein Sekretärsamt[281] anvertraut, um aber auch darin deine Unredlichkeit festzustellen und dich aus seinem Gesichtskreis zu verweisen. Das alles in den Einzelheiten darzulegen, will ich sein lassen. **357** Ich kann nicht umhin, mich über deine Unverschämtheit zu wundern, dass du zu sagen wagst, du habest einen besseren Bericht[282] gegeben als alle, die diesen Stoff dargestellt haben, wo du doch von den Ereignissen in Galiläa nichts wissen konntest – du warst ja damals in Berytos beim König – und weder mitbekommen konntest, wie es den Römern bei der Belagerung von Jotafat erging, noch wie sie mit uns verfuhren; auch konntest du nicht erfahren, was ich für meine Person geleistet habe als Belagerter, denn alle, die sonst noch hätten berichten können, sind bei jenem Kommando umgekommen.

358 Vielleicht wirst du nun sagen, was in (der Stadt) Jerusalem geschehen ist, habest du genau aufgeschrieben. Doch wie könnte das sein? Weder hast du doch am Krieg teilgenommen[283] noch den Bericht des Kaisers gelesen.

---

[277] Zu den Parteikämpfen in Tiberias zwischen Aufständischen und Prörömischen vgl. V 32ff.

[278] COHEN 1979, 120 (vgl. JEREMIAS 1963, 88f.) verweist auf B 6:421: Handelte es sich bei den 2000 Tiberiensern eigentlich um Festpilger, die von den Wirren des Aufstands überrascht wurden? RAPPAPORT 1992, 99 Anm. 19 vermutet, dass es sich um Anhänger des Ješu ben Šafai handelt, die aus Tarichaeae entkommen waren (B 3:498f.).

[279] Vgl. V 351.

[280] Vgl. Anm. 265.

[281] Vgl. A 20:183; MASON 1974, 91f. 141.

[282] Vgl. Anm. 27 im Anhang; V 365; B 1:1–3.7.

[283] Vgl. V 362; παρατυγχάνω, teilnehmen, meint die authentische engagierte Präsenz: Gottes Teilnahme an Opfer und Gebet (A 1:227; 3:100.214). Die menschliche Gegenwart bei Opfer und Theophanie (A 3:80.100) und die unmittelbare Augenzeugenschaft bei wichtigen Ereignissen (B 5:310; A 2:226; 5:349f.). παρατυγχάνω

στον δὲ τεκμήριον· τοῖς[434] Καίσαρος ὑπομνήμασιν ἐναντίαν πεποίησαι τὴν γραφήν. **359** εἰ δὲ θαρρεῖς ἄμεινον ἁπάντων συγγεγραφέναι, διὰ τί ζώντων Οὐεσπασιανοῦ καὶ Τίτου τῶν αὐτοκρατόρων τῶν τὸν πόλεμον κατεργασαμένων[435] καὶ βασιλέως Ἀγρίππα περιόντος ἔτι καὶ τῶν ἐκ[436] γένους αὐτοῦ πάντων, ἀνδρῶν τῆς Ἑλληνικῆς παιδείας ἐπὶ πλεῖστον ἡκόντων, τὴν ἱστορίαν οὐκ ἔφερες εἰς μέσον; **360** πρὸ γὰρ εἴκοσιν ἐτῶν εἶχες γεγραμμένην καὶ παρ' εἰδότων ἔμελλες τῆς ἀκριβείας τὴν μαρτυρίαν ἀποφέρεσθαι. νῦν δ' ὅτ' ἐκεῖνοι μὲν οὐκέτ' εἰσὶν μεθ' ἡμῶν, ἐλεγχθῆναι δ' οὐ νομίζεις, τεθάρρηκας.

361 Οὐ μὴν ἐγώ σοι τὸν αὐτὸν τρόπον περὶ τῆς ἐμαυτοῦ γραφῆς ἔδεισα, ἀλλ' αὐτοῖς ἐπέδωκα τοῖς αὐτοκράτορσι τὰ βιβλία μόνον οὐ τῶν ἔργων ἔτι[437] βλεπομένων· συνῄδειν γὰρ ἐμαυτῷ τετηρηκότι τὴν τῆς ἀληθείας παράδοσιν, ἐφ' ᾗ μαρτυρίας τεύξεσθαι προσδοκήσας οὐ διήμαρτον.[438] **362** καὶ ἄλλοις δὲ πολλοῖς εὐθὺς[439] ἐπέδωκα τὴν ἱστορίαν, ὧν ἔνιοι καὶ παρατετεύχεισαν[440] τῷ πολέμῳ, καθάπερ βασιλεὺς Ἀγρίππας καί τινες αὐτοῦ τῶν συγγενῶν. **363** ὁ μὲν γὰρ αὐτοκράτωρ Τίτος οὕτως[441] ἐκ μόνων αὐτῶν ἐβουλήθη τὴν γνῶσιν τοῖς ἀνθρώποις παραδοῦναι τῶν πράξεων, ὥστε χαράξας τῇ ἑαυτοῦ χειρὶ τὰ βιβλία δημοσιῶσαι[442] προσέταξεν. **364** ὁ δὲ βασιλεὺς Ἀγρίππας ἑξήκοντα δύο γέγραφεν[443] ἐπιστολὰς τῇ τῆς ἀληθείας παραδόσει μαρτυρῶν. ὧν δὴ καὶ δύο ὑπέταξα, καὶ βουληθέντι σοι τὰ γεγραμμένα γνῶναι, πάρεστιν ἐξ αὐτῶν·

Fontes: **355 – 360** Iustus Tib.

Iosephus: **361 – 363** C 1:50–52

Testim. et recept.: **361** Eusebius, Hist. eccles. 3:10,9–11 (inde ab οὐ μὴν) · **362** Eusebius l. c. · **363 – 364** (ad μαρτυρῶν) Eusebius l. c.

P B R A M W

[434] γὰρ add. R
[435] τοῦ πολέμου γενομένων γενομένου M) (pro τῶν ... κατεργασαμένων) PBAMW (cf. GROSS 1988, 108)
[436] τοῦ add. W
[437] ἤδη Eus.
[438] συνῄδειν – διήμαρτον ante ὁ μὲν γὰρ (V 363) transp. NIESE (ed. min.)
[439] om. Eus.
[440] παρατετεύχεσαν Eus.
[441] om. PBR
[442] PR Eus. : δημοσιεῦσαι BAMW
[443] ἔγραψεν Eus.

Mein bester Beweis ist der: Du hast eine Schrift verfasst, die den Aufzeichnungen[284] des Kaisers widerspricht. **359** Wenn du dir also zutraust, besser als
alle andern geschrieben zu haben, warum hast du nicht zu Lebzeiten der
Kaiser Vespasian und Titus, die den Krieg durchgeführt haben, und des Königs Agrippa, solange er lebte[285] mit seiner gesamten Familie, lauter Leuten,
die auf der Höhe griechischer Bildung standen, deine Geschichte veröffent-
licht? **360** Du hattest sie ja schon vor zwanzig Jahren[286] geschrieben und hättest dir von denen, die Bescheid wussten die Bestätigung deiner Genauigkeit
geben lassen können. Jetzt aber, wo sie nicht mehr unter uns sind und du mit
keiner Gegendarstellung mehr rechnest, bist du mutig geworden.

361 Was mich betrifft, so habe ich um meine Schrift keine solchen Bedenken gehabt wie du, sondern habe meine Bücher den Kaisern persönlich übergeben,[287] als man die Ereignisse beinahe noch sehen konnte. Ich war mir
bewusst, der Überlieferung der Wahrheit gedient zu haben; und meine Hoffnung, dafür Bestätigung zu finden, hat mich nicht getrogen. **362** Doch auch
vielen anderen habe ich mein Geschichtswerk sofort übergeben, von denen
einige gleichfalls am Krieg teilgenommen haben, darunter König Agrippa
und einige seiner Verwandten. **363** Kaiser Titus war nämlich so sehr darauf
bedacht, nur aus diesem Werk die Kenntnis dieser Kriegstaten der Mensch-
heit zu übergeben, dass er sie, versehen mit seiner eigenen Unterschrift,[288]
veröffentlichen ließ;[289] **364** König Agrippa aber hat zweiundsechzig Briefe[290]
geschrieben, worin er die Wahrheit meiner Berichterstattung bestätigte. Von
denen habe ich zwei hier angefügt und wenn du wissen willst, was geschrieben
wurde, steht es dir hieraus frei:

---

ist ein zentraler geschichtsphilosophischer Begriff, der die autorisierende, unmit-
telbare – nicht durch Konzepte und Interessen verstellte – Teilnahme an den
Ereignissen meint (B 1:1. 3. 14. 30); Kontrastbegriff ist παραγίγνομαι (GRÜNEN-
FELDER 2001).

[284] Vgl. V 342; C 1:56.

[285] Vgl. Anm. 28 im Anhang.

[286] Wenn V als direkt nach A verfasster Anhang i. J. 93 vorlag und Justus für seine
Vorwürfe gegen Josephus B benutzt hat, dann ergibt sich als frühester Zeitpunkt
für die Fertigstellung von B das Jahr 73 (FELDMAN 1984a, 379). Die Angabe der
Zwanzigjahresfrist zwischen Abfassung und Publikation gibt jedoch Anlass zu
Zweifeln (COHEN 1979, 115 Anm. 58). COHEN, 84ff. datiert die Fertigstellung von
B 1–6 in die Regierungszeit des Titus, also nach 79, und hält B 7 für einen Zusatz
aus der Regierungszeit Domitians (dazu Feldman, a.a.O.).

[287] Vgl. C 1:51f.

[288] Zu Briefen und Schriftstücken, die vom Kaiser eigenhändig signiert oder gar
verfasst wurden, vgl. MILLAR 1967, 12–14. Titus war für seine Handschrift be-
rühmt (SUETON, *Tit.* 3).

[289] Vgl. Anm. 29 im Anhang.

[290] Vgl. FELDMAN 1984a, 823f.

365 Βασιλεὺς Ἀγρίππας Ἰωσήπῳ τῷ φιλτάτῳ χαίρειν. ἥδιστα διῆλθον τὴν βίβλον,[444] καί μοι πολὺ ἐπιμελέστερον ἔδοξας τῶν ταῦτα[445] συγγραψάντων ἠκριβωκέναι. πέμπε δέ μοι καὶ τὰς λοιπάς. ἔρρωσο.[446]

366 Βασιλεὺς Ἀγρίππας Ἰωσήπῳ τῷ φιλτάτῳ χαίρειν. ἐξ ὧν ἔγραψας οὐδεμιᾶς ἔοικας χρῄζειν διδασκαλίας ὑπὲρ τοῦ μαθεῖν ἡμᾶς ὅλους[447] ἀρχῆθεν. ὅταν μέντοι συντύχῃς μοι, καὶ αὐτός σε πολλὰ κατηχήσω τῶν ἀγνοουμένων.

367 Ἐμοὶ δέ,[448] ἀπαρτισθείσης τῆς ἱστορίας, ἀληθείᾳ,[449] οὐ κολακεύων – οὐδὲ γὰρ ἐπέβαλλεν αὐτῷ – οὐδὲ εἰρωνευόμενος, ὡς σὺ φήσεις – πόρρω γὰρ ἦν ἐκεῖνος τοιαύτης κακοηθείας – ἀλλὰ τὴν ἀλήθειαν[450] ἐμαρτύρει, καθάπερ πάντες οἱ ταῖς ἱστορίαις ἐντυγχάνοντες. ἀλλὰ τὰ μὲν πρὸς[451] Ἰοῦστον ἀναγκαίαν λαβόντα τὴν παρέκβασιν[452] μέχρι τούτων[453] λελέχθω.

368 Διοικήσας δ᾽ ἐγὼ τὰ κατὰ τὴν Τιβεριάδα καὶ καθίσας τῶν φίλων συνέδριον ἐβουλευόμην περὶ τῶν πρὸς Ἰωάννην πραχθησομένων. ἐδόκει μὲν οὖν πᾶσι τοῖς Γαλιλαίοις ὁπλίσαντα πάντας ἀπελθεῖν ἐπὶ τὸν Ἰωάννην καὶ λαβεῖν παρ᾽ αὐτοῦ δίκας ὡς πάσης τῆς στάσεως αἰτίου γεγονότος. **369** οὐκ ἠρεσκόμην δ᾽ ἐγὼ ταῖς γνώμαις αὐτῶν, προαίρεσιν ἔχων τὰς ταραχὰς χωρὶς φόνου καταστέλλειν. ὅθεν δὴ παρήνεσα πᾶσαν εἰσενέγκασθαι πρόνοιαν ὑπὲρ τοῦ γνῶναι τὰ ὀνόματα τῶν ὑπὸ τῷ Ἰωάννῃ[454] ὄντων. **370** ποιησάντων δ᾽ ἐκείνων, γνοὺς ἐγὼ τοὺς ἀνθρώπους οἵτινες ἦσαν, ἐξέθηκα πρόγραμμα, διὰ τούτου πίστιν καὶ δεξιὰν προτείνων τοῖς μετὰ Ἰωάννου θελήσασιν[455] λαβεῖν μετάνοιαν, καὶ ἡμερῶν εἴκοσι

Iosephus: **368** B 2:622 · **370** B 2:624

P B R A M W

[444] βύβλον PA   [445] ταῦτα acc. Herwerden   [446] φίλτατε add. BRAMW
[447] ὁδοὺς PBA² : ὅλως Thackeray
[448] οὕτως δέ μοι R : ὅπως ἐμοὶ δέ MW : οὗτος δέ μοι Schalit : lac. not. Niese
[449] Ἀγρίππας Hudson   [450] τῇ ἀληθείᾳ Bekker   [451] τὸν add. MW
[452] παράθεσιν PBR   [453] ἡμῖν add. P
[454] τὸν ἰωάννην BMW (cf. Gross 1988, 242)
[455] θελήσας MW : θελήσουσι Naber

365 König Agrippa grüßt seinen lieben Freund Josephus. Mit Freude habe ich dein Buch gelesen, und ich habe den Eindruck, dass du mit sehr viel mehr Sorgfalt gearbeitet hast, als diejenigen, die über diese Dinge geschrieben haben.[291] Schicke mir auch die Fortsetzungen! Leb wohl.

366 König Agrippa grüßt seinen lieben Freund Josephus. Nach dem, was du geschrieben hast, scheinst du keiner weiteren Belehrung zu bedürfen, damit wir alle von Anfang an (diese Dinge) erfahren. Wenn wir uns denn einmal wieder begegnen, werde ich meinerseits dich über vieles informieren können, was dir unbekannt ist.

367 Mir aber hat er, als mein Geschichtswerk vollendet war, ehrlich und nicht aus Schmeichelei – was ihm gar nicht zukam –, auch nicht ironisch, wie du sagen wirst[292] – denn von solchem Charakterfehler war er weit entfernt –, die Wahrheit stets bezeugt, ebenso wie alle Leser des Geschichtswerkes. Aber zur Auseinandersetzung mit Justus, die diesen Exkurs erforderlich machte, sei bis hierher (soviel) gesagt.

368–372 Josephus' Großzügigkeit gegenüber der Joḥanan-Gruppe. Sie löst sich auf

368 Als ich nun die Angelegenheiten von Tiberias geregelt und ein Synhedrion meiner Freunde einberufen hatte, ließ ich beratschlagen, wie mit Joḥanan zu verfahren sei.[293] Da plädierten alle Galiläer dafür, ich solle sie alle die Waffen ergreifen lassen,[294] gegen Joḥanan ausrücken und ihn bestrafen als den Urheber des ganzen Zwistes. **369** Ich jedoch war mit ihren Vorschlägen nicht einverstanden; meine Absicht war, die Unruhen ohne Blutvergießen beizulegen. So plädierte ich dafür, alle Sorgfalt darauf zu verwenden, die Namen der unter Joḥanans Kommando stehenden Leute in Erfahrung zu bringen. **370** Sobald sie dies getan hatten und ich wusste, um welche Personen es sich handelte, veröffentlichte ich eine Bekanntmachung, worin ich ein Friedens- und Bundesangebot machte an alle, die von Joḥanans Leuten bereit waren, ihr Verhalten zu bereuen, und setzte eine Frist von zwanzig[295] Tagen

---

[291] Von keinem dieser Werke ist noch etwas bekannt. In C 1:46 spielt Josephus möglicherweise auf Justus an.

[292] Vgl. Anm. 30 im Anhang.

[293] Zu V 368–372 vgl. B 2:622–625.

[294] Vgl. auch V 77. Zur Frage der Bewaffnung der aufständischen Truppen vgl. PRICE 1992, 68–70. Nach B 2:576 hat Josephus seine Streitmacht mit »gesammelten alten Waffen« ausgerüstet; vgl. auch B 3:15. Teilweise konnten die galiläischen Einheiten offenbar auch auf eigene Bestände zurückgreifen (V 212 und 242). PELLETIER schließt aus den in V 233 erwähnten Knüppeln auf die dürftige Bewaffnung der Josephus verfügbaren Truppen insgesamt.

[295] B 2:624 nennt eine Frist von fünf Tagen.

χρόνον προέτεινα τοῖς βουλεύσασθαι θέλουσιν περὶ τῶν ἑαυτοῖς συμφερόντων. ἠπείλουν δέ, εἰ μὴ ῥίψουσιν⁴⁵⁶ τὰ ὅπλα, καταπρήσειν αὐτῶν τὰς οἰκήσεις καὶ δημοσιώσειν τὰς οὐσίας. 371 ταῦτα δὲ ἀκούσαντες οἱ ἄνθρωποι καὶ ταραχθέντες οὔτι μετρίως, καταλείπουσι μὲν τὸν Ἰωάννην, τὰ δ' ὅπλα ῥίψαντες ἧκον πρός με τετρακισχίλιοι τὸν ἀριθμὸν ὄντες.⁴⁵⁷ 372 μόνοι δὲ τῷ Ἰωάννῃ παρέμειναν οἱ πολῖται⁴⁵⁸ καὶ ξένοι τινὲς ἐκ τῆς Τυρίων μητροπόλεως ὡς χίλιοι καὶ πεντακόσιοι. Ἰωάννης μὲν οὖν οὕτω καταστρατηγηθεὶς ὑπ' ἐμοῦ τὸ λοιπὸν ἐν τῇ πατρίδι περίφοβος ἔμεινεν.

373 Κατὰ τοῦτον δὲ τὸν καιρὸν Σεπφωρῖται θαρρήσαντες ἀναλαμβάνουσιν ὅπλα, πεποιθότες τῇ τε τῶν τειχῶν ὀχυρότητι καὶ τῷ πρὸς ἑτέροις ὄντα με ὁρᾶν. πέμπουσι δὴ πρὸς Κέστιον Γάλλον – Συρίας δ' ἦν οὗτος ἡγεμών – παρακαλοῦντες ἢ αὐτὸν ἥκειν θᾶττον παραληψόμενον αὐτῶν τὴν πόλιν ἢ πέμψαι τοὺς φρουρήσοντας. 374 ὁ δὲ Γάλλος ἐλεύσεσθαι μὲν ὑπέσχετο, πότε δὲ οὐ διεσάφησεν. κἀγὼ ταῦτα πυθόμενος, ἀναλαβὼν τοὺς σὺν ἐμοὶ στρατιώτας καὶ ὁρμήσας ἐπὶ τοὺς Σεπφωρίτας εἷλον αὐτῶν κατὰ κράτος τὴν πόλιν. 375 λαβόμενοι δ' ἀφορμῆς οἱ Γαλιλαῖοι καὶ παριέναι⁴⁵⁹ τοῦ μίσους τὸν καιρὸν οὐ βουληθέντες⁴⁶⁰ – εἶχον γὰρ ἀπεχθῶς καὶ πρὸς ταύτην τὴν πόλιν – ὥρμησαν ὡς ἄρδην ἀφανίσοντες πάντας⁴⁶¹ σὺν τοῖς ἐποίκοις.⁴⁶² 376 εἰσδραμόντες οὖν ἐνεπίμπρασαν αὐτῶν τὰς οἰκίας ἐρήμους καταλαμβάνοντες – οἱ γὰρ ἄνθρωποι δείσαντες εἰς τὴν ἀκρόπολιν συνέφυγον – διήρπαζον δὲ πάντα καὶ τρόπον οὐδένα πορθήσεως κατὰ τῶν ὁμοφύλων παρελίμπανον. 377 ταῦτ' ἐγὼ θεασάμενος σφόδρα διετέθην ἀνιαρῶς καὶ παύεσθαι προσέταττον αὐτοῖς, ὑπομιμνήσκων ὅτι τοιαῦτα δρᾶν ὁμοφύλους οὐκ ἔστιν ὅσιον. 378 ἐπεὶ δ' οὔτε παρακαλοῦντος οὔτε προστάσσοντος ἤκουον – ἐνίκα δὲ τὸ μῖσος τὰς παραινέσεις – τοὺς πιστοτάτους τῶν περὶ ἐμὲ φίλων ἐκέλευσα διαδοῦναι λόγους, ὡς Ῥωμαίων μετὰ μεγάλης δυνάμεως κατὰ τὸ ἕτερον μέρος τῆς πόλεως εἰσβεβληκότων. 379 ταῦτα δ' ἐποίουν ὑπὲρ τοῦ τῆς

Iosephus: **371** B 2:625 · **373** – **374** B 2:646

P B R A M W

⁴⁵⁶ ῥίψωσιν PA; cf. Gross 1988, 168 n. 15   ⁴⁵⁷ om. AMW
⁴⁵⁸ ὁπλῖται PBRA (cf. Cohen 1979, 226)   ⁴⁵⁹ παρεῖναι PRAMW
⁴⁶⁰ οἰηθέντες (pro οὐ βουληθέντες) AMW (cf. Haefeli 1925, 97; Hansen 1998, 154)
⁴⁶¹ πᾶσαν ... ἐνοίκοις Hansen 1998, 153–155.
⁴⁶² ἐνοίκοις P

für diejenigen, die sich noch beraten wollten, was für sie vorteilhaft sei. Ich drohte allerdings, wenn sie die Waffen nicht bald niederlegten, ihre Behausungen niederzubrennen und ihre Habe zu beschlagnahmen. **371** Als das die Leute hörten und maßlos erschraken, fielen sie von Johanan ab, streckten die Waffen und kamen zu mir, viertausend[296] an der Zahl. **372** Als einzige blieben auf Johanans Seite seine Mitbürger und einige Ausländer aus der Hauptstadt Tyrus, etwa tausendfünfhundert.[297] So blieb Johanan, von mir ausmanövriert, die restliche Zeit voller Furcht in seiner Heimatstadt.

373–381 Josephus rettet Sepphoris durch eine List

373 Zu jener Zeit wurden die Bewohner von Sepphoris übermütig[298] und griffen zu den Waffen, im Vertrauen auf die Festigkeit ihrer Mauern, und weil sie mich mit Anderen beschäftigt sahen. So schickten sie denn zu Cestius Gallus – er war der Gouverneur von Syrien – die Bitte, er möge entweder unverzüglich selbst kommen und ihre Stadt übernehmen oder eine Wachmannschaft herschicken.[299] **374** Gallus versprach zwar zu kommen, gab aber nicht an, wann. Als aber ich es erfuhr, mobilisierte ich meine Soldaten, rückte vor gegen die Leute von Sepphoris und nahm ihre Stadt gewaltsam ein. **375** Die galiläische (Land-)bevölkerung ergriff diese Gelegenheit und wollte den Zeitpunkt für ihre Rache nicht vorbeigehen lassen – auch diese Stadt war ihnen verhasst; so stürmten sie an, um alle (Bewohner) auszurotten samt den Zugezogenen. **376** Sie drangen also ein und setzten ihre Häuser in Brand, die sie (sämtlich) leer vorfanden – denn die Leute hatten sich aus Furcht alle in die Akropolis geflüchtet – sie plünderten alles, und keine Art, ihre Volksgenossen durch Verwüstung zu schädigen, ließen sie aus. **377** Bei diesem Anblick war ich ganz entsetzt, und gebot ihnen Einhalt; ich erinnerte sie daran, dass es ein Frevel ist, Volksgenossen solches anzutun. **378** Da sie weder auf meine Bitten noch auf meine Befehle hörten – ihr Hass stärker war als meine Ermahnungen –, gab ich den Verlässlichsten unter meinen Vertrauten Anweisung, das Gerücht zu verbreiten,[300] die Römer seien mit großer Streitmacht am anderen Ende der Stadt eingefallen. **379** Das tat ich, um durch das Aufkommen des Gerüchts das Wüten der Galiläer aufzuhalten und die Stadt Sepphoris zu retten. Zuletzt gelang die Kriegslist; **380** denn als sie die Meldung hörten, bekamen die Galiläer Angst um sich selber, ließen die Beute liegen und gingen auf die Flucht, zumal sie auch mich, den Feldherrn, das-

---

[296] B 2:625: Dreitausend.
[297] B 2:625: Zweitausend; vgl. Anm. 25 im Anhang.
[298] Zu V 373–380 vgl. B 2:645f.
[299] Zu V 373b vgl. V 394a: eine Dublette?
[300] Oder hat Josephus wegen eines solchen Gerüchts einen Angriff auf Sepphoris abgebrochen (Cohen 1979, 125 Anm. 93)? Vgl. jedoch Anm. 228.

φήμης ἐμπεσούσης ἐπισχεῖν μὲν[463] τῶν Γαλιλαίων τὰς ὁρμάς, διασῶσαι δὲ τὴν τῶν Σεπφωριτῶν πόλιν. καὶ τέλος προὐχώρησε τὸ στρατήγημα· **380** τῆς γὰρ ἀγγελίας ἀκούσαντες ἐφοβήθησαν ὑπὲρ αὐτῶν· καὶ καταλιπόντες τὰς ἁρπαγὰς ἔφευγον, μάλιστα δ' ἐπεὶ κάμὲ τὸν στρατηγὸν ἑώρων ταὐτὰ[464] ποιοῦντα· πρὸς γὰρ τὸ πιστὸν τῆς φήμης ἐσκηπτόμην ὁμοίως αὐτοῖς διατίθεσθαι.[465] Σεπφωρῖται δὲ παρ' ἐλπίδα τὴν ἑαυτῶν ὑπὸ τοῦ ἐμοῦ σοφίσματος ἐσώθησαν.

381 Καὶ Τιβεριὰς δὲ παρ' ὀλίγον ἀνηρπάσθη ὑπὸ Γαλιλαίων τοιαύτης αἰτίας ὑποπεσούσης· τῶν ἐκ τῆς βουλῆς οἱ πρῶτοι γράφουσι πρὸς τὸν βασιλέα παρακαλοῦντες ἀφικέσθαι πρὸς αὐτοὺς παραληψόμενον τὴν πόλιν. **382** ὑπέσχετο δ' ὁ βασιλεὺς ἔρχεσθαι, καὶ τὰς[466] ἐπιστολὰς ἀντιγράφει καὶ τῶν περὶ τὸν κοιτῶνά τινι, Κρίσπῳ μὲν τοὔνομα, τὸ δὲ γένος Ἰουδαίῳ, δίδωσι πρὸς τοὺς Τιβεριεῖς φέρειν. **383** τοῦτον κομίσαντα τὰ γράμματα γνωρίσαντες οἱ Γαλιλαῖοι καὶ συλλαβόντες ἄγουσιν ἐπ' ἐμέ· τὸ δὲ πᾶν πλῆθος, ὡς ἤκουσεν, παροξυνθὲν ἐφ' ὅπλα τρέπεται. **384** συναχθέντες δὲ πολλοὶ πανταχόθεν[467] κατὰ τὴν ἐπιοῦσαν ἧκον εἰς Ἀσωχὶν πόλιν, ἔνθα δὴ τὴν κατάλυσιν ἐποιούμην, καταβοήσεις τε σφόδρα ἐποιοῦντο, προδότιν ἀποκαλοῦντες τὴν Τιβεριάδα καὶ βασιλέως φίλην, ἐπιτρέπειν τε ἠξίουν αὐτοῖς καταβᾶσιν ἄρδην ἀφανίσαι· καὶ γὰρ πρὸς τοὺς Τιβεριεῖς εἶχον ἀπεχθῶς, ὡς πρὸς[468] τοὺς Σεπφωρίτας.

385 Ἐγὼ δ' ἀκούσας ἠπόρουν, τίνα τρόπον ἐξαρπάσω τὴν Τιβεριάδα τῆς Γαλιλαίων ὀργῆς. ἀρνήσασθαι γὰρ οὐκ ἐδυνάμην μὴ γεγραφέναι τοὺς Τιβεριεῖς καλοῦντας τὸν βασιλέα· ἤλεγχον γὰρ αἱ παρ' ἐκείνου πρὸς αὐτοὺς ἀντιγραφαὶ τὴν ἀλήθειαν. **386** σύννους οὖν πολλὴν γενόμενος ὥραν, »ὅτι μὲν ἠδικήκασιν,« εἶπον, »Τιβεριεῖς, οἶδα κἀγώ, τὴν πόλιν δ'[469] αὐτῶν ὑμᾶς οὐ κωλύσω διαρπάσαι. δεῖ δ' ὅμως μετὰ κρίσεως καὶ[470] τὰ τηλικαῦτα πράττειν· οὐ γὰρ μόνοι Τιβεριεῖς προδόται τῆς ἐλευθερίας ἡμῶν γεγόνασιν, ἀλλὰ πολλοὶ καὶ τῶν ἐν Γαλιλαίᾳ δοκιμωτάτων. **387** προσμείνατε δή[471] μέχρι τοὺς αἰτίους ἀκριβῶς[472] ἐκμάθω, καὶ τότε πάντας ὑπο-

---

P B R A M W (**384** inde a δὲ πολλοὶ – **393** P deficit)

[463] HUDSON : με codd.   [464] ταῦτα PBRMW   [465] διατεθεῖσθαι MW
[466] delendum?   [467] πολλαχόθεν MW (cf. V 99.207)
[468] ἀπεχθῶς, ὡς καὶ πρὸς MW : ἀπεχθῶς καὶ πρὸς NIESE (ed. min.)
[469] (δὲ MW) om BA : τε (θ') BEKKER (NABER)
[470] NIESE (ed. min.) : ὅμως καὶ μετὰ κρίσεως codd.
[471] δὲ BR   [472] ἂν add. NABER

selbe tun sahen; ich gab nämlich vor, über die Glaubwürdigkeit des Gerüchtes genauso wie sie zu denken. Die Bewohner von Sepphoris aber wurden wider eigenes Erwarten durch meine List gerettet.

381–389 Josephus dämpft den Zorn der Galiläer auf die Stadt Tiberias

381 Doch auch Tiberias wäre von den Galiläern beinahe ausgelöscht worden;[301] das kam wie folgt: Die Obersten des Rates[302] schrieben an den König die Bitte, zu ihnen zu kommen und ihre Stadt zu übernehmen. **382** Der König versprach zu kommen, schrieb seinen Antwortbrief und gab ihn einem seiner Kammerherren namens Crispus,[303] einem Juden,[304] zur Überbringung an die Tiberienser. **383** Als dieser den Brief brachte, erkannten ihn die Galiläer, ergriffen ihn und führten ihn zu mir; die gesamte Volksmenge aber griff, sobald sie davon hörte, sofort voll Zorn zu den Waffen. **384** Zahlreich strömten sie am nächsten Tag von überallher zusammen in die Stadt Šoḥin, wo ich nämlich mein Quartier aufgeschlagen hatte, und erhoben ein heftiges Wutgeschrei: »Verräterin« nannten sie Tiberias und »Freundin des Königs«, und sie baten mich, ihnen zu erlauben, hinunterzugehen und sie gänzlich zu vertilgen. Sie hassten nämlich die Tiberienser genauso wie die Sepphoriten. **385** Ich hörte sie an und fragte mich, wie ich Tiberias dem Zorn der Galiläer entreißen könne. Ich konnte nicht leugnen, dass die Tiberienser an den König geschrieben hatten, um ihn (zur Hilfe) zu rufen; denn das von ihm an sie gerichtete Antwortschreiben deckte den wahren Sachverhalt auf. **386** Nachdem ich lange Zeit bei mir überlegt hatte, sprach ich: »Dass euch die Tiberienser Unrecht getan haben, weiß auch ich, und ihre Stadt zu plündern, werde ich euch nicht verwehren. Doch sollte etwas so Gravierendes immerhin unter (sorgfältiger) Abwägung geschehen; denn nicht allein die Tiberienser sind Verräter an unserer Freiheit geworden, sondern auch viele der Angesehensten in Galiläa. **387** Wartet also ab, bis ich die Schuldigen genau ermittle; dann sollt ihr sie alle überantwortet bekommen samt denen, die ihr

---

[301] Vgl. dagegen B 2:646: Josephus überlässt Tiberias seinen Soldaten zur Plünderung, gibt das geraubte Gut später jedoch wieder zurück.

[302] Vgl. Anm. 166. Nach den in V 281–289 berichteten Ereignissen unter dem Ratsvorsitz des Aufständischen Ješu ben Šafai (V 271.278) hat in Tiberias offenbar nun wieder die romfreundliche Fraktion die Oberhand gewonnen. Noch während der Belagerung der Stadt durch Vespasian (B 3:445–461) nahmen beide Gruppen gleichzeitig und gegeneinander auf das Geschick der Stadt Einfluss.

[303] Vgl. Anm. 311.

[304] Vgl. Anm. 27.

χειρίους ἕξετε, καὶ ὅσους ἰδίᾳ ἐπάξαι⁴⁷³ δυνήσεσθε«. **388** ταῦτ'⁴⁷⁴ εἰπὼν ἔπεισα τὸ πλῆθος, καὶ παυσάμενοι τῆς ὀργῆς διελύθησαν. τὸν παρὰ βασιλέως δὲ πεμφθέντα δῆσαι κελεύσας, μετ' οὐ⁴⁷⁵ πολλὰς ἡμέρας ἐπί τινα τῶν ἐμαυτοῦ χρειῶν ἐπείγουσαν σκηψάμενος ἐκδημεῖν τῆς βασιλείας,⁴⁷⁶ καλέσας τὸν Κρῖσπον λάθρα προσέταξα μεθύσαι τὸν στρατιώτην φύλακα καὶ φυγεῖν πρὸς βασιλέα· μὴ γὰρ διωχθήσεσθαι. **389** καὶ ὁ μὲν ταῖς ὑποθήκαις πεισθεὶς διέφυγε· Τιβεριὰς δὲ μέλλουσα δεύτερον ἀφανίζεσθαι στρατηγίᾳ τῇ ἐμῇ καὶ προνοίᾳ τῇ περὶ αὐτῆς ὀξὺν οὕτω κίνδυνον διέφυγεν.

390 Κατὰ τοῦτον δὲ τὸν καιρὸν Ἰοῦστος ὁ Πίστου παῖς λαθὼν ἐμὲ διαδιδράσκει πρὸς τὸν βασιλέα. τὴν αἰτίαν δὲ δι' ἣν τοῦτ' ἔπραξεν ἀφηγήσομαι. **391** λαβόντος ἀρχὴν Ἰουδαίοις τοῦ πρὸς Ῥωμαίους πολέμου Τιβεριεῖς διεγνώκεισαν ὑπακούειν βασιλεῖ καὶ Ῥωμαίων μὴ ἀφίστασθαι. πείθει δ' αὐτοὺς Ἰοῦστος ἐφ' ὅπλα χωρῆσαι νεωτέρων αὐτὸς ἐφιέμενος πραγμάτων καὶ δι' ἐλπίδος ἔχων ἄρξειν Γαλιλαίων τε καὶ τῆς ἑαυτοῦ πατρίδος. **392** οὐ μὴν τῶν προσδοκηθέντων ἐπέτυχεν· Γαλιλαῖοί τε γὰρ ἐχθρῶς ἔχοντες πρὸς τοὺς Τιβεριεῖς διὰ μῆνιν⁴⁷⁷ ὧν ὑπ' αὐτοῦ⁴⁷⁸ πρὸ τοῦ πολέμου πεπόνθεισαν, οὐκ ἠνείχοντο στρατηγοῦντος αὐτῶν Ἰούστου· **393** κἀγὼ δὲ τὴν προστασίαν τῆς Γαλιλαίας πιστευθεὶς ὑπὸ τοῦ κοινοῦ τῶν Ἱεροσολυμιτῶν, πολλάκις εἰς τοσαύτην ἦκον ὀργήν, ὡς ὀλίγου δεῖν ἀποκτεῖναι τὸν Ἰοῦστον, φέρειν αὐτοῦ τὴν μοχθηρίαν οὐ δυνάμενος. δείσας οὖν ἐκεῖνος, μὴ καὶ λάβῃ τέλος ἅπαξ ὁ θυμός, ἔπεμψε πρὸς βασιλέα Κρῖσπον⁴⁷⁹ ὡς⁴⁸⁰ ἀσφαλέστερον οἰκήσειν παρ' ἐκείνῳ νομίζων ⟨. . .⟩.⁴⁸¹

Fontes: **390** – **393** Iustus Tib. · **390** – **393** Iustus Tib.

P B R A M W (**384** – **393** (μοχ)θηρίαν P deficit)

⁴⁷³ ἐλέγξαι HERWERDEN : πατάξαι NABER 1885, 389 : 'pro ὅσους ἰδίᾳ ἐπάξαι desideratur ζημιῶσαι κατ' ἀξίαν vel sim.' NIESE (ed. mai.) III, LXVII : corruptelam not. NIESE (ed. min.)
⁴⁷⁴ καὶ ταῦτα MW
⁴⁷⁵ ed. pr. : μετὰ codd.
⁴⁷⁶ Γαλιλαίας HOLWERDA (cf. SCHLATTER 1913, 37)
⁴⁷⁷ μνήμην GELENIUS (?)
⁴⁷⁸ ὑπ' αὐτῶν COHEN 1979, 204 (cf. SCHWARTZ 1994, 302)
⁴⁷⁹ κρίσπον R : κρῖσπον PB : κρεῖσσον MW : κρεῖσσον καὶ A; cf. GROSS 1988, 191
⁴⁸⁰ om. PBAMW
⁴⁸¹ lac. not. SCHLATTER 1923, 11

eigens werdet zur Rechenschaft ziehen können.« **388** Mit diesen Worten überzeugte ich die Menge; sie ließen ab von ihrem Zorn und gingen auseinander.
Den Abgesandten des Königs aber ließ ich verhaften und gab nach wenigen
Tagen vor, zu meinem Privatgeschäfte, das eilig sei, außerhalb des königlichen Gebietes[305] zu verreisen, rief Crispus heimlich und wies ihn an, den
Wachsoldaten betrunken zu machen und zum König zu fliehen: Er werde
nicht verfolgt werden. **389** Dieser ließ sich auf den Vorschlag ein und entfloh;
die Stadt Tiberias aber, die zum zweiten Mal nahe daran war, zerstört zu
werden, entkam durch meine List und meine ihr geltende Vorsorge so einer
akuten Gefahr.

390–393 Episode mit Justus von Tiberias

390 Zu dieser Zeit[306] suchte Justus, Sohn des Pistos, so, dass ich es nicht
merkte, Zuflucht beim König. Den Grund dieser Verhaltensweise werde ich
darlegen.[307] **391** Als für die Juden der Krieg mit den Römern begann,[308] hatten die Tiberienser beschlossen, dem König zu gehorchen und von den Römern nicht abzufallen. Da war es Justus, der sie überredete, zu den Waffen zu
greifen,[309] weil er selbst eine Revolution anstrebte[310] und hoffte, die Galiläer
zu beherrschen, und damit seine Heimatstadt. **392** Freilich erreichte er nicht,
was er erwartete; denn einerseits ließen die Galiläer in ihrer Feindschaft gegenüber den Tiberiensern aus Zorn über das, was sie vor dem Krieg von ihm
erlitten hatten, nicht zu, dass Justus das Kommando über sie führe; **393** ich
aber andrerseits, von der Bürgerschaft Jerusalems mit dem Oberbefehl über
Galiläa betraut, geriet vielfach in solchen Zorn, dass ich beinahe Justus getötet hätte, da ich seine Niedertracht nicht mehr ertragen konnte. Jener nun
sandte aus Furcht, das Maß meiner Erregung könne einmal voll werden,
Crispus[311] zum König; er meinte, bei ihm könne er sicherer wohnen ⟨. . .⟩.

---

[305] Während Tiberias von Nero dem Herrschaftsgebiet Agrippas II. zugeschlagen
wurde (vgl. Anm. 53), lag Šoḥin außerhalb des königlichen Territoriums.

[306] Vgl. Anm. 19 im Anhang.

[307] Die mit diesen Worten eingeleitete Episode endet in V 393, bevor sie recht begonnen hat. Schlatter (vgl. den textkrit. Apparat) vermutet dort m. R. eine
Textlücke.

[308] Ἰουδαῖοι ist hier wohl absichtsvoll nicht *gen. subj.* zu πόλεμος; vgl. auch C 1:46
und Anm. 40.

[309] Vgl. V 36–42.

[310] Hier wie in V 36; 70; 87 Latinismus: *rerum novarum cupidus esse*.

[311] Die nochmalige Nennung des gerade erst aus Tiberias entkommenen Crispus an
dieser Stelle (vgl. V 382. 388) erscheint unmotiviert; vgl. die Textvarianten und die
Übersetzung von Haefeli. Die von Schalit 1968, 76 angenommene Identität des
hier Genannten mit dem gleichnamigen ehem. Präfekten Agrippas I. aus V 33 ist
unwahrscheinlich.

394 Σεπφωρῖται δὲ παραδόξως τὸν πρῶτον κίνδυνον διαφυγόντες πρὸς Κέστιον Γάλλον ἔπεμψαν ἥκειν παρακαλοῦντες[482] ὡς αὐτοὺς θᾶττον παραληψόμενον τὴν πόλιν, ἢ πέμπειν δύναμιν τὴν ἀνακόψουσαν τὰς ἐπ᾽ αὐτοὺς τῶν πολεμίων ἐπιδρομάς. καὶ τέλος ἔπεισαν τὸν Γάλλον πέμψαι δύναμιν αὐτοῖς ἱππικήν τε καὶ πεζικήν,[483] ἣν ἐλθοῦσαν νυκτὸς εἰσεδέξαντο. **395** κακουμένης δὲ ὑπὸ τῆς Ῥωμαϊκῆς στρατιᾶς τῆς πέριξ[484] χώρας ἀναλαβὼν ἐγὼ τοὺς περὶ ἐμὲ στρατιώτας ἧκον εἰς Γάρις[485] κώμην. ἔνθα βαλόμενος χάρακα πόρρω τῆς Σεπφωριτῶν πόλεως ἀπὸ σταδίων εἴκοσι νυκτὸς ἔτι[486] αὐτῇ[487] προσέμιξα καὶ τοῖς τείχεσι προσέβαλον,[488] **396** καὶ διὰ κλιμάκων ἐμβιβάσας συχνοὺς τῶν στρατιωτῶν ἐγκρατὴς τοῦ πλείστου τῆς πόλεως μέρους ἐγενόμην. μετ᾽ οὐ πολὺ δὲ διὰ τὴν τῶν τόπων ἄγνοιαν ἀναγκασθέντες ὑπεχωρήσαμεν, ἀνελόντες μὲν δυοκαίδεκα πεζούς,[489] ὀλίγους δὲ Σεπφωριτῶν, αὐτοὶ δ᾽ ἕνα μόνον ἀπεβάλομεν. **397** γενομένης δ᾽ ὕστερον ἡμῖν κατὰ τὸ πεδίον μάχης πρὸς τοὺς ἱππεῖς μέχρι πολλοῦ καρτερῶς διακινδυνεύσαντες ἡττήθημεν· περιελθόντων γὰρ τῶν Ῥωμαίων οἱ μετ᾽ ἐμοῦ δείσαντες ἔφυγον εἰς τοὐπίσω. πίπτει δ᾽ ἐπὶ τῆς παρατάξεως ἐκείνης εἷς τῶν πεπιστευμένων τὴν τοῦ σώματός μου φυλακήν, Ἰοῦστος τοὔνομα, καὶ παρὰ βασιλεῖ ποτε τὴν αὐτὴν τάξιν ἐσχηκώς. **398** κατὰ τοῦτον δὲ τὸν καιρὸν ἡ παρὰ βασιλέως δύναμις ἧκεν ἱππική τε καὶ πεζικὴ καὶ Σύλλας[490] ἐπ᾽ αὐτῆς ἡγεμὼν ὁ ἐπὶ τῶν σωματοφυλάκων. οὗτος οὖν βαλόμενος στρατόπεδον Ἰουλιάδος ἀπέχον σταδίους πέντε φρουρὰν ἐφίστησιν[491] ταῖς ὁδοῖς, τῇ τε εἰς Σελεύκειαν[492] ἀγούσῃ καὶ τῇ εἰς Γάμαλα τὸ φρούριον, ὑπὲρ τοῦ τὰς παρὰ τῶν Γαλιλαίων ὠφελείας τοῖς ἐνοίκοις ἀποκλείειν.

P B R A M W

[482] ἥκειν τε παρεκάλουν B : καὶ ἥκειν παρεκάλουν A : ἥκειν παρεκάλουν RMW
[483] πεζικὴν πάλιν (πάνυ R) συχνὴν RAMW : πεζὴν πάνυ συχνὴν Naber
[484] om. P
[485] εἰς γαρεις P : εἰς γαρισὸν B : γὰρ εἰς MW; cf. Schlatter 1913, 117; Schalit 1968
[486] Niese (ed. min.); cf. Gross 1988, 234 : ἐπ᾽ codd.   [487] αὐτὴν AMW
[488] προσέβαλλον PRAMW
[489] δὲ δυοκαίδεκα πεζοὺς B : ῥωμαίων μὲν ἱππεῖς δύο, πεζοὺς δὲ δέκα R : ῥωμαίων μὲν ἱππεῖς δύο, δέκα δὲ πεζοὺς MW : μὲν δυοκαίδεκα ῥωμαίων πεζούς, δύο δὲ ἱππεῖς A : Ῥωμαίων μὲν ἱππεῖς δύο καὶ δέκα πεζούς Niese (ed. min.)
[490] σίλλας W : σίλας BM
[491] ἐπιστῆσαι R : ἐπέστησε MW
[492] κανά MW

394–406 Feindberührung mit den Römern

394 Als die Sepphoriten nun wider Erwarten der ersten Gefahr entronnen waren, schickten sie zu Cestius Gallus und baten, er möge rasch zu ihnen kommen, um die Stadt zu übernehmen, oder eine Streitmacht entsenden,[312] die die feindlichen Angriffe gegen sie zurückschlagen solle. Zuletzt brachten sie Gallus dazu, ihnen eine Reiter- und eine Fußtruppe zu schicken, die sie des nachts bei sich aufnahmen. **395** Als nun aber vom römischen Heer das Umland Schaden litt, nahm ich die bei mir befindlichen Soldaten mit und kam in das Dorf Garis. Dort verschanzte ich mich, zwanzig Stadien von Sepphoris entfernt, und machte mich noch in der Nacht an sie heran, erstürmte ihre Mauern,[313] **396** brachte über Leitern viele meiner Soldaten hinein und bemächtigte mich des größten Teils der Stadt. Nicht lange danach jedoch mussten wir aus Unkenntnis des Ortes notgedrungen zurückweichen und hatten zwölf Infanteristen und wenige Bürger von Sepphoris getötet, selber aber nur einen Mann verloren. **397** Als wir später in der Ebene in ein Gefecht mit der Reiterei verwickelt wurden, hielten wir lange tapfer stand, wurden aber geschlagen; denn als die Römer uns einzukreisen begannen, fürchteten meine Leute (eine Umzingelung) und zogen sich fluchtartig zurück. Es fiel in jenem Kampf einer meiner Leibwächter, Justus mit Namen,[314] der auch beim König einst diese Stellung innegehabt hatte.[315] **398** Zu dieser Zeit rückte die Streitmacht des Königs heran, Reiterei wie Infanterie, unter dem Befehl des Sulla, des Kommandanten der Leibgarde. Dieser nun schlug ein befestigtes Lager auf, fünf Stadien von Julias entfernt, und stellte einen Wachtposten an die Wege, sowohl an den, der nach Seleukia[316] führt, wie auch an den zur Festung Gamala, um die Hilfslieferungen der Galiläer für die Einwohner zu unterbinden.

---

[312] Vgl. V 373.

[313] B 3:61 erwähnt einen späteren Angriff des Josephus auf Sepphoris, als auf römischer Seite bereits Vespasian die militärische Führung übernommen hatte.

[314] Vgl. V 341, wo Josephus einen einzelnen Gefallenen aus dem Umkreis des Justus von Tiberias erwähnt. Sollen derartige Details das gute Gedächtnis des Augenzeugen und Historikers demonstrieren?

[315] Vgl. Anm. 31 im Anhang.

[316] Nach B 4:4 stand Seleukia freilich schon zu Beginn des Aufstandes auf der Seite Agrippas.

399 Ταῦτα δ᾽ ὡς ἐγὼ ἐπυθόμην,[493] πέμπω δισχιλίους ὁπλίτας καὶ στρατηγὸν αὐτῶν Ἱερεμίαν, οἳ δὴ καὶ χάρακα θέντες ἀπὸ σταδίου τῆς Ἰουλιάδος πλησίον τοῦ Ἰορδάνου ποταμοῦ πλέον ἀκροβολισμῶν οὐδὲν ἔπραξαν, μέχρι τρισχιλίους στρατιώτας αὐτὸς[494] ἀναλαβὼν ἧκον πρὸς αὐτούς. **400** κατὰ δὲ τὴν ἐπιοῦσαν ἡμέραν ἔν τινι φάραγγι καθίσας λόχον οὐκ ἄπωθεν αὐτῶν τοῦ χάρακος προεκαλούμην τοὺς βασιλικοὺς εἰς μάχην, παραινέσας τοῖς μετ᾽ ἐμοῦ στρατιώταις στρέψαι τὰ νῶτα, μέχρις ἂν ἐπισπάσωνται τοὺς πολεμίους προελθεῖν· ὅπερ καὶ ἐγένετο. **401** Σύλλας[495] γὰρ εἰκάσας ταῖς ἀληθείαις τοὺς ἡμετέρους φεύγειν προελθὼν ἐπιδιώκειν οἷός τε ἦν, κατὰ νώτου δ᾽ αὐτὸν λαμβάνουσιν οἱ ἐκ τῆς ἐνέδρας καὶ σφόδρα πάντας ἐθορύβησαν. **402** ἐγὼ δ᾽ εὐθὺς ὀξείᾳ χρησάμενος ὑποστροφῇ μετὰ τῆς δυνάμεως ἀπήντησα[496] τοῖς βασιλικοῖς καὶ εἰς φυγὴν ἔτρεψα. κἂν κατώρθωτό μοι κατὰ τὴν ἡμέραν ἐκείνην ἡ πρᾶξις μὴ ἐμποδὼν γενομένου δαίμονός[497] τινος· **403** ὁ γὰρ ἵππος, ἐφ᾽ οὗ[498] τὴν μάχην ἐποιούμην, εἰς τελματώδη τόπον ἐμπεσὼν συγκατήνεγκέ με ἐπὶ τοὔδαφος. θραύσεως δὲ τῶν ἄρθρων γενομένης ἐπὶ τὸν ταρσὸν[499] τῆς χειρός, ἐκομίσθην εἰς κώμην Καφαρνωμὼν λεγομένην. **404** οἱ δὲ ἐμοὶ[500] ταῦτ᾽ ἀκούσαντες καὶ[501] δεδοικότες, μή τι χεῖρον ἔπαθον, τῆς μὲν ἐπὶ πλέον διώξεως ἀπέσχοντο, ὑπέστρεφον δὲ περὶ ἐμὲ λίαν ἀγωνιῶντες. μεταπεμψάμενος οὖν ἰατροὺς καὶ θεραπευθεὶς τὴν ἡμέραν ἐκείνην αὐτοῦ κατέμεινα πυρέξας, δόξαν τε τοῖς ἰατροῖς, τῆς νυκτὸς εἰς Ταριχαίας μετεκομίσθην.

405 Σύλλας[502] δὲ καὶ οἱ μετ᾽ αὐτοῦ πυθόμενοι τὰ κατ᾽ ἐμὲ πάλιν ἐθάρρησαν, καὶ γνόντες ἀμελεῖσθαι τὰ περὶ τὴν φυλακὴν τοῦ στρατοπέδου, διὰ νυκτὸς ἱππέων λόχον ἱδρύσαντες ἐν τῷ πέραν τοῦ Ἰορδάνου, γενομένης ἡμέρας εἰς μάχην ἡμᾶς προεκαλέσαντο. **406** τῶν δ᾽ ὑπακουσάντων καὶ μέχρι τοῦ πεδίου προελθόντων ἐπιφανέντες οἱ ἐκ τῆς ἐνέδρας ἱππεῖς καὶ ταράξαντες αὐτοὺς εἰς φυγὴν ἔτρεψαν ἕξ τε τῶν ἡμετέρων ἀπέκτειναν. οὐ μὴν μέχρι τέ-

---

P B R A M W

[493] ἐπυθόμην ἐγὼ R
[494] στρατιώτας αὐτὸς P : ἐγὼ στρατιώτας BRAMW : αὐτὸς στρατιώτας Pelletier
[495] σίλας BM   [496] ὑπήντησα BRAMW
[497] δαιμονίου Herwerden
[498] Niese (ed. min.) : ᾧ codd.
[499] καρπὸν BRAMW
[500] om. PB
[501] om. MW et secl. Niese (ed. min.)
[502] σίλας BM

399 Als ich dies erfuhr, schickte ich zweitausend[317] Bewaffnete unter dem Oberbefehl des Jirmeja; die verschanzten sich nun ebenfalls, ein Stadion von Julias entfernt, nahe beim Jordan, unternahmen aber außer einem Schusswechsel auf Distanz nichts, bis ich selbst mit dreitausend Soldaten zu ihnen stieß. **400** Am nächsten Tag setzte ich in einer Talsenke einen Hinterhalt, nicht weit von ihrer Verschanzung, und reizte die Königlichen zum Kampf – wobei ich meinen Soldaten geraten hatte, sich zur Flucht umzuwenden,[318] bis sie die Feinde weit herausgelockt hätten, was auch geschah. **401** Sulla glaubte nämlich, die unseren flöhen wahrhaftig, kam heraus und konnte uns verfolgen – da griffen die aus dem Hinterhalt ihn von hinten an und brachten sie alle heftig durcheinander. **402** Ich aber machte sofort eine scharfe Kehrtwende, kam den Königlichen mit meiner Streitmacht von vorn und schlug sie in die Flucht. Und dieses Vorgehen wäre mir an jenem Tag wahrhaftig gelungen, wenn mich nicht eine göttliche Macht daran gehindert hätte: **403** Denn das Pferd, auf dem ich die Schlacht bestritt, geriet auf sumpfiges Gelände und fiel mit mir zu Boden. Ich erlitt einen Knochenbruch im Bereich des Handtellers und wurde in ein Dorf namens Kapernaum verbracht. **404** Als meine Leute das hörten und fürchteten, mir sei etwas Schlimmeres geschehen, ließen sie größtenteils von der Verfolgung ab und kehrten zurück, um mich sehr besorgt. Da ließ ich mir Ärzte kommen, ließ mich behandeln und blieb jenen Tag über im Fieber dort; auf Rat der Ärzte ließ ich mich nachts nach Tarichaeae[319] verbringen.

405 Als Sulla und seine Leute von meinem Schicksal erfuhren, fassten sie wieder Mut, und als sie herausbekamen, dass die Bewachung des Lagers vernachlässigt wurde, legten sie bei Nacht eine Reitertruppe[320] in einen Hinterhalt jenseits des Jordans und forderten uns bei Tagesanbruch zum Kampf heraus. **406** Als meine Leute darauf eingingen und bis aufs freie Feld vorrückten, tauchten die Reiter aus dem Hinterhalt auf, brachten sie in Verwirrung und schlugen sie in die Flucht; sechs der unseren töteten sie. Jedoch errangen sie den Sieg nicht gänzlich: Als sie nämlich hörten, dass eine Anzahl Bewaffneter von Tarichaeae (kommend) in Julias gelandet waren, bekamen sie Furcht und zogen sich zurück.

---

[317] Die ständige Truppe des Josephus; vgl. V 213; 234.

[318] Lat. *terga vertere*.

[319] Der Krankentransport von Julias über Kafarnaum nach Tarichaeae spricht für die Lokalisierung dieser Stadt nördlich von Tiberias (vgl. das Ortsnamensregister zu Tarichaeae).

[320] Lat. *turma*, zehnter Teil einer *ala*; vgl. Anm. 138; MASON 1974, 66f.

λους τὴν νίκην ἤγαγον· καταπεπλευκέναι γάρ τινας ὁπλίτας ἀκού
σαντες ἀπὸ Ταριχαιῶν εἰς Ἰουλιάδα φοβηθέντες ἀνεχώρησαν.
407 Μετ᾽ οὐ πολὺν δὲ χρόνον Οὐεσπασιανὸς εἰς Τύρον ἀφι
κνεῖται καὶ σὺν αὐτῷ ὁ βασιλεὺς Ἀγρίππας. καὶ οἱ Τύριοι βλασφη
μεῖν ἤρξαντο τὸν βασιλέα, Τυρίων⁵⁰³ αὐτὸν καλοῦντες καὶ
Ῥωμαίων πολέμιον· τὸν γὰρ στρατοπεδάρχην αὐτοῦ Φίλιππον ἔλε
γον προδεδωκέναι τὴν βασιλικὴν αὐλὴν καὶ τὰς Ῥωμαίων δυνά
μεις τὰς οὔσας ἐν Ἱεροσολύμοις κατὰ τὴν αὐτοῦ πρόσταξιν.
408 Οὐεσπασιανὸς δὲ ἀκούσας Τυρίοις μὲν ἐπέπληξεν ὑβρίζουσιν
ἄνδρα καὶ βασιλέα καὶ Ῥωμαίοις φίλον, τῷ δὲ βασιλεῖ παρήνε
σεν πέμψαι Φίλιππον εἰς Ῥώμην ὑφέξοντα λόγον Νέρωνι περὶ τῶν
πεπραγμένων. **409** Φίλιππος δὲ πεμφθεὶς οὐχ ἧκεν εἰς ὄψιν Νέρωνι·
καταλαβὼν γὰρ αὐτὸν ἐν τοῖς ἐσχάτοις ὄντα διὰ τὰς ἐμπεσούσας
ταραχὰς καὶ τὸν ἐμφύλιον πόλεμον, ὑπέστρεψε πρὸς τὸν βασιλέα.
410 ἐπεὶ δὲ Οὐεσπασιανὸς εἰς Πτολεμαΐδα παρεγένετο, οἱ πρῶτοι
τῶν τῆς Συρίας δέκα πόλεων⁵⁰⁴ κατεβόων Ἰούστου τοῦ Τιβεριέως,
ὅτι τὰς κώμας αὐτῶν ἐμπρήσειεν. παρέδωκεν οὖν αὐτὸν Οὐε
σπασιανὸς τῷ βασιλεῖ κολασθησόμενον ὑπὸ⁵⁰⁵ τῶν τῆς βασιλείας
ὑποτελῶν· ὁ βασιλεὺς δ᾽ αὐτὸν ἔδησεν ἐπικρυψάμενος τοῦτο
Οὐεσπασιανόν, ὡς ἀνωτέρω δεδηλώκαμεν.⁵⁰⁶ **411** Σεπφωρῖται δ᾽
ὑπαντήσαντες καὶ ἀσπασάμενοι Οὐεσπασιανὸν λαμβάνουσι δύ
ναμιν καὶ στρατηγὸν Πλάκιδον, ἀναβάντες δὲ μετὰ τούτων ἑπο
μένου μου . . .⁵⁰⁷ ἄχρι τῆς εἰς Γαλιλαίαν Οὐεσπασιανοῦ ἀφίξεως.
412 περὶ ἧς τίνα τρόπον ἐγένετο, καὶ πῶς περὶ Γάρις⁵⁰⁸ κώμην τὴν
πρώτην πρὸς ἐμὲ μάχην ἐποιήσατο, καὶ ὡς ἐκεῖθεν εἰς τὰ Ἰωτά
πατα ἀνεχώρησα, καὶ τὰ πεπραγμένα μοι κατὰ τὴν ταύτης πολι
ορκίαν, καὶ ὃν τρόπον ζῶν ληφθεὶς ἐδέθην καὶ πῶς ἐλύθην, πάντα
τε τὰ πεπραγμένα μοι κατὰ τὸν Ἰουδαϊκὸν πόλεμον καὶ τὴν Ἱερο
σολύμων πολιορκίαν, μετ᾽ ἀκριβείας ἐν ταῖς περὶ τοῦ Ἰουδαϊκοῦ

PBRAMW

⁵⁰³ ed. pr. : τύριον PRAMW : θηρίον B
⁵⁰⁴ δέκα πόλεως PR : Δεκαπόλεως THACKERAY (cf. MÖLLER/SCHMITT 1976, 79)
⁵⁰⁵ ὑπὲρ BEKKER
⁵⁰⁶ δεδήλωται A
⁵⁰⁷ ῥᾳχρι (sic) B : lac. not. NIESE (cf. B 3:59–63.110–114)
⁵⁰⁸ (γαριϚ B) ταρις P (τάρις R) : ταρὶς (ὶ in ras.) A : ταριχέας MW

407–414 Eingreifen Vespasians; Josephus wird Kriegsgefangener

407 Wenig später[321] kam Vespasian nach Tyrus und mit ihm König Agrippa.[322] Da begannen die Tyrer, den König zu schmähen und nannten ihn einen Feind der Tyrer und Römer; denn sein Feldhauptmann[323] Philippos,[324] so sagten sie, habe den königlichen Hof und die in Jerusalem stationierten römischen Truppen in Stich gelassen,[325] (und zwar) auf seine Instruktion hin. **408** Als Vespasian dies vernahm, schalt er die Tyrer, dass sie einen Mann schmähten, der sowohl König als auch Freund der Römer war, forderte aber zugleich den König auf, er solle Philippos nach Rom schicken, damit er sich vor Nero für die Vorfälle verantworte.[326] **409** Philippos kam bei seiner Mission jedoch Nero nicht vor die Augen; als er bei ihm eintraf, war dieser in äußerster Bedrängnis wegen der ausgebrochenen Unruhen und wegen des Bürgerkrieges;[327] so kehrte er zum König zurück. **410** Als Vespasian in Ptolemais eintraf, führten die Oberen der syrischen Dekapolis Klage gegen Justus von Tiberias, dass er ihre Dörfer niedergebrannt habe.[328] Da übergab ihn Vespasian dem König zur Bestrafung durch die Untertanen des Königreiches;[329] der König jedoch nahm ihn in Haft, was er vor Vespasian verheimlichte, wie wir oben dargelegt haben. **411** Die Sepphoriter, die Vespasian entgegenzogen und ihn willkommen hießen, erhielten eine Streitmacht samt Placidus als Heerführer;[330] sie zogen mit diesen hinauf, wobei ich ihnen folgte . . . bis zur Ankunft Vespasians in Galiläa. **412** Wie diese geschah, und wie er in der Gegend des Dorfes Garis die erste Schlacht gegen mich kämpfte, und wie ich mich von dort nach Jotafat zurückzog, auch meine Taten während der Belagerung dieser Stadt, und wie ich lebend gefangengenommen und gefesselt und wie ich freigelassen wurde, überhaupt meine Taten während des jüdischen Krieges und der Belagerung Jerusalems, davon habe ich eingehend in

---

[321] Vgl. Anm. 19 im Anhang.

[322] Im Parallelbericht B 3:29–34, der zu Lebzeiten Agrippas abgefasst ist, werden die Anschuldigungen gegen den König nicht erwähnt.

[323] Vgl. auch B 2:556. In V 46 wird Philippos dagegen ἔπαρχος genannt, in B 2:421 στρατηγός. Setzt man eine präzise Verwendung der Begriffe durch Josephus voraus, dann kann στρατηγός auf den in B 2:421 berichteten militärischen Sonderauftrag bezogen und στρατοπεδάρχης (*praefectus castrorum*) als Präzisierung von ἔπαρχος (*praefectus*) als Bezeichnung seines regulären militärischen Ranges verstanden werden; vgl. Mason 1974, 45. 87.

[324] Vgl. Anm. 41 im Anhang.

[325] Vgl. Anm. 32 im Anhang.

[326] Nach B 2:558 wurde Philippos von Cestius zu Nero geschickt; vgl. dazu Cohen 1979, 162.

[327] Vgl. B 4:491–493.

[328] Vgl. V 42.

[329] D. h. durch die Organe der königlichen Gerichtsbarkeit. Vgl. Anm. 265.

[330] Vgl. B 3:59.

πολέμου βίβλοις ἀπήγγελκα. **413** ἀναγκαῖον δ᾽ ἐστίν, ὡς οἶμαι, καὶ ὅσα μὴ κατὰ τὸν Ἰουδαϊκὸν πόλεμον ἀνέγραψα τῶν ἐν τῷ βίῳ μου πεπραγμένων νῦν προσαναγράψαι. **414** Τῆς γὰρ τῶν Ἰωταπάτων πολιορκίας λαβούσης τέλος, γενόμενος παρὰ Ῥωμαίοις, μετὰ πάσης ἐπιμελείας ἐφυλασσόμην, τὰ πολλὰ διὰ τιμῆς ἄγοντός με Οὐεσπασιανοῦ. καὶ δὴ κελεύσαντος αὐτοῦ ἠγαγόμην τινὰ παρθένον ἐκ τῶν αἰχμαλωτίδων τῶν κατὰ Καισάρειαν ἁλουσῶν ἐγχώριον.

415 Οὐ παρέμενεν[509] δ᾽ αὕτη μοι πολὺν χρόνον, ἀλλὰ λυθέντος καὶ μετὰ Οὐεσπασιανοῦ πορευθέντος εἰς τὴν Ἀλεξάνδρειαν ἀπηλλάγη· γυναῖκα δ᾽ ἑτέραν ἠγαγόμην κατὰ τὴν Ἀλεξάνδρειαν. **416** κἀκεῖθεν ἐπὶ τὴν[510] Ἱεροσολύμων πολιορκίαν συμπεμφθεὶς Τίτῳ πολλάκις ἀποθανεῖν ἐκινδύνευσα, τῶν τε Ἰουδαίων διὰ σπουδῆς ἐχόντων ὑποχείριόν με λαβεῖν τιμωρίας ἕνεκα, καὶ Ῥωμαίων, ὁσάκι νικηθεῖεν, πάσχειν τοῦτο κατ᾽ ἐμὴν προδοσίαν δοκούντων, συνεχεῖς[511] καταβοήσεις ἐπὶ τοῦ αὐτοκράτορος ἐγίγνοντο, κολάζειν με ὡς καὶ αὐτῶν προδότην ἀξιούντων. **417** Τίτος δὲ Καῖσαρ τὰς[512] πολέμου τύχας οὐκ ἀγνοῶν σιγῇ τὰς ἐπ᾽ ἐμὲ τῶν στρατιωτῶν ἐξέλυεν ὁρμάς. ἤδη δὲ κατὰ κράτος τῆς τῶν Ἱεροσολυμιτῶν πόλεως ἐχομένης, Τίτος Καῖσαρ ἔπειθέν με πολλάκις ἐκ τῆς κατασκαφῆς τῆς πατρίδος πᾶν ὅ τι θέλοιμι λαβεῖν· συγχωρεῖν γὰρ αὐτὸς ἔφασκεν. **418** ἐγὼ δὲ τῆς πατρίδος πεσούσης, μηδὲν ἔχων τιμιώτερον, ὃ τῶν ἐμαυτοῦ συμφορῶν εἰς παραμυθίαν λαβὼν φυλάξαιμι, σωμάτων ἐλευθέρων τὴν αἴτησιν ἐποιούμην Τίτον καὶ

P B R A M W

509 παρέμεινε BRAMW
510 τῶν add. P
511 τε add. R
512 τού add. ed. pr.

den Büchern *Über den Jüdischen Krieg* berichtet.[331] **413** Es ist jedoch nötig, wie ich meine, auch denjenigen Teil der Taten meines Lebens, den ich nicht im *Jüdischen Krieg* niedergelegt habe, zusätzlich aufzuschreiben. **414** Nach dem Ende der Belagerung Jotafats kam ich zu den Römern und wurde mit aller Sorgfalt bewacht, wobei Vespasian mich meistenteils ehrenvoll behandelte; jedenfalls heiratete ich[332] mit seiner Erlaubnis[333] ein einheimisches Mädchen von den kriegsgefangenen Frauen[334] aus Caesarea.

415–421 Weitere Ehen des Josephus. Gute Behandlung durch Titus

415 Diese blieb indes nicht lange bei mir, sondern, als ich freigelassen wurde[335] und mit Vespasian nach Alexandrien zog,[336] trennte sie sich von mir.[337] Eine andere Frau heiratete ich in Alexandrien. **416** Von dort mit Titus zur Belagerung Jerusalems geschickt, geriet ich oftmals in Todesgefahr, da mich die Juden mit Eifer in ihre Gewalt bekommen wollten, um Rache an mir zu nehmen,[338] und auch die Römer, wann immer sie besiegt wurden, meinten, ihnen widerfahre dies durch meinen Verrat – weshalb ununterbrochen Forderungen vor dem Imperator laut wurden von Leuten, die verlangten, er solle mich bestrafen, da ich auch ihr Verräter[339] sei. **417** Titus Caesar[340] aber, dem die Wechselfälle des Krieges nicht unbekannt waren, ließ stillschweigend die gegen mich gerichtete Erregung der Soldaten ins Leere gehen.[341] Als die Stadt Jerusalem bereits erstürmt war, redete mir Titus Caesar oftmals zu, ich solle mir aus den Trümmern meiner Vaterstadt alles nehmen, was ich wollte: er sagte mir selbst, dass er es erlaube. **418** Ich aber, da ich nach dem Untergang meiner Vaterstadt nichts Kostbareres hatte, was ich zum Trost für mein persönliches Unglück hätte nehmen und bewahren kön-

---

[331] Vgl. Anm. 33 im Anhang.

[332] Da Josephus schon im Zusammenhang der Belagerung Jerusalems (B 5:419) von seiner »Ehefrau« spricht, ist die hier genannte Ehe bereits die zweite. Josephus lebt also zum Zeitpunkt der Abfassung der *Vita* in vierter Ehe (vgl. V 415.426f.), anders noch Thackeray 1929, X.

[333] Zur Übersetzung vgl. Daube 1977, 191f., der einen Latinismus annimmt (κελεύω wie *iubeo* in der Bedeutung »autorisieren«).

[334] Vgl. Anm. 34 im Anhang.

[335] Zur Freilassung des Josephus vgl. B 4:622–629.

[336] B 4:656; Tacitus, *Hist.* 2:82; Sueton, *Vesp.* 7,1.

[337] Vgl. Anm. 35 im Anhang.

[338] Vgl. B 5:541f.

[339] Zum Vorwurf des Verrats vgl. die bei Feldman 1989, 342 genannte Lit.

[340] Die Bezeichnung »Caesar« kann nur meinen, dass Titus zur Zeit der Abfassung des *Bellum* designierter Nachfolger seines Vaters Vespasian war. Auch Tacitus (*Hist.* 1:5,13) nennt den in Judäa kämpfenden Titus »Cäsar« (Michel / B. 1963, 242 Anm. 20 zu B 5:63).

[341] Vgl. B 3:410f.

βιβλίων ἱερῶν· ἔλαβον⁵¹³ χαρισαμένου Τίτου. **419** μετ᾽ οὐ πολὺ δὲ καὶ τὸν ἀδελφὸν μετὰ πεντήκοντα φίλων αἰτησάμενος οὐκ ἀπέτυχον. καὶ εἰς τὸ ἱερὸν δὲ πορευθεὶς Τίτου τὴν ἐξουσίαν δόντος, ἔνθα πολὺ πλῆθος αἰχμαλώτων ἐνεκέκλειστο⁵¹⁴ γυναικῶν τε καὶ τέκνων, ὅσους ἐπέγνων φίλων ἐμῶν καὶ συνήθων ὑπάρχοντας ἐρρυσάμην,⁵¹⁵ περὶ ἑκατὸν καὶ ἐνενήκοντα ὄντας τὸν ἀριθμόν, καὶ οὐδὲ λύτρα καταθεμένους ἀπέλυσα συγχωρήσας αὐτοὺς τῇ προτέρᾳ τύχῃ. **420** πεμφθεὶς δ᾽ ὑπὸ Τίτου Καίσαρος σὺν Κερεαλίῳ καὶ χιλίοις ἱππεῦσιν εἰς κώμην τινὰ Θεκῶαν λεγομένην, προκατανοήσων εἰ τόπος ἐπιτήδειός ἐστιν χάρακα δέξασθαι, ὡς ἐκεῖθεν ὑποστρέφων εἶδον πολλοὺς αἰχμαλώτους ἀνεσταυρωμένους καὶ τρεῖς ἐγνώρισα συνήθεις μοι γενομένους, ἤλγησά τε τὴν ψυχὴν καὶ μετὰ δακρύων προσελθὼν Τίτῳ εἶπον. **421** ὁ δ᾽ εὐθὺς ἐκέλευσεν καθαιρεθέντας αὐτοὺς θεραπείας ἐπιμελεστάτης τυχεῖν. καὶ οἱ μὲν δύο τελευτῶσιν θεραπευόμενοι, ὁ δὲ τρίτος ἔζησεν.

422 Ἐπεὶ δὲ κατέπαυσεν τὰς ἐν τῇ Ἰουδαίᾳ ταραχὰς Τίτος, εἰκάσας τοὺς ἀγροὺς οὓς εἶχον ἐν τοῖς Ἱεροσολύμοις ἀνονήτους ἐσομένους μοι διὰ τὴν μέλλουσαν ἐκεῖ Ῥωμαίων φρουρὰν ἐγκαθέζεσθαι, ἔδωκεν ἑτέραν χώραν ἐν πεδίῳ· μέλλων τε ἀπαίρειν εἰς τὴν Ῥώμην σύμπλουν ἐδέξατο⁵¹⁶ πᾶσαν τιμὴν ἀπονέμων. **423** ἐπεὶ δ᾽ εἰς τὴν Ῥώμην ἥκομεν, πολλῆς ἔτυχον παρὰ Οὐεσπασιανοῦ προνοίας· καὶ γὰρ καὶ κατάλυσιν ἔδωκεν ἐν τῇ οἰκίᾳ τῇ πρὸ τῆς ἡγεμονίας αὐτῷ γενομένῃ, πολιτείᾳ τε Ῥωμαίων ἐτίμησεν καὶ σύνταξιν χρημάτων ἔδωκεν, καὶ τιμῶν διετέλει μέχρι τῆς ἐκ τοῦ βίου

P B R A M W
⁵¹³ καὶ ἔλαβον Bekker : lac. not. Niese; cf. Schlatter 1932, 103
⁵¹⁴ ἐγκέκλειστο PAM : ἐγκέκλειτο R : ἐκέκλειστο MW
⁵¹⁵ ἐρυσάμην PR
⁵¹⁶ ἐδεξατό με Bekker

nen, bat Titus um die Freiheit für einige der Sklaverei Verfallene und um heilige Bücher:[342] ich empfing sie als Geschenk von Titus. **419** Kurz darauf bat ich mir meinen Bruder samt fünfzig Freunden aus und wurde nicht enttäuscht. Als ich ferner mit Erlaubnis des Titus das Heiligtum betrat, wo eine große Menge Kriegsgefangener, Frauen und Kinder, eingeschlossen waren, rettete ich von meinen Freunden und Verwandten, so viele ich als solche wiedererkennen konnte, etwa einhundertneunzig an der Zahl, und ohne dass sie ein Lösegeld erbringen mussten,[343] befreite ich sie und verhalf ihnen wieder zu ihren vorherigen Vorteilen.[344] **420** Als ich von Titus Caesar mit Cerealius und tausend Reitern in ein Dorf namens Tekoeʿ geschickt wurde, um festzustellen, ob der Ort für ein befestigtes Lager geeignet wäre, und auf dem Rückweg von dort viele Kriegsgefangene am Kreuz hängen sah und unter denen drei meiner Verwandten erkannte, betrübte es mich zutiefst, und unter Tränen trat ich an Titus heran und sagte es ihm. **421** Er befahl sogleich, sie herunterzunehmen und ihnen die sorgfältigste Pflege zuteil werden zu lassen. Zwei starben während der Behandlung, der dritte jedoch überlebte.[345]

422–425 Ergehen des Josephus nach Kriegsende

422 Nachdem aber Titus die Unruhen in Judäa beendet hatte, konnte er absehen, dass das Landgut, das ich in Jerusalem[346] besaß, mir nicht mehr von Nutzen sein werde wegen der Besatzung, die dort von den Römern stationiert werden sollte, und gab mir deshalb ein anderes Stück Land in der Ebene; und als er sich nach Rom einschiffte, nahm er mich mit an Bord und erwies mir alle Ehre. **423** Nach unserem Eintreffen in Rom widerfuhr mir besondere Fürsorge von Seiten Vespasians: er gab mir nämlich Herberge in dem Haus, das er vor seinem Herrschaftsantritt bewohnt hatte, würdigte mich des rö-

---

[342] Vgl. Anm. 36 im Anhang.

[343] Nämlich an Josephus; vgl. die folgende Anm.

[344] Die Wendung entspricht nach DAUBE 1977, 192f. lat. *natalibus suis restituere*. Gemeint ist, dass die so Befreiten durch die temporäre Gefangenschaft keinen sozialen Statusverlust erlitten, d. h. durch den Einsatz des Josephus nicht als Freigelassene sondern als Freie galten. Dies unterstreicht auch der Wegfall der Lösegeldzahlung: Die erwähnten Personen wurden Josephus von Titus nicht als dessen Besitz übergeben.

[345] Vgl. Anm. 37 im Anhang.

[346] Vgl. V 425. 429. Es ist an das in B 7:1f. erwähnte Gelände in der Oberstadt nahe dem erhalten gebliebenen westlichen Stück der Stadtmauer zu denken, auf dem Titus ein Lager für die zurückbleibenden Truppen errichten ließ (HAEFELI 1925, 100), oder aber an stadtnahe oder zwischen der zweiten und dritten Mauer gelegene Äcker, die für die Nahrungsmittelproduktion der römischen Truppen benötigt wurden. Vgl auch B 4:541; 5:107 und PRICE 1992, 244–247 mit weiterer Lit. und rabbin. und ntl. Stellen zu Gartenbau und Landwirtschaft in und um Jerusalem.

μεταστάσεως οὐδὲν⁵¹⁷ τῆς πρὸς ἐμὲ χρηστότητος ὑφελών,⁵¹⁸ ὅ μοι⁵¹⁹ διὰ τὸν φθόνον ἤνεγκε κίνδυνον. **424** Ἰουδαῖος γάρ τις, Ἰωνάθης τοὔνομα, στάσιν ἐξεγείρας ἐν Κυρήνῃ καὶ δισχιλίους τῶν ἐγχωρίων συναναπείσας, ἐκείνοις μὲν αἴτιος ἀπωλείας ἐγένετο, αὐτὸς δὲ ὑπὸ τοῦ τῆς χώρας ἡγεμονεύοντος δεθεὶς καὶ ἐπὶ τὸν αὐτοκράτορα πεμφθεὶς ἔφασκεν ἐμὲ αὐτῷ ὅπλα πεπομφέναι καὶ χρήματα. **425** οὐ μὴν Οὐεσπασιανὸν ψευδόμενος ἔλαθεν, ἀλλὰ κατέγνω θάνατον αὐτοῦ, καὶ παραδοθεὶς ἀπέθανεν. πολλάκις δὲ καὶ μετὰ ταῦτα τῶν βασκαινόντων μοι τῆς εὐτυχίας κατηγορίας ἐπ᾽ ἐμὲ⁵²⁰ συνθέντων, θεοῦ προνοίᾳ πάσας διέφυγον. ἔλαβον δὲ παρὰ Οὐεσπασιανοῦ δωρεὰν γῆν οὐκ ὀλίγην ἐν τῇ Ἰουδαίᾳ.

426 Καθ᾽ ὃν δὴ καιρὸν καὶ τὴν γυναῖκα, μὴ ἀρεσκόμενος αὐτῆς τοῖς ἤθεσιν, ἀπεπεμψάμην, τριῶν παίδων γενομένην μητέρα, ὧν οἱ μὲν δύο ἐτελεύτησαν, εἷς δέ, ὃν Ὑρκανὸν προσηγόρευσα, περίεστιν. **427** μετὰ ταῦτα ἠγαγόμην γυναῖκα κατῳκηκυῖαν μὲν ἐν Κρήτῃ, τὸ δὲ γένος Ἰουδαίαν,⁵²¹ γονέων εὐγενεστάτων καὶ τῶν⁵²² κατὰ τὴν χώραν ἐπιφανεστάτων, ἤθει πολλῶν γυναικῶν διαφέρουσαν, ὡς ὁ μετὰ ταῦτα βίος αὐτῆς ἀπέδειξεν. ἐκ ταύτης δή μοι γίνονται παῖδες δύο, πρεσβύτερος μὲν Ἰοῦστος, Σιμωνίδης δὲ⁵²³ μετ᾽ ἐκεῖνον, ὁ καὶ Ἀγρίππας ἐπικληθείς.

428 Ταῦτα μέν μοι τὰ κατὰ τὸν οἶκον. διέμεινεν δὲ⁵²⁴ ὅμοια καὶ τὰ παρὰ τῶν αὐτοκρατόρων· Οὐεσπασιανοῦ γὰρ τελευτήσαντος Τίτος τὴν ἀρχὴν διαδεξάμενος ὁμοίαν τῷ πατρὶ τὴν⁵²⁵ τιμήν μοι διεφύλαξεν, πολλάκις τε κατηγορηθέντος οὐκ ἐπίστευσεν. **429** διαδεξάμενος δὲ Τίτον Δομετιανὸς καὶ προσηύξησεν τὰς εἰς ἐμὲ τιμάς· τούς τε γὰρ κατηγορήσαντάς μου Ἰουδαίους ἐκόλασεν, καὶ δοῦλον εὐνοῦχον παιδαγωγὸν τοῦ παιδός μου, κατηγορήσαντα, κολασθῆναι προσέταξεν. ἐμοὶ δὲ τῆς ἐν Ἰουδαίᾳ χώρας ἀτέλειαν

Iosephus: **424** B 7:434.448

P (excidit **427** post κατῳκηκυῖαν) B R A M W (**427 – 430** Vatop.)

⁵¹⁷ οὐδὲν δὲ vel κοὐδὲν Niese   ⁵¹⁸ ἀφελών Herwerden
⁵¹⁹ ὅ μοι om. P   ⁵²⁰ ἐπί με P
⁵²¹ ἰουδαίων Vatop.
⁵²² τῶν om. Vatop.
⁵²³ δὲ ὁ Vatop.
⁵²⁴ δέ μοι BRA Vatop.
⁵²⁵ τὴν om. Vatop.

mischen Bürgerrechts und gewährte mir finanzielle Unterstützung; er hielt mich unausgesetzt in Ehren bis zu seinem Lebensende, ohne mir je seine Güte zu entziehen. Dies brachte mich durch den (zu erwartenden) Neid in Gefahr: **424** Ein Jude nämlich mit Namen Jonatan,[347] der einen Aufruhr in Kyrene angezettelt und zweitausend Einheimische auf seine Seite gebracht hatte, wurde ihnen zwar zur Ursache ihres Verderbens, behauptete jedoch, als er vom Kommandeur der Region in Fesseln gelegt und zum Kaiser geschickt worden war, ich hätte ihm Waffen und Geld zukommen lassen.[348] **425** Freilich entging Vespasian nicht, dass er log, vielmehr verurteilte er ihn zum Tode; so wurde er (zur Hinrichtung) überstellt[349] und musste sterben. Noch oftmals danach erhoben die, die mir mein Glück missgönnten, Anschuldigungen gegen mich; doch durch Gottes Vorsehung[350] entkam ich ihnen allen. Übrigens erhielt ich von Vespasian als Geschenk nicht wenig Land in Judäa.[351]

426–429 Josephus' vierte Ehe. Wohltaten von Seiten des Kaiserhauses

426 Zu dieser Zeit entließ ich meine Frau, deren Charaktereigenschaften mir missfielen;[352] sie war Mutter dreier Kinder geworden, von denen zwei starben; eines aber, das ich Hyrkanos genannt habe, lebt noch. **427** Danach nahm ich eine Frau, die in Kreta zu Hause, von Geburt aber Jüdin war, ihre Eltern waren überaus vornehm und zählten zu den Angesehensten im Lande; ihr Charakter zeichnete sie vor allen[353] Frauen aus, wie ihr weiteres Leben unter Beweis stellte. Von ihr nun habe ich zwei Kinder: Der Ältere ist Justus, nach diesem kommt Simonides, der auch Agrippa genannt wird.

428 Soviel über meine Familienverhältnisse. Unverändert blieb auch meine Behandlung von Seiten des Kaiserhauses: Denn als nach dem Tode Vespasians Titus die Herrschaft übernahm, hielt er mich in Ehren wie sein Vater und schenkte den Anschuldigungen, die oftmals gegen mich laut wurden, keinen Glauben. **429** Als Domitian die Nachfolge des Titus antrat, vermehrte er sogar die mir erwiesenen Ehrbezeugungen: Die Juden, die Anschuldigungen gegen mich erhoben hatten, bestrafte er, und auch einen mit der Aufsicht

---

[347] B 7:437–450; FELDMAN 1984a, 929.
[348] B 7:448. Unabhängig vom Wahrheitsgehalt dieser Anschuldigung lässt die Notiz auf die weitgespannten Beziehungen des in Rom lebenden Josephus schließen. Vgl. auch die Reise nach Alexandria (V 415), seine Ehe mit einer vornehmen Kreterin (V 427) und den in V 422.425.429 erwähnten Grundbesitz in Judäa (SCHRECKENBERG 1996, 67f.).
[349] Vgl. den Sprachgebrauch in Röm 4,25; 8,32; 1Kor 11,23; 2Kor 4,11; Gal 2,20.
[350] Vgl. V 15. 48. 83. 138. 208f. 301.
[351] Vgl. V 422. 429.
[352] Vgl. SUETON, *Aug.* 62.2; Dtn 24,1 LXX und mGit 9,10; COHEN 1979, 108.
[353] πολλαί wie hebr. רבות(ה) inklusiv; vgl. A 15:237; HAEFELI 1925, 100; JEREMIAS 1959, 536–545.

ἔδωκεν, ἥπερ ἐστὶ μεγίστη τιμὴ τῷ λαβόντι. καὶ πολλὰ δ' ἡ τοῦ
Καίσαρος γυνὴ Δομετία διετέλεσεν εὐεργετοῦσά με.

430 Ταῦτα μὲν τὰ πεπραγμένα μοι διὰ παντὸς τοῦ βίου ἐστίν,
κρινέτωσαν δ' ἐξ αὐτῶν τὸ ἦθος, ὅπως ἂν ἐθέλωσιν, ἕτεροι. σοὶ δ'
ἀποδεδωκώς, κράτιστε ἀνδρῶν Ἐπαφρόδιτε, τὴν πᾶσαν τῆς ἀρ-
χαιολογίας ἀναγραφὴν,[526] ἐπὶ τοῦ παρόντος ἐνταῦθα[527] κατα-
παύω[528] τὸν λόγον.

B R A M W Vatop.

[526] γραφὴν BR Vatop.
[527] om. Vatop.
[528] καταπαύσω BMW Vatop. (cf. A 20:267)

über meinen Sohn betrauten Sklaven, einen Eunuchen,[354] der Anschuldigungen (gegen mich)[355] erhob, ließ er bestrafen. Mir aber gewährte er für meinen Landbesitz in Judäa[356] Steuerfreiheit, die eine sehr große Ehre ist für den Empfänger.[357] Auch die Gattin des Kaisers, Domitia,[358] fuhr fort, mir viele Wohltaten zu erweisen.

430 Schluss

430 Dies ist meine ganze Lebensgeschichte;[359] aus ihr sollen andere meinen Charakter[360] beurteilen, wie sie wollen. Nachdem ich aber dir, hochangesehener Epaphroditos,[361] den gesamten Text der *Alten Geschichte* (bereits) übergeben habe, schließe ich jetzt hier meine Darstellung.[362]

---

[354] Vgl. aber A 4:290f. (Hinweis bei SCHLATTER 1932, 168).

[355] Vgl. SCHWARTZ 1990, 18 Anm. 70 mit Hinweis auf KÜBLER, Art. *maiestas*, *PRE* 14.1, 553: »eine der wenigen, wenn nicht die einzige Anschuldigung, die ein Sklave gegen seinen Herrn vorbringen durfte, war *maiestas*«.

[356] Vgl. V 422. 425.

[357] Vgl. Anm. 38 im Anhang.

[358] KOKKINOS 1998, 396 und KRIEGER 1999a, 198–200 werten die Nennung Domitias als Indiz für die Entstehung der *Vita* nach Domitians Tod. Josephus habe, so KRIEGER, unter den Adoptivkaisern keine Förderung mehr erhalten und deshalb seine guten Beziehungen zu der auch nach Domitians Tod einflussreichen Domitia geltend gemacht.

[359] Vgl. Anm. 39 im Anhang.

[360] Vgl. Anm. 40 im Anhang.

[361] Vgl. A 1:8; C 1:1; 2:1.296. Es handelt sich (wenn nicht um eine uns unbekannte Person gleichen Namens) entweder um den Freigelassenen Neros, seit ca. 62 dessen *a libellis*, von Domitian i. J. 95 verbannt, später hingerichtet (LUTHER 1910, 61–63; dagegen WEAVER 1994), oder um den griech. Grammatiker M. Mettius Epaphroditus (LAQUEUR 1920, 23–36; vgl. SCHWARTZ 1990, 16f.), der nach den Angaben der Suda eine 30.000 Bände umfassende Bibliothek besaß (gest. in der Regierungszeit Nervas). Die Anrede κράτιστε ἀνδρῶν deutet auf eine Person von Rang und Stand (vgl. MEYER 1923, 6).

[362] Diese Schlussformulierung entspricht – einschließlich des fehlenden Rhythmus in τὸν λόγον – dem angekündigten Schluss in DIONYSIOS V. HALIKARNASS, *De compositione verborum* 29,11. Dieser im 1. Jh. v. Chr. in Rom geschriebene Traktat, der maßgeblich wurde für den literarischen Geschmack der Spätantike, scheint insgesamt Josephus beeinflusst zu haben in der Wahl seiner Stilmittel. Bekannt ist ja, dass die *Antiquitates Romanae* desselben Autors in 20 Büchern (!) für die Abfassung der *Antiquitates Judaicae* des Josephus ein Vorbild waren.

Anhang

Zusätzliche Anmerkungen

1. Der Stammbaum des Josephus

Angaben zu seiner priesterlichen Abstammung (V 2) macht Josephus außerdem in B 1:3 (»Sohn des Matja, aus Jerusalem, ein Priester«); 3:352 (»er selbst ein Priester und Nachkomme von Priestern«); C 1:54 (»ein Priester von Geburt«). In A 16:187 sind die Beziehungen zu den Hasmonäern erwähnt (»wir stammen aus einer Familie, die den hasmonäischen Königen nahesteht, und deshalb haben wir ein ehrenvolles Priesteramt inne«; vgl. dazu SCHWARTZ 1990, 4 Anm. 4). Nach 1 Makk 2,1 gehörte das hasmonäische Herrscherhaus zur ersten der 24 Priesterklassen, zu der sich auch Josephus zählt. Vgl. jedoch COHEN 1979, 108 Anm. 33 und KRIEGER 1994b, die die Verwandtschaft des Josephus mit den Hasmonäern anzweifeln.

Der Stammbaum V 3–5 weist folgende chronologische Unstimmigkeiten auf: (a) Matja Efai hatte nach V 4 mit der Tochter des Jonatan eine Frau aus der Generation seines Vaters. (b) Da es sich bei dem in V 4 genannten Hyrkanos nur um Hyrkanos II. handeln kann, ist die Geburt Matja des Buckligen in das Jahr 63 v. Chr. zu datieren. Dann aber kann Matjas Sohn Josef nicht im neunten Jahr der Regentschaft Alexandras (68 v. Chr) geboren sein. (c) Geht man von letzterer Angabe aus, war Josef 74 Jahre alt, als im 10. Jahr des Archelaos (6 n. Chr.) sein Sohn Matja (Vater des Josephus) geboren wurde. HÖLSCHER 1916 1935; RADIN 1924; SCHÜRER Bd.1, 46 Anm 3; COHEN 1979, 107f. Anm. 33; BILDE 1988, 28f.; HATA 1994, 310 Anm. 2; KRIEGER 1994b, 59–62.

Zu den Bestimmungen über körperliche Gebrechen (V 3. 4), die ein Hindernis für den Priesterdienst darstellten, vgl. Lev 21,16–23; PHILON, *SpecLeg.* 80f.; A 3:276–78; 1QSa II,5–9; mBekh 7; SCHÜRER 1979, 243; *EJ* 4,1081–84. Ein dergestalt dienstunfähiger Priester erhielt dennoch seinen Anteil aus den Abgaben (vgl. Lev 21,22; PHILON, a.a.O. 117; B 5:228; A 3:278; mZeb 12,1; mMen 12,10). Nach A 14:366; B 1:270 hat Antigonos seinen Rivalen Hyrkanos II. für das Hohepriesteramt dienstuntauglich gemacht, indem er ihm die Ohren abschnitt.

Zur Bedeutung der in V 6 erwähnten öffentlich beurkundeten Familienstammbäume vgl. Esr 2,61–63 (= Neh 7,64–65); C 1:31–36; JEREMIAS 1962, 241–246; SCHÜRER 1973, 45f.; 1979, 240f. Diese Urkunden wurden im Jerusalemer Tempel aufbewahrt und im Jüdischen Krieg vermutlich vernichtet (vgl. B 2:427; 6:354). Hat sich Josephus die Angaben zu seiner Familie schon vor 70 beschafft (COHEN 1979, 108 Anm. 33) oder einen teilweise fiktiven Stammbaum erstellt, da sein römisches Publikum ohnehin nicht in der Lage war, seine Angaben zu überprüfen (MASON 1992, 38)?

2. War Josephus Pharisäer? (Zu *Vita* 12)

Eine regelrechte Zugehörigkeit des Josephus zu den Pharisäern, die er auch sonst nirgends erwähnt, ist angesichts der weithin kritischen Pharisäerdarstellungen in B und A (vgl. auch MICHEL / B. 1959, 408f. Anm. 63) in Zweifel zu ziehen (STEMBERGER 1991, 11; BAUMBACH 1997). Unsere Übersetzung in V 12 folgt MASON 1991, 324–356 (vgl. auch Ders. 1989): Die Pharisäer waren nach der Einschätzung des Josephus (die mit dem historischen Sachverhalt nicht einfach gleichgesetzt werden kann – gegen SANDERS 1992, 532f. Anm. 9) im politischen Leben derart einflussreich, dass sich selbst die Sadduzäer als deren politische Gegner mit ihnen arrangieren mussten, wenn sie erfolgreich öffentliche Ämter bekleiden wollten (A 18:17; vgl. auch bYom 19b). Dies trifft auch für den aus Priesteradel stammenden Josephus zu: Nur insofern, als er politisch Einfluss nehmen wollte (vgl. schon RASP 1924, 35f. und FELDMAN 1984a, 82), orientierte er sich am pharisäischen Partner. Vgl. auch NODET 1999, 226; DOERING 1999, 480–482.

3. Josephus' Rolle zu Beginn des jüdischen Krieges

Nach B 2:422–425 war der Tempel, in den Josephus nach V 21 vor den Aufständischen um Manaḥem floh, Stützpunkt der nicht minder radikalen Kreise um Elʿazar b. Ḥananja. HENGEL 1976, 371 wertet die Flucht des Josephus in den Tempel als »Zeichen dafür, dass die priesterliche Solidarität den zelotischen Eifer überwog«. A 20:180f. notiert jedoch bereits für die Jahre vor 66 erhebliche Spannungen unter den Hohenpriestern (PRICE 1992, 28 Anm. 89) sowie zwischen einflussreichen Hohepriesterfamilien und dem einfachen Priesterstand (vgl. JEREMIAS 1963, 113f.179f.; PRICE 1992, 27ff.; MAYER 1994, 61f.). Auf den o. g. Elʿazar b. Ḥananja (B 2:566, vgl. MICHEL / B. 1959, 450 Anm. 240; ILAN / PRICE 1993/94, 203–207) geht die Einstellung des Opfers für Kaiser und Reich zurück (B 2:409; dazu KRIEGER 1994a, 227–229) – aus römischer Sicht der entscheidende Kriegsanlass (HENGEL 1976, 386; MELL 1997). Erst recht vermochte priesterliche Abstammung nicht die Gräben zwischen Prorömischen und Aufständischen während des Jüdischen Krieges zu überbrücken, wie die Übergriffe Elʿazars gegen prorömische Hohepriester in B 2:425–429 (KRIEGER 1998, 98 Anm. 9) und das Schicksal des königstreuen Hohenpriesters Ḥananja (Vater des aufständischen Tempelhauptmanns Elʿazar!) zeigen (B 2:441). KRIEGER 1998, 97f.103 vermutet, dass Josephus zu Beginn des Aufstandes selbst Anhänger Elʿazars war, jenes Mannes, der durch die Einstellung des Kaiseropfers den Anlaß zum Krieg gegen die Römer gab. Hatte Josephus seinen Aufenthalt im Tempel im *Bellum* noch verschwiegen und seine eigene Person erst später in die Darstellung eingebracht, so nennt er in V den von den Radikalen besetzten Tempel in einem Atemzug mit der von den Römern gehaltenen Antonia-Burg und suggeriert damit eine gemeinsame Linie der Königstreuen und der im Tempel verschanzten Partei, was der Darstellung des B widerspricht.

Auch gegen das bloß taktische Eingehen der Gruppe um Josephus (d. h. der in B 2:562–568 genannten Personen; dazu PRICE 1992, 51ff.) auf die Kriegsstimmung d.J. 66 (V 22) spricht die Darstellung in B: Der Hohepriester Ḥanan gehört nach B 2:648

nicht zu den »Gemäßigten« (μέτριοι, B 2:649; dazu PRICE 1992, 37f.), sondern be-
treibt die Befestigung und Aufrüstung Jerusalems (B 2:651 ist Vorwegnahme der
Verhältnisse des Winters 67/68; vgl. COHEN 1979, 186 Anm. 10). Josephus selbst
hatte sich in Rom für möglicherweise revolutionär gesinnte Priester eingesetzt (vgl.
V 13 mit Anm. 22) und wurde mit dem Kommando über das strategisch wichtige
Galiläa betraut (PRICE, a.a.O., 42f.).

Überdies ist mit COHEN a.a.O. 187 zu bezweifeln, dass der in B 2:562–568 genannte (nach V gemäßigte) Personenkreis erst nach der Niederlage des Cestius die Führung des Aufstandes übernommen hat (B 2:562): »Josephus wollte so wenig wie
möglich über die Verbindung zwischen der 'neuen' Regierung und den Aufstand
sagen, der zu dieser Regierung geführt hatte. Der Erfolg dieser Apologie kann anhand der Tatsache ermessen werden, daß die meisten modernen Forscher (...) ak-
zeptieren, was er vorbringt. Diese Forscher erklären nicht, wie ihre angeblichen
'Gemäßigten' (...) den 'Extremisten' in der Stunde ihres Sieges die Kontrolle entreißen konnten« (a.a.O.). Für die breite Beteiligung der Jerusalemer Aristokratie am
Aufstand gegen Rom argumentiert auch PRICE, a.a.O., 32ff. Weitere Lit: THACKERAY
1929, 10f.; HENGEL 1976, 378f.; COHEN 1979, 8ff.152ff.160; MIGLIARIO 1981, 117–126;
RAPPAPORT 1982, 488; RAJAK 1983, 147; FELDMAN 1984a, 84–86; BILDE 1988, 38–46.
160–162. 173–182; JOSSA 1992, 30–44; HADAS-LEBEL 1993, 61–87; RAPPAPORT 1994,
280; JOSSA 1994, 267; MASON 1998a, 34.

4. Galiläa im jüdischen Krieg

Entgegen einer verbreiteten Auffassung (vgl. etwa Smallwood 1976, 302: Galiläa als
»ein Nährboden für Rebellen für über ein Jahrhundert«), die die Wirkung der Familie des Judas Galilaeus (Jehuda hag-Galili) überschätzte, scheint Galiläa im ersten
Jüdischen Krieg kein Herd des Aufstandes gewesen zu sein; vgl. auch den Hinweis
auf die Romtreue der galiläischen Oberschicht in V 386, sowie Anm. 18 im Anhang.
Der breite Widerstand gegen die Römer aus den Jahren 63–37 v. Chr. und 6 n. Chr.
(Jehuda der Galiläer) hat im Jüdischen Krieg keine Entsprechung. Schon für die
Regierungszeit Herodes d. Gr. ist bemerkenswert, dass Herodes keine Festungsbau-
ten in Galiläa errichten ließ (RICHARDSON 1999, 175). Die Aktivitäten des Manaḥem
und des Elʿazar ben Jaʾir (vgl. das Eigennamenregister zu Manaḥem) waren auf
Jerusalem konzentriert und lassen keinen Schluss auf die Haltung der galiläischen
Bevölkerung zu. Für den Bar-Kochba-Aufstand gibt es weder literarische noch archäologische Hinweise auf eine Beteiligung Galiläas. Strategisch war Galiläa gleichwohl von herausragender Bedeutung, da man mit dem Angriff der Römer von Norden her rechnete (B 2:572). MALINOWSKI 1973, 213–296; COHEN 1979, 200ff.; FREYNE
1980a, 208–255; AVIAM 1983b; GOODMAN 1987, 51 Anm. 3; RAPPAPORT 1992; MEY-
ERS 1998.

Mit dem Pauschalausdruck »Galiläer« ist in der *Vita* die Landbevölkerung Galiläas im Unterschied zur Stadtbevölkerung von Tiberias, Sepphoris und ʿArab im
Blick. Diese war die wichtigste Machtbasis für die Galiläa-Mission des Josephus
(vgl. C 1:48). Besonders die Eindämmung des Banditentums (V 77 und Anm. 10 im
Anhang) trug Josephus erhebliche Sympathien ein (vgl. V 206). Die These Zeitlins

1973/74 (»Galiläer« als Bezeichnung einer eigenen revolutionären Gruppe neben Zeloten und Sikariern) bzw. die Gleichsetzung der (in B 2:262–274 nicht genannten) »Galiläer« mit den »Aufständischen« bzw. »Zeloten« wird heute m.r. zumeist abgelehnt.

Der Hass der Galiläer auf Tiberias (V 98–100; 381–389), Sepphoris (V 39; 373–380) und ʿArab (263–265) verdankte sich primär dem politisch-sozialen (weniger einem kulturellen: EDWARDS 1992, 71) Gegensatz zwischen Stadt und Land (vgl. V 392 und FREYNE 1992, 86). LOFTUS 1974/75; 1977/78; COHEN 1979, 206–210; FREYNE 1980b; FELDMAN 1981/82; ARMENTI 1982; FELDMAN 1984a, 667–670; JOSSA 1992, 44–57; 1994, 266; KRIEGER 1999b, 213f.

5. Das Geschichtswerk des Justus von Tiberias

Justus von Tiberias war nach V 40. 336. 338. 357 Verfasser eines Geschichtswerkes über den Jüdischen Krieg. Die Angaben bei PHOTIOS, *Bibliotheca* 33 können so verstanden werden, dass Justus außerdem eine Chronik der jüdischen »Könige« »von Mose bis zum Tode Agrippas [des Zweiten]« verfasst hat. Da Diogenes Laërtios eine Platon betreffende Anekdote auf Justus von Tiberias zurückführt, wurde angenommen, dass Justus gar Verfasser eines universalgeschichtlichen Werkes sei (SCHÜRER 1973, 34–37). Die Platon-Anekdote ist indes, den Konventionen griechischer Historiographie entsprechend, als bloßes Ornament in Justus' Darstellung der jüdischen Geschichte denkbar. Die Angabe bei HIERONYMUS, *De vir. ill.* 14 über von Justus stammende *Commentarii [commentarioli?] de scripturis* kann auf die (wenigstens teilweise auf biblischer Grundlage fußende) »Chronik« bezogen werden, muss also nicht als Hinweis auf ein drittes Werk des Justus gelten. RÜHL 1916; *EJ* 10,479f.; RAJAK 1973; SCHÜRER Bd. 3, 546; COHEN 1979, 114–143; MIGLIARIO 1981, 101–109; FELDMAN 1984a, 96–98, BARZANO 1986.

6. Zur politischen Situation in Jerusalem bei Ausbruch des jüdischen Krieges

Es ist unwahrscheinlich, dass Josephus in 66/67 einer formellen Jerusalemer Regierung varantwortlich war. Der Befund in B läßt vielmehr darauf schließen, dass das politische Geschehen bereits während der ersten Phase des Aufstandes von Gruppen und Personen jenseits der traditionellen Macht- und Verfassungsstrukturen bestimmt wurde (PRICE 1992, 63ff.), wie Josephus dies für einen späteren Zeitpunkt ausdrücklich feststellt (B 4:136: Jerusalem als πόλις ἀστράτηγος).

Wenn Josephus in V dennoch das Bild einer (auch) nach 66 rechtlich und verfassungsmäßig organisierten Polis zeichnet (Vgl. auch τὸ κοινὸν τῶν Ἱεροσολυμιτῶν in V 28. 65. 72.190. 254. 310. 393); οἱ τῆς πόλεως πρῶτοι in V 9; οἱ πρῶτοι τῶν Ἱεροσολυμιτῶν in V 28; οἱ τοῦ πλήθους προεστῶτες in V 194; οἱ ἐν Ἱεροσολύμοις πρῶτοι in V 217 und οἱ πρῶτοι τῶν Ἱεροσολυμιτῶν in V 310), so mag dies apologetische Gründe haben (Erweis der Rechtmäßigkeit seines eigenen Handelns in Galiläa; anders FREYNE 1987, 601f., der die Angaben in V für zuverlässig hält). Zu den Formen und Rechtskompetenzen zentraler jüdischer Selbstverwaltung im Laufe ihrer Geschichte bis zum Ausbruch des Jüdischen Krieges vgl. MÜLLER 1998 (Lit.). Die Existenz des Sanhedrin als eines nach 70 neu gebildeten nationalen jüdischen Entscheidungsgremiums mit überregionaler Autorität (MÜLLER, 39–41) wird neuerdings zunehmend bestritten (GOODBLATT 1994).

7. *Zehntbestimmungen* (zu *Vita* 63)

Die in der Mischna überlieferten Zehntbestimmungen (SCHÜRER 1979, 257–274), die im 1. Jh. nicht einheitlich geregelt waren, wurden meist wohl nur teilweise bzw. unregelmäßig befolgt, zumal sie für die Landbevölkerung, die außerdem steuerpflichtig war, eine nicht geringe Bürde darsellten. Dies dürfte trotz V 80 auch auf die galiläischen Verhältnisse zutreffen (FREYNE, 281–283 zu tSanh 2,2; jSanh 1,18d; jMaas 5,56b; bSanh 11b). Dementsprechend darf nicht von V 63 auf den aus regelmäßigen Zehnterträgen fließenden Wohlstand der Priester (und Leviten: UDOH, 286–312) insgesamt geschlossen werden (JEREMIAS, 120. 124). JEREMIAS 1963, 120–124; FREYNE 1980a 183–194. 281–287; SANDERS 1992, 146–169; UDOH 1996, 284–333.

8. *Zelotische Halacha zum Bilderverbot?* (Zu *Vita* 65)

V 65 ist der literarische Hauptbeleg für eine Auslegung des Bilderverbotes, die auch Tierbilder zu rein dekorativen Zwecken, also außerhalb jedes religiös-kultischen Zusammenhangs, einschließt. Diese strenge Auffassung von Ex 20,3 wird gemeinhin zelotischen Kreisen aus der Zeit des Jüdischen Krieges zugeschrieben (vgl. MEYER 1949; ROTH 1956; GUTMANN 1961; GOODENOUGH 1961; SCHUBERT 1974; HENGEL 1976 195–201; Finney 1993). Es ist strittig, ob man sonst bereits im 1. Jh. eine liberalere Auslegung des Bilderverbotes pflegte (vgl. tAZ 5,2), oder ob dies erst ab dem 2. Jh. der Fall war, als sich figurative Kunst im Synagogenbau durchzusetzen begann. Josephus selbst scheint eine strenge Auslegung vertreten zu haben: Er verurteilt Salomo wegen der Tierbilder im Tempel (A 8:195), während die biblische Darstellung C 1 Kön 7,25; 10,20) sich einer Bewertung ebenso enthält wie die rabbinische Reflexion (bZev 62b); vgl. auch bAZ 41a–44b; MICHEL / B. 1963, 254 Anm. 80 zu B 5:214; RISKIN 1970, 35; *EJ* 3,507; JERVELL 1974. FELDMAN 1984a, 512–515.

Wenn V 65 tatsächlich eine zelotische Halacha aus dem Jüdischen Krieg wiederspiegelt, ist zu fragen, wie sich dies mit den Angaben des Josephus verträgt, er habe in Galiläa als Abgesandter eines moderaten Jerusalemer Führungsgremiums agiert (vgl. V 22f.28f.). Die Affäre um den Tiberienser Herodespalast, in die Josephus möglicherweise stärker verwickelt war, als er zugibt (vgl. V 68 mit Anm. 91 und DREXLER 1925, 297f.), ist den in B 2:425ff. berichteten zelotischen Gewalttaten in Jerusalem nicht unähnlich. JOSSA 1994, 275 folgt dagegen den Angaben des Josephus in V und deutet den Palastabriss als eine Maßnahme der moderaten Jerusalemer Führung, »die es offensichtlich für nötig ansah, den Galiläern einige politische Konzessionen zu machen«; ähnlich GELZER 1952, 76; kritisch dazu PRICE 1992, 32 (»Solche Maßnahmen gingen über das, was als bloßer Vorwand dienen sollte, weit hinaus«) und VOGEL 1999.

Zwar sagt Josephus nicht, daß er den Auftrag zum Palastabriss tatsächlich erhalten hat. Vielleicht hat er diese Behauptung lediglich als Argument verwendet (ἔλεγον), um den Tiberienser Stadtrat zu überzeugen. Die Episode um den Herodespalast wäre dann als eines von mehreren Beispielen dafür zu lesen, wie geschickt, ja raffiniert Josephus bei der Durchsetzung seiner Ziele vorgegangen ist (Steve MASON, mdl.). Zu fragen wäre dann aber immer noch, warum Josephus selbst sich zu einer derart drastischen Maßnahme entschlossen hat.

9. *Ölproduktion in Galiläa* (zu *Vita* 74)

Das Verbot, von Nichtjuden hergestelltes Öl zu verwenden, ist in mAZ 2,3,6 als Teil der zelotischen »achtzehn Halachot« überliefert (zur Datierung in die Zeit des ersten Jüdischen Krieges vgl. HENGEL 1976, 207f.). Hinter der in mAZ 2,3,6 (vgl. auch bAZ 35b–36b) erwähnten Aufhebung des Verbots durch Jehuda han-Nasi steht wohl die fehlende Akzeptanz im Diasporajudentum, da eine Beschränkung auf Öl aus jüdischer Produktion auf Dauer erhebliche Schwierigkeiten und Kosten bei der Bewältigung des täglichen Lebens mit sich bringen musste (BOHRMANN 1998, 138f.; vgl. jedoch die von Seleukos I Nikator eingeführte Sonderregelung für die Juden in Antiochien in A 12:120; dazu PUCCI BEN ZEEV 1998, 440 und Anm. 96). Während in Judäa seit der Eisenzeit industrielle Produktion von Olivenöl nachweisbar ist, ist dies in Galiläa erst seit der jüdischen Besiedlung im Zuge der hasmonäischen Eroberungen der Fall. Ölpressen industriellen Zuschnitts (vgl. die Abb. bei HENNING 1998, 650) aus frührömischer Zeit hat man u.a. in Jotafat (vgl. AVIAM 1990) und Gamala gefunden.

In unmittelbarer Nähe der Produktionsanlage in Gamala wurde eine Mikwe ausgegraben, die die Produktion rituell reinen Öls nach halachischen Vorgaben belegt. Der schon von den Hasmonäern geförderte Olivenanbau Galiläas erreichte in byzantinischer Zeit seinen Höhepunkt (vgl. die anschauliche Beschreibung des Ölreichtums von Giš-Ḥalab in bMen 85b; vgl. auch mMen 8,3), als jedes christliche und jüdische Dorf über eine oder mehrere Ölpressen verfügte, deren Kapazität z.T. auf Massenproduktion für den Export schließen lässt. Zum Niedergang dieser blühenden Industrie führten wahrscheinlich die persischen und arabischen Eroberungen des 7. Jh. (AVIAM 1995). *EJ* 12,1347–1352; 1364–1366; HELTZER 1988; FRANKEL 1994; *NBL* 3,5f.

10. *Die* λη
σταί *in der Vita*

Die λη
σταί der *Vita* sind zumeist galiläische Räuberbanden, die die jüdische Bevölkerung und die römischen Besatzer gleichermaßen ausplünderten und sich gegen entsprechende Bezahlung für jedweden Zweck in Dienst nehmen ließen; zum sozialgeschichtlichen Hintergrund vgl. HORSLEY 1981. Nach V 104f. nahm sogar das romfreundliche Sepphoris die Dienste solcher Banden in Anspruch. Es ist also mit fließenden Übergängen zwischen unpolitischem Banditentum (V 104f.) und antirömischen Aufstandsaktivitäten (vgl. V 175) zu rechnen. Vgl. auch V 126ff: Der dort

berichtete Konflikt entsteht dadurch, dass Josephus den Männern aus Dabarit ihren Anteil aus der Beute vorenthält. Nur wegen dieses materiellen Nachteils kommt überhaupt Josephus' Stellung zu den Römern zur Sprache, d.h. der Vorgang wird sekundär politisiert. Die Stelle dürfte ein realistisches Licht auf das Verhältnis von Banditentum und Aufstandsaktivitäten zu Beginn des Jüdischen Krieges werfen. In V 28; 46; 47 deutet die Bezeichnung ληϭταί für bestimmte Aufstandskreise in Jerusalem auf die Herkunft dieser Gruppen aus dem ländlichen Bandenmilieu.

Da Josephus in Jerusalem nicht mit Truppen ausgestattet worden war (vgl. auch das offenbar unbeantwortet gebliebene Gesuch um Truppenverstärkung in B 3:139), musste er sich in Galiläa zunächst eine militärische Operationsbasis schaffen. Dies tat er, indem er sich aus den unorganisiert operierenden Banden ein Söldnerheer zusammenstellte. HENGEL 1976, 25–47; RHOADS 1976, 159–166; COHEN 1979, 211–214; HORSLEY 1979. 1981; STENGER 1982; FELDMAN 1984a, 640; HORSLEY / HANSEN 1985, 48–87, FREYNE 1988; PRICE 1992, 48; JOSSA 1992, 16–30; SHAW 1993 199. 204; KRIEGER 1999b, 211f.

11. Zu *Vita* 88.278f.

In V 88 wie in V 278f. spielt Justus im Erzählzusammenhang keine Rolle mehr; die Notizen wirken nachgetragen, weshalb COHEN 1979, 137 im Anschluß an Laqueur von »josephischen Glossen« spricht, die Justus nachträglich Verbindungen zu Johanan von Giš-Ḥalab und der Aufstandspartei der Ješu b. Šafai anlasten sollen; vgl. auch SCHWARTZ 1990, 143 Anm. 110. Dagegen halten RAJAK 1973, 352 und SCHÜRER 1973, 35 die Angaben V 88.278f. für zuverlässig und nehmen an, dass Justus ähnlich wie Josephus eine Doppelstrategie verfolgte (Kontakte zu prorömischen wie auch zu antirömischen Kreisen). Ein dritter Weg wäre die Interpretation MASONs auf dem Hintergrund antiker literarischer Rhetorik: Josephus gestaltet und überhöht den Antagonismus zu seinen diversen Widersachern anhand einzelner Episoden (vgl. unten Anm. 26 im Anhang).

12. Zu *Vita* 92

Statt »auf einer hohen Mauer« (V 92) stand Josephus nach B 2:619 »auf einem Erdhügel«. Nach LÄMMER 1976, 45f. deutet dies darauf hin, dass es im Stadion von Tarichaeae »keine Steinsitze, sondern nur grasbewachsene Erdwälle« gab, »wie sie Pausanias noch für viele Stadien des 2. Jh. n. Chr. bezeugt. Diese waren in Tiberias durch kräftige Stützmauern abgesichert (...) Die Mauern ragten (...) ein Stück über den Wall hinaus, um die oben stehenden Zuschauer vor einem Sturz in die Tiefe zu bewahren«. Der in V 92.96 erwähnte τριχός bezeichne »diese mit einem Gesims abschließende Brüstung«.

13. Zu *Vita* 96

Nach Lämmer 1976, 60 hat dieser Herodes Josephus in V 96 nicht nach dem Sprung – aus 6 (römischen?) Ellen Höhe (2,66 m; vgl. B 2:619) »aufgeholfen« oder ihn »aufgefangen«, sondern beim Klettern vom Erdwall (vgl. B 2:619) auf das Gesims unterstützt (vgl. B 6:252: ἀνακουφίζειν = hochheben, προσανακουφίζειν von der Tätigkeit des Stallknechts, der dem Reiter in den Sattel hilft). Schwierig ist dann freilich, dass Josephus nach V 92 von Anfang an auf dem Gesims steht, dieses also nicht erst erklettert, als er flieht, sowie die zeitliche Abfolge von ἀφαλόμενος ... καὶ προσανακουφισθείς. Aus B 2:619 (»sprang herunter an den Strand«), schließt Lämmer, 46–49, »dass das Stadion unmittelbar am See Gennesaret gelegen haben muss«. Die Formulierung »wurde zum See geführt« meine demgegenüber, dass Herodes Josephus »eine bestimmte Stelle am Ufer« gezeigt hat, »an der das Boot versteckt lag« – u. zw. außerhalb der Stadt (vgl. jEr 22b) in nördlicher Richtung.

14. Versklavung von Kriegsgefangenen (zu *Vita* 99)

Das Ansinnen der Galiläer in V 99 gebraucht die Sprache römischer Eroberungen (vgl. V 84; B 1:28. 180; 2,68). Vielleicht formuliert Josephus hier stereotyp, um seinem römischen Publikum den Zorn der Galiläer zu veranschaulichen. Sein Einwand in V 100 nimmt nicht den zu erwartenden Abstand von der Absicht, die (jüdischen) Tiberienser in die Sklaverei zu verkaufen, wo er doch sonst seine religionsgesetzliche Sorgfalt im Umgang mit den Landsleuten gern betont: V 128. 177. 377f. Nach talmudischem Recht war die Versklavung von Juden nur individuell und befristet möglich, in Fällen von Zahlungsunfähigkeit, bes. bei der Rückerstattung von Diebesgut (bQid 18a, vgl. A 4:272; A 16:3). Selbst nichtjüdische Sklaven durften, sobald sie zum Judentum übergetreten (im Falle männlicher Sklaven: beschnitten) waren, nicht mehr an Nichtjuden verkauft werden; vgl. auch Ginzberg 1922, 111 und Schiffman 1982–84, 388f. zu CD 12,10f. – In A 16:1–3 kritisiert Josephus die Maßnahme Herodes d. Gr., Diebe außer Landes in die Sklaverei zu verkaufen, als den jüdischen Gesetzen zuwiderlaufend. Cohen 1966, Bd.1, 163f. und Schalit 1969, 233f. nehmen den Einfluss römischen Rechts an (kritisch Jackson 1975). Weiter Urbach 1960; Jeremias 1962, 347–351; Zeitlin 1962–63; Schalit 1968b, 713f.; *EJ* 14,1655–1660; Feldman 1984a, 519f. 522f. 945f.

15. Rückverweise auf das Bellum

Korrekte Rückverweise innerhalb der *Vita* finden sich in V 122 (auf V 101), V 272 (auf V 89) und V 410 (auf V 342f. 355), doch beginnen schon da die Probleme. V 186 ist auf V 177f. zu beziehen, doch verwundern die Unstimmigkeiten (vgl. Anm. 189) angesichts des geringen Abstands der Textstellen. Liegt eine Diktatpause und / oder die Verarbeitung unterschiedlicher Quellenstücke vor? V 89 (Einsetzung des Šeʾila als Kommandant für Tiberias) hat keine Entsprechung im voraufgehenden Kontext. In Frage kommt B 2:616, doch verweist Josephus in V 89 nicht ausdrücklich auf das

Bellum. Der Rückverweis in V 61 (Aequus Modius als Nachfolger des Varus) hat in V ebenfalls keine Entsprechung. In B kommt allenfalls B 2:483 in Frage, wo die Absetzung des Varus erwähnt wird, nicht aber die Einsetzung des Aequus Modius. Ebenso hat V 66 (Ješu b. Šafai als Anführer der Aufstandspartei in Tiberias) weder in V (35: Erwähnung der Aufstandspartei) noch in B (3:450: Erwähnung Ješus, dort jedoch als Sohn des Tufa) einen genauen Bezugstext. Ähnliche Versehen sind Josephus auch in B unterlaufen; vgl. etwa B 1:182 mit Anm. bei MICHEL / B. z.St. Der Rückverweis in V 10 (»wie ich schon oft gesagt habe«) bezieht sich auf die Pharisäer-, Sadduzäer- und Essenerdarstellungen in B 2, A 13 und A 18. Ausdrückliche Verweise auf das *Bellum* finden sich nur in V 27 und V 412. MASON 1998a, 72 erschließt aus diesen Rückverweisen, dass Josephus in den vielfach voneinander abweichenden Darstellungen keine Widersprüche gesehen hat, die es vor seinem Publikum zu verbergen galt. Vielmehr bewegte sich Josephus in »einer literarischen Kultur, in der die Fähigkeit etwas galt, aufgrund ein und derselben Sachlage in verschiedene Richtungen zu argumentieren«.

Es ist zusätzlich zu fragen, ob Josephus mit den Rückverweisen auf das *Bellum* seinem Publikum gezielte Lektüreanweisungen geben wollte, oder ob man sich die Kenntnis seines Werkes nicht vielmehr durch mündlichen Vortrag aneignete. Jedenfalls konnte ein antiker Leser die »Parallelstellen« nicht einfach nachschlagen, da die spätere Kapitelzählung noch nicht existierte und die Handhabung einer Buchrolle wesentlich umständlicher war als die eines modernen Buches (vgl. dazu FANTHAM 1998, 34.202).

Dennoch müsste geklärt werden, wie sich der von MASON rekonstruierte literarisch-rhetorische Charakter der *Vita* zu dem Kriterium der »Wahrheit« (ἀλήθεια) verhält, nach dem Josephus seine Geschichtswerke beurteilt wissen will (vgl. Anm. 261), zumal er sich in A 1:1–4 (vgl. auch B 1:30) gegen eine Geschichtsschreibung nach rhetorischen Maßstäben ausdrücklich abgrenzt. Zwar sind die Ablehnung der Rhetorik und das Bekenntnis zu wahrheitsgetreuer Berichterstattung selbst rhetorische Topoi (vgl. C 1:24); doch ist zu überlegen, ob Josephus nicht ein Bewußtsein von Tatsachenwahrheit unterstellt werden kann, das eine Rekonstruktion historischer Sachverhalte auch unter Berücksichtigung der Einsichten Masons als aussichtsreich erscheinen lässt. Bei aller Darstellungs- und Beschönigungskunst steht Josephus einem solchen Unternehmen nicht grundsätzlich im Wege. – Vgl. noch Anm. 17, 19 und 26 im Anhang.

16. Zu *Vita* 126

Unklar bleibt, in welcher Beziehung die Funktion des ἐπίτροπος (vgl. SCHÜRER 1973, 358f.: vielleicht Finanzverwalter, vgl. THACKERAY 1926, z. St.) Ptolemaeos zu der des Varus (V 49) und seines Nachfolgers Aequus Modius (V 61) steht. Dass sich (die Frau des) Ptolemaeos nicht auf einer regulären Reise, sondern auf der Flucht aus dem Aufstandsgebiet befand (wie MICHEL / B. 1959, 451 Anm. 254 annehmen), geht aus dem Text nicht hervor, ist aber immerhin möglich. War Varus dann seinerseits Nachfolger des geflohenen Ptolemaeos?

17. Agierte Josephus verdeckt prorömisch?

In V 128 gibt Josephus eines von vielen Beispielen seiner strategischen Geschicklichkeit, mit der er die vielen schwierigen Situationen in seiner Feldherrntätigkeit zu meistern wusste (vgl. MASON 1998a, 63). Hier wie in der *Vita* insgesamt geht es um die Selbstdarstellung des Josephus als hervorragender »Charakter« (MASON), für welche die erzählten Ereignisse nur Mittel zum Zweck und historisch nicht ohne Vorbehalt verwertbar sind. Zugleich entwirft er ein Bild von seiner Rolle während des Jüdischen Krieges, das vom historischen Standpunkt aus kritisch befragt werden kann und soll: Josephus präsentiert sich als verdeckt prorömisch agierender Vertreter eines moderaten Flügels, der auf eine Verhandlungslösung mit den Römern bedacht ist.

Aus dieser Perspektive lassen sich die scheinbar widersprüchlichen Handlungen des Josephus in der *Vita* zunächst einmal als Elemente eines stimmigen Gesamtbildes begreifen: Wo er konnte, vermied er eine Verletzung der Interessen der Römer, insbesondere aber des romtreuen Agrippa (V 68. 72. 128). Er verhinderte gewaltsame Ausschreitungen seiner Truppen gegen Sepphoris (V 375–380) und das zeitweise ebenfalls prorömische Tiberias (V 384–388). Wenn er sich auf Gefechte mit römischen Truppen einließ, dann zur Abwendung unmittelbarer Gefahr für die galiläische Bevölkerung (V 120f. 210. 395). Seine Meinung, dass eine militärische Konfrontation mit den Römern aussichtslos wäre, behielt er für sich, um in Aufstandskreisen nicht in Misskredit zu geraten und so die Kontrolle über sie zu verlieren (V 175f.). Deshalb entsprach er auch den Forderungen radikaler Aufständischer (V 186), demonstrierte mit der Zerstörung des Herodespalastes in Tiberias (V 65f.), dass er ein Gegner Agrippas sei, dementierte den Vorwurf, er wollte das Land an die Römer verraten (V 129. 132f. 135. 140), veranlasste überall in Galiläa Befestigungsmaßnahmen (V 187f.) und legte Getreidevorräte an (V 118f.), um die Bewohner befestigter Orte für längere Belagerungen auszurüsten. Dementsprechend galt er in Sepphoris (V 104. 346. 373) und bei den romtreuen Kreisen in Tiberias (V 155–158. 351) als Aufstandsführer, der gegen romfreundliche Gruppen mit Härte vorging (V 314). In Wahrheit war er – wie wir glauben sollen – von Anfang an gegen den Aufstand (V 17–19) und versuchte in Galiläa, die Kriegsvorbereitungen, da er sie nicht unterbinden konnte, wenigstens unter seiner persönlichen Kontrolle zu halten (V 29f.). Er war bemüht, alle galiläischen Gruppen – von den lokalen Autoritäten (V 79) bis zu den Räuberbanden der Gegend (V 77f.) – unter seiner Führung zu einen, jeglichen Widerstand gegen seine Machtposition zu unterbinden (V 145. 167 u.ö.) und so die Gefahr eines Bürgerkrieges zu bannen (V 100. 265. 321).

Diese Sicht, die gegenwärtig v.a. von Tessa RAJAK vertreten wird (vgl. RAJAK 1983), erscheint historisch zumindest plausibel. Es ist gut denkbar, dass die politischen Verhältnisse Palästinas im Winter 66/67, die wohl auch für die direkt Beteiligten nicht ohne weiteres zu durchschauen waren, zu einer Handlungsweise zwangen, wie sie Josephus in der *Vita* beschrieben hat (vgl. MASON 1992, 102). Es ist jedoch offensichtlich, dass die *Vita* ihren Autor in ein möglichst positives Licht rücken soll. Die kritische Rückfrage nach den tatsächlichen historischen Ereignissen erscheint deshalb berechtigt. Der hierbei unerlässliche Textvergleich mit der Darstellung des *Bellum* ist von MASON zwar insofern zu Recht kritisiert worden, als er in der Vergangenheit häufig zu willkürlicher und methodologisch unkontrollierter Tendenzkritik geführt hat (vgl. nur Cohen 1979, 127 Anm. 98), er ist jedoch keineswegs aussichtslos. Auch wenn historische Information in der *Vita* nur des Autors Nebenabsicht ist, so berechtigen uns doch seine Verweise auf das *Bellum*, auch dieses auszuwerten.

Er konnte dementsprechend sorglos mit Einzelheiten umgehen, die erst einer kritischen Lektüre Anhaltspunkte für die historische Rekonstruktion geben. In diesem Sinne sei die Frage nach der historischen Verlässlichkeit des Josephus (oben Anm. 15) hier beantwortet; vgl. noch Anm. 19.26 im Anhang.

Die Frage, ob und inwiefern die Selbstdarstellung des Josephus als Emissär eines moderaten Jerusalemer Führungskreises zutrifft, berührt unser Verständnis der Frühphase des Aufstandes grundlegend. Einige Passagen im *Bellum* legen die Vermutung nahe, dass Josephus und die Jerusalemer Führung nach der Niederlage des Cestius den Aufstand gegen Rom zumindest anfänglich befürworteten und den bevorstehenden Krieg mit eigenen Maßnahmen vorbereiteten. Nach B 1:3 hat Josephus »anfänglich die Römer bekämpft und an den späteren Ereignissen notgedrungen (ἐξ ἀνάγκης) teilgenommen«. Dies passt freilich nicht nahtlos zu *Vita* 17, wo Josephus behauptet, er habe sich gleich zu Beginn des Aufstandes gegen eine Konfrontation mit den Römern ausgesprochen. Die zur Besonnenheit mahnenden Kenntnisse über die eindrucksvolle römische Militärstrategie, -technik und -geschichte, die in B 2:358–387; 3:70–109 verarbeitet sind, hat Josephus sich doch wohl erst als Gefangener im römischen Militärlager und in der Zeit nach seiner Freilassung erworben und nicht schon während seines früheren Romaufenthaltes (V 16).

In B 2:152 hebt Josephus die Standhaftigkeit der Essener im Jüdischen Krieg (vgl. Michel / B. 1959, 438 Anm. 79) positiv hervor. Ist dies ein Anklang an seine eigene frühere Haltung? Die in B 2:517 (Josephus spricht vom »festen Vertrauen« der Juden »auf ihre große Zahl«), B 3:9 (»Nach der Niederlage des Cestius waren die Juden durch ihren unerwarteten Erfolg übermütig geworden«) und B 3:150. 155. 161 (Kampfgeist der Juden in Jotafat) erwähnte Entschlossenheit der Juden zum Krieg kann durchaus auch die des Josephus gewesen sein. Die B 4:122–127 formulierte Jerusalem-Ideologie ist auch im Munde des gegen die Römer kämpfenden Josephus vorstellbar.

18. Befestigungsmaßnahmen bei Ausbruch des Krieges

Zur Liste der von Josephus befestigten Orte in V 187f. vgl. auch V 45. 71. 156. 347; B 2:590. 638; 3:61. 159. 464f.; 4:9. 56. »Da Josephus nur etwa sechs Monate in Galiläa war und nur über begrenzte Mittel verfügte, muss es sich bei der Liste befestigter Orte um eine große Übertreibung handeln« (Cohen 1979, 205 Anm. 445;). Es ist jedoch voreilig, wenn Rappaport 1992, 100f. die Liste der von Josephus befestigten Orte für »eine komplette Erfindung« hält. Die bisherigen Grabungen haben mehrfach Hinweise auf periphere Befestigungsmaßnahmen freigelegt, die durchaus auf die Initiative des Josephus von 66/67 zurückgehen können (Verstärkung und Erweiterung vorhandener Mauern, Anlegen von Zisternen und Vorratshäusern, Ausheben von Wehrgräben; Einzelheiten bei Aviam 1983a; zu Jotafat vgl. außerdem Adan-Bayewitz / Aviam 1997, 163).

Strategisch ging es Josephus weder um die Schaffung eines Blockadegürtels, der die römischen Truppen am weiteren Eindringen in jüdisches Gebiet bzw. am Vorrücken nach Jerusalem gehindert hätte (AVI-YONAH 1953; BAR-KOCHVA 1974), noch um Operationsbasen für offene Feldschlachten. Der von HAR-EL 1972 angenommene Sichtkontakt zwischen den einzelnen Festungen scheitert an den topographischen Gegebenheiten. Vielmehr sollten die befestigten Orte der Bevölkerung des Umlandes als Zufluchtsstätten dienen, in denen man sich vor den Römern in Sicherheit bringen und der zu erwartenden Belagerung standhalten konnte (vgl. B 3:63.111). Da die Römer, wie etwa die Belagerungen des Herodeon, von Machaerus (B 7:163–166.190–210) und Masada (B 7:252–406) zeigen, das Überdauern von Rebellenfestungen in einem ansonsten eroberten Gebiet nicht duldeten (vgl. schon B 1:167), musste der in dieser Weise organisierte galiläische Widerstand das Vordringen feindlichen Heeres in das judäische Kernland zumindest erheblich verzögern: Allein die Belagerung Jotafats dauerte nach B 3:316 fast sieben Wochen. Auch für die Einnahme von Tarichaeae richtete sich Vespasian auf eine längere Zeitspanne ein (B 3:462). Gamala fiel erst nach sieben Monaten (B 4:10). In der Zwischenzeit mochte man die Parther als Verbündete gegen Rom gewinnen. Vielleicht brachten innenpolitische Veränderungen in Rom ein Ende des Krieges mit sich (wie es ja durch die römischen Wirren nach dem Tode Neros zunächst tatsächlich der Fall war, B 6:339–341 – nur dass die innerlich zerrissene Aufstandsbewegung in Jerusalem die gewonnene Zeit nicht nutzte), oder man hoffte auf göttliche Hilfe, die einen Sieg wie den gegen Cestius Gallus bescherte. Wenn von den in V 187f. genannten 19 Festungen und befestigten Siedlungen schließlich nur fünf namhaften Widerstand leisteten (Jafa: B 3:289–306; Jotafat: B 3:316–338; Tarichaeae: B 3:462–502; Gamala: B 4:1–83; Tabor: B 4:54–61), so ist dies ein Hinweis darauf, dass in der galiläischen Bevölkerung keine breite Basis für eine Beteiligung am Aufstand gegen Rom vorhanden war (nach AVIAM 1983a).

19. Zu den chronologischen Notizen in der Vita

Die Zeitangaben in V 112. 216. 309. 390. 398. 407 dienen einzig dazu, den Erzählstoff in eine lockere (nach MASON 1998a, 56f. um das Mittelstück V 208f. gruppierte: vgl. Anm. 206) Abfolge zu bringen. Sie eignen sich kaum für die chronologische Rekonstruktion des Erzählten. Auch der von SCHWARTZ 1982, 246ff. für die *Antiquitates* namhaft gemachte quellenkritische Wert solcher chronologischer Einleitungsformeln besteht für die *Vita* nicht. Die wenigen so eingeleiteten Stücke sind für die Zwecke der *Vita* hinzugefügt und ohne Parallele im *Bellum*.

20. Zu *Vita* 269

Zu V 269 vgl. A 20:118ff.; B 2:232f. und ZANGENBERG 1994, 47: »Aufgrund der
ohnehin heiklen Lage zwischen den Jerusalemer Autoritäten und Josephus ist in
jedem Fall anzunehmen, dass die Boten den Weg durch Samarien nicht gewählt
hätten, falls sie sich dadurch verunreinigt und sich selbst (und ihren Auftraggeber)
für die Jerusalemer kompromittiert hätten. Diese Passage stützt also die Angaben in
Lk 9,51–56; Joh 4,3f. und legt nahe, dass noch im 1. Jh. n. Chr. der Weg durch
Samarien keinesfalls für gläubige Juden tabu gewesen sein kann. Wie bei Lk explizit
ausgesprochen (9,52), setzt auch der Bericht des Josephus voraus, dass Reisende auf
ihrem Weg durch Samarien eine Unterkunft für die Nacht und Verpflegung fanden
(im obigen Text wohl bei Vertrauten des Josephus), wobei freilich nicht ausgeschlossen werden kann, dass Jerusalempilger eine Herberge normalerweise nicht bei
Samaritanern, sondern bei ortsansässigen Juden suchten. Möglicherweise wurden
erst in späterer Zeit einige Reinheitsbestimmungen dahingehend verschärft, dass z.B.
für galiläische Festpilger der Weg durch Samarien ungeeignet war (...). Während Lk
und Joh diese Strecke als Reiseweg Jesu nach Jerusalem voraussetzen, legen die
dürftigen Lokalangaben bei Mk und Mt die östliche Umgehungsroute über den
Jordangraben und Jericho nahe.«

21. Zu *Vita* 274

RAJAK 1983, 30f. bezieht V 274 auf die in V 197 genannten Delegationsmitglieder
und meint, Josephus habe es hier mit seinen pharisäischen Lehrern aus frühen Ju-
gendjahren zu tun, bevor er sich im Alter von 16 Jahren dem Studium der (übrigen)
jüdischen Schulrichtungen zuwandte (vgl. V 8.10). Zwei Delegationsmitglieder waren jedoch, wie MASON 1991, 337f. anmerkt, Priester und können durchaus in ihrer
Eigenschaft als Priester Josephus' Lehrer gewesen sein, zumal Josephus seine Schrift-
gelehrsamkeit wiederholt mit seiner priesterlichen Herkunft in Verbindung bringt
(vgl. auch B 3:352; C 1:29. 32. 36. 54; 2:184–187; 194 und MASON a.a.O., 236).
    MASON, a.a.O., 338 Anm. 86 zieht als alternative Deutung in Betracht, dass sich
die »Lehrerrolle« der Delegationsmitglieder auf Instruktionen bezieht, die Josephus
vor seiner Galiläa-Mission von den in V 28 erwähnten πρῶτοι erhalten hat: »Die
Gesandten konnten sich zur Verwaltungstätigkeit des Josephus in Galiläa gratulie-
ren, weil sie ihn eben darin unterwiesen hatten«.

22. Die Synagoge in Tiberias

Zu V 277 vgl. HÜTTENMEISTER 1993: Im griechischsprechenden Judentum ist προσευχή (»Gebet«, [unter freiem Himmel gelegene?] »Gebetsstätte«) neben συναγωγή
(für hebr. בית) כנסת bzw. aram. כנישתא (בי), auch: »Versammlung«, »Gemeinde«,
»Gemeindeversammlung«) die häufigste Bezeichnung für das Synagogengebäude.
Seit Philon, Josephus und dem NT ist die Institution der Synagoge literarisch zwei-
felsfrei belegt. Die frühesten inschriftlichen (BOFFO 1994, 40ff.) und archäologischen

Zeugnisse in der Diaspora weisen sogar in die zweite Hälfte des 3. Jh. v. Chr. (Weihinschriften von προσευχαί in Ägypten). Die ältesten Funde in Palästina (Gamala, Herodeon, Masada, Jerusalem: Theodotos-Inschrift) stammen aus der Mitte des 1. Jh. (kritisch freilich KEE 1992, 4–9). In Übereinstimmung mit dem üblichen Sprachgebrauch des Mutterlandes bezeichnet Josephus palästinische Synagogen in A 19:305 (Dora) und B 2:285.289 (Caesarea am Meer) mit συναγωγή. Dagegen verwendet er für die in V 277.280.293 erwähnte Synagoge in Tiberias die Bezeichnung προσευχή, die eher in Ägypten gängig ist. Da Tiberias nach den Angaben rabbinischer Texte 13 Synagogen besaß (vgl. im einzelnen HÜTTENMEISTER 1977, 436–461, dort auch der archäolog. Befund), mag die Wortwahl des Josephus von der Notwendigkeit herrühren, die genannte Synagoge von den übrigen zu unterscheiden:»Wenn Josephus in *Vita* 277–293 einen anderen als für das Land Israel üblichen Ausdruck benutzt, so will er damit eine ganz bestimmte Synagoge bezeichnen. Da er den für Ägypten typischen Ausdruck anwendet, scheint er ein Gebäude zu meinen, das nach dem dort üblichen Grundriß gebaut ist« (HÜTTENMEISTER 1993, 179; vgl. aber HENGEL 1971, 177), näherhin die als Doppelstoa gebaute Synagoge von Alexandrien (tSuk 4,6). FOERSTER 1992, 317–319; KEE 1995, 486f.; MACKAY 1998, 103–142; BILDE 1999, 23f.

23. Das Fasten in der Synagoge von Tiberias (zu *Vita* 290ff.)

Zu den atl. und jüdischen Fasttagsbräuchen vgl. mTaan 2 und BILL., Bd. 4.1, 77–114; EISSFELDT 1956, 131–134; *EJ* 6, 1189–1196; BAUMANN 1993. BAUMANN 1973 hat auf weitreichende Gemeinsamkeiten zwischen V 290–303 und dem Verfahren gegen Nabot in 1 Kön 21,8–13 aufmerksam gemacht (Plan einen Gegner zu beseitigen: 1 Kön 21,7; V 291, Anberaumung eines Fasttages: 1 Kön 21,9.12; V 290, Erhebung einer Anklage: 1 Kön 21,13; V 295ff. 302, Feststellung eines todeswürdigen Vergehens: 1 Kön 21,13; V 302, (versuchte) sofortige Vollstreckung der Todesstrafe ohne formellen Urteilsspruch: 1 Kön 21,13; V 302). BAUMANN schließt eine literarische Bezugnahme des Josephus auf 1 Kön aus und vermutet hinter beiden Texten ein altes »Rechtsverfahren (...), das in besonderer Weise mit Fasttagen anläßlich außerordentlicher Notstände verknüpft war« (41). Um angesichts einer aktuellen Notlage – in V 290ff: die (angebliche) Kriegsgefahr – die Hilfe Gottes zu erbitten, musste eine der Erhörung evtl. im Wege stehende Versündigung durch ein Los- oder sonstiges Ermittlungsverfahren aufgedeckt und bestraft werden (vgl. dazu 1 Sam 14,36–45; Jos 7,10–26; 2 Sam 21,1–10). Wie 1 Kön und unsere Stellen zeigen, bot sich die »Besonderheit eines Fasttages in seiner Kombination von Volksversammlung und Schnelljustizverfahren (...) mitunter für den Versuch an, einen missliebig Gewordenen aus dem Weg zu räumen«.

24. Šim⁽on b. Gamaliel (zu Vita 190–194)

Auffällig ist, dass sich Josephus in V 191f. lobend über Šim⁽on äußert, obwohl dieser zu seinen Jerusalemer Kontrahenten gehörte, und dass er von einem nur vorübergehenden Zerwürfnis spricht (τότε in V 192). Wirbt Josephus um die Gunst der Rabbinen in Jabne (sofern er von ihnen weiß), deren Schulhaupt z.Zt. der Abfassung der *Vita* Gamaliel II. war, Sohn des Šim⁽on, bei aller Konkurrenz, die Nodet 1999, 231–233 vermutet? Auch die Hinweise des Josephus auf seine Nähe zu den Pharisäern (V 10–12) und auf seine religiöse Integrität (V 14. 65. 128. 159. 161. 377. 418) sowie die im *Bellum* noch fehlende antisamaritanische Polemik in den *Antiquitates* können so erklärt werden (Cohen 1979, 145f.149f.; vgl. auch Smith 1959; Neusner 1987; Schwartz 1990 198ff.). Dagegen verweist Mason 1991, 357–370 auf die massive Kritik an Šim⁽on in V 193–196.

Wenn Josephus in der *Vita* sein gutes Verhältnis zu den Pharisäern demonstrieren wollte, ist außerdem unverständlich, warum er die mehrheitlich pharisäische Jerusalemer Delegation (V 197) durchweg scharf kritisiert (V 216ff. 233. 237f. 245. 261. 274f. 281f. 290ff. 301ff.; Stellen bei Mason a.a.O., 369). Josephus will sagen, dass Šim⁽on ein »Werk von Schurken« getan hat (V 194), *obwohl* er ein derart herausragender Repräsentant der Pharisäer war. Hier kommt die Diskrepanz zwischen dem guten Ruf der Pharisäer und ihrem Verhalten zum Tragen, die auch im *Bellum* und in den *Antiquitates* zu beobachten ist. Die Notiz des »damaligen« Zerwürfnisses mit Šim⁽on (V 192) versteht Mason von V 28 her, wo sich Josephus nach seiner Darstellung noch in gutem Einvernehmen mit den Pharisäern befand, zu welchen zweifellos auch Šim⁽on gehörte. Die Freundschaft Šim⁽ons mit Joḥanan von Giš-Ḥalab soll erklären, warum dieses gute Einvernehmen »damals« nicht mehr bestand.

25. Konflikte zwischen jüdischer und heidnischer Bevölkerung

Die in V 42.341.410 erwähnten Angriffe des Justus von Tiberias auf die Städte der Dekapolis gehören in den größeren Zusammenhang lokaler und z.T. alter, zumindest aber nicht erst im Zusammenhang des Jüdischen Krieges aufgetretener (vgl. V 67) Konflikte zwischen jüdischen und heidnischen Bevölkerungsteilen. Zu Beginn des Jüdischen Krieges eskalierten diese Konflikte vielfach zu blutigen Auseinandersetzungen. Über Ursache und Wirkung im Geflecht gegenseitiger Aggression läßt sich freilich kaum etwas feststellen, zumal die chronologischen Angaben des Josephus vielfach widersprüchlich und zweifelhaft sind. So dient Josephus die in B 2:457 behauptete Gleichzeitigkeit des Massakers an römischen Soldaten in Jerusalem (B 2:450–456) und der Auslöschung der Judenschaft in Caesarea am Meer (B 2:457f.) zur Deutung dieses Geschehens als göttliche Strafe für die in Jerusalem geschehenen Gewalttaten. Die in V 25–27 erwähnten Übergriffe gegen die jüdischen Bewohner syrischer Städte (vgl. Möller / Schmitt 179f. und die Städtelisten in B 2:458–460), z.B. in Skythopolis (vgl. B 2:466–476; 7,364–366) und Damaskus (B 2:559–561), stehen nach B 2:458–461 in zeitlichem Zusammenhang mit jüdischen Vergeltungsmaßnahmen für das Massaker von Caesarea.

Der betonte Hinweis auf die Arglosigkeit der Juden (V 25) ist mindestens um die Notiz in B 2:461 zu ergänzen, die nichtjüdischen Bewohner der syrischen Städte hätten ihre jüdischen Mitbürger »nicht allein aus Hass wie früher« umgebracht, »sondern auch um der ihnen selbst drohenden Gefahr zuvorzukommen«, d.h. um sich in Anbetracht der eskalierenden Ereignisse möglicher Gegner innerhalb der eigenen Stadtmauern zu entledigen. Vgl. auch B 2:467.

V 43–45 erwähnt Angriffe heidnischer Nachbarstädte auf Giš-Ḥalab, die Joḥanan von Giš-Ḥalab mit einer Gegenoffensive beantwortet. Da die anfänglich defensive Haltung des Joḥanan (V 43f.) gut zu der in V 27 vorgetragenen apologetischen Gesamtdeutung des Jüdischen Krieges passt, wonach die Juden durch die Eigendynamik der Ereignisse unfreiwillig in den Krieg gegen Rom getrieben wurden, muss auch hier die Frage nach der Priorität offen bleiben. Josephus erwähnt in V 81 beläufig, dass auch er Attacken auf syrische Ortschaften unternommen hat (vgl. dazu Schalit 1933, 69f. Anm. 8). Die Notiz erweckt nicht den Anschein, als habe es sich bei diesen (erfolgreichen und einträglichen) Angriffen um Defensivmaßnahmen gehandelt (vgl. auch das Massaker an den nichtjüdischen Tiberiensern V 67).

Dies gilt auch für die V 105 erwähnte Räuberbande eines gewissen Ješu, die im Grenzgebiet zu Ptolemais agierte und zweifellos auch auf nichtjüdischem Gebiet Raubzüge unternahm. Da gewaltsame Auseinandersetzungen zwischen jüdischer und nichtjüdischer Bevölkerung stets auch die Aufmerksamkeit der Römer auf sich zogen und diese ggf. zum Eingreifen bewegten, kann, wie V 43–45. 340f. andeutet, zwischen diesen Auseinandersetzungen und antirömischen Ausschreitungen, die schließlich zum offenen Aufstand führten, nicht klar getrennt werden, zumal die Aggression, wenn die Darstellung in V 53.54–60 zuverlässig ist, auch von der königlich-römischen Allianz ausgehen konnte und sich die nichtjüdische Bevölkerung bisweilen an römischen Militärmaßnahmen beteiligte (V 115; vgl. auch B 2:502).

Durch die zahlreichen Flüchtlinge, die im Zuge der gegenseitigen Ausschreitungen ihre Existenzgundlage verloren hatten, wurde die Bereitschaft zum Kampf gegen heidnische Bevölkerung und römische Besatzungsmacht zweifellos noch größer. V 372 erwähnt 1500 jüdische Flüchtlinge aus Tyrus in Giš-Ḥalab. In Taricheae haben Flüchtlinge die zunächst friedliche Stadt zum Aufstand angestachelt (B 3:492). Nach ihrer Einnahme wurde sie nicht geschont, da sie den Römern als dauernder Unruhefaktor galt (B 3:532f.). Zum ganzen vgl. Rappaport 1981; Kasher 1990, 245–312.

26. Anschuldigungen gegen Josephus

Nach der Darstellung der *Vita* (vgl. schon V 6) war Josephus während seiner Zeit in Galiläa und danach wiederholt Anschuldigungen von verschiedenen Seiten ausgesetzt:

(1.) Anschuldigungen seiner Gegner in Galiläa und Jerusalem 66/67: Nach ihrer Behauptung ist Josephus

– als Tyrann aufgetreten (V 260);
– hat sich nicht um die Erleichterung der Kriegslasten gekümmert, sondern im Luxus gelebt (V 284);

– wollte das Land an die Römer ausliefern (V 129. 132);
– hat einen Teil der Beute aus der Brandschatzung des Herodespalastes entwendet (V 295f.):
– hat in Galiläa nach der Alleinherrschaft getrachtet (V 302);
– wollte in Jerusalem einmarschieren und die Macht an sich reißen (V 193);
– hat der Stadt Tiberias Vergeltungsmaßnahmen angekündigt (V 314);
– ist seinen Amtspflichten in Galiläa nicht nachgekommen (V 315).
(2.) Anschuldigungen während der Gefangenschaft im römischen Heerlager: Josephus wurde von den römischen Soldaten nach erlittenen Niederlagen des Verrats bezichtigt (V 416).
(3.) Anschuldigungen nach der Freilassung:
(3.1) unter Vespasian:
– Anschuldigung, Josephus habe den Aufstand in der Kyrenaika mit Waffen und Geld unterstützt (V 424).
Summarische Erwähnung oftmaliger Anschuldigungen (V 425).
(3.2) unter Titus:
– das Gleiche (V 428).
(3.3) unter Domitian:
– das Gleiche von jüdischer Seite (V 429);
– Anschuldigungen durch einen Sklaven des Josephus (V 429).
(4.) Explizite Anschuldigungen aus der Feder des Justus von Tiberias: Nach seiner Darstellung haben Josephus und die Galiläer Tiberias zum Abfall von Agrippa und zum Aufstand gegen Rom angestachelt (V 340. 350. 352).
(5.) Weitere Anschuldigungen lassen sich aus Passagen erschließen, in denen Josephus bestimmte Untaten dementiert oder sich selbst lobt, sowie aus weiteren Details seiner Darstellung.
Umkehrschlüsse aus den Dementis: Josephus hat
– keine Frauen belästigt (V 80. 259);
– keine Geschenke angenommen (V 80);
– sich an niemandem gerächt (V 82).
(6.) Umkehrschlüsse aus dem Selbstlob des Josephus: Er
– war bei der galiläischen Bevölkerung beliebt (V 84);
– hat Milde walten lassen (vgl. SCHALIT 1933, 74–77);
– war darauf bedacht, Bürgerkrieg (V 100. 265. 321) und Blutvergießen (V 103. 244. 369) zu vermeiden;
– hat Titus um die Freilassung jüdischer Gefangener gebeten, ohne sich von diesen dafür bezahlen zu lassen (V 418f.), vgl. SCHWARTZ 1990, 8 Anm. 8.
(7.) Rückschlüsse aus weiteren Details der Darstellung:
– Josephus war (nach V 67) nicht in Tiberias, als Ješu b. Šafai den Herodespalast niederbrannte und die nichtjüdischen Tiberienser tötete. War er in Wahrheit zugegen und an diesen Ereignissen beteiligt? Vgl. Anm. 91.
– Die in V 177 erwähnten Gewalttätigkeiten der Galiläer ereigneten sich vor dem Eintreffen des Josephus aus Jerusalem – oder etwa danach und mit seiner Billigung? Vgl. COHEN 1979, 135.
– Josephus verhinderte Übergriffe seiner Truppen auf die in ʿArab weilende Jonatan-Gruppe, indem er sie nach Sochanai abkommandierte (V 266f.). Wurde er in

Wahrheit in ʿArab von seinen Gegnern geschlagen und konnte sich nur knapp nach Sogane retten? Vgl. COHEN 1979, 215.

Umstritten ist, inwieweit die genannten Anschuldigungen über (4.) hinaus auf Justus von Tiberias zurückgehen, der ein eigenes Werk über den Jüdischen Krieg geschrieben hat. Im Exkurs V 336–367 befaßt sich Josephus explizit mit der Widerlegung von Vorwürfen des Justus. Nach verbreiteter Forschungsmeinung ist jedoch die *Vita* insgesamt eine Verteidigungsschrift gegen Justus. Dafür spricht, dass sich die Auseinandersetzung mit Justus nach V 41 (»im weiteren Verlauf dieses Berichts«) nicht auf den Exkurs beschränkt, und dass Justus nach V 336 »über diese Dinge«, d.h. mindestens über die Jonatan-Gesandtschaft (V 189–335), wenn nicht über das Ganze des in der *Vita* Berichteten eine eigene Darstellung verfaßt hat, Josephus seine Entgegnung also entsprechend ausführlich gestalten musste (MASON 1991, 322). – RAJAK 1983, 152–154 sieht dagegen in der Auseinandersetzung mit Justus nur ein begrenztes Anliegen der *Vita*, das auf den Exkurs V 336–367 beschränkt sei. Ansonsten reagiere Josephus auf Vorwürfe jüdischer Aristokraten in der Diaspora, er und die Jerusalemer Führung hätten den Aufstand verhindern oder aber in moderatere Bahnen lenken können.

Die in der Einleitung erwähnte, hier in Anm. 15 und 17 diskutierte Interpretation der *Vita* von MASON 1998a vor dem Hintergrund antiker Rhetorik legt den Grund für eine andere Sichtweise des Problems: Joephus wollte in der *Vita* der Leserschaft der *Antiquitates* seinen hervorragenden »Charakter« (ἦθος, V 430 mit Anm. 40 im Anhang) unter Beweis stellen. Demnach dient die Auseinandersetzung des Josephus mit Justus von Tiberias v. a. der Profilierung seines eigenen Charakterbildes im Gegenüber zu realen wie obsoleten Gegnern und in Verteidigung gegen gegenwärtige oder vergangene Anschuldigungen. Wir können daher nicht einfach voraussetzen, dass hinter den Themen, zu denen Josephus sich äußert, aktuelle Drohungen stehen (67). Daher sei die *Vita* nicht als zusammenhängender Geschichtsbericht zu lesen, sondern als eine »Sammlung von Episoden, die die eine oder andere Tugend des Josephus vorführen« (73). Vgl. auch Anm. 30 im Anhang.

27. Zu *Vita* 357–367

Ausgehend von der Erwägung, dass das Verhalten des Josephus in Galiläa im Winter 66/67 im Rom der neunziger Jahre kaum mehr von Belang gewesen sein kann, vermutete LAQUEUR 1920, 6–23 anhand von V 357–367 (vgl. C 1:46–56), dass Josephus und Justus eigentlich Rivalen auf dem römischen Buchmarkt ihrer Zeit waren. Nach dem Tode Domitians und dem Ende der flavischen Dynastie sei Josephus der kaiserlichen Förderung verlustig gegangen und habe seinen Lebensunterhalt mit dem Verkauf seiner Werke bestreiten müssen. – Geschichtswerke wurden jedoch nie für einen großen Markt produziert. Sie zirkulierten meist nur in Abschriften *ad hoc* in einem kleinen Kreis von Interessierten (vgl. FANTHAM 1998, 32–34). Dementsprechend war Geschichtsschreibung (wenn nicht der Buchhandel überhaupt: COHEN 1979, 131f.) kein einträgliches Geschäft (Fantham 87–94. 185), wie auch aus B 1:16 hervorgeht. Josephus hatte also wohl keine ökonomischen Interessen gegen Justus zu verteidigen.

28. Zur Datierung der Vita (Zu *Vita* 359)

Der hier vorausgesetzte Tod Agrippas II. wird von PHOTIOS, *Bibliotheca* 33 in das »dritte Jahr Trajans«, d. h. in das Jahr 100 datiert. Die Angabe des PHOTIOS steht jedoch in Spannung zu der Notiz in A 20:267, wo Josephus für die Fertigstellung der *Antiquitates* (und damit als *terminus a quo* für die Abfassung der *Vita*?) das 13. Jahr der Regierung Domitians (93/94) nennt. Seit LAQUEUR wird deshalb die These vertreten, Josephus habe die *Antiquitates* zweimal ediert (worauf auch die Doppelung im Schlußabschnitt zu deuten scheint; vgl. A 20:259 mit 267): zunächst ohne A 20:259–266 und ohne die (noch nicht geschriebene) *Vita*, später mit der *Vita* als Anhang, aber ohne 20:258.267f.

Für unterschiedliche Editionen der josephischen Werke gibt es jedoch in der Texttradition keine Hinweise (SCHRECKENBERG 1973, 86f. Anm. 3); auch ist der umständlich gestaltete Schlußteil der *Antiquitates* nach zwanzig langen Büchern nicht verwunderlich (FELDMAN 1984a, 381). Gegen die Datierung des PHOTIOS wird ferner der epigraphische und numismatische Befund geltend gemacht. Hinzu kommt, dass Josephus in der *Vita* als letzten Kaiser Domitian nennt (gest. 96). Im Falle der Abfassung der *Vita* nach dem Tode Domitians wäre die Erwähnung des Nachfolgers (Nerva oder Trajan) als Geste der Höflichkeit zu erwarten. COHEN 1979, 180 u.v.a. datieren den Tod Agrippas II. deshalb in d. J. 92/93 und die Entstehung der *Vita* nicht nach 96.

Dagegen folgt KOKKINOS 1998, 396–400 unter Hinweis auf weitere gewichtige Inschriften- und Münzfunde der Spätdatierung des Todes Agrippas bei PHOTIOS und geht von einer modifizierten Zwei-Editionen-Hypothese aus. BAERWALD 1877 18f.; NIESE 1896, 226f.; LAQUEUR 1920, 1–6; FRANKFORT 1961; SCHÜRER 1973, 481–483; RAJAK 1973, 361f.; BARISH 1978; COHEN 1979, 170–180; MIGLIARIO 1981, 98–101; SCHWARTZ 1982; RAJAK 1983, 361f.; FELDMAN 1984a, 342.381.929f.; SCHWARTZ 1990 19f.; MASON 1991, 311–316.

29. Zu *Vita* 363

Nach EUSEBIUS, *Hist. eccl.* 3:9,2 wurden die Werke des Josephus (von Titus?) einer Bibliothek in Rom einverleibt, vgl. COHEN 1979, 130f. Augustus hatte sich nach dem Tode Vergils persönlich für die Veröffentlichung der der augusteischen Herrschaft huldigenden *Aeneis* eingesetzt (PLIN., *nat. hist.* 7,114; BIRT 1882, 347; FANTHAM 1998, 75). Auch das *Bellum* des Josephus mag für die Zwecke flavischer Propaganda von gewissem Nutzen gewesen sein (kritisch freilich YAVETZ 1975, 430–432).

30. Zu *Vita* 367

COHEN 1979, 115 Anm. 59 sieht in der vorweggenommenen Entgegnung des Justus in V 367 einen Hinweis darauf, dass dieser (zumal als Privatsekretär des Königs) die in V 364 erwähnte Korrespondenz kannte und daraus auch für Josephus weniger Rühmliches zu berichten wusste. Oder handelt es sich hier wie auch in V 340 (direkte

Anrede an Justus) um ein rhetorisches Stilmittel zur Schaffung einer (mehr oder weniger fiktiven) Anklagesituation, aus der Josephus mit den in V vorgetragenen Argumenten siegreich hervorgeht? Vgl. MASON 1998a, 66–68.

31. Zu *Vita* 397

Bei dem in V 397 erwähnten Justus handelt es sich also um einen Deserteur aus den Truppen Agrippas II. Eine Gruppe von Überläufern aus den königlichen Truppen erwähnt Josephus auch in V 220. Diese gehörten vermutlich der in B 2:418–421 erwähnten 2000 Mann starken Reitertruppe an – auch der V 220 genannte Kurier ist beritten –, die Agrippa auf Bitten aristokratischer Aufstandsgegner nach Jerusalem geschickt hatte. Einer ihrer Anführer, Philippos b. Jakim, musste sich nach V 183, 407 wegen des Vorwurfs der Kollaboration mit den Aufständischen verantworten, ein Gerücht, das möglicherweise auf Fälle von Desertion in seinen Reihen zurückging. B 2:520 nennt mit Šeʾila dem Babylonier einen weiteren Überläufer aus den Reihen Agrippas. Nach B 3:11.19 spielte er eine entscheidende Rolle bei den jüdischen Angriffen gegen Askalon. Vgl. auch V 112.149.154 und B 2:52.55.57.76–78; A 17:266.270. 273.297f. (Stellen bei PRICE 1992, 119 Anm 18.). DIO 65:5,4 erwähnt zu den Juden übergelaufene römische Soldaten. Zum Ganzen vgl. PRICE 1992, 118f.

32. Zu *Vita* 407

Da die Aufständischen nach B 2:437f. zwischen Römern und den (überwiegend oder teilweise jüdischen?) Truppen Agrippas unterschieden, ist der Vorwurf, Philippos habe, um sich selbst zu retten, die römischen Soldaten im Stich gelassen, kaum von der Hand zu weisen. Gefährlich wurde für Philippos und Agrippa allein das Gerücht, dass hierbei geheime Kooperation mit den Aufständischen im Spiel war.

33. Zu *Vita* 412

Nach B 3:128–131 kam es in der Nähe von Garis nicht zur Schlacht mit Vespasian, wie Josephus in V 412 behauptet; vielmehr zerstreuten sich seine Truppen bereits beim Eintreffen Vespasians. Nach V 395 hat Josephus von Garis aus Sepphoris angegriffen. Über den Rückzug nach Jotafat bis zur Gefangennahme berichtet B 3:141–288.316–408. Zu den Taten des Josephus während des Jüdischen Krieges vgl. noch B 2:569–646 (die Hauptmasse der mit V parallelen Stoffe) und B 3:410. 434. 436. 438. 441. 464; 4:9. 56. 622–629; 7:448. Zur seiner Rolle während der Belagerung Jerusalems B 5:114. 261. 325. 361–420. 541–547; 6:94–112. 118. 129. 365. FELDMAN 1984a, 88–96; 1984b, 784–787; RAJAK 1983, 166–173. 185–195; BILDE 1988, 47–60; HADAS-LEBEL 1993, 98–108.

34. Josephus' Ehe mit einer Kriegsgefangenen (zu Vita 414)

Vgl. B 7:20. Nach A 3:276; C 1:35 war einem Priester die Ehe mit einer Kriegsgefangenen untersagt, da der Verdacht bestand, dass sie dabei möglicherweise von einem Nichtjuden missbraucht worden, also eine »Entehrte« war nach Lev 21,7. Nach mKet 2,9,2 war sogar die Frau eines Priesters, die sich in einer belagerten Stadt aufhielt, »ihrem Mann verboten«. A 13:292 berichtet vom Versuch eines Pharisäers, den König und Hohenpriester Johanan Hyrkanos mit der Behauptung seines Hohepriesteramtes zu entheben, er sei der Sohn einer Kriegsgefangenen. Wenn Josephus in V 414 betont, dass es sich bei seiner Frau um eine »Jungfrau« (παρθένος) handelte (s. u.), will er wohl v. a. zu verstehen geben, dass seine Braut die Kriegsgefangenschaft unberührt überstanden hat und dass trotz der halachischen Vorgaben seiner Meinung nach kein Hinderungsgrund für diese Ehe vorlag, so dass seine Diensttauglichkeit für ein zukünftiges Priesteramt nicht in Frage gestellt war (DAUBE 1977, 193f.). Dass die Braut eines Priesters Jungfrau sein musste, sieht schon Ez 44,22 vor (Ausnahme: die Witwe eines Priesters), eine Regelung, die bei PHILON, *SpecLeg.* 1:109; Josephus, A 3:277 und in mJev 6,4,1 nur für Hohepriester gilt. Nach PHILON, a.a.O. 1:110 (offenbar mit Bezug auf den LXX-Zusatz ἐκ τοῦ γένους αὐτοῦ in Lev 21,13) und A 3:277 (wenn φυλέτην für φυλάττειν zu lesen ist) ist für die Braut eines Hohenpriesters die Herkunft aus einer priesterlichen Familie vorgeschrieben.

Im Blick auf A 13:292 dürfte es kein Zufall sein, dass Josephus keine aus dieser Ehe hervorgegangen Kinder nennt bzw. die kurze Dauer dieser Ehe hervorhebt.

Unklar ist, ob sich die nach C 1:31–35 zu erbringenen urkundlichen Nachweise auf die jüdische oder – spezieller – auf die priesterliche Abstammung der Braut beziehen. COHN 110, 42 Anm. 1; JEREMIAS 1962, 241–251, bes. 245 Anm. 3; DAUBE 1977; FELDMAN 1984a, 501f.; SCHWARTZ 1990, 5 Anm. 10; 89 Anm. 119; NODET 1992, 200.

Für sein römisches Publikum wollte Josephus mit dem Hinweis auf die kaiserliche Heiratserlaubnis wohl klarstellen, dass er von den Römern nicht als Sklave behandelt wurde (vgl. DAUBE 1977, 192).

35. Jüdisches Scheidungsrecht (zu Vita 414f.)

RABELLO 1981 nimmt an, dass die in V 414f. erwähnte Ehefrau des Josephus römisches Bürgerrecht besaß (anders GOODMAN 1994, 337) und aus diesem Grund selber die Scheidung einzureichen berechtigt war. ILAN 1999, 253–262 meint dagegen im Zusammenhang ihrer Analyse des neuerlich veröffentlichten Rechtstextes XHev/Se 19 vom Toten Meer, dass dieser eine von einer Frau aufgesetzte Scheidungsurkunde sei und nicht lediglich eine Quittung für eine vom Mann bereits vollzogene Scheidung, dass also auch im palästinischen Judentum Scheidungen auf Betreiben der Frau möglich und üblich waren (vgl. aber A 15:259–260). Auch Mk 10,12 reflektiere palästinisch-jüdische Rechtspraxis. Erst der wachsende pharisäische Einfluß und die spätere rabbinische Praxis habe das Ehescheidungrecht der Frau beschnitten. BILLERBECK Bd. 1, 317f.; Bd. 2, 23f.; JEREMIAS 1962, 343f.; COHEN 1966, Bd. 1, 377–408;

BAMMEL 1970; *EJ* 6,125–134; FALK 1973; ZAKOVITCH 1981; PIATELLI 1981; FRIEDMAN 1981; BROOTEN 1982; 1983; ILAN 1996; 1998; BRODY 1999; BREWER 1999.

36. Zu *Vita* 418

Die erwähnten Schriften gehörten wahrscheinlich zu den Beutestücken des Titus. Leider verrät der möglicherweise verderbte (nach SCHLATTER 1932, 103 manipulierte) Text nichts über Inhalt und Provenienz dieser Schriften. Buchrollen, aber auch ganze Bibliotheken waren eine begehrte Kriegsbeute (FANTHAM 1998, 31f.). In B 7:150. 162 erwähnt Josephus eine Tora(rolle) als beim Triumphzug mitgeführtes Beutestück; vgl. MICHEL / B. 1969, 248 Anm. 81; FELDMAN 1984a, 130.

37. Zu *Vita* 418–421

V 418–421 hat in B keine Parallele. SCHWARTZ 1990, 8 Anm. 8 vermutet, Josephus reagiere hier auf den Vorwurf, er habe sich zu wenig (bzw. nur gegen Geld: V 419) um das Geschick jüdischer Kriegsgefangener gekümmert. Vgl. jedoch Anm. 26 im Anhang und Anm. 344.

38. *Die Stellung des Josephus am flavischen Hof* (zu *Vita* 429)

Nach MASON 1998b, 74–78 hat Josephus am flavischen Hof trotz der in V 429 genannten Privilegien keine bedeutende Rolle gespielt: Er kann in der *Vita* lediglich sein römisches Bürgerrecht geltend machen, das aber die Mehrzahl der in Rom lebenden Juden schon besaßen, nicht aber eine Erhebung in den Ritterstand (vgl. dagegen schon B 2:308!) oder die Bekleidung eines politischen Amtes. Auch die Steuererleichterung, von Josephus als »höchste Ehre« bezeichnet, war eine Begünstigung, die Vespasian generell Lehrern der Grammatik und Rhetorik gewährte (SUET., *Vesp.* 9). Ländereien besaß Josephus in Judäa (V 422.425), nicht aber im viel wertvolleren römischen Hinterland. Vgl. auch YAVETZ 1975, 431f.

39. Zu *Vita* 430

Einen Überblick über Leben und Werk des Josephus gibt SCHRECKENBERG 1998, 762–770. In der Hauptsache (V 28–408) behandelt die *Vita* freilich die Galiläa-Mission des Josephus vom Dezember 66 (Niederlage des Cestius) bis Mai 67 (Einmarsch Vespasians in Galiläa), also eine Zeitspanne von nur ca. 6 Monaten; vgl. GELZER 1952, 68. Nach Form und Inhalt entspricht die *Vita* gleichwohl in vieler Hinsicht den Konventionen griechischer und römischer Biographie (Einzelheiten bei COHEN 1979. 101–109; vgl auch *FGH* 227–238; MISCH 1949, 321–341; MOMIGLIANO 1971; HADAS-LEBEL 1994). Nach MASON 1998a, 62 musste Josephus, wenn er seine römischen Hörer / Leser von seinem herausragenden »Charakter« (s. die folgende Anm.) überzeugen wollte, politische oder militärische Taten aufweisen. Dafür kam neben seiner Romreise (V13–16) nur die kurze Zeit in Galiläa in Frage.

40. Zum Begriff des ἦθος (zu Vita 430)

Der ursprünglich in der griechischen Rhetorik beheimatete Begriff des ἦθος ist schon als solcher umfassender als der des individuellen »Charakters« (vgl. dazu SÜSS 1971 und SIEVEKE 1980, 232 Anm. 9 zu ARIST., *Rhet.* 1356a); das gilt erst recht von seiner Rezeption durch die römische Rhetorik (MASON 1998a, 50f.). MASON hat auf der Grundlage antiker Rhetorik eine Neubestimmung des Abfassungszwecks der *Vita* im literarischen Kontext der *Antiquitates* vorgenommen: Nach der Darstellung des Judentums als priesterliche Aristokratie auf der Basis einer vollkommenen Philosophie und Verfassung in den *Antiquitates*, die für ein jüdischer Kultur gegenüber aufgeschlossenes Publikum geschrieben sind (vgl. dazu MASON 1998b), kommt Josephus in der *Vita* auf seinen »Charakter« (ἦθος) zu sprechen, um die Glaubwürdigkeit der *Antiquitates* zu untermauern und sich selbst als beispielhaften Vertreter der in den *Antiquitates* beschriebenen Philosophie und Verfassung zu präsentieren. Den Vorgaben antiker Rhetorik folgend (vgl. schon NEYREY 1994) tut er dies anhand seiner Herkunft und Bildung (V 1–11), seines öffentlichen Wirkens (V 12–429), aber auch anhand des kontrastierenden Vergleichs mit dem schlechten Charakter eines Gegners (σύγκρισις).

Folgt man der rhetorischen Analyse Masons, sind der historischen Auswertung der *Vita* insgesamt enge Grenzen gesetzt, da MASON auch die Widersprüche zwischen V und B der Freiheit rhetorischer Erzählkunst zuschreibt. Vgl. auch Anm. 15, 17 und 26 im Anhang.

41. Philippos, Sohn des Jakim

Vgl. A 17,29–31; B 2:421.556; 4,81; V 46–61; 177–188; 407–409. Die Angaben zu Philippos b. Jakim in B und V widersprechen sich in mehrfacher Hinsicht:
– Nach V 47 floh Philippos fünf Tage nachdem sich die von Philippos angeführten Truppen Agrippas II. am 6. Gorpiaeos / Ellul Manaḥem ergeben und die Königsburg geräumt hatten (vgl. B 2:437–440).
– Nach B verließ Philippos Jerusalem dagegen erst ca. acht Wochen später, nämlich nach dem 8. Dios (B 2:555). Nach B 2:556–558 floh Philippos zu Cestius, der ihn (umgehend, wie zu vermuten ist) zu Nero nach Griechenland schickte; nach V 407–409 wurde Philippos von Agrippa zu Nero nach Rom geschickt, u. zw. zur Zeit der Ankunft Vespasians in Tyrus, also etwa ein halbes Jahr später im Frühjahr 67.

Darüber hinaus spielt Philippos im Zusammenhang der Varus-Episode in B 2:481–483 keine Rolle, und B weiß nichts vom wechselvollen Geschick des Philippos während seiner Gamala-Mission und von den Gerüchten über seinen Wechsel in das revolutionäre Lager. Hinter diesen Ungereimtheiten hat zuletzt COHEN eine apologetische Absicht des Josephus vermutet: Soll die gegenüber B vordatierte Flucht aus Jerusalem Philippos von dem in V 407 erwähnten Vorwurf einer Mitschuld am Schicksal der in Jerusalem stationierten römischen Truppen freisprechen?

Wie aus den Angaben der *Fastenrolle* zu erschließen ist, ereignete sich das Massaker an den römischen Soldaten am 17. Gorpiaeos / Ellul; vgl. COHEN 1979, 3f. Anm. 3. Ist der achtwöchige (unbehelligte?) Aufenthalt des Philippos in Jerusalem nach der Erstürmung der Königsburg zudem ein Hinweis darauf, dass Philippos mit den Aufständischen gemeinsame Sache machte? Ist die krankheitsbedingte Zwangspause in einem Dorf nahe Gamala, die wegen der von Varus unterschlagenen Briefe nicht »aktenkundig« werden konnte (V 46–51), eine Fiktion, welche die durch die vordatierte Flucht entstandene Zeitlücke überbrücken soll, oder soll umgekehrt der in B notierte längere Aufenthalt in Jerusalem und die direkt anschließende Reise zu Nero von der Beteiligung des Philippos am Aufstand der Gamaliter ablenken? Immerhin erwähnt B 4:81 eine Schwester des Philippos und deren zwei Töchter im belagerten Gamala.

PRICE hat sich dagegen für die Glaubwürdigkeit der in V berichteten Einzelheiten ausgesprochen (vgl. auch Anm. 70). Die Nennung des Philippos in B 2:556 kann damit erklärt werden, dass Josephus in der apologetischen Absicht, die Jerusalemer Aristokratie von der Mitschuld am Aufstand gegen Rom zu entlasten, an Namen »angesehener Juden« interessiert war, die angeblich dem revolutionären Jerusalem den Rücken gekehrt hätten. Da die Liste dieser Personen tatsächlich nur Šaʾul und Kostobar umfaßte, hat er den Namen des Philippos hinzugefügt. Der frühere Zeitpunkt für die Reise des Philippos nach Rom, der für die Mitwirkung des Philippos an den Gamala betreffenden Ereignissen keinen Raum lassen würde, kann also ebenso außer Acht gelassen werden wie der längere Aufenthalt des Philippos in Jerusalem.

Die Ereignisse lassen sich allenfalls wie folgt rekonstruieren: Nach seiner Flucht aus Jerusalem hielt sich Philippos krankheitsbedingt in einem »seiner« (vgl. Anm. 67) Dörfer nahe Gamala auf, um sich später, wieder bei Kräften, nach Gamala selbst zu begeben, um der dortigen, durch die Aggression des Varus ausgelösten Aufstandsbestrebungen Herr zu werden, was ihm vorläufig auch gelang. War der Aufenthalt in Gamala ursprünglich nur als Station auf dem Weg von Jerusalem nach Berytus zu Agrippa geplant, so entstand dort für Philippos eine weitere Zwangspause, bis Varus durch Aequus Modius ersetzt und die gegen Philippos ausgestreuten Gerüchte widerlegt waren. Bei dem darauffolgenden Treffen mit Agrippa in Berytus erhielt der rehabilitierte Philippos den Auftrag, erneut nach Gamala zu ziehen und die babylonischen Flüchtlinge wieder nach Batanäa zurückzubringen, um eine Normalisierung der Lage zu erreichen.

Dass ihm dies nicht gelang, zeigt V 185. In diesen Zusammenhang gehört auch die Belagerung Gamalas durch Aequus Modius in V 114. Ebenso ist der V 177 erwähnte Rückzug Phillips aus Gamala zeitlich nach V 184 anzusetzen, bezieht sich also auf das Ende seiner zweiten und letzten Gamala-Mission. Die Erhebung der Gamaliter gegen die »Babylonier« (V 177) und der Aufstand gegen die Oberen von Gamala (V 185) stehen dann in engem Zusammenhang. Dies impliziert zugleich, dass Philippos den Auftrag Agrippas, die »Babylonier« aus Gamala zu entfernen und wieder nach Batanäa zurückzubringen (V 183), nicht auszuführen vermochte, es sei denn, man nimmt an, dass die aufständischen Gamaliter auch im Umland agierten und die (königstreuen?) »Babylonier« in ihrem heimatlichen Gebiet attackierten. Die (wahrscheinlichere) Weigerung der »Babylonier«, aus Gamala abzuziehen, rühr-

te entweder von der Furcht her, wieder in die ungeschützten Dörfer Batanäas zurückzukehren, oder aber vom endgültigen Bruch mit (Agrippa bzw.) Philippos und
dem Wechsel zu den Aufständischen (vgl. schon V 59). In letzterem Fall könnten die
in V 177 erwähnten Gewalttaten auf das Misstrauen radikaler Kräfte gegen die sich
zwar zum aufständischen Lager rechnenden, aber doch ehemals Philippos (und damit auch dem König) ergebenen »Babylonier« zurückzuführen sein (so PRICE, 93f.).

Da sich Philippos im Frühjahr 67 bei Agrippa aufhielt, als dieser mit Vespasian
nach Tyrus kam (V 407–409), ist anzunehmen, dass das Scheitern der Gamala-Mission das Einvernehmen zwischen Agrippa und Philippos nicht hat stören können.
Als Urheber der Grüchte über Philippos in V 51, 182f. und 407 kommt am ehesten
Varus in Frage (vgl. auch Anm. 74). Philippos konnte aber das Vertrauen des Königs
wiedergewinnen; andernfalls hätte ihn Agrippa kaum ein zweites Mal nach Gamala
gesandt. Auch sollte Philippos nicht als Beschuldigter bei Nero vorstellig werden (V
408 irrtümlich: in Rom. Vespasian traf im Frühjahr 67 in Tyrus ein, Nero kehrte
aber erst im Januar 68 aus Griechenland zurück, vgl. PRICE, 92), sondern als Bericht-
erstatter Agrippas. Zwar heißt λόγον ὑπέχειν »Rechenschaft ablegen« (nicht nur
»berichten«, so PRICE, 87), dies ist jedoch eher auf die gescheiterten Versuche der
Niederschlagung des Aufstands in Jerusalem und Gamala zu beziehen als auf mut-
maßliche antirömische Agitation des Philippos, der ja auch ohne eine Begegnung mit
Nero unbehelligt wieder abreisen konnte (V 409). BAERWALD 1877, 36–41; SCHLAT-
TER 1913, [24–35]; LAQUEUR 1920, 42–50; DREXLER 1925, 306–312; *EJ* 13,394f.; CO-
HEN 1979, 160–169; GOODMAN 1987, 161; PRICE 1991.

Literaturverzeichnis

Das Literaturverzeichnis enthält die in der Einleitung oder den Anmerkungen abge-kürzt zitierte Literatur. Bei nicht nachgewiesenen Namen im textkritischen Apparat handelt es sich um Traditionsgut aus Apparatangaben der Vorgängereditionen.

Die Abkürzungen richten sich nach SCHWERTNER, S., *Internationales Abkürzungs-verzeichnis für Theologie und Grenzgebiete (IATG²)*, Berlin ²1994 (=Abkürzungsver-zeichnis der *TRE*). Hinzugekommen ist die Abkürzung MJSt = Münsteraner Ju-daistische Studien, Münster 1998ff.

ADAM, A. K. M., »According to Whose Law? Aristobulos, Galilee and the νόμοι τῶν Ἰουδαίων«, *JSP* 14 (1996), 15–21.

ADAN-BAYEWITZ, D. / AVIAM, M., »Iotapata, Josephus, and the siege of 67: preli-minary report on the 1992–94 seasons«, *Journal of Roman Archaeology* 10 (1997), 131–165.

ALON, G., *Jews, Judaism and the Classical World* (übs. I. Abrahams), Jerusalem 1977.

ARAV, R. / FREUND, R. A. / SHRODER, J. F., »Bethsaida Rediscovered«, *BarR* 26/1 (2000), 44–56.

ARMENTI, J. R., »On the Use of the Term 'Galieans' in the Writings of Josephus Flavius: A Brief Note«, *JQR* 72 (1982), 45–49.

AVIAM, M., »On the Fortifications of Josephus in the Galilee« (hebr.), *Qatedra* 28 (1983), 33–46. Erscheint englisch in: Ders., 2000 [1983a].

– »Secret hideaways in the Galilee« (hebr.), *Niqrot Zurim* 7 (1983), 53–59. Erscheint englisch in: Ders., 2000 [1983b].

– »An early Roman oil press in a cave at Yodefat« (hebr.), *HA* 95 (1990), 18. Erscheint englisch in: Ders., 2000.

– »The beginning of mass-production of olive-oil in the Galilee« (hebr.), *Qatedra* 1995. Erscheint englisch in: Ders., 2000.

– *Jews, Pagans and Christians in the Galilee*, University of South Florida 2000.

AVI-YONAH, M., »The Missing Fortress of Flavius Josephus«, *IEJ* 3 (1953), 94–98.

BAERWALD, A., *Josephus in Galiläa. Sein Verhältniss zu den Parteien, insbesondere zu Justus von Tiberias und Agrippa II.*, Breslau 1877.

BAMMEL, E., »Markus 10,11f. und das jüdische Eherecht«, *ZNW* 61 (1970), 95–101.

BARAK, D., »Kefar Ata – The 'Missing Fortress' of Josephus« (hebr.), *Erez Israel* 15 (1981), 391–395.

BARISH, D. A., »The *Autobiography* of Josephus and the Hypothesis of a Second Edition of his *Antiquities*«, *HThR* 71 (1978), 61–75.

BAR-KOCHVA, B., »Notes on the Fortresses of Josephus in Galilee«, *IEJ* 24 (1974), 108–116.

-»Gamla in Gaulanitis«, *ZDPV* 92 (1976), 54–71.

– *Judas Maccabaeus: The Jewish Struggle against the Seleucids*, Cambridge 1989.

BARRETT, A., »Sohaemus, King of Emesa and Sophene«, *AJP* 98 (1977), 153–159.

BARRETT, C. K., *Das Evangelium nach Johannes* (KEK Sonderbd.), Göttingen 1990.

BARZANO, A., »Giusto di Tiberiade«, *ANRW* II 20.1, Berlin 1986, 337–358.

BAUER, W. / ALAND, K. / ALAND, B., *Griechisch-deutsches Wörterbuch zu den Schriften des Neuen Testaments und der frühchristlichen Literatur*, Berlin ⁶1988.

BAUMANN, A., »Naboths Fasttag und Josephus«, in: Dietrich, W. / Freimark, P. / Schreckenberg, H. (Hg.), *Theokratia. Jahrbuch des Institutum Judaicum Delitzschianum* II 1970–72. FS Rengstorf, Leiden 1973, 26–44.

– »Fasttage in der Darstellung des Josephus«, in: Koch, D.-A. / Lichtenberger, H. (Hg.), *Begegnungen zwischen Christentum und Judentum in Antike und Mittelalter*. FS Schreckenberg (SIJD 1), Göttingen 1993, 41–49.

BAUMBACH, G., »The Sadducees in Josephus«, in: Feldman, L. / Hata, G., *Josephus, the Bible and History*, Leiden 1989, 173–195.

– *Die Pharisäerdarstellung des Josephus – propharisäisch oder antipharisäisch?* (FDV 1996), Münster (Institutum Judaicum Delitzschianum) 1997.

BEKKER, I. (Hg.), *Flavii Josephi opera omnia*, 6 Bde., Leipzig 1855–1856.

BENOIT, P., »Qumran and the New Testament«, in: Murphy-O'Connor, J. (Hg.), *Paul and Qumran. Studies in New Testament Exegesis*, Chicago 1968, 1–30.

BIETENHARD, H., »Die syrische Dekapolis von Pompeius bis Trajan«, *ANRW* II 8, Berlin 1977, 220–261.

BILDE, P., *Flavius Josephus between Jerusalem and Rome. His life, works and their importance* (JSPE.S 2), Sheffield 1988.

– »The Geographical Excursuses in Josephus«, in: Parente, F. / Sievers, J. (Hg.), *Josephus and the History of the Greco-Roman Period. Essays in Memory of Morton Smith* (StPB 41), Leiden 1994, 247–262.

– »Was hat Josephus über die Synagoge zu sagen?«, in: Kalms, J. / Siegert, F. (Hg.), *Internationales Josephus-Kolloquium Brüssel 1998* (MJSt 4), Münster 1999, 15–35.

BILLERBECK, P. / [STRACK, H. L.], *Kommentar zum Neuen Tetament aus Talmud und Midrasch*, 6 Bde., München 1922–1961.

BIRT, TH., *Das antike Buchwesen in seinem Verhältnis zur Literatur*, Berlin 1882.

BLENKINSOPP, J., »Prophecy and Priesthood in Josephus«, *JJS* 25 (1974), 239–262.

BOFFO, L., *Iscrizioni Greche e Latine per lo Studio della Bibbia* (Biblioteca di storia e storiografia di tempi biblici 9), Brescia 1994.

BOHRMANN, M., »Die Beziehungen zwischen Johannes aus Giskala und Josephus in der Frage des Ölhandels«, in: Siegert, F. / Kalms, J. (Hg.): *Internationales Josephus-Kolloquium Münster 1997* (MJSt 2), Münster 1998, 136–143.

– »Le voyage à Rome de Flavius Josèphe«, in: Kalms, J. / Siegert, F. (Hg.), *Internationales Josephus-Kolloquium Brüssel 1998* (MJSt 4), Münster 1999, 217–224.

BREWER, D. I., »Jewish women divorcing their husbands in early Judaism: the background to Papyrus Se'elim 13«, *HThR* 92 (1999), 349–357.

BRODY, R., »Evidence for Divorce by Jewish Women?«, *JJS* 50 (1999), 230–234.

BROOTEN, B. J., »Konnten Frauen im alten Judentum die Scheidung betreiben?« *EvTh* 42 (1982), 65–80.

– »Zur Debatte über das jüdische Scheidungsrecht«, *EvTh* 43 (1983), 466–478.

COBET, C. G., »Flavius Josephus«, *Mnemosyne* 4 (1876), 59.

COHEN, B., *Jewish and Roman Law*, 2 Bde., New York 1966.

COHEN, G. M., »The Hellenistic Military Colony: A Herodian Example«, *Transactions of the American Philological Association* 103 (1972), 83–95.

COHEN, S. J. D., *Josephus in Galilee and Rome. His Vita and Development as a Historian* (Columbia Studies in the Classical Tradition 8), Leiden 1979.

– »The Political and Social History of the Jews in Greco-Roman Antiquity: The State of the Question«, in: Kraft, R. A. / Nickelsburg, G. W. E. (Hg.), *Early Judaism and its Modern Interpreters*, Atlanta 1986, 33–56.

– »Ἰουδαῖος τὸ γένος and Related Expressions in Josephus«, in: Parente, F. / Sievers, J. (Hg.), *Josephus and the History of the Greco-Roman Period. Essays in Memory of Morton Smith* (StPB 41), Leiden 1994, 23–38.

COHN, L., *Philo von Alexandria. Die Werke in deutscher Übersetzung*, Bd. 2, Berlin 1910.

DAUBE, D., »Three Legal Notes on Notes on Josephus after his Surrender«, *The Law Quarterly Review* 93 (1977), 191–194.

– »Typologie im Werk des Flavius Josephus«, *Freiburger Rundbrief* 31 (1979), 59–68.

DERRETT, J. D. M., »Law in the New Testament: Si scandalizaverit te manus tua abscinde illam (MK. IX.42) and comparative legal history«, in: Ders., *Studies in the New Testament*, Bd. 1, Leiden 1977, 4–31.

DINDORF, L., »Über Josephos und dessen Sprache«, *Neue Jahrbücher* (Leipzig) 99 (1869), 821–847.

DOERING, L., *Schabbat. Sabbathalacha und -praxis im Antiken Judentum und Urchristentum* (TSAJ 78), Tübingen 1999.

DREXLER, H., »Untersuchungen zu Josephus und zur Geschichte des jüdischen Aufstandes 66–70«, *Klio* 19 (N.F. 1) 1925, 277–312.

DUBOIS, C., *Puzzoles antique*, Paris 1907.

EDWARDS, D., »The Socio-Economic and Cultural Ethos of the Lower Galilee in the First Century: Implications for the Nascent Jesus Movement«, in: Levine, L. I. (Hg.), *The Galilee in Late Antiquity*, Cambridge (Mass.), 1992, 53–73.

– »Jotapata«, in: E. Meyers (Hg.), *The Oxford Encyclopedia of Archaeology in the Near East*, Bd. 3, New York 1997, 251–252.

EISLER, R., *ΙΗΣΟΥΣ ΒΑΣΙΛΕΥΣ ΟΥ ΒΑΣΙΛΕΥΣΑΣ*, Bd. 1, Heidelberg 1929.

EISSFELDT, O., *Einleitung in das Alte Testament*, Tübingen ²1956.

FALK, Z. W., *The Divorce Action by the Wife in Jewish Law*, Jerusalem 1973 (hebr.).

FANTHAM, E., *Literarisches Leben im antiken Rom. Sozialgeschichte der römischen Literatur von Cicero bis Apuleius*, Stuttgart 1998.

FELDMAN, L. H., »Jewish 'Sympathizers' in Classical Literature and Inscriptions«, *Transactions of the American Philological Association* 81 (1950), 200–208.

– »The Term 'Galileans' in Josephus«, *JQR* 72 (1981–82), 50–52.

– *Josephus and Modern Scholarship (1937–1980)*, Berlin 1984 [1984a].

– »Flavius Josephus Revisited: The Man, his Writings, and his Significance«, *ANRW* II 21.2, Berlin 1984, 763–862 [1984b].

– *Josephus. A Supplementary Bibliography*, New York 1986.

–»A Selective Critical Bibliography of Josephus«, in: Feldman, L. / Hata, G., *Josephus, the bible and history*, Leiden 1989, 330–448.

– / REINHOLD, M., *Jewish Life Among Greeks and Romans: Primary Readings*, [Fortress] 1996.

FOERSTER, G., »The Ancient Synagogues of the Galilee«, in: Levine, L. I. (Hg.), *The Galilee in Late Antiquity*, Cambridge (Mass.) 1992, 289–319.

FINNEY, P. C., »The Rabbi and the Coin Portrait (Mark 12:15b, 16): Rigorism Manqué«, *JBL* 112 (1993), 629–644.

FRANKEL, R., *History and Technology of Olive Oil in the Holy Land*, Arlington 1994.

FRANKFORT, TH., »La date de l'autobiographie de Flavius Josèphe et des oeuvres de Justus de Tibériade«, *RBPh* 39 (1961), 52–58.

FREYNE, S., *Galilee From Alexander the Great to Hadrian, 323 B.C.E. to 135 C.E.*, Wilmington / Notre Dame 1980, ²1998. [1980a].

– »The Galileans in the Light of Josephus' Vita«, *NTS* 26 (1980), 397–413 [1980b].

– »Galilee-Jerusalem Relations according to Josephus' *Life*«, *NTS* 33 (1987), 600–609.

– »Bandits in Galilee: A Contribution to the Study of Social Conditions in First-Century Palestine«, in: Neusner, J. u. a. (Hg.), *The Social World of Formative Christianity and Judaism*. FS Kee, Philadelphia 1988, 50–68.

– »Urban-Rural Relations in First-Century Galilee: Some Suggestions from the Literary Sources«, in: Levine, L. I. (Hg.), *The Galilee in Late Antiquity*, Cambridge (Mass.) 1992, 75–91.

FRIEDMAN, M. A., »Divorce upon the wife's demand as reflected in Manuscripts from the Cairo Geniza«, *Jewish Law Annual* 4 (1981), 103–126.

FUKS, G., »The Jews of Hellenistic Roman Scythopolis«, *JJS* 33 (1982), 407–416.

GARZYA, A., »Varia Philologica IV,2: Flavio Giuseppe, Autobiogr. 74«, in: *Bollettino del Comitato per la Preparazione dell' Edizione nazionale dei Classici greci e latini* 9 (1961), 42.

GELENIUS, S. (Hg.), *Flavii Josephi Antiquitatum Judaicarum libri XX, adjecta in fine apendicis loco Vita Josephi per ipsum conscripta...*, Basel 1548.

GELZER, M., »Die Vita des Josephos«, *Hermes* 80 (1952), 67–90.

GICHON, M., »Cestius' Gallus Campaign in Judaea«, *PEQ* 113 (1981), 39–62.

GINZBERG, L., *Eine unbekannte jüdische Sekte*, New York 1922 (Nachdr. Hildesheim 1972).

GNUSE, R. K., *Dreams and Dream Reports in the Writings of Flavius Josephus* (AGAJU 36), Leiden 1996.

GOODBLATT, D., »The Place of the Pharisees in First Century Judaism: The State of Debate«, *JSJ* 20 (1989), 12–30.

– *The Monarchic Principle. Studies in Jewish Self-Government in Antiquity* (TSAJ 38), Tübingen 1994.

GOODENOUGH, E. R., »The Rabbis and Jewish Art in the Greco-Roman Period«, *HUCA* 32 (1961), 269–279.

GOODMAN, M., *State and Society in Roman Galilee A.D. 132–212*, Totowa (NY) 1983.

– *The Ruling Class of Judaea. The Origins of the Jewish Revolt aganist Rome A. D. 66–70*, Cambridge 1987.

– »Josephus as a Roman Citizen«, in: Parente, F. / Sievers, J. (Hg.), *Josephus and the History of the Greco-Roman Period. Essays in Memory of Morton Smith* (StPB 41), Leiden 1994, 329–338.

– »A Note on Josephus, the Pharisees and Ancestral Tradition«, *JJS* 50 (1999), 17–20.

GROSS, C. D., *A Grammar of Josephus' »Vita«* (Diss. Duke University), 1988.

GRÜNENFELDER, R., *Rhetorische Analyse des Bellum Judaicum*, Diss. Freiburg [Schweiz]), 2001.

GUTMAN, S., »The Synagogue at Gamla«, in: Levine, L. I. (Hg.), *Ancient Synagogues revealed*, Jerusalem 1981, 30–41.

GUTMANN, J., »The 'Second Commandment' and the Image in Judaism«, *HUCA* 32 (1961), 161–174.

HADAS-LEBEL, M., *Flavius Josephus. Eyewitness to Rome's First-Century Conquest of Judea*, New York 1993.

– »Flavius Josèphe«, in: Baslez, M.-F. / Hoffmann, Ph. / Pernot, L. (Hg.), *L'invention de l'autobiographie d'Hésiode à saint Augustin. Actes du deuxième colloque de l'équipe de recherche sur l'hellénisme post-classique* (Etudes de littérature anciennes 5), Paris 1993, 125–133.

HAEFELI, L., *Flavius Josephus' Lebensbeschreibung* (NTA XI.4), Münster 1925.

HANSEN, G. C., »Textkritisches zu Josephus«, in: Siegert, F. / Kalms, J. (Hg.), Internationales Josephus-Kolloquium Münster 1997 (MJSt 2), Münster 1998, 144–158.

– »Einige Anmerkungen zum Sprachgebrauch des Josephus«, in: Kalms, J. / Siegert, F. (Hg.), Internationales Josephus-Kolloquium Brüssel 1998 (MJSt 4), Münster 1999, 38–51.

HANSON, R. S., *Tyrian Influence in the Upper Galilee*, Cambridge 1980.

HAR-EL, M., »The Zealots' Fortresses in Galilee«, *IEJ* 22 (1972), 123–130.

HARVEY, G., *The True Israel: Uses of the Names Jew, Hebrew and Israel in Ancient Jewish and Early Christian Literature* (AGJU 35), Leiden 1996.

HATA, G., »Imagining Some Dark Periods in Josephus' Life«, in: Parente, F. / Sievers, J. (Hg.), *Josephus and the History of the Greco-Roman Period. Essays in Memory of Morton Smith* (StPB 41), Leiden 1994, 309–328.

HAVERKAMP, S., *Flavii Josephi quae reperiri potuerunt, opera omnia graece et latine cum notis et nova versione Joannis Hudsoni*, 2 Bde., Amsterdam 1726.

HELTZER, H. (Hg.), *Olive Oil in Antiquity*, Jerusalem 1988.

HENGEL, M., »Zeloten und Sikarier. Zur Frage nach der Einheit und Vielfalt der jüdischen Befreiungsbewegung 6–74 nach Christus«, in: Betz, O. / Haacker, K. / Hengel, M. (Hg.), *Josephus-Studien. Untersuchungen zu Josephus, dem antiken Judentum und dem Neuen Testament.* FS Michel, Tübingen 1974, 175–196.

– *Die Zeloten. Untersuchungen zur jüdischen Freiheitsbewegung in der Zeit von Herodes I. bis 70 n. Chr.* (AGAJU 1), Leiden 1961, [2]1976.

– »Paulus in Arabien«, in: Müller, H.-P. / Siegert, F. (Hg.), *Antike Randgesellschaften und Randgruppen im östlichen Mittelmeerraum* (MJSt 5), Münster 2000, 137–157.

HENNING, K., (Hg.) *Jerusalemer Bibellexikon*, Neuhausen-Stuttgart, [4]1998.

HERRMANN, L., »Bannoun ou Joannoun. Felix ou Festus? (Flavius Josèphe, Vie, 11 et 13)«, *Revue des Études juives* 135 (1976), 151–155.

HERWERDEN, H. VAN, »Commentationes Flavianae duae. I. Ad Flavii Josephi Antiquitatis Judaicae decadem alteram eiusque vitam observationes. II. Flavii Josephi Bellum Judaicum ope duorum codicum et coniecturis emendatum«, *Mnemosyne* 21 (1893), 225–263.

HOEHNER, H., *Herod Antipas*, Cambridge 1972.

HÖLSCHER, G., »Josephus«, *PRE* 9.2, (1916) 1934–2000.

HOENIG, S. B., »The Ancient City-Square. The Forerunner of the Synagoge«, *ANRW* II 19.1, Berlin 1979, 448–476.

HORSLEY, R. A., »Josephus and the Bandits«, *JSJ* 10 (1979), 37–63.

– »Ancient Jewish Banditry and the Revolt against Rome, A. D. 66–70«, *CBQ* 43 (1981), 409–432.

– »Menahem in Jerusalem. A Brief Messianic Episode among the Sicarii – not 'Zealot Messianism'«, *NT* 27 (1985), 334–348.

– / HANSEN, J. S., *Bandits, Prophets and Messiahs*, Minneapolis 1985.

HUDSON, J. (Hg.), *ΦΛΑΥΙΟΥ ΙΩΣΗΠΟΥ ΕΥΡΙΣΚΟΜΕΝΑ. Flavii Josephi quae reperiri potuerunt opera omnia*, 2 Bde., Oxford 1720.

HÜTTENMEISTER, F. G., *Die antiken Synagogen in Israel. Teil 1: Die jüdischen Synagogen, Lehrhäuser und Gerichtshöfe* (BTAVO B 12/1), Wiesbaden 1977.

– »'Synagoge' und 'Proseuche' bei Josephus und in anderen antiken Quellen«, in: Koch, D.-A. / Lichtenberger, H. (Hg.), *Begegnungen zwischen Christentum und Judentum in Antike und Mittelalter*. FS Schreckenberg (SIJD 1), Göttingen 1993, 163–181.

ILAN, T., »Notes and observations on a newly published divorce bill from the Judean Desert«, *HThR* 89 (1996), 195–202.

– »The provocative approach once again: a response to Adiel Schremer«, *HThR* 91 (1998), 203–204.

– *Integrating Women into Second Temple History* (TSAJ 76), Tübingen 1999.

– / PRICE, J., »Seven onomastic Problems in Josephus' Bellum Judaicum«, *JQR* 84 (1993–94), 189–208.

IRMSCHER, J. (Hg.), *Lexikon der Antike*, Augsburg 1990.

JACKSON, B. S., »Foreign Influence in the Early Jewish Law of Theft«, in: Ders., *Essays in Jewish and Comparative Legal History* (Studies in Judaism in Late Antiquity 10), Leiden 1975, 235–249.

JACOBY, F., *Die Fragmente der griechischen Historiker*, Berlin 1923ff.

JASTROW, M., *A Dictionary of the Targumim, the Talmud Babli and Yerushalmi, and the Midrashic Literature*, 2 Bde., New York 1886–1903.

JEREMIAS, J., *Jerusalem zur Zeit Jesu*, Göttingen ³1962.

JERVELL, J., »Imagines und Imago Dei. Aus der Genesisexegese des Josephus«, in: BETZ, O. / HAACKER, K. / HENGEL, M. (Hg.), *Josephus-Studien Untersuchungen zu Josephus, dem antiken Judentum und dem Neuen Testament*. FS Michel, Göttingen 1974, 197–204.

JONES, B. W., *The Emperor Domitian*, London 1992.

JOSSA, G., *Flavio Giuseppe, Autobiografia. Introduzione, traduzione e note*, Neapel 1992.

– »Josephus' Action in Galilee during the Jewish War«, in: Parente, F. / Sievers, J. (Hg.), *Josephus and the History of the Greco-Roman Period. Essays in Memory of Morton Smith* (StPB 41), Leiden 1994, 265–278.

KAPLAN, J., »'I, Justus, Lie Here'. The Discovery of Beth Shearim«, *Biblical Archaeologist* 40 (1977), 167–171.

KEE, H. C., »Early Christianity in the Galilee: Reassessing the Evidence from the Gospels«, in: Levine, L. I. (Hg.), *The Galilee in Late Antiquity*, Cambridge (Mass.), 1992, 3–22.

– »Defining the First-Century CE Synagogue. Problems and Progress«, *NTS* 41 (1995), 481–500.

KENNARD, J. S., »Judas of Galilee and his clan«, *JQR* 36 (1945), 281–268.

KERKESLAGER, A., »Maintaining Jewish Identity in the Greek Gymnasium: A 'Jewish Load' in *CPJ* 3.519 (= P. Schub. 37 = Berol. 13406)«, *JSJ* 28 (1997), 12–33.

KLEIN, S., *Galilee*, Jerusalem ²1967 (hebr.).

KOKKINOS, N., *The Herodian Dynasty. Origins, Role in Society and Eclipse* (JSPE.S 30), Sheffield 1998.

KOTTEK, S. S., *Medicine and hygiene in the works of Flavius Josephus* (Studies in Ancient Medicine 9), Leiden 1994.

KRAABEL, A. T., »The Roman Diaspora: Six Questionable Assumptions«, *JJS* 33 (1982), 445–464.

KRAEMER, R. S., »On the Meaning of the Term 'Jew' in Greco-Roman Inscriptions«, *HThR* 82 (1989), 35–53.

KRENKEL, M., *Josephus und Lukas. Der schriftstellerische Einfluß des jüdischen Geschichtsschreibers auf den christlichen nachgewiesen*, Leipzig 1894.

KRIEGER, K.-S., *Geschichtsschreibung als Apologetik bei Flavius Josephus* (TANZ 9), Tübingen 1994 [1994a].

– »War Flavius Josephus ein Verwandter des hasmonäischen Königshauses?« *BiNo* 73 (1994), 58–65 [1994b].

– »Berenike, die Schwester König Agrippas II., bei Flavius Josephus«, *JSJ* 28 (1997), 1–11.

– »Josephus – ein Anhänger des Aufstandsführers Eleazar ben Hananja«, in: Siegert, F. / Kalms, J. (Hg.), *Internationales Josephus-Kolloquium Münster 1997* (MJSt 2) Münster 1998, 93–105.

– »Eine Überlegung zur Datierung der *Vita Josephi*«, in: Kalms, J. / Siegert, F. (Hg.), *Internationales Josephus-Kolloquium Brüssel 1998* (MJSt 4), Münster 1999, 189–208 [1999a].

– »Beobachtungen zu Flavius Josephus' Terminologie für die jüdischen Aufständischen gegen Rom in der *Vita* und im *Bellum Judaicum*«, in: Kalms, J. / Siegert, F. (Hg.), *Internationales Josephus-Kolloquium Brüssel 1998* (MJSt 4), Münster 1999, 209–221 [1999b].

LÄMMER, M., *Griechische Wettkämpfe in Galiläa unter der Herrschaft des Herodes Antipas* (Kölner Beiträge zur Sportwissenschaft 5), Schorndorf 1976, 37–67.

LAMBERZ, E., »Zwei Flavius-Josephus-Handschriften des Athosklosters Vatopedi ⟨Vatop. 386 und 387⟩«, *RMP* 139, 1996, 295–307.

LAMOUR, D., »L'organisation du récit dans l' *Autobiographie* de Flavius Josèphe«, *BAGB* 1996, 141–150.

LAQUEUR, R., *Der jüdische Historiker Flavius Josephus*, Gießen 1920. Nachdruck als 68. Band der Studia Historica, Rom 1970. Kapitel VI und VIII außerdem bei A. Schalit (Hg.), *Zur Josephus-Forschung* (WDF 84), Darmstadt 1973, 70–113.

LIEZENBERG, J. L., *Studia Flaviana. Observationes criticae in Flavii Josephi antiquitates judaicas*, Schiedam 1899.

LIFSHITZ, B., »Scythopolis: l'histoire, les institutiones et les cultes de la ville à l'époques hellénistique et imperiale«, *ANRW* II 8, Berlin 1977, 262–294.

LOFTUS, F., »A Note on σύνταγμα τῶν Γαλιλαῖων, BJ IV, 558«, *JQR* 65 (1974–75), 182–183.

– »The Anti-Roman Revolts of the Jews and the Galileans«, *JQR* 68 (1977–78), 78–98.

LUTHER, H., *Josephus und Justus von Tiberias: ein Beitrag zur Geschichte des jüdischen Aufstandes*, Halle 1910.

MACKAY, H. A., »Ancient synagogues: the continuing dialectic between two major views«, *Currents in research, biblical studies* 6 (1998), 103–142.

MACURDY, G. H., »Julia Berenice«, *American Journal of Philology* 56 (1935), 246–253.

MALINOWSKI, F. X., *Galilean Judaism in the Writings of Flavius Josephus* (Diss. Duke University), 1973.

– »Torah Tendencies in Galilean Judaism according to Flavius Josephus, with Gospel Comparisons«, *Bibilical Theology Bulletin* 10 (1980), 30–36.

MASON, H. J., *Greek Terms for Roman Institutions* (American Studies in Papyrology 13), Toronto 1974.

MASON, S., »Was Josephus a Pharisee? A Re-Examination of Life 10–12«, *JJS* 40 (1989), 30–45.

– *Flavius Josephus on the Pharisees. A Composition-Critical Study* (StPB 39), Leiden 1991.

– *Josephus and the New Testament*, Peabody 1992.

– »An Essay in Character: The Aim and Audience of Josephus' Vita«, in: Siegert, F. / Kalms, J. (Hg.), *Internationales Josephus-Kolloquium Münster 1997* (MJSt 2), Münster 1998, 31–77 [1998a].

– »Should Anyone Wish to Enquire Further (Ant. 1.25): The Aim and Audience of Josephus's Judean Antiquities / Life...«, in: Ders. (Hg.), *Understanding Josephus. Seven Perspectives* (JSPE.S 32), Sheffield 1998, 64–103 [1998b].

– *Flavius Josephus und das Neue Testament*, Tübingen 2000 [2000a].

– »Aufstandsführer, Kriegsgefangener, Geschichtsschreiber: Der jüdische Historiograph Flavius Josephus und seine Bedeutung für das Verständnis des Neuen Testamentes«, *Zeitschrift für Neues Testament* 3 (2000), 6. Heft [2000b].

MAYER, R., »'Du bist der Fels...': Hochpriester und Messias in den Auseinandersetzungen mit Rom«, in: H.-P. Kuhnen (Hg.), *Mit Tora und Todesmut. Judäa im Widerstand gegen die Römer von Herodes bis Bar-Kochba* (Württembergisches Landesmuseum Stuttgart 1994), 60–69.

MCLAREN, J. S., *Turbulent Times? Josephus and Scholarship on Judea in the First Century CE* (JSPE.S. 29), Sheffield 1998.

MEYER, E., *Ursprung und Anfänge des Christentums*, Bd. 1, Stuttgart 1923.

MEYER, R., »Die Figurendarstellung in der Kunst des späthellenistischen Judentums«, *Jud.* 5 (1949), 117–129.

MELL, U., »Der Ausbruch des jüdisch-römischen Krieges (66–70 n.Chr.) aus tempeltheologischer Perspektive«, *ZRGG* 49 (1997), 97–122.

MEYERS, E. M., »Roman Sepphoris in Light of New Archeological Evidence«, in: Levine, L. I., *The Galilee in Late Antiquity*, Cambridge (Mass.) 1992, 321–338.

– / NETZER, E. / MEYERS, C. L., »Sepphoris, Ornament of All Galilee«, *Biblical Archaeologist* 49 (1986), 4–19.

– / NETZER, E. / MEYERS, C. L., *Sepphoris*, Winona Lake 1992.

– (Hg.), *The Oxford Encyclopedia of Archaeology in the Near East*, 5 Bde., New York 1997.

MICHEL, O. / BAUERNFEIND, O., *Flavius Josephus, De Bello Judaico – Der Jüdische Krieg. Griechisch und Deutsch*, Darmstadt Bd. 1 1959 (^{3}1982); Bd. 2.1 1963; Bd. 2.2 1969 [1969a]; Bd. 3 1969 [1969b].

MIGLIARIO, E., »Per l'interpretazione dell' Autobiografia di Flavio Giuseppe«, *Athenaeum* 59 (1981), 92–137.

– *Flavio Giuseppe. Autobiografia*, Mailand 1994.

MILLAR, F., »Emperors at Work«, *Journal of Roman Studies* 57 (1967), 9–19.

MILLER, S., *Studies in the History and Traditions of Sepphoris*, Leiden 1984.

– »Intercity Relations in Roman Palestine: The Case of Sepphoris and Tiberias«, *AJA Review* 12 (1987), 1–24.

MISCH, G., *Geschichte der Autobiographie*, Bd. 1.1, Frankfurt ^{3}1949.

MÖLLER, C. / SCHMITT, G., *Siedlungen Palästinas nach Flavius Josephus* (BTAVO B 19), Wiesbaden 1976.

MOMIGLIANO, A., *The Development of Greek Biography*, Harvard 1971.

MÜLLER, K., »Sanhedrin / Synedrium«, *TRE* 30, Berlin 1998, 32–42.

NABER, S. A. (Hg.), *Flavii Josephi opera omnia*, Leipzig 1888–1896.

NEEMAN, Y., *Sepphoris in the Period of the Second Temple, the Mishna and Talmud*, Jerusalem 1993.

NETZER, E. / WEISS, Z., *Zippori* (hebr.), Jerusalem 1994.

NEUSNER, J., *A Life of Yohanan ben Zakkai. Ca. 1–80 C.E.* (StPB 6), Leiden ^{2}1970.

– *The Rabbinic Traditions about the Pharisees before 70*, Bd. 1, Leiden 1971.

– »Josephus' Pharisees: A Complete Repertoire«, in: Feldman, L. / Hata, G. (Hg.), *Josephus, Judaism and Christianity*, Leiden 1987, 274–292.

NEYREY, J., »Josephus' Vita and the Encomium: A Native Model of Personality«, *JSJ* 25 (1994), 177–206.

NIESE, B., *Flavii Josephi opera*, 7 Bde., Berlin 1885–1895.

– *Flavii Josephi opera*, 6 Bde. Berlin 1888–1895 [ed. minor].

– »Der jüdische Historiker Josephus«, *HZ* 40 (1896), 193–237.

NIKIPROWETZKI, V., »Josephus and the Revolutionary Parties«, in: Feldman, L. / Hata, G. (Hg.), *Josephus, the Bible and History*, Leiden 1989, 216–236.

NODET, E., *Les Antiquités Juives. Livres I à III*, Paris ^{2}1992.

– / TAYLOR, J., *Essai sur les origines du christianisme*, Paris 1998 (auch engl.: *The Origins of Christianity*, Minnesota 1998)

– »Josephus against Pharisees and Sadducees?«, in: Kalms, J. / Siegert F. (Hg.), *Internationales Josephus-Kolloquium Brüssel 1998* (MJSt 4), Münster 1999, 225–233 [1999a].

– *Baptême et résurrection. Le témoignage de Flavius Josèphe* (Josèphe et son temps, 2), Paris 1999. [1999b]

OEHLER, W., »Die Ortschaften und Grenzen Galiläas nach Josephus« (Diss. Tübingen), *ZDPV* 28 (1905), 1–26. 49–74.

PARKER, S. TH., »The Decapolis Reviewed«, *JBL* 94 (1975), 437–441.

PEARCE, S., »A matter of credibility: Deuteronomy's witness law in Josephus' hands«, in: Kalms, J. (Hg.), *Internationales Josephus-Kolloquium Aahus 1999* (MJSt 6), Münster 2000, 225–233.

PELLETIER, A., *Flavius Josèphe. Autobiographie*, Paris 1959, ²1983.

PIATELLI, D., »The Marriage Contract and Bill of Divorce in ancient Hebrew Law«, *Jewish Law Annual* 4 (1981), 66–78.

PRICE, J. J., »The Enigma of Philip ben Jakimos«, *Historia* 40 (1991), 77–94.

– *Jerusalem under Siege. The Collapse of the Jewish State 66–70 C.E.* (Brill's Series in Jewish Studies 3), Leiden 1992.

PUCCI BEN ZEEV, M., *Jewish Rights in the Roman World. The Greek and Roman Documents Quoted by Flavius Josephus* (TSAJ 74), Tübingen 1998.

RABELLO, A. M., »Divorce of Jews in the Roman Empire«, *Jewish Law Annual* 4 (1981), 79–102.

RADIN, M., »The Pedigree of Josephus«, *CP* 24 (1929), 193–196.

RAJAK, T., »Justus of Tiberias«, *CQ* 23 (1973), 345–368.

– *Josephus. The Historian and His Society*, London 1983.

– »Ciò che Flavio Giuseppe vide: Josephus and the Essenes«, in: Parente, F. / Sievers, J. (Hg.), *Josephus and the History of the Greco-Roman Period. Essays in Memory of Morton Smith* (StPB 41), Leiden 1994, 141–160.

RAPPAPORT, U., »Jewish-Pagan Relations and the Revolt Against Rome in 66–70 CE«, in: Levine, L. I. (Hg.), *The Jerusalem Catedra* 1, Jerusalem 1981, 81–95.

– »John of Gischala: From Galilee to Jerusalem«, *JJS* 33 (1982), 479–493.

– »How Anti-Roman was the Galilee?«, in: Levine, L. I. (Hg.), *The Galilee in Late Antiquity*, Cambridge (Mass.), 1992, 95–102

– »Where Was Josephus Lying? In His Life or in the War?«, in: Parente, F. / Sievers, J. (Hg.), *Josephus and the History of the Greco-Roman Period. Essays in Memory of Morton Smith* (StPB 41), Leiden 1994, 279–289.

RASP, H., »Flavius Josephus und die jüdischen Religionsparteien«, *ZNW* 23 (1924), 27–47.

RENGSTORF, K. H. (Hg.), *Complete Concordance to Flavius Josephus*, 4 Bde., Leiden 1973–1983.

RHOADS, D. M., *Israel in Revolution: 6–74 C.E.*, Philadelphia 1976.

RICH, A., *Illustriertes Wörterbuch der Römischen Altertümer*, Paris 1862.

RICHARDSON, P., *Herod. King of the Jews and Friend of the Romans*, Minneapolis 1999.

RISKIN, S., *The Halakhah in Josephus as Reflected in Against Apion and The Life* (Diss. M.A. Yeshiva University), New York 1970.

ROTH, C., »An Ordinance against Images in Jerusalem A.D. 66«, *HThR* 49 (1956), 169–177.

RÜHL, F., »Justus von Tiberias«, *RhM* 71 (1916), 289–308.

SANDERS, E. P., *Jewish Law from Jesus to the Mishnah*, London 1990.
– *Judaism: Practice and Belief 63 BCE – 66 CE*, London 1992.
SCHALIT, A., »Josephus und Justus. Studien zur Vita des Josephus«, *Klio* 26 (1933), 67–95.
– *Namenwörterbuch zu Flavius Josephus*, Leiden 1968.
– *König Herodes. Der Mann und sein Werk*, Berlin 1969.
SCHIFFMAN, L. H., »Legislation concerning Relations with Non-Jews in the Zadokite Fragments and in Tannaitic Literature«, *RdQ* 11 (1982–84), 379–389.
SCHLATTER, A., *Die hebräischen Namen bei Josephus* (BFChTh 17,3.4), Gütersloh 1913. Nachdr. in: Kleine Schriften zu Flavius Josephus, hg. von K. H. Rengstorf, Darmstadt 1970, 143–276.
– *Der Bericht über das Ende Jerusalems. Ein Dialog mit Wilhelm Weber*, Gütersloh 1923.
– *Die Theologie des Judentums nach dem Bericht des Josefus* (BFChTh 2,26), Gütersloh 1932.
SCHMIDT, G., *De Flavii Josephi elocutione observationes criticae. Pars prior* (Diss. Göttingen), Leipzig 1893. Vollständig in: Jahrbücher f. class. Philologie, Suppl. 19, Leipzig 1894.
SCHMITT, G., »Die dritte Mauer Jerusalems«, *ZDPV* 97 (1981), 153–170.
– *Siedlungen Palästinas in griechisch-römischer Zeit. Ostjordanland, Negeb und (in Auswahl) Westjordanland* (BTAVO B 93), Wiebaden 1995.
SCHRECKENBERG, H., *Die Flavius-Josephus-Tradition in Antike und Mittelalter* (ALGHJ 5), Leiden 1972.
– »Neue Beiträge zur Kritik des Josephustextes«, in: Dietrich, W. / Freimark, P. / Schreckenberg, H. (Hg.), *Theokratia. Jahrbuch des Institutum Judaicum Delitzschianum II 1970–72.* FS Rengstorf, Leiden 1973, 81–106.
– »Text, Überlieferung und Textkritik von *Contra Apionem*«, in: Feldman, L. / Levison, J. (Hg.), *Josephus' Contra Apionem. Studies in its Character and Context with a Latin Concordance to the Portion Missing in Greek*, Leiden 1996, 49–82.
– »Josephus«, *RAC* 18, Stuttgart 1998, 761–801.
SCHRÖDER, B., *Die »väterlichen Gesetze«. Flavius Josephus als Vermittler von Halachah an Griechen und Römer* (TSAJ 53), Tübingen 1996.
SCHUBERT, K., »Das Problem der Entstehung einer jüdischen Kunst im Lichte der literarischen Quellen des Judentums«, *Kairos* 16 (1974) 1–13.
SCHÜRER, E. / VERMES, G. / MILLAR, F. / GOODMAN, M., *The History of the Jewish People in the Age of Jesus Christ*, Edinburgh 1973 (Bd. 1), 1979 (Bd. 2), 1986 (Bd. 3.1), 1987 (Bd. 3.2).
SCHWARTZ, D., »KATA TOYTON TON KAIPON: Josephus' Source on Agrippa II.«, *JQR* 72 (1982), 241–268.
SCHWARTZ, S., *Josephus and Judean Politics* (Columbia Studies in the Classical Tradition 18), Leiden 1990.
– »Josephus in Galilee: Rural Patronage and Social Breakdown«, in: Parente, F. / Sievers, J. (Hg.), *Josephus and the History of the Greco-Roman Period. Essays in Memory of Morton Smith* (StPB 41), Leiden 1994, 290–306.
SCHWIER, H., *Tempel und Tempelzerstörung. Untersuchungen zu den theologischen und ideologischen Faktoren im ersten jüdisch-römischen Krieg (66–74 n. Chr.)* (NTOA 11), Freiburg (Schweiz) 1989.

SHAW, B. D., »Tyrants, Bandits and Kings: Personal Power in Josephus«, *JJS* 44 (1993), 176–204.

SHUTT, R. J. H., *Studies in Josephus*, London 1961.

SIEGERT, F., »Josephus als Europäer«, in: Kalms, J. / Siegert F. (Hg.), *Internationales Josephus-Kolloquium Brüssel 1998* (MJSt 4), Münster 1999, 7–14 [1999a].

– »Die akustische Probe von Lesarten«, in: Kalms, J. / Siegert F. (Hg.), *Internationales Josephus-Kolloquium Brüssel 1998* (MJSt 4), Münster 1999,161–170 [1999b].

– »Grundsätze zur Transkription semitischer Namen bei Josephus«, in: Kalms, J. / Siegert F. (Hg.), *Internationales Josephus-Kolloquium Brüssel 1998* (MJSt 4), Münster 1999, 171–185 [1999c].

– »Eine 'neue' Josephus-Handschrift. Kritischer Bericht über den Bologneser *Codex graecus* 3568«, in: Kalms, J. (Hg.), *Internationales Josephus-Kolloquium Amsterdam 2000* (MJSt 10), Münster 2001 (im Erscheinen).

SIEVEKE, F. G., *Aristoteles: Rhetorik*, München 1980.

SMALLWOOD, M., »The Alleged Jewish Tendencies of Poppaea Sabina«, *JThS* 10 (1959), 329–335.

– *The Jews under Roman Rule from Pompey to Diocletian*, Leiden 1976.

SMITH, M., »Palestinian Judaism in the First Century«, in: Davis, M. (Hg.), *Israel: Its Role in Civilisation*, New York 1956, 67–81.

SPILSBURY, P., *The Image of the Jew in Flavius Josephus' Paraphrase of the Bible* (TSAJ 69), Tübingen 1998.

STEMBERGER, G., *Pharisäer, Sadduzäer, Essener* (SBS 144), Stuttgart 1991.

STENGER, W., »Bemerkungen zum Begriff »Räuber« im Neuen Testament und bei Flavius Josephus«, *BiKi* 37 (1982), 89–97.

STERN, E. (Hg.), *The New Encyclopedia of Archaeological Excavations in the Holy Land*, 4 Bde., Jerusalem 1994.

STRANGE, J. F. / GROH, D. E. / LONGSTAFF, TH. R. W., »Excavations at Sepphoris: The Location and Identification of Shikhin«, Part I: *IEJ* 44 (1994), 216–227, Part II: *IEJ* 45 (1995), 171–187.

SÜSS, W., *Ethos. Studien zur älteren griechischen Rhetorik*, Aalen 1971 (1. Aufl. 1910).

SUNDBERG, A. C. JR., »Josephus' Galilee Revisited. Akbara, Yodefat, Gamala«, *Expl.* 3/1 (1977), 44–54.

SYON, D., »Gamla. Portrait of a Revolution«, *BAR* 18 (1992), 20–37.

THACKERAY, H. St. J., *Josephus the Man and the Historian*, New York 1929 (^{2}1967 mit einem Vorwort von S. Sandmehl).

– *Josephus in nine volumes. I. The Life – Against Apion* (LCL 186), London 1926.

THOMA, C., »The High Priesthood in the Judgment of Josephus«, in: Feldman, L. / Hata, G. (Hg.), *Josephus, the Bible and History*, Leiden 1989, 196–215.

THOMSEN, P., *Loca sancta. Verzeichnis der im 1. bis 6. Jh. n. Chr. erwähnten Ortschaften Palästinas mit besonderer Berücksichtigung der Lokalisierung der biblischen Stätten*, Bd. 1 (alles), Leipzig 1907 (Hildesheim1966)

TSAFRIR, Y. / DISEGNI, L. / GREEN, J., *Tabula Imperii Romani: Judaea, Palestina. Eretz Israel in Hellenistic, Roman und Byzantine Times*, Jerusalem 1994.

UDOH, F. E., *Tribute and Taxes in Early Roman Palestine (63 BCE – 70 CE): The Evidence From Josephus* (Diss. Duke University), 1996.

URBACH, E. E., »Halakhot regarding Slavery as a Source for the Social History of the Second Temple and the Talmudic Period«, *Zion* 25 (1960), 141–189 (Hebr.).

VILET, H. VAN, *No Single Testimony. A Study on the Adoption of the Law of Deut. 19:15 par. into the New Testament* (Studia theologica Rheno-Trajectina 4), Utrecht 1958.

VILLALBA I VARNEDA, P., *The Historical Method of Flavius Josephus* (AGAJU 19), Leiden 1986.

VOGEL, M., »Vita 64–69, das Bilderverbot und die Galiläapolitik des Josephus«, *JSJ* 30 (1999), 65–79.

WAHLDE, U. C. v., »The Relationships between Pharisees and Chief Priests: some Observations on the Texts in Matthew, John and Josephus«, *NTS* 42 (1996), 506–522.

WANDER, B., *Gottesfürchtige und Sympathisanten* (WUNT 104), Tübingen 1998.

WEAVER, P. R. C., »Epaphroditus, Josephus and Epictetus«, *CQ* 44 (1994), 468–479.

WEISS, H., »The Sabbath in the Writings of Josephus«, *JSJ* 29 (1989), 363–390.

WEISS, Z., »Sepphoris«, in: Stern, E. (Hg.), *The New Encyclopedia of Archaeological Excavations in the Holy Land*, Bd. 4, Jerusalem 1993, 1324–1328.

WILLIAMS, M. H., »θεοσεβὴς γὰρ ἦν – The Jewish Tendencies of Poppaea Sabina«, *JThS* 39 (1988), 97–111.

YAVETZ, Z., »Reflections on Titus and Josephus«, *GRBS* 16 (1975), 411–432.

ZAKOVITCH, Y., »The Woman's Rights in the Biblical Law of Divorce«, *Jewish Law Annual* 4 (1981), 28–46.

ZANGENBERG, J., *ΣΑΜΑΡΕΙΑ – Antike Quellen zur Geschichte und Kultur der Samaritaner in deutscher Übersetzung* (TANZ 15), Tübingen 1994.

– »Bethsaida. Reassessing the Bethsaida Identification«, *BarR* 26/3 (2000), 10–12.

ZEITLIN, S., »Slavery during the Second Commonwealth and the Tannaitic Period«, *JQR* 53 (1962–63), 185–218.

– »Who were the Galileans? New Light on Josephus' Activities in Galilee«, *JQR* 64 (1973–74), 189–203.

Zitate aus dieser Literatur sind nach Bedarf übersetzt, ohne weiteren Vermerk.

Das Institutum Judaicum Delitzschianum in Münster erstellt derzeit eine Josephus-Bibliographie als Datenbank; sie ist im Internet zugänglich unter http://www.uni-munester.de/Judaicum.

Register der Personennamen[1]

Aebutius Decurio, war nach B 3:144 später zusammen mit Placidus (vgl. V 213. 215. 227. 411) von Vespasian mit der Belagerung Jotafats betraut. Bei der Belagerung Gamalas kam er ums Leben (B 4:36). **V 115. 116. 118. 120.**

Aequus Modius Offizier und Vertrauter Agrippas II. Vgl. Anm. 6 im Anhang. **V 61. 74. 114. 180. 181.**

Agrippa s. Herodes Agrippa I.

Agrippa Agrippa II., geb. 27/28 in Rom. 48/49–53 König über Chalcis, das ehem. Herrschaftsgebiet seines Onkels Herodes II. im südl. Libanon, ab dann statt dessen über die Tetrarchien des Philippos und des Lysanias und das mutmaßlich im Libanon gelegene Territorium des Varus (vgl. dazu SCHÜRER 1973, 472 Anm. 7). Von Nero wurde sein Gebiet nochmals um Peräa und Teile Galiläs vergrößert, sowie nach dem Jüdischen Krieg, in dem Agrippa seine Romtreue unter Beweis stellte, von Vespasian um weitere Territorien (nach PHOTIOS, *Bibl.* 33; dazu SCHÜRER 477f. und die Karte bei KOKKINOS 1998, 341). Ab 92/93 (d.h. nach seinem Tod? vgl. Anm. 28 im Anhang) wurde das Gebiet dieses letzten Königs der Herodesdynastie der Provinz Syrien einverleibt. SCHÜRER 1973, 471–483; KOCKINOS 1998, 317–341. **V 38. 39. 46. 48. 52. 114. 154. 180. 182. 343. 355. 359. 362. 364. 365. 366. [367]. 407.**

Agrippa s. Simonides Agrippa

Archelāos Sohn Herodes d. Gr., 4 v. Chr. – 6 n. Chr Ethnarch über Judäa, Idumäa und Samaria. **V 5.**

Bannūs Eremit, Lehrmeister des Josephus. Bannus wurde in der Forschung wiederholt mit Johannes dem Täufer verglichen (so BENOIT 1968), ja mit diesem identifiziert (HERRMANN 1976), ohne daß es dafür nähere Anhaltspunkte gibt. COHEN 1979, 106 Anm. 25; FELDMAN 1984a, 82. **V 11.**

Berenike Tochter Agrippas I., in erster Ehe mit Marcus, Sohn des Alabarchen Alexander Lysimachos und Bruder des Tiberius Julius Alexander verheiratet, nach dessen Tod mit ihrem Onkel Herodes von Chalkis. Als auch dieser starb (48), zog sie zu ihrem Bruder Agrippa II., auf dessen politisches Handeln sie fortan erheblichen Einfluss nahm. Um 65 heiratete sie Polemon II. von Kilikien, womit sie dem Gerücht einer inzestuösen Beziehung gegensteuerte (vgl. A 20:145f.; JUV., *Sat.* 6,156–160). Sie kehrte jedoch bald wieder zu Agrippa II.

---

[1] Vgl. Einleitung, Kap. 7. Gelegentlich haben wir als Aussprachehilfen griech. Vokallängen angegeben. Für Herkunftsnamen s. u. das geographische Register

zurück. Nach Apg 25,13.23; 26,30 war sie mit ihrem Bruder in Caesarea, als Festus dort den Prozeß gegen Paulus verhandelte. Während des Jüdischen Krieges ging sie eine Beziehung zu Titus ein (vgl. TAC., *Hist.* 2:2), die noch andauerte, als sie mit Agrippa i.J. 75 nach Rom reiste, wo sie mit Titus auf dem Palatin wohnte, der ihr sogar die Ehe versprochen haben soll. Wegen des innenpolitischen Drucks schickte Titus sie jedoch fort (SUET., *Tit.* 7) und nahm auch die Beziehung nicht mehr auf, als Berenike i.J. 79 nochmals nach Rom kam. MACURDY 1935; MICHEL / B. 1959, 445 Anm. 163; SCHÜRER 1973, 471–483; KRIEGER 1997. **V 48. 119. 343. 355.**

Cerealis Sextus Vettulenus Cerealis, zerstörte Hebron, befehligte die fünfte Legion während der Belagerung Jerusalems und hatte nach der Abreise des Titus die Legatur über Judäa inne. MICHEL / B. 1969, 251f. Anm. 90; SCHÜRER 1973, 500–502. 515; Smallwood 1976, 332 mit Anm. 3. **V 420.**

Cestius Gallus Statthalter in Syrien ab 63. B 2:280f. erwähnt einen Besuch des Cestius in Jerusalem kurz vor dem Passahfest d.J. 66, B 6:422 eine wohl während dieses Besuches von ihm angeordnete Volkszählung (dazu MICHEL / B. 1969a, 215 Anm. 250). Nach seinem gescheiterten Feldzug übernahm Vespasian den militärischen Oberbefehl. Cestius starb vor dem Frühjahr 67 »durch Schicksal oder Erschöpfung« (TAC., *Hist.* 5:10: *fato aut taedio occidit*). MICHEL / B. 1959, 445 Anm. 154; SCHÜRER 1973, 265. **V 23. 24. 28. 30. 31. 49. 214. 347. 373. 374. 394. 394.**

Crispus Sohn des Kompsos (oder des Julius Capellus?), Tiberienser. Wahrscheinlich nicht identisch mit dem gleichnamigen Kammerdiener Agrippas II. (anders SCHALIT 1968, 76). **V 33.**

Crispus Kammerdiener Agrippas II. **V 382. 388. 393.**

Domitia Domitia Longina, Gattin Domitians (vgl. JONES 1992, 33–38). **V 429.**

Domitian Titus Flavius Domitianus, Jüngerer Sohn Vespasians und Bruder des Titus, röm Kaiser 14.9.81 – 18.9.96. Jones 1992. **V 429. 429.**

Efai Vater des Matja. SCHLATTER 1913, 43 verweist aufgrund einer anderen Lesart für die Herleitung des Namens auf die in mEd 7,3 erwähnte »Burg des Hifilia«. In Anlehnung an SCHALIT 1968, 84 ist vielleicht an ein von *bar ḥafina* (etwa: »Sohn der beiden [mit Weihrauch gefüllten] Hände«; vgl. Lev 16,12; bJom 47ab«) herzuleitendes Epitheton eines Priesters zu denken, der den Weihrauchritus zu verrichten hatte. **V 4.**

Epaphroditos Förderer des Josephus in Rom. Vgl. Anm. 361. **V 430.**

Gaius Caligula Römischer Kaiser 37–41. **V 5.**

Gamala Vater des Tiberiensers Herodes. Nach Jastrow, 254 abgekürzte Form des Namens Gamaliel. Vgl. auch SCHLATTER 1913, 37f. **V 33.**

Gamala Vater des Hohenpriesters Ješu. SCHLATTER 1913, 37; SCHALIT 1968, 32; Gross 1988, 96.117. **V 193.**

Gamaliel (Gamliel) I., führender Pharisäer im 2. Drittel des 1. Jh. NEUSNER 1971, 318. 341–376; *EJ* 7, 295f.; SCHÜRER 1979, 367f.; NBL 1, 728. **V 190. 309.**

Ḥanan Sohn des Hohenpriesters Ḥanan b. Šet (6 – 15 n. Chr.), dessen fünf Söhne sämtlich das Hohepriesteramt bekleideten. A 20:197–203 schildert Ḥanan, der i. J. 62 während der Vakanz der röm. Prokuratur nach dem Tode des Festus und vor Amtsantritt des Albinus amtierte und schon nach drei Monaten von Agrippa II. wieder abgesetzt wurde, als Exempel einer korrupten Jerusalemer Oberschicht, die für den Niedergang der staatlichen Ordnung im vorrevolutionären Judäa mit verantwortlich war. Auf seine Initiative ging nach A 20:200–202 die Hinrichtung des Herrenbruders Jakobus zurück. Nach B 2:563 gehörte Ḥanan zum Revolutionsrat d. J. 66. In dieser Eigenschaft betrieb er die militärische Befestigung und Aufrüstung Jerusalems (B 2:648; B 2:651 greift auf B 4 voraus, wo Ḥanan als Gegner der Zeloten auftritt und nunmehr eine gemäßigte Position vertritt). *EJ* 2,919; THOMA 1989, 211–213; PRICE 1992, 40; KRIEGER 1994, 177–179; NODET 1999, 226–229. **V 193. 194. 195. 196. 216. 309.**

Ḥananja Gehörte der Jerusalemer Gesandtschaft gegen Josephus an. B 2:628: Ἀνανίας Σαδουκί, HENGEL 1976, 374 Anm. 2; SCHALIT 1968, 11:»Sohn des Ṣadok«, vgl. aber SCHLATTER 1913, 93; JASTROW, 1261; ILAN / PRICE 1993/94, 195 (Ḥananja»der Sadduzäer«). Nach SCHLATTER 1913, 54f. 93 spätere Korrektur gemäß B 2:451 (s. unter Jonatan, Anführer...). **V 197. 290. 316. 332.**

Ḥašamon Stammvater des Hasmonäerhauses. In der rabbin. Literatur ist nur die Namensform Ḥaš(a)monai überliefert (vgl. JASTROW, 511). Die griech. Namensform Ἀσαμωναῖος begegnet erstmals bei Josephus (A 12:265). **V 2. 4.**

Herodes Herodes Antipas, Tetrarch über Galiläa und Peräa (4 v. Chr. – 39 n. Chr.), nicht Herodes d.Gr. (SCHALIT 1968, 52), der freilich nach A 14:326; B 1:244 ebenfalls den Titel »Tetrarch« führte, bevor er König wurde (vgl. jedoch SCHÜRER 1973, 341 Anm. 1). **V 37. 65.**

Herodes Herodes Agrippa I., seit 37 Herrscher über die Tetrarchien des Philippos (Golan, Trachonitis, Auranitis, Batanäa) und des Lysanias (Abilene), dazu seit 39 über die Tetrarchie des exilierten Herodes Antipas, seines Schwagers (Galiläa, Peräa) und seit 41 bis zu seinem Tod i. J. 44 (A 19:343ff.; Apg 12,22f.) auch über Judäa und Samaria, also schließlich über das ganze einstige Territorium Herodes d.Gr., das unter seiner Herrschaft noch einmal ein unabhängiger jüdischer Staat wurde. *EJ* 2,415–417; SCHÜRER 1973, 442–453; *NBL* 1,62; KOKKINOS 1998, 271–304. **V [33]. 37.**

Herodes Tiberienser, Sohn des Miaros **V 33.**

Herodes Tiberienser, Sohn des Gamala **V 33.**

Herodes Einwohner von Tiberias **V 96.**

Hyrkanos Johanan Hyrkanos I. 134–104 v. Chr. Hoherpriester **V 3.**

Hyrkanos Hyrkanos II., regierte, von den Römern gegen seinen Bruder Aristobulos eingesetzt, von 63 v. Chr. bis zu seiner Entmachtung durch Antigonos 40 v. Chr. **V 4.**

Hyrkanos Sohn des Josephus. Nach V 426f. eines von ursprünglich drei Kindern aus dritter Ehe (vgl. Anm. 331). **V 5. 426.**

Ja'ir Vater des Gamaliters Joseph. **V 185.**

Jakim Vater des Philippos, bei Agrippa (I.?) in hoher militärischer Stellung (B 4:81), nach A 17:29f. Sohn des Babyloniers Zamaris, unter dessen Führung sich eine von Herodes d.Gr. angeworbene Kolonie babylonischer Juden in Batanäa ansiedelte. **V 46. 179.**

Ješu Sohn des Šafai, Tiberienser. Zur Namensüberlieferung Vgl. ILAN / PRICE 1994, 199f. Nach V 134 (vgl. V 300) war Ješu Archōn des Stadtrats von Tiberias. Als Führer der städtischen Unterschicht hatte er auch die Sympathien der galiläischen Landbevölkerung (der »Galiläer«) auf seiner Seite, die den Städten ansonsten feindlich gegenüber standen; vgl. Anm. 4 im Anhang sowie V 143 (Ješu erweckt mit seiner Rede V 135 den Zorn der Tiberienser und Galiläer gegen Josephus) und Anm. 243. **V 66. 67. 134. 271. 278. 279. 294. 295. 300. 301.**

Ješu Freischärler, nach SCHALIT 1968, 60f. nicht identisch mit dem in V 200 genannten Galiläer gleichen Namens. FREYNE 1992, 80 identifiziert dagegen beide Personen. **V 105. 108. 109. 110.**

Ješu Galiläer **V 200.**

Ješu aus ʿArab. COHEN 1979, 215 Anm. 66 bestreitet m. R. die von SCHALIT 1968, 60 u. a. angenommene Identität des hier erwähnten Ješu mit Ješu b. Šafai. Dieser wird sonst nirgends mit ʿArab in Verbindung gebracht, wo sich die Jonatangesandtschaft seit V 233 aufhält. **V 246.**

Ješu Bruder des Chares und Schwager des Justus, wohl nicht identisch mit dem Tiberienser Ješu b. Šafai, wie SCHALIT 1968, 60 annimmt. **V 178. 186.**

Ješu Sohn des Gamala. Wahrscheinlich identisch mit dem in A 20:213.223 erwähnten Hohenpriester Ješu b. Gamaliel (MICHEL / B. 1963, 213 Anm. 44; SCHÜRER 1979, 232 und COHEN 1979, 256 Anm. 36 mit weiterer Lit.; dagegen SCHALIT 1968, 60 s.v. Ἰησοῦς 3 u. 17), der ca. 63–64 im Amt und wie sein Vorgänger Ješu, Sohn des Damnai und sein Nachfolger Matja, Sohn des Theophilos von Agrippa II. eingesetzt war (Obwohl zu keiner Zeit König über Judäa, war Agrippa von Claudius mit der Verwaltung des Tempels betraut und zur Investitur der Hohenpriester ermächtigt: A 20:104. 222; B 2:223; KOKKINOS 1998, 319). In B 4 erscheint Ješu wie in V an der Seite des Hohenpriesters Ḥanan, dessen Schicksal er teilt (B 4:316: Ermordung durch die zelotisch gesinnten Idumäer). Vgl. auch PRICE 1992, 79. Nach A 20:213ff. war Ješu in die Parteikämpfe um das Hohepriesteramt verwickelt, die nach der Darstellung des Josephus zum Zerfall der staatlichen Ordnung im Vorfeld des Jüdischen Krieges beitrugen. In V 204 nennt Josephus Ješu seinen »guten Freund« (zur unterschiedlichen Bewertung des Ješu in A und V vgl. KRIEGER 1994, 187f.). Nach bJev 61a (vgl. auch bJom 18a) hat die verwitwete Marta, Tochter des Boethos, seine Verlobte (vgl. mJev 6,4,2), Bestechungsgeld an »Jannai« (= Agrippa II.) gezahlt, um die Ernennung zum Hohenpriester durchzusetzen. Nach JEREMIAS 1962, 177 steht die Verletzung des Verbots der Hohepriesterehe mit einer Witwe im Hintergrund, die das Hohepriesteramt des Ješu gefährdete. mJev 6,4,2 erscheint als nachträgliche Legitimierung des Vorgangs; vgl. auch NEUSNER 1971, 396f.; ILAN 1999, 26f. In bBB 21a wird Ješu b. Gamala eine bedeutende Rolle bei der Einführung des jüdischen Schulwesens zugeschrieben; vgl. dazu SCHÜRER 1979, 419; ILAN 1999, 27. **V 193. 204.**

Jirmeja Vertrauter des Josephus **V 241. 399.**

Joʿazar Gehörte der Jerusalemer Gesandtschaft gegen Josephus an. B 2:628: »Josedros, Sohn des Nomikos«; vgl. SCHLATTER 1970, 60; nach ILAN / PRICE 1993/94 192 in B und V unterschiedliche Transliteration von יועזר bzw. יהועזר. **V 197. 324. 325. 332.**

Joʿazar Genosse des Josephus in Galiläa. **V 29.**

Johanan aus Giš-Ḥalab. Nach der Flucht des Johanan aus dem von Titus' Truppen belagerten Giš-Ḥalab (B 4:84–120) nach Jerusalem paktierte Johanan zunächst mit dem Hohenpriester Ḥanan (B 4:209), bevor er im Laufe der weiteren Ereignisse zur rivalisierenden zelotischen Partei überwechselte und Anführer einer der miteinander verfeindeten aufständischen Gruppen wurde, die die Römer nach der Darstellung des Josephus bis zuletzt bekämpften. Bei der Einnahme der Stadt geriet er in römische Gefangenschaft und wurde später zu lebenslänglicher Kerkerhaft verurteilt (B 6:434). – B 2:585–589 schildert Johanan als plündernden Bandenführer; nach V 34 hingegen gehört Johanan zu Beginn des Jüdischen Krieges zu den gemäßigten Kräften, die einer Konfrontation mit den Römern auszuweichen suchen. Seine militärischen Aktivitäten richten sich allein gegen die Angriffe von Seiten heidnischer Nachbarstädte. Beide Darstellungen müssen kritisch beurteilt werden, da sie der apologetischen Tendenz des jeweiligen Werkes entsprechen: In B gehört Johanan zur radikalen jüdischen Minderheit, der Josephus den Aufstand gegen Rom anlastet; in V hingegen steht Johanan für die ursprünglich friedliche Haltung der Juden, die unfreiwillig in den Krieg gegen Rom hineingezogen wurden. Vgl. auch Anm. 25 im Anhang. LUTHER 1910, 57f.; MICHEL / B. 1963, 215 Anm. 55; 222 Anm. 102; *EJ* 10,163f.; SCHÜRER 1973, 490; HENGEL 1976, 381; RHOADS 1976, 122–137; COHEN 1979, 159 Anm. 187; 221–227; MIGLIARIO 1981, 109–117; RAPPAPORT 1982; NIKIPROWETZKI 1989, 233f.; KASHER 1990, 267. **V 43. 45. 70. 74. 75. 76. 82. 85. 86. 87. 88. 91. 95. 101. 122. 124. 189. 192. 195. 201. 203. 217. 229. 233. 235. 236. 237. 238. 246. 253. 254. 256. 271. 274. 292. 295. 301. 304. 306. 308. 313. 315. 316. 317. 368. 369. 370. 371. 372.**

Jonatan 154–143/42 v. Chr. Hoherpriester. **V 4.**

Jonatan Sohn des Sisenna, Gefolgsmann des Johanan von Giš-Ḥalab. **V 190.**

Jonatan Anführer der Jerusalemer Gesandtschaft gegen Josephus. Nach B 2:628: Jehuda, Sohn des Jonatan. Lt. SCHLATTER 1913, 54f., der es für unwahrscheinlich hält, »dass dieselben Männer mit der Besatzung der Zitadelle verhandelten und in Galiläa gegen J[osephus] intrigierten« (55), liegt in B 2:628 eine spätere Korrektur von fremder Hand nach B 2:451 vor; vgl. auch ILAN / PRICE 1993/94, 192–194, die jedoch einen Irrtum des Josephus selbst annehmen. HENGEL 1976, 374 und KRIEGER 1994, 267 gehen dagegen von der Identität der in B 2:451 und B 2:628; V 197 genannten Personen aus. **V 197. 199. 200. 201. 216. 217. 226. 228. 229. 229. 231. 232. 236. 245. 246. 249. 250. 251. 252. 254. 256. 260. 262. 264. 267. 271. 273. 277. 278. 279. 281. 282. 284. 287. 292. 297. 299. 301. 303. 305. 306. 310. 311. 312. 316. 318. 320. 332.**

Jonatan Kyrenäer. **V 424.**

Josef Sohn des Ja'ir, Gamaliter. **V 185.**

Josef Großvater des Josephus. **V 5.**

Jehuda Genosse des Josephus in Galiläa. **V 29.**

Julius Capellus oder **Capella**, Tiberienser. **V 32. 66. 67. 69. 296.**

Justus Nach V 427 einer von zwei Söhnen des Josephus aus vierter Ehe (vgl. Anm. 332). **V 5. 427.**

Justus Einflussreicher Bürger aus Tiberias, Jude mit griechischer Bildung (V 40), floh vor der Übergabe von Tiberias an Vespasian zu Agrippa. Das von Vespasian verhängte Todesurteil wurde auf Bitten Agrippas und Berenikes hin in eine Haftstrafe umgewandelt (V 343. 355. 410). Trotz wiederholter Konflikte mit Agrippa war er zeitweise dessen Privatsekretär (V 356). Verfasser einer Geschichte des Jüdischen Krieges (V 40.336.338; vgl. Anm. 5 im Anhang). **V 34. 36. 42. 65. 88. 175. 177. 178. 178. 186. 279. 336. 338. 340. 346. 349. 350. 367. 390. 391. 392. 393. 410.**

Justus Leibwächter des Josephus. Vgl. Anm. 31 im Anhang. **V 397.**

Kletos (Kleitos) Rädelsführer in Tiberias **V 170–172.**

Kompsos Vater des Kompsos (2). **V 33.**

Kompsos Sohn des Kompsos. Etwa:»Der Herausgeputzte«. Die aram. Namensform lautet Qamzā' (»Habgieriger«?). bGit 55b erwähnt zwei Personen namens Qamzā' und Bar Qamzā', die vielleicht auf den in V 33 erwähnten Kompsos und / oder dessen Vater zurückgehen; vgl. dazu RAJAK 1973, 351 Anm. 4 und HENGEL 1976, 367 (Lit.). **V 33.**

Manaḥem Sohn (eher Enkel, vgl. Kennard 1945) von Jehuda dem Galiläer, der i. J. 6 n. Chr. an der Spitze der Erhebung gegen den Census des Quirinius stand. Manaḥem war einer der führenden Gestalten zu Beginn des Aufstandes i. J. 66. Nach der Plünderung der Waffenkammer des Herodes auf Masada zog er mit seiner Schar nach Jerusalem, zwang die Römer zum Abzug und legte sich königliche Ehren bei. Er wurde von der konkurrierenden Aufstandspartei um El'azar (Sohn des Ḥananja) umgebracht; seine Anhänger flohen unter der Führung von El'azar b. Jair, einem Verwandten Manaḥems, nach Masada, wo sie bis nach 70 ausharrten. Vgl. B 2:433–449; bSanh 98b; HAEFELI 1925, 75f.; *EJ* 11, 1313; SCHÜRER 1973, 382 Anm 129; 1979, 601ff.; STENGER 1982, 94–96; HORSLEY 1985. **V 21. 46.**

Matja Sohn des Efai, Urahn des Josephus. **V 4.**

Matja Bruder des Josephus. Da er den Namen des Vaters trug, war er wahrscheinlich der Erstgeborene (HATA 1994, 310). Nach V 419 hat sich Josephus bei Titus
für die Freilassung seines Bruders eingesetzt, der bei der Einnahme Jerusalems in
römische Gefangenschaft geraten war. **V 8. [419].**

Miaros Vater des Tiberiensers Herodes. Griech. hieße dies: »Der Befleckte«. Eine
semitische Etymologie haben weder SCHLATTER 1913 noch SCHALIT 1968 vorgeschlagen. Am ehesten wäre an Meir (»Erleuchter«) zu denken. **V 33.**

Neopolitanus Nach B 2:335ff. Chiliarch (röm. *tribunus militium*: Befehlshaber einer
Kohorte) des Cestius, der an den Vermittlungsbemühungen des Cestius zwischen
Florus und den Juden mitwirkte. **V 120. 121.**

Nero Claudius Nero, Römischer Kaiser 13.19.54 – 9.6.68. **V 13. 16. 16. 38. 71. 408.
409.**

Philippos Sohn des Jakim. Vgl. Anm. 41 im Anhang. **V 46. 47. 50. 51. 59. 60. 61.
177. 179. 180. 181. 182. 183. 184. 407. 408. 409.**

Pistos Vater des Justus von Tiberias. **V 34. 36. 88. 175. 390.**

Placidus Nach B 3:59 später Chiliarch (röm. *tribunus militium:* Befehlshaber einer
Kohorte) unter Vespasian. *PRE* 20,1934–1936. **V 213. 215. 227. 411.**

Poppaea Poppaea Sabina (um 31 – 65), seit 62 Gemahlin Neros. Aufgrund von A
20:195 (θεοσεβὴς γὰρ ἦν) sieht man in Poppaea weithin eine Sympathisantin des
Judentums (so noch Wander 1998, 66–68) oder gar eine Proselytin; kritisch jedoch
FELDMAN 1950 und Smallwood 1959, die A 20:195 lediglich entnehmen, dass
Poppaea religiös war. Vgl. auch Williams 1988 und die bei FELDMAN 1984a, 733
genannte Lit. **V 16. 16.**

Ptolemaeos Prokurator Agrippas II. **V 126. 128.**

Šafai Vater des Tiberiensers Ješu. **V 66. 134.**

Salome (Šalomit) Alexandra, Ehefrau und Nachfolgerin des Alexander Jannai, regierte 76–67 v. Chr. **V 5.**

Šeʾila griech. Silas; von Josephus eingesetzter Befehlshaber von Tiberias. Zum Namen vgl. SCHLATTER 1913, 248. Nach BAUER / ALAND 1988, 1500 ist dieser Name
die aram. Namensform des hebr. Šaʾul. **V 89. 90. 272.**

Simʿon Sohn des Makkabäers Mattatja (Mattatjahu, Mattathias), Vater des Johanan Hyrkanos. 143/1–134 v. Chr. Hoherpriester. **V 3. 4.**

Simʿon Sohn des Gamaliel, Vater Gamaliels II., der seit ca. 80 n. Chr. rabbinisches
Schulhaupt in Jabne war (*EJ* 7, 296–298; SCHÜRER 1979, 372f.). Vgl. Anm. 24 im
Anhang. *EJ* 14,1555; SCHÜRER 1979, 368f. **V 190. 191. 194. 195. 196. 216. 309.**

Simʿon Psellos (»Stammler«), Urahn des Josephus. **V 3. 4.**

Simʿon Bruder des Johanan von Giš-Ḥalab. **V 190.**

Šimʿon Leibwächter des Josephus. **V 137.**

Šimʿon Galiläer aus ʿArab. **V 124.**

Šimʿon Mitglied der Jerusalemer Gesandtschaft gegen Josephus. **V 197. 324. 325. 325. 330. 332.**

Simonides Agrippa Einer von zwei Söhnen des Josephus aus vierter Ehe (vgl. Anm. 332). **V 5. 427**

Sisenna Vater des Jonatan. Zur Namensform vgl. SCHALIT 1968, 114. **V 190.**

Šoḥim oder Šoḥem (griech. Σόαιμος), der bei DIO 59:12,2 und TACITUS, *Annalen* 12:23 erwähnte Herrscher über Ituräa (38–49 n. Chr.), nicht Šoḥim von Ḥoms (Emesa), römischer Klientelkönig zur Zeit Neros und Vespasians; vgl. A 20:158; B 2:481. MICHEL / B. 1959, 448 Anm. 209; SCHÜRER 1973, 569f.; BARRETT 1977. **V 52.**

Sulla Offizier Agrippas II. **V 398. 401. 405.**

Titus (Titus Flavius Vespasianus) geb. 30.12.39, nahm am Palästinafeldzug seines gleichnamigen Vaters Vespasian (s. u.) i. J. 66/67 teil, wurde nach dem Tode Neros zur Huldigung Galbas nach Rom geschickt, kehrte jedoch, als er die Nachricht vom Tode Galbas erhielt, i.J. 69 zu Vespasian zurück und befehligte die Belagerung Jerusalems. Röm. Kaiser 24.6.79 – 13.9.81. Vgl. auch unter »Berenike«. **V. 359. 363. 416. 417. 417. 418. 419. 420. 422. 428. 429.**

Varus B 2:481, 483: Noaros, nach B 2:483 Jude, war bis zu seiner Ablösung durch Aequus Modius Statthalter Agrippas II., während dieser sich häufig außer Landes aufhielt, darunter mehrjährige Aufenthalte in Rom. Da Claudius die Tetrarchie des Varus (ein Teil des ehem. Territoriums des Šoḥim?) gegen Ende d. J. 53 dem Territorium Agrippas II. einverleibt hatte (vgl. SCHÜRER 1973, 472 mit Anm. 7 zu B 2:247), mag Varus auf eine günstige Gelegenheit gewartet haben, wieder Souverän eines eigenen Herrschaftsgebietes zu werden (DREXLER 1925, 308). **V 48. 50. 52. 53. 55. 57. 59. 61. 180.**

Vespasian(us) Römischer Kaiser seit 1.7.69, Vater des Titus (s. o.). **V 5. 342. 342. 352. 355. 358. 359. 407. 408. 410. 411. 414. 415. 423. 425. 428.**

Zakkai Galiläer. **V 239.**

Register der geographischen Namen

Zu jedem Ortsnamen wird nach der in dieser Ausgabe verwendeten Namensform, die rabbinische bzw. neuhebräische und (in Kursive) die arabische Namensform angegeben, soweit belegt, sowie die Ortslage (ggf. mit dem Zusatz ḥārbat bzw. ḥirbet: Ruinenstätte). Arabische Namensformen bzw. Ortslagen nach MÖLLER / SCHMITT 1976. In Klammern angegeben sind die Koordinaten des *Palestine Grid*.

ʿAchbare ʿAchbērē *ʿAkbare* (197.260), B 2:573 Ἀκχαβάρων πέτρα. Die Form Ἀχαράβη (V 188) ist Metathese. Der in der unmittelbaren Umgebung des Ortes gelegene Fels (B 2:573) bzw. der Ort selbst (V 188) waren leicht zugänglich; für eine Befestigung eigneten sich dagegen die ca. 1 km südlich des Ortes in einer Felswand gelegenen Höhlen. MÖLLER / SCHMITT 1976, 12; REEG 1989, 487f.; TSAFRIR u. a. 1994, 56; SCHMITT 1995, 49. **V 188.**

Adama Dāmin, Ḥārbat Damin *Ḥirbat ad-Dāmīya* (193.239)? MÖLLER / SCHMITT 1976, 83f.; REEG 1989, 208f.589f.; TSAFRIR u.a. 1994, 107. **V 321.**

Adria Bezeichnung urspr. für den Golf von Venedig nahe der Pomündung (EURI-PIDES, *Hippolytus* 736). Später sukzessive Ausdehnung des Namens bis auf das Mittelmeer zwischen Sizilien und Griechenland (PAUSANIAS 2:25,3; 8:54,3). Die Seefahrt auf der Adria galt als gefährlich (LYSIAS, Frg. 1,4; HORAZ, *Carmina* 1:3,15. 33,15; 2:14,14.; vgl. auch Apg 27,27), zumal im Winter (B 1:279; 2:203; 3:64; PLUTARCH, *Lucullus* 3), wo man nach Möglichkeit in Küstennähe fuhr (B 4:499) oder auf eine Seereise überhaupt verzichtete (B 4:632; 7:20). **V 15.**

Akko ʿAkko (156.258), Hafenstadt an der südphönizischen Küste, von Josephus in B 2:188–191 beschrieben. Der griech. Name Ptolemaïs geht auf die Neugründung der Stadt durch Ptolemaeos II. Philadelphos (285–246 v. Chr.) zurück (vgl. *Ep-Arist* 115). Die Stadt, die nach 1 Makk 5,15ff. Angriffe auf die benachbarten jüdischen Gebiete unternommen und später den Angriffen Alexander Jannais erfolgreich widerstanden hatte (A 13:324ff.), gehörte nach B 2:477 zu den Städten, die zu Beginn des Jüdischen Krieges Massaker an der jüdischen Bevölkerung verübt haben. *EJ* 2,221–223; MÖLLER / SCHMITT 1976, 156f.; SCHÜRER 1979, 121–125; REEG 1989, 488–492; TSAFRIR u.a. 1994, 204f. **V 105. 118. 213. 214. 215. 342. 410.**

ʿArab ʿᵃrāb *ʿArrāba* (182.250), griech. Γάβαρα, Γάραβα o.ä. Die Einwohner des in Untergaliläa ca. 6 km nordöstlich von Jotafat gelegenen Ortes waren mit Johanan von Giš-Ḥalab verbündet. Nach B 3:132 war ʿArab die erste Stadt, die Vespasian, von Ptolemais kommend, angriff und zerstörte. MÖLLER / SCHMITT 1976, 56f.; REEG 1989, 499f.; TSAFRIR u.a. 1994, 84. **V 82. 123. 124. 203. 229. 233. 235. 240. 242. 243. 265. 313.**

Arbela Arbēl *Ḥirbat Irbīd* (195.246). B 2:573 spricht von den »Höhlen am Ufer des Sees Gennesaret«; vgl. auch B 1:305–313. Die Höhlen in der Nähe des ca. 5 km nordw. von Tiberias gelegenen Dorfes waren schon zu Zeiten der Makkabäerkriege (A 12:421) und des Herodes (A 14:415; B 1:305) als Rückzugsgebiet bekannt. Das in 1 Makk 9,2 genannte Arbela ist mit der Ortschaft in der Nähe der genannten Höhlen wohl nicht identisch. MÖLLER / SCHMITT 1976, 22; REEG 1989, 56f.; TSAFRIR u.a. 1994, 66f. **V 188. 311.**

Asochis s. Šoḥin

Batanäa Landschaft nordöstlich des Jordan, Teil des biblischen Bašan, das zusätzlich die späteren Regionen Trachonitis, Auranitis und Gaulanitis umfasste. SCHÜRER 1973, 336f. (Anm.). **V 54. 183.**

Beer-Šabeʿ Ḥårbat Bᵉ᾽ēr Šebaʿ *Ḥirbat Abū Šibā* (189.259). B 2:573 Βηρσαβέ, V 188 Βηρσουβαί Grenzort zwischen Ober- und Untergaliläa (B 3:39). Die Mischna (mSheb 9,2) nennt dagegen das ca. 1 km südl. gelegene Kᵉfar Ḥᵃnanjā (*Kafr ʿInan*) als Grenzort (189.258) MÖLLER / SCHMITT 1976, 48; TSAFRIR u.a. 1994, 75f. **V 188.**

Berytos Das heutige Beirut, seit ca. 15 v. Chr. römische Militärkolonie. *EJ* 4,402–404; SCHÜRER 1973, 323f. Anm. 150. **V 49. 181. 357.**

Bet-Šaʿarim Ḥårbat Bēt Šᵉʿārim *aš-Šēḫ Burēg, Abrēg* (162.234), griech. Βησάρα; vgl. Einleitung, Anm. 44. Ende des 2. Jh. zeitweise Residenz von Jehuda han-Nasi und Sitz des Sanhedrin. Im 3. und 4. Jh. bedeutende jüdische Nekropole. *EJ* 4,765ff.; MÖLLER / SCHMITT 1976, 49f.; Kaplan 1977; REEG 1989, 125f.; TSAFRIR u.a. 1994, 86. **V 118. 119.**

Caesarea Philippi (215.294) In V 52–61 ist wie auch in V 74f. das an den Jordanquellen gelegene Caesarea Philippi gemeint (nicht die palästinische Hafenstadt Caesarea am Meer, so SCHALIT 1968, 70), das eine vorwiegend nichtjüdische (»syrische«, vgl. B 3:57) Bevölkerung hatte. Die Stadt wurde 20 v. Chr. von Augustus in das Herrschaftsgebiet Herodes d. Gr. eingegliedert und später von Philippos, einem der Herodessöhne, zu Ehren des Augustus von Paneas in Caesarea umbenannt; A 18:28; B 2:168. Der alte Name, der von einem Pan geweihten Tempel an den Jordanquellen herrührt, war seit dem 4. Jh. wieder allgemein gebräuchlich, ebenso in der rabbin. Literatur. Seit 53 unterstand Caesarea Agrippa II., der die Stadt zu Neros Ehren Neronias nannte und ausbaute (A 20:211). MÖLLER / SCHMITT 1976, 115; SCHÜRER 1979, 169–171; COHEN 1979, 164 Anm. 198; REEG 1989, 561f.; SCHMITT 1995 198f. **V 52. 53. 55. 57. 59. 61. 74. 75.**

Caesarea am Meer Die Hafenstadt Caesarea (140.212), urspr. »Stratons Turm«, eine Gründung des sidonischen Königs Straton I (375/4–361) oder Straton II (343/2–332). Neugründung durch Herodes d. Gr. zu Ehren des Augustus unter dem Namen Καισάρεια mit dem Hafen Σεβαστὸς λιμήν. Jüdische Besiedlung seit der Eroberung durch die Hasmonäer. Seit 63 v. Chr. römisch, seit 30 v. Chr. im Besitz Herodes d. Gr. (A 15,331ff.; 16,136ff.), nach dem Tode Agrippas I. Sitz des röm. Prokurators und Hauptstadt der Provinz Judäa. Die ständigen Spannungen zwischen der jüdischen Minderheit und der nichtjüdischen Mehrheit eskalierten zu Beginn des Jüdischen Krieges zu blutigen Auseinandersetzungen (B 2:457; 7,362). *EJ* 5,6–13 mit Abb.; SCHÜRER 1979, 115–118; NBL 1,361; MÖLLER / SCHMITT 1976, 113–115; REEG 1989, 563–567; TSAFRIR u.a. 1994, 94–96; SCHMITT 1995 198. **V 414.**

Dabarit Hårbat Dĕvorā *Hirbat Dabbūra* (186.233) am Fuße des Tabor. Griech. Δαβάριττα, MÖLLER / SCHMITT 1976, 78f.; TSAFRIR u.a. 1994, 106. **V 126. 318.**

Damaskus Zur Geschichte der Stadt, die seit ca. 66 v. Chr. unter römischer Herrschaft stand, vgl. SCHÜRER 1979, 127–130. Die Notiz in 2 Kor 11,32 über den »Ethnarchen« Aretas [IV.] ist nach HENGEL 2000, 142f. nicht im Sinne einer zeitweiligen Herrschaft der Nabatäer über Damaskus zu verstehen. »Ethnarch« bezeichne hier Aretas als »eine Art 'Generalkonsul' (...), der die nabatäische Minderheit in der Stadt anführte, die vermutlich zugleich eine Handelskolonie war«. Eine jüdische Gemeinde in Damaskus bezeugt neben V 27 auch Apg 9,2. Das Massaker an den damaszenischen Juden ist in B 2:559–561 beschrieben (dazu KASHER 1990, 285f.). **V 27.**

Dekapolis Der in römischer Zeit (NT, Plinius, Josephus) erstmals belegte Sammelname ist eine in offiziellen Dokumenten nicht geläufige, geographisch unscharfe Bezeichnung für das nichtjüdische Gebiet Transjordaniens (Ausdehnung bis Damaskus und Einschluss des westjordanischen Skythopolis bei PLIN., *Nat. hist.* 5:18.74). Ein angeblich von Pompeius nach der Beendigung der jüdischen Herrschaft über die Region gegründeter, ursprünglich zehn Städte umfassender und später erweiterter regelrechter Städte*bund* ist dagegen nicht nachweisbar, lediglich die Unterstellung unter das Kommando eines στρατηγός (A 14:74; B 1:155). PARKER 1975; BIETENHARD 1977; MÖLLER / SCHMITT 1976, 79f.; SCHÜRER 1979, 125–127. **V 410.**

Dora Dor (Jos 17,11) *Ṭanṭūra, Ḥirbat al-Burğ* (142.224). Küstenstadt südl. des Karmel, um 100 v. Chr. unter Alexander Jannai in jüdischen Besitz übergegangen, ab 63 v. Chr. wieder phönizisch unter direkter römischer Verwaltung. Seit Diokletian Teil der Provinz Palaestina. MICHEL / B. 1959, 405 Anm.23; *EJ* 6,172f.; SCHÜRER 1979, 118–120; MÖLLER / SCHMITT 1976, 84f.; TSAFRIR u.a. 1994, 113; SCHMITT 1995,135f. **V 31.**

Ekbatana Um der Unruhen in der Trachonitis Herr zu werden und sein Gebiet nach Osten hin zu sichern, siedelte Herodes d.Gr. in den letzten Jahren seiner Herrschaft in der Trachonitis eine Kolonie von 3000 Idumäern an (A 16:285), sowie eine Militärkolonie babylonischer Juden in Batanäa (A 17:23–28). Das in V 54 genannte Ekbatana bezeichnet nicht die medische Hauptstadt, sondern ist Zuname der von den (aus dem medischen Ekbatana stammenden?) Babyloniern gebauten Militärkolonie Bathyra (Haefeli) oder der Name einer nahegelegenen Festung (Schürer), Siedlung (COHEN 1979) oder Landschaft (MÖLLER / SCHMITT). HAEFELI 1925, 82; COHEN 1972; MÖLLER / SCHMITT 1976, 85f.; SCHÜRER 1973, 338 Anm. 2; 1979, 14f. Anm. 46; COHEN 1979, 164 Anm. 199. **V 54. 55. 56. 57.**

Gaba' (160.236) In der an der Römerstraße von Ptolemais nach Legio gelegenen Stadt am Nordosthang des Karmel in der Jezreelebene hatte Herodes d. Gr. einst

Veteranen seiner Kavallerie angesiedelt, daher erhielt sie den Beinamen »Reiterstadt« (vgl. B 3:35f.; A 15:294). Möller / Schmitt 1976, 53f.; Schürer 1979, 164f.; Tsafrir u. a. 1994, 125.126; Schmitt 989, 153f. **V 115. 117. 118.**

Gadara Gādēr *Umm Qēs, Muqēs* (214.229). Da Josephus das Gebiet von Gadara und Hippos als Ostgrenze Galiläas angibt (B 3:37), ist anzunehmen, dass sich das Gebiet von Gadara bis zum Südufer des Sees Gennesaret erstreckte (vgl. Mt 8,28). Die zur Dekapolis gehörende Stadt wurde von Antiochos d. Gr. 200 v. Chr. erobert (A 12:136). Alexander Jannaeus bekam sie erst nach zehnmonatiger Belagerung in seine Gewalt (A 13:356; B 1:86). Von nun war die Stadt jüdisch (A 13:396), wurde jedoch von Pompeius wieder vom jüdischen Territorium abgetrennt (A 14:75; B 1:155f.). Von Augustus an Herodes d.gr. übereignet (A 15:217; B 1:396), erhielt Gadara nach Herodes' Tod wieder seinen auf Pompeius zurückgehenden autonomen Status zurück. Als »griechische Stadt« (B 2:97) stand Gadara im Jüdischen Krieg auf römischer Seite. Möller / Schmitt 1976, 59; Schürer 1979, 132–136; Reeg 1989, 164f.; Schmitt 1995, 157. Zur Erwähnung Gadaras in V 44 s. unter Kadaš. **V 42. |44|. 349.**

Galiläa Gālil. Vgl. B 3:35–44 und Schürer 1973, 141f.; 1979, 7–10. 184–190. Über die Aufteilung in Ober- und Untergaliläa s. o. unter Beer-Šabeʿ. **V 28. 30. 37. 38. 62. 67. 71. 78. 86. 98. 115. 119. 121. 123. 132. 187. 188. 193. 195. 196. 206. 220. 226. 227. 230. 232. 235. 237. 240. 241. 243. 257. 267. 269. 270. 273. 285. 309. 310. 315. 318. 324. 341. 346. 357. 386. 393. 411.**
Galiläer V 30. 39. 66. 79. 84. 99. 100. 102. 103. 107. 125. 143. 177. 190. 198. 200. 206. 210. 214. 228. 230. 237. 237. 242. 250. 252. 253. 258. 260. 262. 302. 305. 306. 311. 340. 350. 368. 375. 379. 381. 383. 385. 391. 392. 398.

Gamala Gamlā *as-Salām* (216.256). Der Name der im südlichen Golan gelegenen Stadt rührt nach Josephus von ihrer Lage auf einem Felsen von der Form eines Kamelrückens her (hebr. *gāmāl*: Kamel); vgl. B 4:2–10. Möglicherweise stammte Jehuda der Galiläer von hier (A 18:4; Hengel 1976, 337 Anm. 3). Zur Rolle der schwer zugänglichen und daher strategisch wichtigen Stadt im Jüdischen Krieg vgl. auch B 4:10–83. Die Synagoge in Gamala aus dem 1. Jh. (Gutman 1981) gehört neben den Funden auf Masada und in Herodeon zu den ältesten archäologisch nachweisbaren Synagogenbauten in Palästina. Möller / Schmitt 1976, 65f.; Bar-Kochva 1976; Reeg 1989 190f.; Syon 1992; Tsafrir u.a. 1994, 128f.; Schmitt 1995, 161f. **V 46. 47. 58. 59. 61. 114. 177. 179. 183. 185. 204. 398.**

Garis *Ḥirbat Kannā* (180.240)? Andere Lokalisierungsvorschläge bei Möller / Schmitt 1976, 67f.; Reeg 1989, 360f. Tsafrir u.a. 1994, 129 halten den Ort für nicht lokalisierbar. **V 395. 412.**

Gaulanitis transjordanisches Gebiet von des Südausläufern des Hermon bis zum Jarmuk südl. des Sees Gennesaret. Gehörte zum Herrschaftsgebiet Herodes d. Gr., sodann zur Tetrarchie des Philippos, war seit 34 n. Chr. Teil der röm. Provinz Syrien, seit 37 von Agrippa I. beherrscht, ab 44 wieder unter röm. Kontrolle (nach *NBL* 1, 898; dort Lit.). **V 187.**

Giš-Halab Guš Ḥēleb, Guš Ḥālāb *al-Ǧīš* (192.270), griech. Γίσχαλα. Der rabbin. Name (Guš Ḥālāb: »fetter Boden«) spielt auf den besonders ertragreichen Landbau in der Gegend an; zur Olivenölproduktion in Giš-Ḥalab vgl. Anm. 9 im Anhang. Im Jüdischen Krieg ergab sich die Stadt bereits nach zweitägiger Belagerung den Römern (B 4:112). MÖLLER / SCHMITT 1976, 74; SCHÜRER 1973, 495f. mit Anm. 50; REEG 1989, 173f.; TSAFRIR u.a. 1994, 136f. V 43. 44. 45. 69. 75. 77. 101. 102. 122. 189. 217. 235. 271. 308. 317.

Große Ebene s. unter »Jezreel-Ebene«, »Šohin, Ebene von«.

Ham-Merot V 188 Ἀμηρώθ, B 2:573 Μηρώ. In A 5:63 mit dem biblischen Merom (Jos 11,5) gleichgesetzt, was eine Identifizierung mit dem rabbin. Meron (191.265) nahelegt. Der archäolog. Befund spricht jedoch für Mārūs (199.270). Die Angabe in B 3:40 (Ham-Merot als westlichster Grenzpunkt Obergaliläas) passt zu keinem der beiden Orte. Wenn statt dessen die Nordgrenze gemeint ist, passt die Notiz zu Mārūs. MÖLLER / SCHMITT 1976, 138; REEG 1989, 423f.; TSAFRIR u.a. 1994 184; SCHMITT 1995, 249. V 188.

Hippos Ḥorbat Susitāʾ *Qalʿat al-Ḥiṣn* (212.242). Am Ostufer des Sees Gennesaret auf einem 370 m hohen Bergkamm gelegen, wurde wie Gadara von Alexander Jannai erobert, von Pompeius zurückerobert, fiel dann an Herodes d. Gr. und gehörte seit 4 v. Chr. wieder zur Dekapolis. MÖLLER / SCHMITT 1976, 110; SCHÜRER 1979, 130–132; REEG 1989, 453–455; TSAFRIR u.a. 1994, 147; SCHMITT 1995 184f. V 42. 153. 349.

Homonoia Hᵃmonajjā? *Umm Ǧunīya* (203.233)? Der griech. Name bedeutet »Eintracht« (vgl. *Dikaearchia* als Beiname von Puteoli). SCHLATTER 1913, 154; MÖLLER / SCHMITT 1976, 150f.; REEG 578f.; SCHMITT 1995, 185f. V 281.

Jabnit Har Jabnit *Ḥirbat Banīt* (198.266)? Nicht das bekanntere Jamnia / Jabne an der Küste südlich von Jaffa. B 2:573: Ἰαμνείθ. MÖLLER / SCHMITT 1976, 98.195; REEG 1989, 284; TSAFRIR u.a. 1994, 150; SCHMITT 1995, 186. V 188.

Jafa Jāfiaʿ *Yāfā* (176.232), Jos 19,12, MÖLLER / SCHMITT 1976, 99f.; TSAFRIR u. a. 1994, 150f. V 188. 230. 233. 270.

Jerusalem Josephus verwendet meist die halb griechische Namensform Ἰεροσόλυμα. V 7. 28. 46. 47. 50. 62. 65. 72. 77. 81. 128. 130. 177. 190. 191. 198. 200. 202. 211. 216. 217. 217. 221. 237. 241. 254. 266. 269. 297. 307. 310. 316. 320. 330. 332. 341. 348. 350. 354. 358. 393. 407. 412. 416. 417. 422.

Jezreel-Ebene griech. Ἰεζραήλ, Ἐσδρηλώμ o.ä., auch μέγα πεδίον. Fruchtbare Talebene zwischen den Bergen Samarias im Süden und dem galiläischen Hügelland im Norden, von der Küste bis Skythopolis / Bet Šeʾān reichend, möglicherweise unter Einschluß der in V 207 ebenfalls als μέγα πεδίον bezeichneten Ebene von Šohin. In B 4:455; A 4:100 heißt ferner der Jordangraben zwischen dem See Gennesaret und dem Toten Meer μέγα πεδίον. MICHEL / B. 1963, 225 Anm. 130; SCHÜRER 1973, 388 Anm. 147; REEG 1989, 144f.; TSAFRIR u.a. 1994 182. V 115. 126. [207]. 318.

Jotafat Jodĕfat *Ḥirbat Ǧifāt, Šīfāt* (176.248), griech. (τὰ) Ἰωτάπατα, auch Ἰωτάπη. Josephus beschreibt die Eroberung der Stadt durch die Truppen Vespasians, bei der er selbst den Römern in die Hände fiel, in B 3:111ff. Zur strategisch günstigen Lage der Stadt vgl. B 3:158–160. MÖLLER / SCHMITT 1976, 112; REEG 1989, 144.293f.; TSAFRIR u. a. 1994, 154. **V 188. 234. 332. 350. 353. 357. 412. 414.**

Judäa Judäa war von 6 n. Chr. bis zum Jüdischen Krieg (mit Unterbrechung der Jahre 41–44 unter Agrippa I.) kaiserliche Provinz mit einem Statthalter aus dem Ritterstand, der in Caesarea am Meer residierte. Er unterstand teilweise dem Statthalter der benachbarten Provinz Syrien, an die die Provinz Jüdäa angegliedert war. Nach 70 wurde Judäa selbständige Provinz unter einem Statthalter vom Rang eines *legatus Augusti pro praetore.* Näheres bei SCHÜRER 1973, 357ff. **V 13. 37. 422. 425. 427. 429.**

Jude, jüdisch V 16. 25. 26. 27. 50. 52. 53. 54. 55. 57. 61. 74. 113. 182. 221. 346. 349. 382. 391. 412. 413. 416. 424. 429.

Julias Ṣajdān *at-Tall* (209.257). Das ntl. Betsaida am Nordufer des Sees Gennesaret nahe der Jordanmündung, vom Tetrarchen Philippos zu Ehren der Tochter des Augustus wahrscheinlich vor 2 v. Chr. unter dem Namen Julias neugegründet, wobei der Status als Polis fraglich ist. Funde von Fischereigeräten auf *at-Tall* erübrigen die bisher angenommene Unterscheidung zwischen dem Fischerdorf Betsaida auf *al-ʿAraǧ* (208.255) und der Stadt Julias auf *at-Tall* (kritisch neuerdings ZANGENBERG 2000). MÖLLER / SCHMITT 1976, 109f.; SCHÜRER 1979, 171f.; REEG 1989, 533–535; *NBL* 1, 286; TSAFRIR u. a. 1994, 85; SCHMITT 1995, 194f.; ARAV / FREUND / SHRODER 2000. **V 398. 399. 406.**

Kabol Kābol *Kābūl* (170.252). Die Lesart Ζαβουλών in B 2:503; 3:38; C 1:110 ist »wahrscheinlich ein Biblizismus, der den eigentlichen Ortsnamen durch den bekannten und wohl ähnlich klingenden Stammesnamen ersetzt« (MÖLLER / SCHMITT). Nach B 2:503–506 wurde Kabol von Cestius zu Beginn seines Feldzuges geplündert und niedergebrannt. Die Bevölkerung, die in die Berge geflohen war, konnten jedoch die plündernden Truppen zurückschlagen und den Ort offenbar rasch wieder bewohnbar machen. SCHALIT 1968, 48; MÖLLER / SCHMITT 1976 191f.; REEG 1989, 240.325f.; KASHER 1990, 289; TSAFRIR u.a. 1994, 102f. **V 213. 227. 234.**

Kadaš Qedeš bag-Gālīl, Tēl Qedeš *Qadas* (199.279), griech. Κάδασα, Κέδασα, Κύδισσα. V 44 erwähnt einen Angriff der südöstl. des Sees Gennesaret beheimateten Gadarener auf Giš-Ḥalab im Norden Obergaliläas, der wenig wahrscheinlich ist; als Ziel eines gadarenischen Angriffs käme dagegen Tiberias in Frage (vgl. V 42). Nach MÖLLER / SCHMITT 1976, 113 ist »der Name der bekannten Stadt, wie noch öfter, (...) in den Text hineingelesen worden«. MÖLLER / SCHMITT 1976 nehmen statt dessen das tyrische Kadaš an, das nach B 4:105 in ständiger Feindschaft mit den Juden Galiläas lebte und nach B 2:459 zu Beginn des Aufstandes seinerseits Ziel eines jüdischen Angriffs wurde. MICHEL / B. 1969, 209 Anm. 23, REEG 1989, 555f.; TSAFRIR u. a. 1994, 93f. **[V 44].**

Kafar Aganai Nach Klein 1967, 43. Ein von Tyrern bewohnter Ort wahrscheinlich in der Nachbarschaft von Qedeš bag-Gālil (s. unter Kadaš). Die Konjektur Γα-βαρηνοί, Σωγαναῖοι ist abzulehnen, da ʿArab (Gabara) und das galiläische So-gane jüdische Siedlungen waren, deren Bewohner unmöglich mit den Tyrern ge-gen Giš-Ḥalab gezogen sein können. SCHALIT 1968, 72f.; MÖLLER / SCHMITT 1976, 124f.; COHEN 1979, 4f. Anm. 6; REEG 1989, 24. **V 44.**

Kafarat Komos (?) B 2:573 Καφαρεκχώ. MÖLLER / SCHMITT 1976, 125f.; REEG 1989, 332f.; TSAFRIR u. a. 1994, 98; SCHMITT 1995, 206f. **V 188.**

Kafarnaum Kĕfar Nāḥum *Tall Ḥum* (204.254). Das Kapernaum des NT. Wegen der in der Nähe gelegenen Quelle, die nach B 3:519 ebenfalls den Namen Καφαρ-ναούμ trug (wahrscheinlich ʿEn Ševaʿ, *Tābiġa*, 200.252), hat man das Dorf auch auf *Ḥirbat al-Minja* (200.252) lokalisiert, wogegen aber der archäologische Be-fund spricht. Der in B 3:519 überlieferte Name der Quelle ist nach MÖLLER / SCHMITT »vielleicht nur ein Irrtum«. MÖLLER / SCHMITT 1976, 128f.; REEG 1989, 334f.352f.; TSAFRIR u.a. 1994, 97. **V 403.**

Kana Qānā *Ḥirbat Qānā* (178.247). Das Kana des NT (Joh 2,1ff.). Nach V 90 hat Josephus den Weg von Kana nach Tiberias (etwa 20–25 km) in einem Nacht-marsch zurückgelegt. MÖLLER / SCHMITT 1976, 117; REEG 1989, 570f.; TSAFRIR u.a. 1994, 96f.; SCHMITT 1995, 115f. **V 86.**

Kesalot Kislot Tāvor (?) *Iksāl* (180.232). Nach B 3:39 lag der Ort auf der Südgrenze Galiläas. MÖLLER / SCHMITT 1976, 88; SCHÜRER 1979, 10 A 25; REEG 1989, 137f.; TSAFRIR u.a. 1994, 124. **V 227.**

Merot s. unter Ham-Merot.

Puteoli Das heutige Pozzuoli, griech. Beiname Δικαιάρχεια (»gerechte Herr-schaft«), war neben Ostia wichtigster röm. Hafen für Handel und Verkehr mit Griechenland und dem Osten. A 17:328 deutet auf eine größere Anzahl jüdischer Einwohner. Apg 28,13f. bezeugt für ca. 60 eine christliche Gemeinde in der Stadt. Nach PHILON, *LegGai* 185 besaß Nero in Puteoli mehrere Villen. DuBois 1907; SCHÜRER 1986, 110f.; BOHRMANN 1999, 217f. Anm. 1. **V 16.**

Rom, Römer, römisch V 13. 14. 17. 24. 25. 27. 28. 29. 30. 34. 38. 39. 43. 46. 50. 52. 60. 61. 72. 78. 100. 104. 124. 126. 129. 132. 149. 150. 154. 157. 175. 182. 183. 209. 232. 269. 281. 285. 287. 340. 344. 346. 347. 348. 349. 350. 351. 353. 357. 378. 391. 395. 396. 397. 407. 408. 414. 416. 422. 423.

Šalem Dieser im Golan gelegene Ort ist bisher nicht näher lokalisierbar. MÖLLER / SCHMITT 1976, 177. **V 187.**

Selame Ḥårbat Ṣalmon *Ḥirbat as-Sallāma* (185.254). MÖLLER / SCHMITT 1976, 167; REEG 1989, 544f.; TSAFRIR u.a. 1994, 225f. **V 188.**

Seleukia Sĕlewqĕjā, Salwachjā, o. ä. *ad-Dūra*, ca. 6 km südlich des Ḥulā-Sees (vgl. B 4:2) als einziger derzeit bekannter Ort der Gegend mit Besiedlung in hellenist. Zeit (212.266) oder *Silūqīya*, nördlich von Gamala (218.265). Nach B 1:105; A 13:393. 396 eine Eroberung des Alexander Jannai auf seinen transjordanischen Feldzügen gegen die Nabatäer 83–80 v. Chr. SCHÜRER 1973, 226 Anm. 25; MÖLLER / SCHMITT 1976, 168; REEG 1989, 169f.460; TSAFRIR u.a. 1994, 226; SCHMITT 1995, 305. **V 187. 398.**

Sepphōris Ṣippori(n) *Saffūriya* (176.239). Das ca. 5 km nordwestlich von Nazareth und je etwa 30 km von der Mittelmeerküste und vom See Gennesaret entfernte Sepphōris war wichtiges militärisches, Handels- und Verwaltungszentrum in Galiläa. Die historisch früheste Erwähnung der Stadt in A 13:338 reicht in die Zeit Alexander Jannais zurück, als Ptolemaeos Lathyros vergeblich versuchte, Sepphoris zu erobern (ca. 100 v. Chr.). In B 2:511 spricht Josephus von der »am besten befestigten Stadt Galiäas«. Als Gabinius das jüdische Gebiet ca. 57–55 v. Chr. in fünf συνέδρια (Gerichtssitze) unterteilte, legte er den Sitz des galiläischen Synedrions nach Sepphōris (A 14:91; B 1:170). Als Herodes der Große Galiläa eroberte, nahm er Sepphōris ein, nachdem die Truppen des Antigonos die Stadt verlassen hatten (A 14:414; B 1:304). Nach A 17:289; B 2:68 hat Varus (7/6–4 v. Chr. Statthalter in Syrien) Sepphoris im Zusammenhang des jüdischen Aufstandes nach dem Tode Herodes d. Gr. niedergebrannt und seine Bewohner in die Sklaverei verkauft. Die Grabungen haben allerdings keine Hinweise auf Zerstörungen in herodianisch-frührömischer Zeit ergeben (MEYERS 1992, 323). Herodes Antipas baute die Stadt aus und machte sie zur »Hauptstadt« (A 18:27: αὐτοκρατορίς, vgl. jedoch die Diskussion der Textvarianten bei SCHÜRER 1979, 174 Anm. 485) Galiläas. Zeitweilig musste Sepphoris die Vorrangstellung in Galiläa an Tiberias abtreten, erhielt sie jedoch während oder nach der Prokuratur des Felix (vgl. Anm. 53) zurück. Im ersten Jüdischen Krieg war die überwiegend oder gänzlich jüdische Bevölkerung (vgl. B 3:32) prorömisch eingestellt (V 38. 104. 124. 232. 346–348. 373–380. 394–396. 411; B 2:511; 3,30–34. 59), wenngleich einige wenige Stellen auf revolutionäre Tendenzen in Sepphoris hindeuten (vgl. dazu SMALLWOOD 1976, 302 Anm. 34. 305; COHEN 1979, 246–248; SCHÜRER 1979, 175 Anm. 492; FELDMAN 1984a, 351) und Cestius Gallus es nach V 31 für nötig hielt, sich der Loyalität der Sepphoriter durch Geiseln, die er in Dora in Gewahrsam hielt, zusätzlich zu versichern (vgl. KASHER 1990, 290f. 294 Anm. 215). *EJ* 14, 1177–1178; MÖLLER / SCHMITT 1976, 172f.; SCHÜRER 1979, 172–176; MILLER 1984; MEYERS / Netzer / MEYERS 1986; REEG 1989, 536–543; MEYERS / NETZER / MEYERS 1992; MEYERS 1992; NEEMAN 1993; WEISS 1993; NETZER / WEISS 1994; TSAFRIR u. a. 1994, 227f. **V 30. 37. 38. 39. 64. 82. 103. 111. 123. 124. 188. 203. 232. 233. 346. 373. 374. 379. 380. 384. 394. 395. 396. 411 .**

Simonias Tēl Šimron *Ḥirbat Sammūnīya* (170.234), atl. Šimron (Jos 11,1; 19,15; nach LXX Šimʿon). *EJ* 14,1407f.; MÖLLER / SCHMITT 174f.; REEG 1989, 146.456f.607f.; TSAFRIR u. a. 1994, 232. **V 115.**

Skythopolis Bēt Šěʾān *Bēsān* (197.211). Skythopolis war die einzige Stadt der hellenistischen Dekapolis westlich des Jordan (B 3:446). Die historische Zuordnung des griech. Namens ist bisher ungeklärt. Nach V 42 (vgl. auch B 4:453) reichte das zuhörige Umland in nordöstl. Richtung bis Gadara. Zur Geschichte der Juden in Skythopolis vgl. 2 Makk 12,29–31; B 1:66; A 13:355. Schon vor der Eroberung durch Johanan Hyrkanos (107 v. Chr.) hatte die Stadt einen jüdischen Bevölkerungsanteil. Die Eingliederung in das Herrschaftsgebiet der Hasmonäer bedeutete die Vertreibung der nichtjüdischen Bevölkerung. Die jüdische Vorherrschaft endete mit dem Einmarsch des Pompeius 63 v. Chr., als die Stadt wieder zur hellenistischen Polis wurde (A 14,75.88; B 1:156.166). MÖLLER / SCHMITT 1976, 175f.; LIFSHITZ 1977; SCHÜRER 1979, 142–145; FUKS 1982; REEG 1989, 81–84; TSAFRIR u.a. 1994, 223–225. V 26. 42. 121. 349.

Sochanai Sochanaj(jāʾ), Sichnin, Kefar Sognā Saḥnīn (177.252). MÖLLER / SCHMITT 1976 180f.; REEG 1989, 355f.356f.458–460; TSAFRIR u.a. 1994, 235. V 188. 265. 266.

Sogane al-Yāḥduīya (216.260)? Nach B 4:2.4 ein Dorf im »oberen« (d.h. »nördlichen«, nicht »höhergelegenen«; vgl. SCHMITT 316) Golan, MÖLLER / SCHMITT 1976 181f.; TSAFRIR u.a. 1994, 235; SCHMITT 1995, 316f. V 187.

Šohin Šiḥin (176.241). In unmittelbarer Nachbarschaft zu Sepphoris (A 13:337f.; tMeg 2,9; tShab 13,9; jShab 16d. 15.d; bShab 121a), nordwestl. der Stadt am Fuß des Hügels gelegen. Die traditionelle Lokalisierung (Tel Ḥannāton, Tall Badāwīya, 174.243, so noch TSAFRIR u.a. 1994, 70; dort die ältere Lit.) ist durch einen Survey von 1988 (Strange / Groh / Longstaff 1994. 1995) überholt. V 207. 233. 384.

Šohin, Ebene von In V 207 »Große Ebene« genannt, sonst Bezeichnung für die Jezreel-Ebene, zu welcher die Ebene von Šohin möglicherweise hinzugerechnet wurde. Vgl. die Angabe in B 4:54, die den Berg Tabor »in der Mitte zwischen der großen Ebene und Skythopolis« lokalisiert (SCHÜRER 1973, 338 Anm. 147). V 207.

Tabor Har Tāvor Ǧabal aṭ-Ṭūr (186.232). Josephus verwendet zur Bezeichnung des atl. Berges Tabor die hellenistische (arab.-griech.) Namensform Ἰταβύριον. Nach POLYBIOS 13:396 war der Berg schon in hellenistischer Zeit einmal befestigt worden. Die Kuppe des Tabor überragt die Hügelkette am Westufer des Sees Gennesaret, so dass man den Berg von Hippos aus sehen kann (vgl. die Abb. in EJ 15,535). MICHEL / B. 1963, 208 Anm. 13; MÖLLER / SCHMITT 1976, 111f.; REEG 235f.; TSAFRIR u. a. 1994, 246f. V 188.

Tarichaeae Magdēlā, Magdal Nunajjā (»Fischturm«) Maǧdal (198.247), vgl. Einleitung, Anm. 29. Das neutestamentliche Magdala, ca. 6 km nördlich von Tiberias am Westufer des Sees gelegen (vgl. V 157: Entfernung von Tiberias 30 Stadien). SCHÜRER 1973, 494f., folgt noch der auf PLINIUS zurückgehenden Lokalisierung am Südufer des Sees (Nat. hist. 5:15,71: a meridie Taricheaee); vgl. dagegen die Lit. und Anm. 319. Der hellenist. Name der Stadt (STRABON 16:2,45; vgl. HERODOT, 2:15.113 zu einem ägypt. Pendant) rührt in Entsprechung zum semit. Namen von der ortsüblichen Herstellung von Pökelfisch (τάριχος) her. MÖLLER / SCHMITT 1976 182f.; REEG 1989, 391f.393–395.396f.; TSAFRIR u. a. 1994, 173. V 96. 127. 132. 143. 151. 156. 157. 159. 162. 163. 168. 174. 188. 276. 276. 280. 304. 404. 406.

Tekoeᶜ Teqoaᶜ Hirbat Taqūᶜ (170.115, nicht auf der Karte), Geburtsort des Amos, Festung des Bakchides (A 13:15). MÖLLER / SCHMITT 1976, 94f.; REEG 1989, 621f.; TSAFRIR u.a. 1994, 248. V 420.

Tiberias Ṭeverjā *Ṭabarīya* (201.242). Die Stadt wurde von Herodes Antipas zwischen 17 und 20 n. Chr. gegründet und nach Kaiser Tiberius benannt (A 18:36–38). Seit dem Tode Agrippas I. i. J. 44 unterstand Tiberias als Hauptstadt Galiläas direkter röm. Verwaltung und genoss v. a. unter Claudius besondere Privilegien. Dieser Zustand endete mit der Eingliederung der Stadt in das Gebiet Agrippas II. durch Nero (56? 61?). Durch den 600 Mitglieder umfassenden Stadtrat (βουλή; vgl. B 2:641 und V 169. 284. 300. 313. 381) mit dem ἄρχων (V 134. 271. 278. 294; B 2:599) und einem Zehnergremium (οἱ δέκα πρῶτοι; V 296; B 2:639) an der Spitze wird das zu dieser Zeit mehrheitlich (vgl. V 67!) jüdische Tiberias gleichwohl als hellenistisch verfaßte Stadt kenntlich. A 18:149 erwähnt für Tiberias darüber hinaus das Amt des Marktaufsehers (ἀγορανόμος). Die ὕπαρχοι (B 2:615) scheinen dagegen ein eigens von Josephus eingesetztes Gremium zu sein (vgl. V 86). Nach V 92 hatte Tiberias (neben anderen Einrichtungen einer hellenistischen Stadt) eine Rennbahn. Nachdem i. J. 66 die radikale Partei die Oberhand gewonnen (V 35ff.) und die königstreuen Kreise (vgl. V 155.381) zurückgedrängt hatte (zur instabilen politischen Situation etwa in V 353 und zur Position des Josephus in Tiberias vgl. COHEN 1979, 216–221), schloß sich die Stadt dem Aufstand gegen Rom an. Später unterwarf sie jedoch Vespasian, der sie um Agrippas willen verschonte (B 3:453–457; V 352). Nach dem Tode Agrippas II. kam die Stadt wieder unter direkte röm. Herrschaft. Im 3. und 4. Jahrhundert war Tiberias ein bedeutendes Zentrum rabbinischer Gelehrsamkeit. *EJ* 15,1130–1135; RAJAK 1973, 346–351; MÖLLER / SCHMITT 1976, 183f.; SCHÜRER 1979, 178–182; REEG 1989, 270–277; TSAFRIR u.a. 1994, 249–250. V 31. 37. 42. 43. 64. 67. 68. 82. 85. 86. 87. 89. 90. 92. 94. 96. 97. 98. 99. 101. 107. 120. 121. 123. 124. 129. 134. 143. 144. 155. 157. 163. 164. 165. 167. 172. 174. 175. 186. 188. 203. 271. 272. 273. 275. 276. 280. 283. 286. 296. 302. 305. 313. 314. 316. 317. 318. 319. 321. 322. 323. 326. 327. 328. 331. 333. 335. 341. 345. 346. 354. 368. 381. 382. 384. 384. 385. 386. 389. 391. 392. 410 .

Trachonitis Landschaft südlich von Damaskus, nordöstlich der Landschaft Batanäa. SCHÜRER 1973, 337 (Anm.). [V 54. 112].

Tyrus Ṣor *aṣ-Ṣūr* (168.297). Hellenistische Stadt an der phönizischen Küste. MÖLLER / SCHMITT 1976 185f.; Hanson 1980. V 44. 372. 407. 407. 407. 408.